Eckhard Molsen

Spiritualität in der Krise

Christus-orientierte Begleitung als Unterscheidung von ETWAS, ICH und SEELENGRUND

Ein Beitrag zu Ich-Psychologie und Menschenbild

EDITION OCTOPUS

Bibliografische Information der Deutschen Bibliothek
Die Deutsche Bibliothek verzeichnet diese Publikation in der Deutschen Nationalbibliografie; detaillierte bibliografische Daten sind im Internet über http://dnb.ddb.de abrufbar.

Dieses Buch wendet sich an Menschen, die Andere oder sich selbst in Selbsthilfe begleiten.
Welche Erfahrungen dabei gemacht werden, ist nicht vorhersehbar und liegt darum in der Verantwortung des Anwenders: Der Autor ist für die Ergebnisse und Folgen, Wirkungen und Nebenwirkungen des Buches nicht haftbar.

Eckhard Molsen, »Spiritualität in der Krise – Christus-orientierte Begleitung als Unterscheidung von ETWAS, ICH und SEELENGRUND«

www.edition-octopus.de

www.vs-lebensweg.de

Titelgestaltung: Leopold Juen, Rudolf Banholzer
Titelbild: Heilende Elisabeth – Glasfenster in der Elisabethen-Kirche in Marburg (um 1240).

Layout: Banholzer Mediengestaltung, 78628 Rottweil, www.banholzer-medien.de
Druck und Einband: MV-Verlag

ISBN 978-3-86991-891-4

Für Catherine und Michael

„In ihrer Reinheit ist aber die Seele dazu fähig,
Gott in sich wie in einem Spiegel zu schauen,
wie auch der Herr sagt:
‚Selig, die reinen Herzens sind, sie werden Gott schauen.‘
Und sollte mich jemand nach dem Weg dorthin fragen,
so entgegne ich einfach:
‚Es ist die Seele eines jeden und der Geist in ihr.‘“

Athanasius (295–373)

Inhalt

Teil I: Einleitung und Grundlagen

1. Kapitel
Selbsterfahrung und Gotteserfahrung 12

2. Kapitel
Die vier Pfeiler – Überblick über die angewandten Konzepte .. 15

Teil II: Wissen und Unterscheidung

1. Kapitel
ETWAS oder JEMAND 50
Wen wir meinen, wenn wir „Ich" sagen 50

2. Kapitel
Wer in mir sagt „Ich"? 66

3. Kapitel
Ich als König im eigenen Hofstaat 84

4. Kapitel
Im Ich sein – Symbolisierung und Grundrhythmus 93
Alfred Lorenzer: Symbolisierung 93
Folgerungen für die Christus-orientierte Begleitung 97
Roda Wieser: Der Grundrhythmus in der Handschrift als Hinweis auf die „nicht-egoistische Mitte des Menschen" 105

5. Kapitel
Abschied vom Ich – Ersatzgefühle, Charakter und Skript 120

6. Kapitel

Der Seelengrund: Erfahrungen ... 133
Erfahrungen ... 134
Alma Mahler ... 134
Eigene Erfahrungen ... 138
Vorbemerkung / Inneres Team–Gespräch
Jasmins Erfahrung ... 160
Erfahrungen von Berufsschülern ... 161
Catherine ... 163
Klara ... 164
Céline ... 165
Ruth Cohn ... 165
Albert Schweitzer ... 167
Jean Piaget ... 169
Carl Friedrich von Weizsäcker ... 169
Michael Hahn ... 170
Os sacrum ... 173
Dostojewski und die „heilige Krankheit“, Epilepsie ... 176
Wofür die Erfahrungen sprechen ... 177

7. Kapitel

Der Seelengrund: Jenseits von Wille und Vorstellung ... 178
Authentizität als Erfahrung des Heiligen ... 178
Der Seelengrund als die eigentliche Macht im Schicksal ... 189
Die Scheu vor dem Heiligen ... 191
Ein Zugangsweg sein ... 200
Der Weinstock und die Reben ... 220
Der Mensch als Ebenbild Gottes ... 231
Das abgrundtiefe Böse als Nein! Sei Nicht! Nichts! ... 241
Vorbemerkung

Teil III: Prozess und Übung

1. Kapitel

Eins plus Eins ist Alles ... 248
Körper ... 248
Seele ... 248

Geist 249
Das „Nichts“ als das absolute „Nein zu allem Lebendigen“ 252
Menschheitsfamilie, Natur und Kosmos 252
Der Raum 258
Zeit und Authentizität 259

2. Kapitel

Sitzungsprotokolle 261

Susanne – erste Sitzung 261

Wo ist die Königin? / Die Botschaften der Königin / Der rote Teppich der Königin / Anleitung zur Sammlung / Den Atem fragen / Das ETWAS meldet sich / Der gute Ort / Im Jetzt bleiben / Mit Aussprechen im Fließen bleiben / Die Veränderungen registrieren / Resonanz / Gelöstes Pausengespräch / Mit dem Körper in eine neue Runde / Zweiter Focusing-Prozess zu einem ETWAS / Bild-Erleben / Was braucht es? / Machen oder Sein? / Verankern / Verlangsamen und unterbrechen / Neuer Wein in neue (!) Schläuche / Den Körper suchen / Die Teilpersönlichkeit benennen und nach außen stellen / Wohltuender Abstand / Eigenes Üben / Rückversicherung

Susanne – zweite Sitzung 274

Wo ist die Königin? / Was sagt die Königin? / Begleitung zum Seelengrund / Ganz ich-selber sein / Den Seelengrund um ein Symbol bitten / Verklärung / Genauern / Die Klientin bestimmen lassen / Mit Malen das Ergebnis sichern / Ich-Zustände und religiöse Erfahrung / Die Rolle des Körpers und der Übung / Fallen und Aufstehen / Das Prinzip Freiheit / Das Herz erheben / Jenseits der Polaritäten / Der doppelte Ursprung und die Symbolik der Woche / Die Frage persönlicher Praxis / Dis-Identifikation / Vom Entweder-oder zum Sowohl-als-auch / Kindheitserinnerungen / Eine gute Fee sprechen lassen / Die Frage nach der Seelennahrung / Das Problem der frei werdenden Zeit / Focusing zum Begriff „Seelennahrung“ / Das Ergebnis sichern / Sich Erheben als Wechsel des Ich-Zustandes / Vom Sinn und inneren Auftrag der Depression / Das Heilende wirklich wollen / Depression als Weg zur Quelle / Das Ich aktivieren mit den zentralen Fragen

Susanne – dritte Sitzung 290

Methodenwechsel / Das Erlebnis von Farbe als Methodenwechsel / Körperreise und guter Ort als weiterer Methodenwechsel / Die Symbolik der goldenen Kugel

Susanne – vierte Sitzung 293

Über den Körper das Ich wecken / Begegnung mit dem Lebens-Skript / Der Auftrag des „Nichts“ / Der Wille zum Leben / Das Wissen der Märchen / Die Geschichte von der kleinen Palme / Am Widerstand erstarken, die Polaritäten annehmen

Susanne – fünfte Sitzung 297

Die Seele zurück holen / Den „mind“ beschäftigen / Die Bilderschicht der Seele ansprechen / Die Königin beim Namen nennen / Den Beruf mit einbeziehen
Den Seelengrund um ein Bild bitten

Karin – zweite Sitzung 303

Mit dem unsichtbaren Bildschirm arbeiten

Edda – fünfte Sitzung 303

Das Kind vom Personkern unterscheiden
Albert – einmalige Sitzung 304
Mit dem inneren Kind sprechen
Irene – dritte Sitzung 305
Über den Körper das innere Kind finden / Das Gedächtnis des Körpers nutzen
Adelheid (einmalige telefonische Begleitung) 306
Wenn eine Marienfigur spricht
Josef – 12. Sitzung 308
Die innere Entfremdung wahrnehmen
Josef – 17. Sitzung 308
Wenn der Schutzengel dem Klienten den Rücken kehrt / Das Hindernis vor dem Schutzengel / Freiheit und Verantwortung
Josef – 22. Sitzung 313
Die erste Begegnung mit dem wahren Ich
Josef – 25. Sitzung 314
Erfahrung des Heiligen / Die heilige Wunde / Der heiligen Wunde zublinzeln / Das Christus-Bild gibt eine Erlaubnis / Die Wächterin verabschiedet sich / Eine Begegnung mit Christus
Brigitte – achte Sitzung (telefonische Begleitung) 317
Innere Helferin „Hildegard“ / Das Ein-Minuten-Bild hilft weiter / Wenn der Schutzengel als Antwort tanzt / Ja, aber / Einen Beschützer malen und sprechen lassen
Brigitte – neunte Sitzung 321
Ein Weg zum Gottvertrauen / Wenn Gott näher kommt / Die Eigenmächtigkeit beim Namen nennen
Brigitte – 9 Monate später 324
Johannes – erste Sitzung (telefonische Begleitung) 324
Der Engel wartet auf etwas / Authentizität / Ein ETWAS vor dem König / Mit dem Körper das ETWAS spüren / Mit dem „Beschützer-Ich“ ins Gespräch kommen / Den Beschützer nach seinen Bedürfnissen fragen / Eine Beziehung aufnehmen
Johannes – zweite (telefonische) Sitzung 328
Dem Beschützer einen Symbol-Ort geben
Johannes – dritte telefonische Sitzung 329
Ohnmacht und Gott-Nähe / Mit dem unsichtbaren Bildschirm arbeiten / Geführtes Malen / Leicht werden wie eine Feder / Wie Petrus über‘s Wasser gehen
Johannes – vierte telefonische Begleitung 332
Johannes erfährt die Einheit allen Seins

3. Kapitel

Heilendes Wissen, Berührung und das „Prinzip Gute-Nacht-Geschichte“ 334
Vorbemerkung 334
Sitzungsprotokolle 336

Tatjana: Erklärende Krisen-Begleitung im Geiste von Exerzitien 336
Das wahre Ich / Das Welt-Ich / Teilpersönlichkeiten und Charakter / Die Entstehung des Charakters / Sich erkennen in Geschichten / Das Ersatz-Ich / Die Kunst der Unterscheidung / Sinn und Auftrag der Krise / Die Beschützer-Ichs würdigen / Heilsamer Abstand zum ETWAS / Vom ETWAS zum ICH wechseln / Heilendes Lachen / Das Sein lächelt / Aus der Problemhypnose herauskommen / Anforderungen an den Begleiter / Die Beziehung zum Sein als Arbeitsgrundlage / Der „von innen gefühlte Körper" als „Werkzeug" / Dis-Identifikation / Seelennahrung als Ich-Stärkung / Der Seelengrund / Focusing mit Ein-Minuten-Bild / Experiment und Versuchsballon / Resonanz / Vom ETWAS zum ICH wechseln / Stellvertreter-Figuren für Person-Kern und Mutter / Heilender Humor / Resonanz / Heilendes Unterbrechen / Sauerstoff / Nährendes Wissen / Die heilige Wunde / Himmel und Erde verbinden / Das Magnificat als Lebensweisheit / Märchen als Orientierungshilfe / Authentizität in der ICH-DU-Beziehung / Methodenwechsel / Einsamkeit / Mit dem Körper das ETWAS aufspüren und das wahre Ich wecken / Immer mit den Füßen beginnen / Über die Hände kommunizieren / Das kosmische Blau der Gnade / Wo ist der Schutzengel? / Der Engel spricht / Wo ist der Person-Kern? / Das Schluss-Bild als Rückmeldung

Tatjana – zweite Sitzung: Wenn nichts Anderes mehr geht 365
Über den Körper ankommen / Lernaufgabe „Seelennahrung" / Möglichkeiten der Selbsthilfe / Den „mind" beschäftigen / Ich-Zustand und Gottes-Erfahrung / Leicht werden wie eine Feder / Zum guten Abschluss kommen / Ja, aber / Die große Kunst des „Sowohl-als-auch"

Epilog 372

Das Sein lächelt 372

Anhang

Mensch-Sein in Polaritäten – der Grundrhythmus in der Handschrift 380

Literatur 388

Danksagung 400

Teil I:

Einleitung und Grundlagen

„Probleme kann man niemals mit derselben Denkweise lösen,
durch die sie entstanden sind.“

Albert Einstein

„Lies die Werke der Meister des Lebens,
versuche, die wahre Bedeutung ihrer Worte
zu verstehen,
bilde dir deine eigene Überzeugung über das,
was du mit deinem Leben anfangen willst,
überwinde die naive Idee,
dass du keinen Meister, keinen Führer, kein Modell
brauchst und dass du während deines
kurzen Lebens herausfinden könntest, was
die Großen der Menschheit in vielen Tausend Jahren
entdeckten (wobei jeder von ihnen
auf dem aufbauen konnte, was die Vorgänger
hinterlassen hatten)!“

Erich Fromm

1. Kapitel Selbsterfahrung und Gotteserfahrung

Als Student der Theologie durfte ich Ende der 1970er Jahre an einer Ausbildung zum Meditations-Lehrer teilnehmen, welche die evangelische Michaelsbruderschaft damals anbot, um der steigenden Nachfrage nach qualifizierten Lehrern gerecht zu werden. Das Besondere daran war: Ein ganzes Team sorgte dafür, dass das meditative Üben eingebunden war in einen gesamtmenschlichen Zusammenhang. So vermittelte ein Psychotherapeut uns die Grundlagen der Tiefenpsychologie Carl Gustav Jungs, verbunden mit praktischen Übungen der Selbsterfahrung; ein Professor für systematische Theologie sprach zu uns über eine „Theologie des Weges"; ein Kantor machte mit uns Atemübungen und ließ uns Gregorianik singen; eine Physiotherapeutin lehrte uns mit Hilfe eutonischer Übungen unseren Körper von innen her wahrzunehmen; schließlich lernten wir unsere Erfahrungen in freiem Ausdruck zu tanzen, zu malen oder in Ton zu formen. Im Rahmen dieser unvergesslich lehrreichen Wochen besuchten wir auch Karlfried Graf Dürckheim in Todtmoos – Rütte, um ihn zu hören, mit ihm zu sprechen und mit ihm gemeinsam in den Raum der Stille einzutreten. Auf gleiche Weise waren wir bei Willi Massa in seinem damaligen Meditations-Zentrum auf dem Schaumberg in Tholey zu Gast.

Was ich damals lernte, sollte mein ganzes weiteres Leben prägen: Für die Verantwortlichen dieser Ausbildung war es nämlich die größte Selbstverständlichkeit, dass zum geistlichen Pfad der Meditation sowohl die Entwicklung eines Bewusstseins für den eigenen Leib gehört, als auch die Beschäftigung mit dem unbekannten Land der eigenen Seele in der Selbsterkenntnis. Und so war jede Übungseinheit auf die drei Dimensionen von Leib, Seele und Geist ausgerichtet. Selbsterfahrung und Gotteserfahrung waren nach ihrer Auffassung im Person-Kern des Menschen ein und dasselbe große Geheimnis.

Eine Erinnerung an diese Zeit ist meinem Herzen besonders tief eingegraben: Wir feierten das heilige Abendmahl zusammen mit Graf

Dürckheim in seinem kleinen Meditationsraum unter dem Dach seines gemütlichen Schwarzwaldhauses und standen am Schluss zum Segen im Kreis und hielten uns dabei an den Händen: Menschen auf dem Weg, auf Augenhöhe, mit dem gleichen Ziel, in Frieden und in einer liebevollen Akzeptanz, erfüllt von 5 Tagen gemeinsamen Übens. Ich weiß noch, dass ich dachte: „So sollte es immer sein! Warum ist es nicht immer so?“ – und dann brach eine Trauer aus mir heraus, die keiner der Brüder lindern konnte.

Seit damals bin ich dem erlernten Weg im dreidimensionalen Üben treu geblieben und habe nur wenig daran für mich und meine Arbeit mit Klienten abgewandelt: Die Grundelemente der Eutonie fand ich Jahre später auf weiterführende Weise im Focusing wieder und die psychologischen Konzepte von damals erweiterte ich durch Eric Bernes Transaktionsanalyse, Schulz von Thuns Modell vom „inneren Team“ und Fritz Perls‘ Methode, die „Teile sprechen zu lassen.“ Die theologische Theorie zur Arbeit fand ich bei Meister Eckhart und Johannes Tauler.

Die Klienten, die heute zu mir in meine Praxis kommen, haben alle schon ihre Erfahrung mit Psychotherapeuten hinter sich – oder sind gerade in Therapie – aber sie sagen jeweils fast mit den gleichen Worten: „Das ist mir zu wenig!“ Sie wollen „mehr“ – und das ist nicht quantitativ gemeint, sondern ein Ruf nach der Synthese von psychologischer *und* spiritueller Begleitung. Das ist einer der Gründe, warum ich mich entschied, dieses Buch zu schreiben. Ursprünglich wollte ich nur eine Textsammlung zusammenstellen mit hilfreichen Passagen aus *den* Büchern, die mir selber geholfen haben, meine Totalerschöpfung (ich war ursprünglich Religionslehrer an einer Berufsschule) auszuhalten und als Gott-gegeben hinnehmen zu können und auch die damit verbundenen Erfahrungen von Kreuzigung, Gericht und Höllenfahrt als Teil des allgemeinen großen Menschheitsweges zu verstehen. So stellte ich ursprünglich Texte zusammen aus dem Alten und Neuen Testament, aus Parzival-Sage und Göttlicher Komödie, Bunyans Pilgerreise und den „Aufrichtigen Erzählungen eines russischen Pilgers“, aus etlichen Märchen und schließlich auch aus Texten von Carl Gustav Jung, Erich Fromm und Richard Rohr. Diese Schriften hatten mir selber geholfen, im Leiden Sinn zu finden, die Zumutungen anzunehmen als sinnvollen Teil eines Individuations-Weges, durchzuhalten und, vor allem, mich nicht in Selbstmitleid gehen zu lassen, sondern in Hoffnung auszuharren. Freunde ermutigten mich aber dann, über meine eigenen Erfahrungen zu schreiben. Von dort war es nur noch ein kleiner Schritt, ein Fachbuch zu schreiben, das sich an Psychologen wie Seelsorger wendet, und in welchem ich den Ansatz einer klassischen psychologischen Begleitung verbinde mit der Arbeitsweise psychologischer Fortbildungen und geistlicher Übungen (Exerzitien), bei welchen die Selbsterfahrung immer verbunden ist mit einem vorausgehenden Abschnitt erklärender Theorie. Ich gehe dabei einfach davon aus, dass nicht jedermann wie ich – mit meinem Theologiestudium und den ungezählten psychologischen Fortbildungen und Selbsterfahrungsseminaren – die Zeit hat, das für einen authentischen Weg nötige Wissen anzusammeln. Darum könnte ich mein Vorgehen, als „Wissen vermittelnde, körper-fundierte, psychologisch-spirituelle Krisenbegleitung“ bezeichnen – und da ich Christ bin, der aus der Tradition der „Nachfolge Jesu“ kommt, nenne ich diese Art der Arbeit schlicht:

„Christus-orientierte Begleitung.“

Mein Menschenbild schließt an die Frühzeit des Christentums an und ist *dynamisch*: So verstehe ich Bergpredigt und Vaterunser als „Lebensschule des christlichen Menschen“ und als „Läuterungs-Weg“, der aus den drei Stufen von Reinigung, Erleuchtung und Einigung besteht. Der Jesuit J. B. Lotz schreibt hierzu: „Wie nun das Böse in der Trennung des Menschen von Gott und von dem wahren Selbst besteht, so das Gute in der Rückkehr zu und der Einheit mit Gott und dem wahren Selbst“ (Lotz 1980: 15). In eben diesem Sinne versteht auch Thomas von Aquin die acht Seligkeiten der Bergpredigt (vgl. P. Magnus Beck O.P.: 1990). Immer wieder neu gilt es *den* Ich-Zustand anzustreben, in welchem wir „reinen Herzens sind“, wo Himmel und Erde, Geist, Psyche und Leib in uns Eins sind - unsere immer wieder neu zu wollende, neu zu empfangende, liebende schlichte *Authentizität*.

2. Kapitel Die vier Pfeiler – Überblick über die angewandten Konzepte

Die Christus-orientierte Begleitung und Selbsthilfe steht auf vier Pfeilern: **Wissen, Kunst der Unterscheidung, Prozess, Übung**.

Pfeiler I: Mit **Wissen** meine ich das *große authentische Wissen der Menschheit*, wie es in den verschiedenen Kulturen und Religionen, Philosophien, psychologischen Systemen, Märchen und Mythen der Menschheitsfamilie uns Heutigen als Richtschnur und Wegweisung zur Verfügung steht. Unter *authentisch* verstehe ich ein Wissen, das aus der Wahrhaftigkeit eines echten Weges entstanden ist.

Dass es nicht nur echte Wege gibt, zeigt ein Blick in den derzeitigen Büchermarkt genauso wie in die Geschichte des Christentums. Dabei geht es auf gar keinen Fall um eine kritiklose, blinde Übernahme von Weisheiten Anderer! Schließlich liegt ja das Ziel des Weges gerade in der Freilegung des Eigenen, der Authentizität:

„Was nicht von dem Menschen selbst gewählt,
worin er auch nur eingeschränkt und geleitet wird,
das geht nicht in sein Wesen über,
das bleibt ihm fremd,
das verrichtet er nicht eigentlich mit menschlicher Kraft,
sondern mit mechanischer Fertigkeit."

Wilhelm von Humboldt

Der Wert einer authentischen Tradition liegt darin, dass sie dem Individuum Kategorien gibt, um Erfahrungen überhaupt bemerken, erkennen, verstehen, einordnen und annehmen zu können. Das gilt ganz besonders für die Erfahrungen des eigentlich Unannehmbaren wie Unrecht, Schmerz, Leiden, Unheil, Ent-Täuschung.

In der Arbeit am Reifungsprozess sind immer drei Wirklichkeiten zu respektieren:

1. Die oberste zu anerkennende Wirklichkeit ist das Person-Sein des Individuums (Subjektes) in Freiheit und Unantastbarkeit der Würde des Menschen in Selbstbestimmung und persönlicher Authentizität.
2. Dazu gibt es komplementär eine zweite Wirklichkeit: das Eingebunden-Sein des Menschen in eine Welt und Natur, die nach Gesetzen geordnet ist, welche Leben auf diesem Planeten überhaupt erst möglich machen; dazu gehören die Naturgesetze, die Gesetze des biologischen, medizinischen, psychischen, sozialen Lebens und – was weniger bekannt sein dürfte – auch die Lebensgesetze des Schicksals, wie sie z.B. *Hermann Meyer* beschreibt (vgl. *Meyer* 1990: „Die Gesetze des Schicksals – Die Befreiung von unbewussten Zwängen").
3. Die dritte Wirklichkeit ist das, was Individuen auf ihrem Lebensweg gemäß dem Menschheits-Wissen innerhalb der Polarität von Individuum-Sein und Teil-der-Natur-Sein tun sollen. Mit Worten aus dem Alten Testament bedeutet das:

   „Es ist dir gesagt, Mensch, was gut ist
   und was der Herr von dir will:
   Recht zu üben und Güte lieben
   und demütig gehen vor deinem Gott!"

   Altes Testament, Prophet Micha 6,8

Der Sozialpsychologe Erich Fromm fasst den „Auftrag" in folgende Worte:

> „Meine Auffassung vom Ziel des Lebens kommt der von Spinoza und Thomas von Aquin nahe. Mit Spinoza lässt sich der Sinn des Lebens definieren als eine Entwicklung, bei der der Mensch dem *Modell der menschlichen Natur* am nächsten kommt. Das Ziel des Lebens ist es also, entsprechend den Bedingungen der menschlichen Existenz optimal zu wachsen und vollständig das zu werden, was man potentiell ist und sich von der Vernunft oder Erfahrung zum Verständnis jener Normen führen zu lassen" *(vgl. Fromm 2005: 18).*

Als Religionslehrer an der Berufsschule fragte ich einmal im Gebet, was ich als Wichtigstes meinen Schülern vermitteln solle. Die Antwort war ebenso überraschend wie einleuchtend:

> „Dein Leben ist richtig – egal, was geschieht!
> Versuch' zu verstehen, was mit dir geschieht!"

Ein Weiser sagte einmal:

> „Was könntet ihr fürchten, wenn nicht eure Unfähigkeit, eine Situation zu begreifen und daraus eine Lehre zu ziehen? Die Weigerung, die Unkenntnis in sich anzuerkennen, ist das erste Zeichen der Erstarrung, die Maske des einzigen Todes, der vorstellbar ist.
> Das große Leben ist gerade die Negation der Erstarrung; dies ist eine unumstößliche Wahrheit (...). Jede Grenze, die natürlich zu sein und der Logik zu gehorchen scheint, ist das Eingeständnis, dass ein Teil von uns selbst, den wir in unsere Welt ausdehnen wollen, sich noch in die Erstarrung flüchtet.
> Erstarrung ist aber niemals Stabilität. Stabilität ist nichts starr Festgelegtes, sondern ein Gleichgewicht (...)" (*Meurois-Givaudan* 1993: 30).

Um zu verstehen, braucht es Wissen, Konzepte, Kategorien, Vorbilder. Warum? Das „Wissen um das Ganze" gibt dem Unannehmbaren, und eigentlich Unerträglichen einen Sinn. Ein Paradebeispiel dafür gibt die Biografie von Carl Gustav Jung (vgl. *Stevens* o.J.:15):

> „Natürlich verbesserte das seine Beziehung zur Kirche nicht, sondern trieb ihn tiefer in seine Isolation: ‚Die anderen Menschen schienen wirklich allesamt anderswo zu sein. Ich fühlte mich mit meinen Gewissheiten völlig allein. Ich hätte gern davon mit jemandem gesprochen, aber ich fand nirgends einen Anknüpfungspunkt. (...) Ich wusste nicht, was ich davon halten sollte: Warum erlebt niemand Ähnliches wie ich? (…) Warum sollte ich der einzige sein?' (vgl. C. G. Jung: Erinnerungen, Träume, Gedanken 1962: 68-69)
>
> Er (Jung) kurierte sich selbst von seinen Ohnmachtsanfällen, nachdem er eines Tages seinen Vater zu einem Bekannten sagen hörte, dass er sich über die Zukunft seines Sohnes große Sorgen mache.

Er ging wieder zur Schule und nahm von da an seine Studien sehr ernst. Da ihm jeder Gedankenaustausch mit Gleichgesinnten fehlte, wandte er sich der Literatur, Philosophie und Religionsgeschichte zu. Heraklit zählte zu seinen Favoriten, ebenso Goethe und Meister Eckhart.
Schopenhauers „Die Welt als Wille und Vorstellung" fesselte ihn und bescherte ihm zusammen mit Kants Kritik der reinen Vernunft Einsichten, die, wie er sagte, „eine umwälzende Änderung seiner Einstellung zu Welt und Leben im Gefolge" hatten. (ETG S. 75). In Goethes Faust fand er ein legendäres Äquivalent zu seiner Persönlichkeit No. 2; und das gab ihm nicht nur vermehrte innere Sicherheit, sondern auch, wenngleich spät, „die Gewissheit, zur menschlichen Gesellschaft zu gehören'" (ETG S. 92).

Wenn sich das eigene Leben von dem der Anderen unterscheidet, wenn Krankheit, Scheitern und Unheil Selbstbild und Lebenskonzept in unwiderstehlicher und unausweichlicher Konsequenz unterwandern, aushöhlen, zerstören, ist der Blick auf jene *Vorbilder* und *Urbilder der Menschheit*, die dasselbe durchgemacht haben, und berichten, dass die ganzen Widrigkeiten „nur Durchgang", wichtige Passagen auf dem *Weg zum großen Ziel* sind, oft die einzige Ressource, um durchzuhalten und weiterzuatmen. *Hiob* im Alten Testament, *Jesus* in den Evangelien, *Parzival* im Ritterepos und *Dante* in der „Göttlichen Komödie", *John Bunyan* in der „Pilgerreise" – um nur einige Gestalten aus der Tradition zu nennen – können als Modelle aus dem mythischen Raum oft genug mehr Trost und Zuversicht spenden als ein wirklich lebender Zeitgenosse.

Wenn einem von *diesen Prototypen des inneren Weges* aber nicht erzählt wird, dann weiß man auch nicht von ihnen, weiß nicht einmal vom Vorhandensein eines inneren Weges, weiß nichts von Desillusionierung, Integration, von Wandlung und Reifen, weiß nichts von dem Lohn, der auf jeden wartet, der den WEG geht– und bleibt mit seinem Elend allein. Die Gedanken kreisen dann immer nur um das eigene Schicksal, das eigene kleine Ich, ohne je die Befreiung durch die Erkenntnis feiern zu können. Martin Luther sagt von diesem Menschen, der nur um sich selbst kreist, er sei „incurvatus in se" („in sich selbst gekrümmt").

Der „Weg des Menschen“ beginnt, wenn das kleine Ich erahnt, dass es Anteil hat an etwas Größerem und mehr ist als nur Leib und Seele. Wird diese Ahnung zur Gewissheit, sind die Schritte nicht mehr aufzuhalten.

Allein die Tatsache, dass C. G. Jung sein Leben aus einer anderen Warte ansehen kann, mit einem anderen Verständnis, anderen Kategorien, anderen Sinn-Systemen, hilft ihm, die Einsamkeit des Andersseins zu akzeptieren. Das kann man gar nicht hoch genug einschätzen.

Der Verfasser kann selber davon berichten, wie er die Jahre eines inneren Umbruchs mit Hilfe der Schriften aus der Tradition nicht nur überleben, durchstehen und ertragen konnte, sondern mit ihrer Hilfe zu einer neuen Einstellung zum Leben fand, zu sich selbst, den Mitmenschen und zur Welt insgesamt und damit auch zu einer neuen Lebensweise.

In diesem Sinne schreibt der Sozialpsychologe Erich Fromm, der selber aus der großen Tradition geschöpft hat:

> „Eigentlich könnte ich dieses Kapitel hier bereits beenden und sagen: Lies die Werke der Meister des Lebens, versuche, die wahre Bedeutung ihrer Worte zu verstehen, bilde Dir Deine eigene Überzeugung über das, was Du mit Deinem Leben anfangen willst, überwinde die naive Idee, dass Du keinen Meister, keinen Führer, kein Modell brauchst und dass Du während Deines kurzen Lebens herausfinden könntest, was die Großen der Menschheit in vielen Tausend Jahren entdeckten (wobei jeder von ihnen auf dem aufbauen konnte, was die Vorgänger hinterlassen hatten)! Einer der größten Meister des Lebens, Meister Eckhart, hat gesagt, ‚Wie kann einer überhaupt leben, ohne in der Kunst des Lebens und des Sterbens unterrichtet worden zu sein?‘“ (*Fromm* 2005: 22).

Dass es neben den echten Wegen auch Irrwege gibt, davon zeugen etliche Autoren. Drei davon möchte ich hier besonders erwähnen:

Erich Fromm (2005), Richard Rohr (2005) und Eric Edelmann (2000).

So wird z.B. Eric Edelmann (2000) in seinem Buch „*Jésus parlait araméen*" („Jesus sprach aramäisch") nicht müde, immer wieder aufs Neue darauf hinzuweisen, wie leicht es ist, sich auf dem Wege der *Nachfolge Jesu* zu irren.

Exkurs: Wer die Ur-Botschaft des Christentums kennenlernen möchte, sollte sich (nach Eric Edelmann) daran erinnern, dass Jesus aramäisch sprach. Indem Edelmann die gängigen Begriffe des Neuen Testamentes aus dem Griechischen rückübersetzt ins Aramäische, kann er Korrekturen vollziehen, die in der Lage wären, die Pfeiler der gegenwärtigen kirchlichen Verkündigung ins Wanken zu bringen und den Weg zu einer Neubesinnung auf das Eigentliche der Botschaft Jesu freizulegen. Ein Beispiel unter vielen sei hier genannt:
Für das paulinische, katholische und evangelische Christus-Bekenntnis ist zentral (und für viele nicht hinterfragbar), dass Jesus, der Gottessohn, *für die Sünde der Welt am Kreuz gestorben* ist. Damit ist Sünde ein juristischer Begriff; die Kreuzigung stellt das Recht wieder her. Von dort aus ergibt sich für dieses Denken die große Dankbarkeit der Kirche, und die Aufforderung: „Weil Gott so lieb zu euch war, so seid nun in Dankbarkeit selber lieb!"
Das Problem nach Edelmann ist nur, dass es den Begriff „Sünde" im juristischen Sinne so gar nicht in der Verkündigung Jesu gibt: „Das aramäische Wort *khtahayn*, wiedergegeben durch den Begriff „Sünde", bedeutet eigentlich „*Irrtum*", im umgangssprachlichen Sinne von „verpasst". Anders ausgedrückt, wenn es genau um „verpassen" geht, geht man am Ziel vorbei, an der Wahrheit vorbei." (S. 66, übers. vom Verf.) und Edelmann zitiert in diesem Zusammenhang einen chinesischen Text aus dem *Ch'an*: „Entfernt man sich davon um Haaresbreite, ist das wie ein tiefer Abgrund, der Himmel und Erde trennt." *Irrtum* weist in den Bereich von Philosophie und Psychologie – nicht aber in den juristischen. Darum ist die Korrektur des *„Irrtums" die Metanoia, das Umdenken als Wechsel der Perspektive, also ein existentieller Akt der Vernunft, der Einstellung, der Arbeit am Charakter* – nicht aber ein juristischer Akt!

Hätten die Christen mehrheitlich diesen Akt wahrhaftiger Metanoia als Umdenken und Perspektiven-Wechsel so konsequent praktiziert, wie es die ersten Mönche und Wüstenväter taten, wären die vielen unsäglichen Verbrechen der Christenheit so nicht geschehen – und ein Christ in der Metanoia müsste sich auch vor anderen Religionen nicht fürchten. In der Metanoia ist keine Angst, sondern Gottvertrauen, Liebe, Weisheit und ein Wissen um die Einheit allen Seins: Für den Menschen in der Metanoia ist das Heilige Brot der Eucharistie ein Zeichen dafür, dass alle Menschen ein Leib sind.

Welcher Theologie ein Mensch den Vorzug gibt, ist natürlich auch wieder in Entsprechung zu seiner Reife, seinem Charakter, seinem Temperament, seiner Geschichte. Salopp gesagt, ist die Religiosität eines Menschen immer genau so gesund oder krank, wie einer eben gesund oder krank ist.
Am Eingang zu einem bretonischen Altersheim steht auf einer halb verrosteten Tafel:

„Il est interdit de discuter de religion et de politique!"
(Es ist verboten, über Religion und Politik zu diskutieren!)

Einem Menschen, der durch die Metanoia ging, müsste man so etwas nicht mehr sagen. Solche Ermahnungen wenden sich an solche, die sich mit einem oberflächlichen, juristischen Denken begnügen: „Jesus ist für meine Sünde gestorben – und ich darf so bleiben, wie ich bin...! *Rechtgläubigkeit* und *Metanoia* gehören zwei völlig verschiedenen Religionen an – selbst wenn beide sich *Christentum* nennen!

Nicht umsonst gibt es im Kloster Sucevita (Rumänien) ein Wandfresco aus dem Jahr 1596, welches eine Himmelsleiter darstellt, auf welcher die Pilger von der einen Seite durch Engel unterstützt werden, aber zur anderen Seite hin abstürzen können – und das gilt für jede einzelne Stufe des beschwerlichen Weges nach oben.

Der Verfasser kann selber von genügend Irrwegen berichten. Einer davon soll hier erwähnt werden:

„Wie praktisch alle, die damals, in den 1970er Jahren auf einer inneren Reise waren, las ich Gerta Itals Buch: „Der Meister, die Mönche und ich“ (1966). Darin berichtet Ital, wie ein Traum ihr ankündigte, dass sie schweres Leid zu durchleben haben werde, dass ihr aber Hilfe zukommen werde – aus Japan. Tatsächlich verlor sie dann bald danach ihre Stimme und vieles mehr, sodass in ihr die Bereitschaft entstand, tatsächlich auf den Traum zu hören und zunächst einmal einen deutschen Meister des Zen aufzusuchen. Über den damals berühmten Lehrer des japanischen Bogenschießens, Eugen Herrigel, bekommt sie auf Umwegen die Möglichkeit, in einem japanischen Zen-Kloster (in Kyoto) als erste Frau, Christin und Europäerin mit den Mönchen zu meditieren – und bekommt tatsächlich, nach enormen Qualen und Schwierigkeiten, eine Erleuchtung geschenkt. Natürlich war ich damals, als junger Theologie-Student, (der von der damaligen Universitäts-Theologie nicht satt wurde) bemüht, ebenfalls zur Erleuchtung zu kommen und wartete in jeder Meditation, dass sich etwas Ähnliches ereignet. Ich wartete auf ein „ETWAS“, ein Objekt. Niemandem teilte ich mit, auf welches Ziel hin ich genau meditierte – und so konnte mich auch niemand eines Besseren belehren. Es dauerte Jahrzehnte, bis ich so weit gereift war, dass ich die Antwort verstand, die Karlfried Graf Dürckheim genau auf diesen Irrtum gibt“.

Graf Dürckheim berichtet nämlich von einer Begegnung mit dem Zen-Meister Suzuki (vgl. *Dürckheim* 1988: 31):

„Da er gerade bei mir war, fragte ich ihn: „Meister, könnten Sie mir in zwei Worten sagen, was östliche Weisheit ist?“

Er lächelte und sagt: „Das westliche Wissen schaut nach außen, die östliche Weisheit schaut nach innen.“

Ich sagte mir: „Das ist nicht gerade eine großartige Antwort...“

Aber er fuhr fort: „Wenn man jedoch nach innen schaut, als schaute man nach außen, so macht man aus dem Innen ein Außen...“.

Das war nun ein außerordentlicher Satz. Diese Antwort enthüllt das Drama der westlichen Psychologie, die ins Innere schaut, als schaute sie nach außen und aus dem Innen ein Außen macht, d.h.

> ein Objekt, einen Gegegenstand... und das Leben ist fort... Ich verstand, dass mit der Östlichen Weise zu schauen die Wahrheit des Lebendigen gewahrt wird. Wo aber das Lebendige zum Objekt wird, entsteht ein Begriff. Ich dachte bei mir weiter, man sollte eigentlich lernen, nach außen zu schauen, wie man nach innen schauen sollte, und das Innen im Außen entdecken. Diese Entdeckung hat mir in meinem Leben und in meiner Arbeit viel gegeben. Sie meint dasselbe wie der Satz von Novalis: „Alles Sichtbare ist ein in einen Geheimniszustand erhobenes Unsichtbares..."

Mit diesem Zitat von Novalis macht Dürckheim etwas deutlich, was für die Christenheit und in ihrer Folge die aus ihrem Raum entstandene Naturwissenschaft mehrheitlich gilt (eine Ausnahme bilden Vertreter der neueren Quantenphysik): Man hält die Materie für etwas Selbstverständliches, weil ja immer schon vorfindlich – und macht sich gar nicht klar, was für geheimnisvolle Prozesse nötig sind, um die Materie hervorzubringen und zu erhalten: Die größte Aufgabe der Tradition ist es, dem Menschen wieder das Staunen beizubringen über das Geheimnis alles Lebendigen, alles Vorfindlichen, des Materiellen wie des Psychischen, wie des Geistigen.

Pfeiler II: Mit der **Kunst der Unterscheidung** meine ich die Fähigkeit, Ich-Zustände zu erkennen und bestimmen zu können. Der Begriff der Ich-Zustände stammt von dem Transaktionsanalytiker Eric Berne (vgl. *Berne* 1983: 26 ff.):

> „Das grundlegende Ziel der Transaktions-Analyse ist das Studium der verschiedenen Ich-Zustände; bei ihnen handelt es sich um kohärente Gedanken- und Gefühlssysteme, die durch entsprechende Verhaltensmuster zum Ausdruck gebracht werden. Jeder Mensch besitzt drei verschiedene Ich-Zustände:
>
> 1. Den Ich-Zustand, der sich von den Elternfiguren ableitet, bezeichnet man umgangssprachlich als *Eltern-Ich-Zustand* (in Kurzform: *Eltern-Ich*). In diesem Zustand fühlt, denkt, handelt, spricht und reagiert der *Mensch* ebenso, wie seine Eltern das getan haben, als er selbst noch klein war. Dieser Ich-Zustand ist beispielsweise aktiv, wenn man seine eigenen Kinder großzieht. Selbst wenn der Mensch diesen Ich-Zustand nicht tatsächlich

zum Ausdruck bringt, beeinflusst er sein Verhalten als eine Art „elterlicher Einfluss“, indem er sozusagen die Gewissensfunktion wahrnimmt.

2. Den Ich-Zustand, in dem der Mensch seine Umwelt objektiv abschätzt und in dem er die sich für ihn ergebenden Möglichkeiten und Wahrscheinlichkeiten aufgrund seiner bisher gemachten Erfahrungen berechnet, bezeichnet man als *Erwachsenen-Ich-Zustand*, bzw. kurz als *Erwachsenen-Ich*. Das Erwachsenen-Ich arbeitet wie ein Computer.
3. Jeder Mensch trägt in seinem Inneren auch einen kleinen Jungen bzw. ein kleines Mädchen mit sich; dieses Wesen fühlt, denkt, handelt und reagiert genauso, wie der betreffende Mensch das getan hat, als er sich in einem ganz bestimmten Kindheitsalter befand. Diesen Ich – Zustand bezeichnet man als *Kindheits-Ich-Zustand*, bzw. in Kurzform *Kindheits-Ich*. Das *Kindheits-Ich* gilt keineswegs als „kindlich“ oder „unreif“ – Einschätzungen, die von der Eltern-Ebene aus vorgenommen werden –, sondern als „kindhaft“, d.h. es verhält sich wie ein Kind in einer ganz bestimmten Lebensphase. Hier kommt es vor allem auf eine ganz bestimmte Altersphase an, die normalerweise zwischen zwei und fünf Lebensjahren liegen kann. Es ist für jeden Menschen wichtig, dass er sein Kindheits-Ich begreift, und zwar nicht nur deshalb, weil es ihn sein ganzes Leben lang begleitet, sondern auch, weil es ein wesentlicher Bestandteil seiner Persönlichkeit ist.

   Die obigen Ausführungen machen deutlich, dass bei einer Konfrontation von zwei Menschen insgesamt sechs Ich-Zustände beteiligt sind, und zwar je drei bei jedem der beiden Kontrahenten. Da die Ich-Zustände sich voneinander ebenso unterscheiden, wie das in der Praxis bei Menschen zutrifft, ist es wichtig zu wissen, welcher Ich-Zustand bei jedem der beiden beteiligten Menschen gerade aktiv ist, wenn sich irgend etwas zwischen ihnen abspielt.“

Der Begriff des Ich-Zustandes ist für die Begleitung besonders geeignet, da er in der Lage ist, einerseits die Vielfalt der verschiedenen Manifestationen des Person-Seins auszudrücken und andererseits gleichzeitig die Einheit der Person in der Verschiedenheit ihres Ausdrucks zu wahren. Des weiteren macht er deutlich, dass die Übergänge fließend sind: Es ist eine einzige Persönlichkeit, die sich in ständig neuen Ausdrucksweisen manifestiert, je nachdem, welche Aufmerksamkeit, Absicht, Stimmung oder Teilpersönlichkeit gerade aktiviert ist und „regiert".

Derjenige, der *Ich* sagt, meint sich als ganzen Menschen, ob er dabei im Ich-Zustand des *wahren Selbst in seiner Mitte* ist, sozusagen als *König-Ich* denkt, fühlt, handelt, oder ob sich ein Teil des Subjekts (eine Teilpersönlichkeit) auf den Königsthron gesetzt hat und sich als Usurpator für das Ganze ausgibt und *Ich* sagt: Es liegt darin immer verborgen die Ganzheit des einen, unteilbaren Menschen, dessen Würde unantastbar ist. „Es ist immer einer drin...", sagt der Psychologe und Philosoph Eugen Gendlin – und sei die Präsentation des Ich-Zustandes auch noch so entfremdet vom Person-Kern und seinem (wahren) Wesen.

In Sprache und mit Worten sind diese komplexen Zusammenhänge nur sehr schwer zu fassen. Mir selber ist es eine große Hilfe, die Begriffe und Konzepte einfach nur als Werkzeuge zu sehen und zu nützen, die während eines Prozesses ausgesprochen hilfreich sein können, um das Fremde vom Eigenen zu unterscheiden – die aber im Lebensvollzug zurücktreten müssen hinter der Erfahrung des Lebensstromes und der Fülle der Vieldimensionalität des Lebens. Konzepte sind künstlich und werden dem *Geheimnis Mensch* niemals gerecht. Der Mensch als Person ist in seiner Personalität durch nichts anderes mehr erklärbar: Er ist Individuum, Subjekt, seine Würde ist unantastbar und sein Person-Sein wird durch Begriffe niemals in seiner Tiefe und Weite erfasst – mit diesem Bewusstsein dürfen wir die Kraft der Begriffe im Prozess der Unterscheidung nützen.

Carl Gustav Jung kommt mit seiner Vorstellung von der Lebensenergie (Libido) dem Konzept der Ich-Zustände sehr nah: Die Libido (nicht im triebhaft-sexuellen Verständnis Sigmund Freuds verstanden) als Lebensenergie kann sich ständig neu verteilen, sich in ständig neuen Symbolisierungen ausdrücken, seien sie regressiver oder gar neurotischer Natur wie progressiver, schöpferischer und transzendenter Natur. Die Selbstorganisation der psychischen Energie leitet und verteilt sich zwischen den Polen des Triebhaften und des Geistigen. Sie bewegt sich zwischen den Gegensatzpaaren (Polaritäten) hin und her und ist auf einer instinktiven Organisationsebene genauso Libido wie auf einem geistigen Niveau: Es ist immer die gleiche psychische Energie, die also Wandlungen durchmacht (zu vergleichen mit einem Frosch, der im Märchen ein Prinz werden kann). Für Jung ist sie *„das göttliche Pneuma“* (*Jung* 1972: I. 475).

Für die Christus-orientierte Begleitung gilt: Im Vordergrund steht die *Person* – ihr nachgeordnet ist das *Erleben* der Person, also ihre Themen, Erinnerungen, Erfahrungen. Es gilt also „nicht in erster Linie die Inhalte des Erlebens zu begleiten, sondern *„das Ich“*, das dieses Erleben *hat*“ (Wiltschko 2003: 172). Der Fähigkeit, ICH von Nicht-ICH zu unterscheiden, entspricht die Thymusdrüse, die auf der körperlichen Ebene ja tatsächlich das Eigene vom Fremden, im Verbund mit dem Immunsystem, unterscheidet. Darüber hinaus weiß schon Plato, dass Thymos auf der *seelischen* Ebene Mut, Lebenskraft und Ich-Stärke bedeutet, auf der *geistigen* „den rezeptiven ‚Sinn‘, durch den die Appelle der Götter sich den Sterblichen kund geben“ (Sloterdijk 2006: 24). Thymus ist der Sitz des „autonomen Ich (neu)“, schreibt Barbara Parlow „Dieser Begriff wurde von mir geprägt, um dieses Zentrum zu benennen. Es ist *der* Punkt, auf den jeder zeigt, wenn er „ich“ sagt.... Hier ist der Sitz des natürlichen Selbst-Bewusstseins“ (Parlow 2012: 34). Diese wenigen Andeutungen an dieser Stelle mögen zeigen, wie Ich-Stärke und die Kunst der Unterscheidung direkt zusammenhängen.

Es ist für alle Klienten eine große Erleichterung, ein Aufatmen, ein Neubeginn, wenn sie zum ersten Mal hören, dass sie nicht ihre Schwächen, ihre Mängel, (wie z.B. Eifersucht, Triebhaftigkeit, Gier, Streitsucht, Bequemlichkeit oder Eitelkeit) *sind*, sondern dass all diese Charaktereigenschaften ein ETWAS sind, das ihnen anhaftet, von dem sie sich aber in ihrem Person-Sein deutlich unterscheiden. Es ist, wie wenn man einem Gefangenen den Schlüssel zu seiner Zelle geben würde. Er muss zwar noch zur Tür gehen, er muss sie öffnen und hinausgehen – aber mit Inbesitznahme des Schlüssels ist die Befreiung schon implizit da. Das ist die große Kraft der Kunst der Unterscheidung, hier bekommt der durch seine bisherigen *Selbstkonzepte* (als Bilder und Vorstellungen von sich selbst, als Selbstwertschätzung) geknechtete Mensch wieder seine Würde zurück.

Die geradezu dämonische Macht des ETWAS liegt darin, dass sie aus dem Individuum, das mit dem ETWAS verschmolzen (identifiziert) ist, wiederum ein ETWAS macht – sodass die Personalität der Person „verloren geht", „verschüttet wird" (sie ist ja immer da – aber durch die Vorherrschaft des ETWAS wird sie bis zur Unkenntlichkeit verfremdet ins Unpersönliche).

Besonders für den durch Trauma in seiner Selbstwertschätzung zutiefst verletzten und verunsicherten Menschen wird das Wissen, dass seine Personalität (also sein wahres Ich) niemals von den Ereignissen beeinträchtigt wurde, zu einem unschätzbar wichtigen Meilenstein auf seinem Weg zurück zu seinem wahren Selbst.

Exkurs: *Selbst-Wertschätzung, Selbst-Konzept, Selbst-Beherrschung* weisen darauf hin, dass hier ein Mensch sich selber seinen Wert gibt, von sich selber ein Konzept hat, sich selber be-herrscht. Ich verdanke dem katholischen Theologen und Philosophen Jörg Splett den Hinweis auf Odysseus (einem Helden aus der griechischen Sage), der sich an einen Masten binden lässt, um nicht schwach zu werden (vgl. Splett 2007: 11):
„War die Aufklärung – nach der berühmten Bestimmung Immanuel Kants – „der Ausgang des Menschen aus seiner selbst verschuldeten Unmündigkeit", so zeigte sich, dass die „abstrakte" Vernunft den Einzelnen in seinen lebendigen Bedürfnissen nicht minder unterdrückte. In ihren „Fragmenten" zur Dialektik der Aufklärung haben Horkheimer / Adorno die Unterwerfung der Natur an der Gestalt des Odysseus behandelt, vor allem an seiner Begegnung mit den Sirenen. Wer sich beherrscht, der wird zugleich von sich beherrscht. „Die Herrschaft des Menschen über sich selbst, die sein Selbst begründet, ist virtuell allemal die Vernichtung des Subjekts, in dessen Dienst sie geschieht... Denn bezwungen wird das eigene Selbst, unterdrückt die eigene verlangende Lebendigkeit. So wie er sich Polyphem gegenüber „Oudeis" (= Niemand) nennt, also seinen Namen (Odyss) zugleich entdeckt und verbirgt und sich durch Selbstverleugnung rettet... so hört er zwar die Sirenen, ihnen verfallend, doch durch die Fesselung bleibt es bei der „Sehnsucht dessen, der vorüber fährt."
Gerade an der Frage der *„Selbst-Einschätzung"* wird die Notwendigkeit der Unterscheidung sichtbar: Sie ist Ausdruck der *Selbst-Mäch-*

tigkeit (oder *Eigenmächtigkeit* – im Unterschied zur *Gott-Ergebenheit* im Sinne von: „Vater im Himmel: Dein Wille geschehe!" und „Vater, nicht wie ich will – sondern wie du willst!" – als Ausdruck der Haltung von Frömmigkeit) desjenigen Menschen, der meint, er selbst wäre es, der da schätzt, dabei ist es in Wirklichkeit ein ETWAS in ihm, ein Nicht-Ich, das da mit Selbstbildern arbeitet. Die *Person als Geheimnis* hat in ihrer wahren Natürlichkeit eben gerade keine Bilder von sich, weil es für die Person in ihrem Person-Sein keine Bilder mehr geben kann:

Im Ich-Zustand des Person-Seins transzendiert die Wahrnehmung des inneren und äußeren Wahrnehmungsfeldes jegliche Vorstellungen von einem begrenzten Ich. Denn unser Wesen erstreckt sich grenzenlos weit über alles hinaus. Es reicht so weit in alles Lebendige hinein, dass dieses Verwoben-Sein und Verbunden-Sein nur noch empfunden werden kann als Zusammenhang mit allem Lebendigen.

Martin Buber formulierte das so (vgl. *Buber* 1943: 379, zitiert nach *Wehr* 2010: 228): „Die Frage, was der Mensch sei, kann nicht durch Betrachtung des Daseins oder des Selbstseins als solches beantwortet werden, sondern nur durch Betrachtung des Wesenszusammenhangs der menschlichen Person mit allem Sein und ihrer Beziehung zum Sein."

Ein Weiser sagt dazu: „Sich auf den Kern der Gesundheit, das heißt, auf die vollkommene Übereinstimmung mit sich selbst zubewegen heißt auch: die Tragweite jener Wahrheit zu begreifen: Der Mensch ist gewiss eine Seele, aber ebenso gewiss ist er auch viel mehr als eine Seele, denn er hat vor allen Dingen *‚Geist'* empfangen.

Dies wird viele von euch verwirren, denn nur wenige unterscheiden zwischen Seele und Geist. Im Laufe der Jahrhunderte wurden diese beiden Begriffe so sehr miteinander verschmolzen, dass seit einem halben Jahrtausend ... diesbezüglich völlige Verwirrung herrscht.

... Ihr müsst nicht eurer Seele zustreben, sondern höher, dorthin, wo eure spirituelle Essenz wohnt: zu eurem Geist.

Die Seele ist ein allgemeiner Begriff, der alle Realitäten umfasst, durch das sich das Ich in den Welten der dichten Formen manifestiert. Die Seele steht für eine Persönlichkeit und ein Gedächtnis, die mit einem freien Willen begabt sind, einer illusorischen Individualität, und dies alles projiziert sich ... auf Erfahrungsebenen, die der Gesamtheit ihres Wesens Schliff geben können. Die Seele ist die Schaltstelle, die im Augenblick zwischen euch und eurem Selbst notwendig ist ..." (Meurois-Givaudan 1993: 130). Mit dem „Schliff" ist gemeint, dass Menschen, die „unaufhörlich auf der Suche nach Zuschauern (sind), die willens sind, ihnen das Bild ihrer eigenen Größe zu bestätigen" (126), mit dieser Haltung regelmäßig enttäuscht werden und leiden. Beim Wunsch, die Ursache des Leidens überhaupt wahrzunehmen und zu bemerken, schließlich auch zu verstehen, können nachfolgende Konzepte große Hilfe leisten:

Während Eric Berne als Transaktionsanalytiker mit den drei Ich-Zuständen des

- Kind-Ich
- Erwachsenen-Ich
- Eltern-Ich

arbeitet, möchte ich hier noch weitere Konzepte von Ich-Zuständen nennen, die sich in der Arbeit bewährt haben:

- im Ich
- Abschied vom Ich
- ohne Ich
- mit Ich

Diese Konzepte, wie auch die nachfolgenden, werden in den anschließenden Kapiteln erklärt.

Für die Arbeit vor, während und nach einem Prozess hat sich des weiteren bewährt, mit folgenden Konzepten die Manifestationen der verschiedenen Dimensionen der Persönlichkeit zu unterscheiden:

- Ersatzgefühle
- falsches Selbst
- Charakter
- Script
- Muster
- Selbstkonzept
- Teilpersönlichkeiten
- Beschützer-Ich
- Welt-Ich

- Person-Kern
- Herz
- Freiraum
- guter Ort
- innerer Beobachter
- ICH
- wahres Selbst
- Wesen
- Seelengrund

Für die Begleitung ist noch eine weitere Unterscheidung (mit Konzepten von Eric Berne u.a.) zu erwähnen, welcher in der Christus-orientierten Begleitung eine ganz besondere Aufmerksamkeit zukommt:
- Verschmelzung
- Ausklammerung
- Dis-Identifikation
- Integration

Verschmelzung bedeutet, dass es keine Grenze gibt zwischen dem, der „Ich" sagt und dem, womit er verschmolzen ist, sei es ein *JEMAND* oder ein *ETWAS*. Ein anderes Wort für Verschmelzung ist *Identifikation*. Die Kunst der Unterscheidung von Ich-Zuständen entspricht dem Vorgang der *Dis-Identifikation*.

Ausklammerung (Dissoziation) bedeutet, dass ein Individuum so lebt, denkt, fühlt, handelt, als ob eine bestimmte Wirklichkeit oder Gegebenheit nicht vorhanden wäre, sei sie Geschichte, Gegenwart oder Zukunft. Ausklammerung kann sich auf den Körper, die Wirklichkeit des Seelischen (und seine Manifestationen als Denken, Fühlen, Wollen, Handeln usw.) beziehen, und schließlich auch auf die Wirklichkeit des Geistes als Seelengrund im Menschen; des weiteren auf innere Teilpersönlichkeiten, aber auch Werte, Tatsachen aller Art, wie z.B. das Soziale, Politische, Juristische, Wirtschaftliche, schließlich auch Ernährung, Gesundheit, Krankheit, und viele weitere hier nicht erwähnte Wirklichkeiten. Die Kunst der Einbeziehung des Ausgeklammerten heißt Integration.

Exkurs: Mein eigener Weg vom freundlichen Begleiter, der einfach nur zuhört, zum Vermittler der *Kunst der Unterscheidung* erstreckte sich über Jahrzehnte und ungezählte Begleitungen in Kirchgemeinden, Krankenhäusern, Schulen.
Als Gemeindepfarrer und Religionslehrer lag in den ersten Jahren meiner Tätigkeit meine Aufmerksamkeit darauf, ein guter Zuhörer zu sein und zu ermutigen, Dinge überhaupt einmal auszusprechen, die man sonst nur „mit sich selber ausmachte". Wo es sich ergab, mündete die Begegnung manchmal in ein spontan formuliertes Gebet, das einmal mehr, einmal weniger organisch zum Ganzen passte.
Da ich im Hinterkopf Virginia Axlines „Dibs" (1972) hatte und Hugh Missildines Klassiker „In dir lebt das Kind, das du warst" (1976) (Bei „Dibs" ging es um Spieltherapie, wie Virginia Axline sie entwickelt hat und exemplarisch praktizierte; bei Missildine ging es um die verschiedenen „inneren Kinder", wie sie sich im Erwachsenenalter auswirken), dazu die Konzepte von Sigmund Freud (vom Verdrängten und Vergessenen) meinte ich, es wäre ein besonders gelungenes Gespräch, wenn mein Gesprächspartner sich erlauben konnte, über einem Thema die *Tränen fließen zu lassen* und so Erleichterung zu bekommen und freier zu werden für seinen Alltag. Ich ermutigte dabei auch zum Erinnern, in der Hoffnung, dass manch „Vergrabenes" endlich ans Licht durfte.
In der zweiten Phase lernte ich die Transaktionsanalyse kennen und ihre Unterscheidung zwischen dem freien Ich-Zustand des Erwachsenen-Ichs einerseits und dem unfreien Ich-Zustand im *script* andererseits (dazu später mehr). In dieser Phase wollte ich vor allem behilflich sein bei der Suche nach *Handlungsalternativen,* indem ich dem Gesprächspartner half, zwischen den drei verschiedenen Reaktionen und Einstellungen eines kindlichen, eines elterlichen und eines freien erwachsenen Ichs zu unterscheiden.
Als Pausen-Seelsorger an der Berufsschule war ich dann genötigt, Wege einer Krisenberatung zu finden, die innerhalb einer großen Pause zu einem neuen Verständnis verhilft. In dieser Zeit – bedingt durch die Einsichten in die (für mich direkt evidenten) *Gesetze des Schicksals* lernte ich nun ein *komplementäres Denken,* das heißt, die Ereignisse aus dem Gesamtkontext heraus zu verstehen. Nun

stand für mich nicht mehr die *Entscheidungsfindung* für eine Handlung im Vordergrund, denn dafür waren die Probleme und Schicksale der Schüler oft genug viel zu schwerwiegend (die Schüler fragten zwar auch oft, was sie tun sollten). Die Schicksale, die sie mir erzählten, forderten oft nicht in erster Linie eine Entscheidungshilfe, sondern Hilfen, um die Situation überhaupt annehmen zu können. Es war dabei fast jede Woche so, dass wenn ich dachte „ein schlimmeres Schicksal kann es nicht mehr geben" – dann kamen das nächste Mal noch haarsträubendere Berichte von menschlichem Versagen und Lieblosigkeit (zunehmend der Eltern, dann auch der Ausbilder) – und so war vor allem die Frage, wie es möglich war, den Schülern in ihrer oft schwierigsten Situation eine Brücke zum Sinn aufzuweisen und gemeinsam herauszufinden, wozu das (unerwartete, schmerzliche, verunsichernde) Ereignis da war. Als Hauptkonzept bezog ich mich dabei einerseits auf Hermann Meyers „Gesetz der Wiederkehr des Verdrängten" (vgl. *Meyer* 1990: 97 ff.) und andererseits auf die Einsichten meiner spirituellen Entwicklung, in welcher ich (in guter alttestamentlicher Tradition) erkannt hatte, dass alles, was wir erleben, einen Sinn und Auftrag verborgen in sich trägt. So versuchte ich, gemeinsam mit den Schülern, einen Paradigmen-Wechsel zu vollziehen vom „Warum?" zum „Wozu?".

Wenn die Schüler mit der Frage kamen: „Warum passiert mir das (immer wieder)...? (das war eine der häufigsten Fragen), dann wollte ich sie mit „Vollwertkost" versorgen und ihnen gleichzeitig vermitteln, „wie der Himmel mit Hilfe des Schicksals an uns Menschen arbeitet." Im Anschluss an die Assoziationsexperimente von S. Freud und C. G. Jung sagte ich den Schülern: „Ich habe da eine Möglichkeit, wie Sie erfahren können, was die Kündigung / die Krankheit/ die Schwierigkeit Ihnen sagen möchte, wenn Sie das wollen."

„Ja!"

„Gut. Dann lade ich Sie ein, jetzt einmal an das Problem / Thema / Schmerz zu denken. Und wenn Sie mit dem Thema in Verbindung sind, dann sagen Sie es mir bitte. Ich werde Ihnen dann drei Fragen stellen – und die beantworten Sie mir bitte, ohne nachzudenken!"

„Jetzt!"

„Sagen Sie mal ein Land (...) jetzt einen Namen (...) und jetzt eine Zahl! (...) Und die schreiben Sie jetzt bitte gleich auf: Da drunter verborgen ist die Antwort."

Ich erinnere mich noch an einen Schüler, der ganz bleich im zweiten Lehrjahr zu mir kam: Sein Betrieb hatte geschlossen. Eine Katastrophe!

Nachdem ich ihn eingeladen hatte, die drei Fragen zu beantworten, kamen bei der zweiten Frage schon die Tränen: ein Mädchenname, der Name seiner Lieblingstante, die für ihn viel zu früh verstorben war. Ich fragte ihn, ob er den Verlust denn damals genügend betrauern konnte – er verneinte. So lud ich ihn ein, sich Zeit für die Trauer zu nehmen, vielleicht das Grab zu besuchen oder die Straße, wo sie gewohnt hat oder ein Fotoalbum mit Bildern von ihr anzuschauen. Nach wenigen Wochen kam er strahlend nach der Stunde: Er hatte wieder eine Lehrstelle gefunden – und das im zweiten Lehrjahr. Warum? – ganz einfach: Er hatte seine „Hausaufgaben gemacht!" , die Tante betrauert, den Abschied nachvollzogen – mit diesem Ereignis hatte er nicht nur seine gegenwärtige Krise gemeistert, sondern gleichzeitig einen Einblick bekommen in die Gesetze des Schicksals, wie sie in seinem eigenen Leben gewirkt hatten – und wie er selber künftig mit ähnlichen Situationen umgehen konnte (theoretisch vorbereitet für solche Ansätze war er natürlich durch den Religionsunterricht).

Eine andere Begebenheit war die Pausenseelsorge mit einer Schülerin, die an multipler Sklerose erkrankt war. Auf die drei Fragen kamen folgende Antworten:

Land: Deutschland.

Name: Paul.

Zahl: 8.

„Was fällt Ihnen zu Deutschland ein?"

„Da lebe ich."

„Und zu Paul?"

„So hieß mein Vater. Er ist gestorben, als ich 8 Jahre alt war. Ach, ich wäre am liebsten bei ihm!"

Dieses Motiv begegnete mir in diesen Tagen wieder, wo eine schwerstkranke Dreißigjährige sagte: „Seit dem Tod meines Vaters habe ich nicht mehr richtig gelebt!" (Ihr Vater hatte sich das Leben genommen, als sie noch ein kleines Mädchen war. Eine Psychotherapie war nie ernstlich in Erwägung gezogen worden).

Ein lustiges Beispiel sei schließlich noch erwähnt: Ein Abiturient kam und sagte: „Ich kann mich nicht entscheiden zwischen zwei Mädchen. Ich liebe sie beide."
Auf die Frage nach dem Land sagte er „Portugal!"
Ich fragte ihn nach der Beziehung, die er zu Portugal habe – er antwortete: „Gar keine!"
„Ja, dann sieht es ja wohl so aus, als ob Sie zu keiner dieser Frauen eine wirkliche Beziehung hätten. Vielleicht ist Ihr Problem ja zur Zeit gar nicht so sehr, mit welchem Mädchen Sie zusammen sind, sondern die verlorene Geborgenheit, nachdem jetzt die Schule beendet ist."
Davon wollte er nichts wissen und war sauer auf mich. Nach Wochen traf ich ihn – und er sagte mir: „Sie haben Recht gehabt: Es war keine von beiden!" Klar – warum sollte das Assoziationsexperiment auch Lügen auftischen...

Auf meinem Weg zur Kunst der Unterscheidung entdeckte ich schließlich auch die Lehre von den neun Charaktertypen (Enneagramm), wie sie heute z.T. in Klöstern auf Exerzitien eingesetzt wird, um das „falsche Selbst" vom „wahren Ich" unterscheiden zu können – ganz im Sinne der Tradition der Wüstenväter, welche zwischen den „Lastern" einerseits, und den „Tugenden" andererseits unterschieden. Wo die Tugenden regieren, ist ein Seelenzustand erreicht (das ist immer eine Gnade), den die christliche Tradition „Reinheit" nennt. Diesen Ideal-Zustand von Freiheit und Freiraum hatte ich schon ahnungsweise bei Eric Berne als „Erwachsenen-Ich" kennengelernt; dem Konzept vom „falschen Selbst" entsprach bei ihm der Ich-Zustand, in welchem beim Menschen Kind-Programme oder Eltern-Programme regieren und auf diese Weise das reife Ich als „skript" versklaven („trüben").
Die Arbeit der „Enttrübung" konnte in der eher direktiven transaktionsanalytischen Arbeit ziemlich ruppig sein. Wenn z.B. in einer gruppentherapeutischen Sitzung ein Klient mit „Ja, aber" auf einen

Beitrag antwortete, tönte die ganze Gruppe laut „Ja, aber!“ und damit kam automatisch der Nächste in der Gruppe dran. In meiner Focusing-Ausbildung lernte ich dann im „Partialisieren“ („aus dem Thema ein ETWAS machen“) eine sanftere Art und Weise der Dis-Identifikation kennen, die allerdings auch mehr Zeit brauchte. (Ich selber wende heute sowohl die direktive wie die personzentrierte Arbeitsweise an, je nach Klient und Situation).
Die Desillusionierung bei dieser Arbeitsweise ist natürlich nichts für jedermann – wer mag schon gerne vor sich selber und seinem Übe-Partner immer wieder aufs Neue die Demontage der eigenen Selbstbilder und dazu noch die Entlarvung der eigenen Verhaltens-Motive erleben – aber der Lohn lockte:“Selig sind, die reinen Herzens sind, denn sie werden Gott schauen!“

Durch mein eigenes Wachstum erkannte ich immer deutlicher (im Rückblick auf mein eigenes Leben und im Einblick in die Lebenszusammenhänge der mir anvertrauten Klienten), dass sämtliche Probleme und Schwierigkeiten, die uns das Leben zumutet, eine gute Absicht Gottes verborgen in sich tragen und dass deshalb alle Widrigkeiten, die einem widerfahren, Lernchancen, Lernvoraussetzungen und Signale sind auf einem einzigen großen Weg der Entwicklung und des Reifens, den die Christen *Nachfolge Jesu* nennen, *Pilgerreise* – die spirituell ausgerichteten Psychologen *Individuation*.
Auf mein eigenes Leben konnte ich inzwischen auch ohne Bitterkeit oder Selbstmitleid schauen; also auf sämtliche Traumata, Ent-Täuschungen, Verletzungen und unangenehme Lebensabschnitte versöhnt zurückblicken. Und heute, im Alter von 60 Jahren, stelle ich fest, dass die durchlittenen Schmerzen und Leiden Voraussetzung dafür waren, dass ich die Tiefendimension meines Lebens in Authentizität und Seelengrund in einer solchen Konsequenz suchen und finden konnte, dass ich heute nur noch dankbar bin für meinen Weg.
Durch Selbsterkenntnis entstand bei mir ein Vertrauen in das Leben, welches „weiß“ (durch die „Gesetze des Schicksals“) dass alles so, wie es ist, „richtig ist“, indem es *der großen sich entwickelnden Manifestation Gottes in seiner Schöpfung dient*. Aus

dieser Haltung heraus konnte ich nicht nur mein *Selbstmitleid* verabschieden, sondern, in der Begleitung von Klienten auch jegliche *„Problemhypnose“*. So entstand nach längerem Suchen und Experimentieren ein Modell der Begleitung, welches das Element des Zuhörens aus der Psychotherapie mit dem der Belehrung der Wüstenväter verband, gekrönt durch die initiatische Begleitung nach der Art Graf Dürckheims.

Schon vor vielen Jahren hatte ich, ohne damals von *Focusing* zu wissen, Focusing-gemäß Teile meiner Persönlichkeit nach außen gestellt (eine Technik, die ich in einem anderen Kapitel genauer erklären werde). Bei dieser Arbeitsweise, die ich praktiziere, seit ich die Arbeitsweise mit den Stühlen von Fritz Perls in einem Gestalt-Seminar kennen lernte (inzwischen von mehreren psychologischen Schulen aufgegriffen als *inneres Teamgespräch*), hatten sich allmählich für bestimmte Anteile meiner Persönlichkeit Orte im Raum herauskristallisiert, von denen aus immer wieder die selben Instanzen zu einem Dialog mit mir bereit waren. Besonders genannt seien hier in diesem Zusammenhang der *innere Ratgeber*, der *innere Beobachter*, der *„alles Wissende“*, und schließlich, indem ich mich tiefer mit Richard Schwartz (2007) und seinen Schülern, Ingeborg und Thomas Dietz (2008) beschäftigt hatte und mit deren Konzepten experimentierte: der Platz des *„wahren Ichs“* und hinter/über ihm der Platz des *Höheren Selbst*, mit denen „ich“ alle meine Probleme besprach – und Antworten bekam, die eine Autorität und Freiheit gleichzeitig mit sich brachten, so dass sie mir in allen Lebenslagen – auch den schwierigsten – die notwendige Orientierung gaben. Parallel dazu übte ich immer und immer wieder aufs Neue die Frage: „Was geschieht in mir, wenn ich „Ich“ sage? Was nehme ich dabei wahr? Wie ist es genau? Was ändert sich jetzt, wenn ich den Körper hinzu nehme, den Atem, die Augen öffne, die Augen schließe? Wie ist es jetzt, wenn ich jetzt „Ich“ sage, mich als Ich erlebe? Von dort war es dann nur noch ein kleiner Schritt zur praktischen Anwendung in zwei zentralen Fragen an den Klienten:
„Wo ist gerade dein Ich (als dein Person-Kern oder Herz?)“

„Wo ist jetzt gerade für dich dein Seelengrund, also dein inneres Geheimnis, als der Tempel, in dem Gott wohnt?"

Dieses Vorgehen wird im Teil III des Buches mit vielen Beispielen aus der Praxis gründlich veranschaulicht; hier dazu nur zwei Beispiele:
Beispiel A: Sabine: „Mein Sohn stresst mich gerade so. Und mein Mann weiß nicht, ob er seine Arbeit verliert. Und in meinem Kurs da zicken zwei Teilnehmerinnen (...)"
Begleiter: „Und wo ist jetzt gerade die Sabine?"
Sabine: „Die ist gar nicht da!"
Begleiter: „Und wo ist die jetzt gerade, wenn du so im Raum oder durch das Fenster außerhalb des Raumes mal um dich schaust?..."

Beispiel B: Robert: „Arbeit... Stress... Krankheit... Probleme mit der Ehefrau, Perspektivlosigkeit..."
Begleiter: „Nehmen wir einmal an, hier im Raum wäre dein Schutzengel – wo wäre der jetzt gerade?"
Robert: „Da draußen, im Park...er dreht mir den Rücken zu...!"
Begleiter: „Wie ist das für dich, wenn dein Schutzengel dir den Rücken zudreht?"

Pfeiler III: Prozess ist das Geschehen, in welchem wir (möglichst) aus dem Ich-Zustand des Freiraumes, der Absichtslosigkeit, der uneingeschränkten Verpflichtung zur Wahrhaftigkeit und Offenheit einem ETWAS (sei es eine Situation, ein Thema oder eine Teilpersönlichkeit) Zeit und Raum schenken, um so das ETWAS kennen zu lernen. Während wir mit unserer Aufmerksamkeit und Offenheit zu dem ETWAS hin spüren, ist unsere Aufmerksamkeit gleichzeitig bei der Resonanz, die durch das ETWAS im Körper, in den Gedanken und Gefühlen oder auf dem inneren unsichtbaren Bildschirm ausgelöst wird. Darüber sprechen wir.

In einem zweiten Schritt wiederholen wir dann den Vorgang mit dem, aus dem ersten Prozess erhaltenen, neuen ETWAS (der jetzigen, aus dem ersten Prozess empfangenen neuen Fragestellung, Erkenntnis, neuen Aspekt). Allein durch die Hinwendung zum Thema – unter den Bedingungen der Wahrhaftigkeit, wohlwollender Offenheit,

Absichtslosigkeit und Bereitschaft, Neues zu empfangen - schenkt sich neue Einsicht (oft genug von einem Aufatmen begleitet), bei welcher die Weisheit des Körpers eine zentrale Rolle spielt. („Der Körper lügt nie!"). Die Methodik dieses Prozesses wurde von Eugen Gendlin, (einem Schüler von Carl Rogers) unter dem Namen *Focusing* entwickelt.

Focusing ist ein Werkzeug, um neue, frische Schritte im Denken, Fühlen und Handeln hervorzubringen. Dabei gilt: „Wir arbeiten nicht mit den Problemen und Themen des Klienten. Wir arbeiten mit der körperlichen Resonanz der Probleme und Themen (*„felt sense*"). Wir arbeiten immer im Frei-Raum, immer mit beweglicher Achtsamkeit im Körper und mit einem wachen, ansprechbaren, fragenden Bewusstsein." (Klaus Renn). Da der Organismus, der Körper, selbst lösungsorientiert ist, wird er auch antworten, wenn er in angemessener Weise angesprochen wird. Dabei werden auch die kleinsten Schritte in Richtung Wachstum oder Veränderung gewürdigt. Die Schritte kommen aus dem Klienten selber hervor – aus einem ständigen Wechselspiel zwischen Formulierung des Themas, der Wahrnehmung der Antwort / Resonanz des Körpers, dem Verstehen der Antwort und der Neuformulierung einer neuen Frage, die wiederum an den Körper gegeben wird.

Hauptvoraussetzung für eine solche Arbeit ist die Selbstwahrnehmung des Klienten (natürlich auch des Begleiters). Da diese nicht immer von Beginn an gegeben ist – laut einem Artikel in der Süddeutschen Zeitung (vgl. Beck 2010) nehmen z.B. nach Erfahrung des Coaches Klaus Eidenschink 98 % der Top-Manager sich selbst gar nicht wahr – ist es ratsam, noch andere Werkzeuge für einen Prozess zu haben. Dabei hat sich ganz besonders bewährt:

- die Problem-Skizze
- Ein-Minuten-Bilder
- die Technik des Nach-außen-Stellens
- Berührung mit den Händen

Nach jedem Gesprächsschritt, in welchem ein Thema deutlich ausgesprochen wird, erstellen wir eine *Problem-Skizze*. Vorteil: Diese *verlangsamt* den Prozess und gibt dem Klienten so eher die Möglichkeit, die mitschwingenden Ebenen / Aspekte wahrzunehmen. Dazu kommt, dass der Klient die Skizze mit nach Hause nehmen kann und dort an einem sichtbaren Punkt in der Wohnung regelmäßig sehen kann, um erinnert zu werden (eine sehr effektive Selbst – Hilfe – Methode für die Zeiten zwischen den Sitzungen: Die Skizzen sehen – und wirken lassen; einfach mit ihnen leben).

Die Skizze gibt auch dem Begleiter die Möglichkeit, Themen, Situationen, Äußerungen usw. zu *markieren*. Dadurch wird überhaupt erst einmal die Aufmerksamkeit auf eine Situation gelenkt, die Wahrnehmung kann sich entfalten, Neues kann sich so ganz organisch zum Bekannten hinzugesellen. Dadurch wird auch der Focus auf das jeweilige Thema gerichtet. Denn es ist ausgesprochen hilfreich, zu wissen, an welchem Thema man denn gerade ist. Auch gibt eine markierte Zeichnung die Möglichkeit, sie immer wieder hervorzuholen, auf sie zurück zu kommen, schon erfolgte Schritte ins Gedächtnis zu holen, wenn Teilpersönlichkeiten als „Nebelmaschinen" wirken.

Mit *Ein-Minuten-Bildern* meine ich ein Werkzeug, das eine Variante des ursprünglich von Maria Hippius, (der Lebensgefährtin von Karlfried Graf Dürckheim) entwickelten *geführten Malens* darstellt, welches sie anwandte, um bei Klienten Prozesse ins Fließen zu bringen: Mit geschlossenen Augen, einem großen Papierbogen vor sich und in jeder Hand einem Stift wurden die Bilder bei Maria Hippius gemalt: Bilder aus dem Unbewussten, wie man sie sanft entstehen lässt, ohne Absicht, ohne Vorstellung, indem die Hände „führen" und nicht der Wille.

Die eigene, jahrzehntelange Übung des Malens von solchen geführten Bildern führte dazu, dass ich irgendwann diese ausgesprochen meditative Art des *empfangenden Malens* umwandelte in eine kurze Kritzelei, wie sie neben einem Telefongespräch oder in einer langweiligen Konferenz üblich ist: Irgendwann wurde daraus ein Werkzeug, um Berufsschülern in der Pausenseelsorge rasch zu einer Entscheidung zu verhelfen: Ähnlich dem Assoziations-Experiment lud ich die Schüler ein, an das Thema zu denken und dann ein Bild zu malen, wie es aus der Seele jetzt gerade entstehen möchte. Das Werkzeug hat sich dabei sehr bewährt, sowohl um Beziehungen zu klären als auch Projekte oder Konflikte.

Exkurs: *Ein-Minuten-Bilder in der Berufsberatung.* Eine Schülerin erzählte in einer Pausenseelsorge, dass sie vorhabe, ans Theater zu gehen, um Regisseurin zu werden. Ihre Familie sei aber dagegen. Ich lud sie ein, an ihr Problem zu denken, und dann ein Ein-Minuten-Bild zu malen. Dabei entstand ein Fesselballon auf einem hohen Felsen – allerdings unbemannt und ohne Feuer. Unterhalb des Felsens aber lag ein Wald, mit lebendigen Bäumen. Ich fragte sie, ob ihr etwas auf dem Bild auffalle.

„Nein!"

„Wollen Sie hören, was ich in dem Bild sehe? – allerdings sind das nur meine Gedanken – und Sie machen danach bitte damit das, was für Sie selber stimmt."

„Ja, gerne!"

„Mir fällt auf, dass niemand in dem Ballon sitzt und mir fällt auch auf, dass da gar kein Feuer ist. – Aber den Wald empfinde ich als sehr lebendig. In den Märchen ist der Wald ganz oft ein Ort, wo eine geheimnisvolle Verwandlung stattfindet. So hat z.B. das Mädchen mit den Sterntalern im Wald einen Prinzen gefunden und ich könnte Ihnen noch viele andere Märchen aufzählen, in welchen

Abb. 1 Ein-Minuten-Bild einer Schülerin

auch im Wald etwas Großes geschieht. Meine Idee ist, dass Sie noch ein bisschen in sich rein spüren – und dann werden Sie sicher noch etwas anderes finden…“
Einige Wochen später kam sie und erzählte, dass sie ganz glücklich sei, sie habe einen Lehrvertrag abgeschlossen – das mit dem Theater sei eine Illusion gewesen.

Wenn ich eine Gruppe leite, male ich – in Augenblicken der Verunsicherung durch einen Beitrag – ein Ein-Minuten-Bild. Wenn ich dann weiß, was in mir dadurch angesprochen wurde, finde ich meine Sicherheit wieder.
Zu Beginn von Gruppensitzungen lade ich ebenfalls zu diesen Bildern ein. In kurzer Zeit können die Motivierten unter den Teilnehmern dann selbständig weiter malen – und haben damit eine kostbare Ergänzung zum Traumleben – um zu erkennen, was gerade wirklich ansteht.

Eine ganz wichtige Arbeitsmöglichkeit für die Begleitung bietet die Technik des Nach-außen-Stellens: Themen, Situationen, Personen,

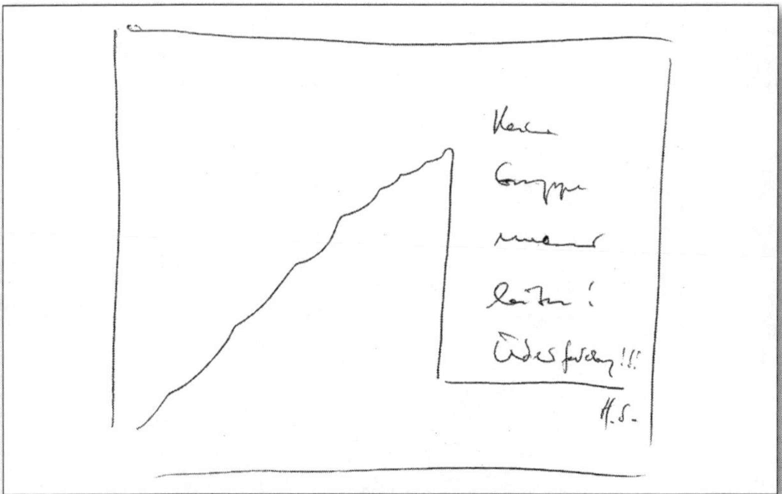

Abb. 2 Ein-Minuten-Bild während der Leitung einer Gruppe
„Keine Gruppe mehr leiten! Überforderung!!! H.S.“

Ein-Minuten-Bilder aus einem eigenen Prozess (Abb. 3–8)

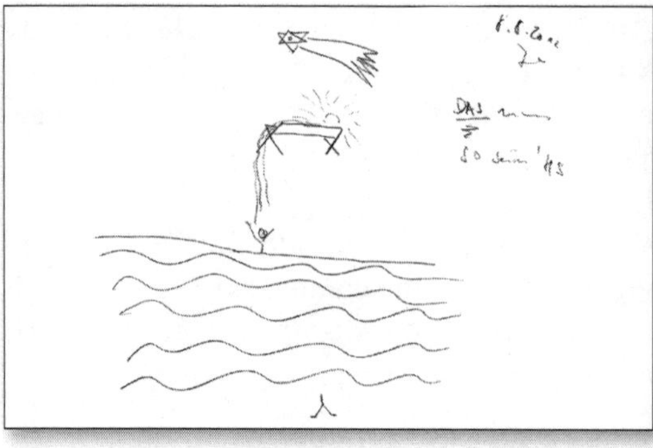

Abb. 3
Das muss so sein

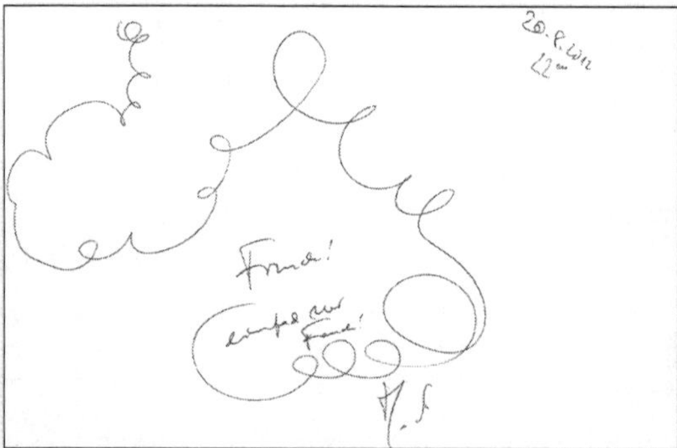

Abb. 4
Freude, einfach nur Freude

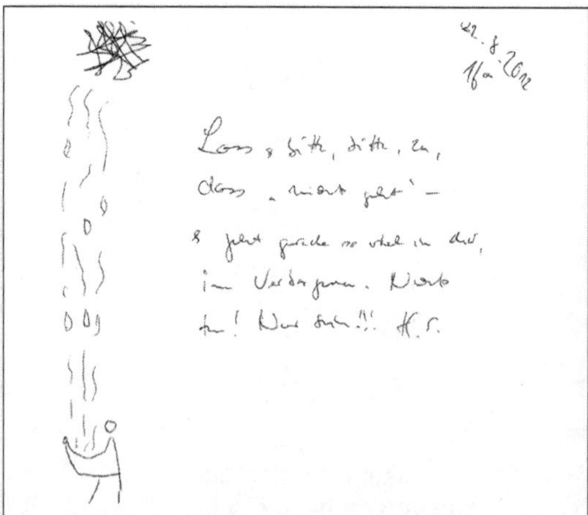

Abb. 5
Lass es bitte, bitte zu

Abb. 6
Einfach nur aushalten!

Abb. 7
Ja, so ist es, freue dich!

Abb. 8
Hallo Leben, da bin ich!

aber auch Gefühle, Schwächen, Stärken, Persönlichkeitsanteile und Teilpersönlichkeiten, die gerade den Klienten beschäftigen, können als ein ETWAS in den außerhalb der Person liegenden Raum hinaus gestellt (projeziert) werden. Es ist dann wesentlich leichter, von einem beobachtenden, bewusst Kategorien bildenden Ich aus auf das ETWAS zu schauen. Je bedrohlicher ein Inhalt ist, desto empfehlenswerter ist es, eine solche Distanz herzustellen (vgl. Reddemann 2008).

Distanz aber ist die Grundvoraussetzung für Beziehung. Beziehung ist die Art, wie ich den Dingen ihren Platz innerhalb des Ganzen gebe. Beziehung herstellen ist ein Akt, in welchem die Person ihren Raum einnimmt und sich von dem Beziehungs-Du unterscheidet. Damit entsteht Frei-Raum, sowohl für das Denken als das Fühlen, als auch das Handeln. Beziehung ist verbunden mit Aufmerksamkeit, Bewusstheit und damit ein Element der Integration wie der Dis-Identifikation.

Exkurs: Nach außen stellen. Ein Beispiel. Angenommen ein Klient würde sagen:
„Ich bin gerade schrecklich unruhig. Ich weiß gar nicht, was mit mir los ist."
Dann ist eine Möglichkeit, dem Klienten anzubieten:
„Wenn Sie das, was gerade in Ihnen Unruhe stiftet, hier irgendwo in den Raum stellen – wo wäre dann jetzt gerade sein Platz?"
„Dort drüben, in der Ecke!"
„Aha, dort drüben, in der Ecke.... Ist es eher groß oder klein? (weitere Frage-Möglichkeiten: Eher hell oder eher dunkel? Eher freudig oder eher missmutig... stark oder schwach? Männlich oder weiblich?) Und wie ist für Sie jetzt gerade, wenn dieser Unruhestifter dort in der Ecke ist?"
Und wenn ich Ihnen jetzt eine Figur anbiete, die einmal den Platz von dem ETWAS dort drüben einnehmen kann – welche Figur passt dazu am ehesten?"

Ein Prozess kann zwei verschiedenen Bewegungen dienen: der Integration (des bisher Abgespaltenen) und der Auflösung einer Verschmelzung von ICH und ETWAS im Differenzierungsprozess der Dis-Identifikation. Dabei achtet der Begleiter besonders darauf, dass er selber, als Begleiter, seinen Freiraum bewahrt und dass auch der Klient „nicht in den Brunnen springt, sondern nur wahrnimmt, dass da ein Brunnen ist". D.h., der Begleiter achtet darauf, dass es auf gar keinen Fall zu einem Dekompensieren kommt. Dass keine Überschwemmung von emotionalen oder unbewussten Inhalten geschieht. Das wird durch achtsames Begleiten aus dem Freiraum heraus, in Absichtslosigkeit und eigener Selbstwahrnehmung und Körperwahrnehmung, besonders in Wahrnehmung des eigenen Atems gewährleistet.

Als Regel gilt: Die Seele weiß, wann sie für welche Inhalte reif ist. Sie weiß, welche Schritte anstehen. Darum muss der Begleiter eigentlich nur dabei sein – die eigentliche Arbeit hat nicht der Begleiter zu leisten, sondern der Klient. Für die Jung'sche Schule gilt: Was durch einen Traum thematisiert wurde, ist reif für die Besprechung. Im übrigen gibt der Körper rasch das Signal der Einwilligung oder Warnung, wenn man nur auf ihn hören möchte.

Ein Weiser sagt dazu: „Wie groß ist die Zahl derjenigen unter euch, die schon wissen, dass die Leiden ihrer Seele und ihrer Körper sie mit Riesenschritten vorangebracht haben und ihnen inneres Wachstum schenkten? Eure Zeit ist so reich, dass die Zahl dieser Männer und Frauen in die Hundertmillionen geht.

Wenn eine Seele einen Anstoß braucht, um ihren Schritt zu beschleunigen oder sich aufzurichten, schickt der Geist, aus dem sie hervorgegangen ist, diesen Anstoß... und auch wenn dieser die Gewalt einer Dampfwalze zu haben scheint, die alles auf ihrem Weg zermalmt, so führt er doch immer genau zum Ziel hin und zerbricht nur, was zerbrochen werden muss" (Meurois-Givaudan 1993: 132 f).

Wenn ein Mensch dieser Einstellung näher kommt, wächst seine Fähigkeit zur Übernahme von Verantwortung, seine Bereitschaft, mit dem Ganzen der Menschheit zu denken, zu fühlen und zu leben, er lernt zunehmend Heiterkeit, Leichtigkeit, Mut, Freude, Liebe und das Gefühl, mit allem Lebenden verbunden zu sein.

Aus diesem neuen Lebensgefühl heraus ist er in der Lage, die Widrigkeiten und Spannungen des Lebens in all ihren Polaritäten und Widersprüchen, Ungerechtigkeiten und Unvollkommenheiten anzunehmen, weil er immer mehr und immer häufiger in einer Position ist, die jenseits der Polaritäten, jenseits der Lager, jenseits der Absichten, in einer demutsvollen, gottergebenen Akzeptanz ist, die gleichzeitig in der Lage ist, den Raum für die eigene Verantwortung mit Selbstverständlichkeit auszufüllen.

Da mit der Zunahme des Personalen gleichzeitig die Gottes-Verbindung zunimmt, ist derjenige, der in seinem Person-Sein Heimat gefunden hat, mit dem Leben, so, wie es ist, auf der tiefsten Ebene einverstanden, während er an der Oberfläche seinen Teil beiträgt, der seiner Würde als Bürger einer Gesellschaft entspricht.

Pfeiler IV: Übung – die Einsicht in die Bedeutung von Übung verdanke ich Karlfried Graf Dürckheim: Er wurde nicht müde, daran zu erinnern, dass neue Haltungen nicht damit in unser Leben eingehen, dass wir sie erkannt haben, sondern indem wir sie einüben. In sein Buch „Hara – die Erdmitte des Menschen" (1967) schrieb er mir nach einer Woche gemeinsamen Übens (in Todtmoos-Rütte) als Widmung die Mahnung: „Im Üben bleiben!"

Immer wieder und immer wieder aufs Neue *das* üben, was uns gut tut, was uns mit unserem wahren Wesen verbindet. Graf Dürckheim verband die östliche Tradition des Übens mit der westlichen (vgl. Exerzitien), die psychologische mit der spirituellen – das *exerzitium humanum* als Einübung des Wesens war dabei zentral.

Exkurs: Graf Dürckheim verstand sich gegen Ende seines Lebens als Christ und war sehr traurig darüber, dass die Kirchen seine Arbeit nicht zur Kenntnis nahmen. Als wir mit einem Kreis von 7 Pfarrern eine Woche lang mit ihm Stille, Leib und Atem übten, miteinander jeden Tag im Gespräch waren, die evangelische Messe in seinem kleinen Meditationsraum unter dem Dach seines Schwarzwaldhauses feierten, war er wirklich sehr erfreut, dass wenigstens aus dem Kreis der evangelischen Michaelsbruderschaft Pfarrer als Angehörige verschiedener Landeskirchen zu ihm gefunden hatten (ich gehörte damals dieser Bruderschaft an und arbeitete mit im *Arbeitskreis geistliche Übungen*, wo wir ein Konzept für eine seriöse Ausbildung zum Meditationsleiter erprobten).

In der Christus-orientierten Begleitung soll der Übende in jeder Sitzung die Erfahrung machen können, wie es ist, mit seinem authentischen Ich im Gespräch, oder zumindest in Beziehung zu sein, selbst dann, wenn der Gesamt-Lebensstil davon noch weit entfernt ist: Die Erfahrung der Beziehung ist schon Heilung.

Das Üben wirkt stabilisierend, ordnend, Ich-stärkend. Es schafft einen eigenen Raum, der nur dem Übenden gehört – ihn gleichzeitig aber mit fortschreitender Erfahrung immer mehr mit der Umwelt verbindet. Der Übende erlebt einen Bereich, der ihn unabhängig sein lässt, in welchem er souverän ist und immer mehr zu seinem Eigenen findet – vorausgesetzt, dass er richtig übt – und da genau wird sichtbar, wie wichtig ein Begleiter ist:

Beim Üben kann ein Mensch so ziemlich alles falsch machen – von der Körperhaltung bis zur Verteilung der Aufmerksamkeit und Bewertung der einzelnen Erfahrungen usw. – Eine regelmäßige Absprache über die Erfahrungen bei der Übung ist darum unerlässlich. Erfahrungsgemäß haben die Klienten irgendwelche Bruchstücke aus ganz verschiedenen Traditionen hier und da aufgeschnappt, sich angelesen, ohne beurteilen zu können, aus welcher Tradition, Philosophie, Epoche und seriösen (oder unseriösen) Gruppe die aufgeschnappten Bruchstücke stammen, was zu einem im wahrsten Sinne heillosen Ergebnis führen kann, wenn nicht eine ausgebildete Begleitung da ist.

Ist aber einmal verstanden worden, worauf es ankommt, macht der selbständig weiter Übende darin die Erfahrung der Selbst-Steuerung und damit die Erfahrung eines immer rascher sich einstellenden Frei-Raumes – und empfängt die Früchte der Übung.

Mit der regelmäßigen Praxis des Übens wird ein Ausstieg aus alten Gewohnheiten immer denkbarer, möglicher. Die Übung schenkt Freiheit und Disziplin. Ordnend wirkt sich die Übung auf alle Lebensbereiche aus und gibt dem Tag, der Zeiteinteilung eine Struktur.

Die Übung ist ein Bereich der Autonomie, in welchem der Übende seine Unabhängigkeit vom Begleiter erfährt, der dabei immer mehr zurücktreten kann. Dazu ist die Übung eine Einübung in die Einsamkeit, welche Voraussetzung für jegliche Gotteserfahrung ist (vgl. *Lotz* 1960).

Wo früher die Gewohnheit von „Datenautobahnen" (vgl. *Dietz* 2008) vorherrschte, werden nun neue Energiebahnen eingeübt – gleichzeitig wird der „innere Beobachter" aktiviert, den es braucht, um wirklich üben zu können.

Schließlich soll auch noch erwähnt werden, dass ein Klient nur so weit in den eigenen unbekannten Bereich des noch Unbewussten vordringen kann, wie er sich in seiner (inneren oder äußeren) Lebenswelt verwurzelt fühlt. Für jede neue Wahrheit muss es etwas geben, was trägt – ansonsten wird die Wahrheit abgewehrt. (Ganz besonders eindrücklich kann dies an der Mutter des Dibs (vgl. *Axline 1972*) beobachtet werden, die zu Beginn der Spieltherapie meint, ihr Sohn habe einen Gehirnschaden. In dem Maße, wie Dibs gesundet, kann sie dann ihrerseits Verantwortung übernehmen und den eigenen Anteil an der Entstehung seiner Schwierigkeiten sehen und sich eingestehen.)

Neben einer tragfähigen Beziehung zum Begleiter ist es vor allem die Beziehung zum Seelengrund, die es möglich macht, sich dem Unangenehmen und Schwierigen zu stellen. Diese Fähigkeit nimmt mit dem Üben zu – verbunden mit Wissen. Seit alters gilt auch in der abendländischen Tradition, dass *lectio divina* und *exerzitium* zusammengehören (die Lektüre der Heiligen Schrift und die Einübung des Hörens in der Stille).

In den Stunden der partnerschaftlichen Begleitung sollten folgende „Bereiche“ so oft wie nur möglich geübt werden:
- Atem
- Körperbewusstsein
- Problem-Skizzen
- Ein-Minuten-Bilder
- inneres Team-Gespräch
- nach außen stellen
- Freiraum erleben
- reines Sein im Verbundensein und Offensein als Zugangsweg zum inneren Geheimnis des Seelengrundes.

Wissen, Kunst der Unterscheidung, Prozess, Übung – diese vier Pfeiler tragen die Arbeit. Sie sollten in möglichst vielen Sitzungen vorkommen und so oft kommentiert, erklärt und eingeübt werden, dass der Klient sie nicht nur theoretisch verstanden hat, sondern sich ihrer schon bald als Werkzeuge mit Selbstverständlichkeit bedienen kann – auch ohne Begleiter. Regelmäßige Besprechungen der Erfahrungen mit dem Üben sind dabei unerlässlich. Was im einzelnen mit den oben genannten Werkzeugen und Erfahrungen gemeint ist, wird im Folgenden veranschaulicht.

Teil II:

Wissen und Unterscheidung

„In all den Erfindungen des menschlichen Geistes
geht es letztlich darum, Flügel zu bekommen,
um aufsteigen zu können zur Höhe des Seins,
um unabhängig, um ganz frei zu werden,
wie Gott es ist.“

Benedikt XVI

1. Kapitel **ETWAS oder JEMAND**

Wen wir meinen, wenn wir „Ich“ sagen

Derjenige (aus Gründen der Lesbarkeit verwende ich ausschließlich die männliche Form), der „Ich“ sagt, meint sich selbst als Person, als Mensch. Dazu bemerkt der Philosoph Robert Spaemann (2006):

> „Jeder bezeichnet mit ‚ich‘ den Menschen, der er, der Sprecher, selbst ist. (...) Wer ‚ich‘ sagt, den gibt es. Darauf beruht das berühmte cartesische ‚Cogito, sum‘.
>
> Aber was heißt es: den gibt es? Wer ist der, der ‚ich‘ sagt und den es gibt, und was für einer ist er? Es ist denkbar, dass der, der „ich“ sagt, dies nicht weiß oder sich darüber täuscht. (…) Jemand kann sich sehr wohl darüber täuschen, wer und was für einer er ist. Er kann sich auch über seine räumliche und zeitliche Lage in Unkenntnis befinden. (...) Sobald er überhaupt Bewusstsein *hat*, weiß er, *dass* er nicht nur Bewusstsein *ist*.
>
> Aber sein Wissen, *dass* er ist, geht der Kenntnis des Wer und Wo voraus. Seine Selbstidentifikation ist nicht durch irgendeine qualitative Bestimmung vermittelt“ (S. 17 f.).

Wie ist es aber mit dem Person-Sein, der *Personalität*, wenn ein einseitiges Interesse, ein alles bestimmender Wille (also eine Reduzierung durch Konzentration auf ein Ziel) das Personale instrumentalisiert hat und wir nur noch funktionieren? Was ist, wenn aus dem *Prinzip Leben* das *Prinzip Arbeit* geworden ist? Heißt *Entfremdung durch den Arbeitsprozess* nicht eben gerade, dass aus einem JEMAND ein ETWAS geworden ist?

Aus der Vielzahl der Autoren, die sich mit dieser zentralen Frage beschäftigt haben, möchte ich hier den christlichen Philosophen Josef Pieper herausgreifen, der in seiner kleinen Schrift „Muße und Kult“ (2007) diese Gefährdung des modernen Menschen vor Augen führt. Das Besondere an Piepers Denkweise ist sein erkenntnistheoretisches

Vorgehen: Indem er zwischen Sehen und Schauen unterscheidet, beschreibt er nicht nur zwei Arten der Wahrnehmung, sondern implizit zwei völlig verschiedene Modi, in der Welt zu sein, (Gemeinsamkeiten gibt es mit Erich Fromm (1977) und seiner Unterscheidung von Haben und Sein): Die Art der Wahrnehmung bestimmt darüber, was für ein Mensch ich durch diese Wahrnehmung bin. Das ist ein Beitrag zur Anthropologie (der Lehre vom Menschen) von höchster Wichtigkeit, der die Größe und Berufung des Menschseins und dessen Gefährdung erahnen lässt. Im Vorwort zu J. Piepers Schrift fasst Kardinal Karl Lehmann Piepers Gedanken wie folgt zusammen:

> „*Schauen* ist eine besondere Fähigkeit und Anlage des ganzen Menschen, welche ihm ermöglicht, (indem Schauen ihn mit der Dimension der Tiefe verbindet), die Welt und sich selbst als Geheimnis wahrzunehmen. Die Voraussetzung für die Fähigkeit des Schauens ist Stille, Muße, Freiraum. In der Funktionalisierung des Menschen zu einem ETWAS geht das Schauen verloren – was bleibt, ist das *Sehen ohne Tiefe* – also *Oberflächlichkeit* – und damit ein entwurzelter, trauriger Mensch.
> *Sehen* ist ein Kennzeichen des funktionalisierten, reduzierten, arbeitenden Menschen (Arbeit, wie der Begriff hier gemeint ist, heißt: *Instrumentalisierung*), der im Prozess des Sehens die Welt in Besitz nimmt, sie kategorisiert und benützt – damit aber zweierlei verliert: das Geheimnis seines eigenen Menschseins und das Geheimnis einer von Gott erfüllten Welt. „Für Pieper ist Erfahrung Erkenntnis auf Grund unmittelbarer Wirklichkeitsberührung. Der ganze leibhaftig-lebendige Mensch ist der sensible Spiegel solch unmittelbarer Wirklichkeitsberührung“ (S. 17).

Wirklichkeit ist dabei weit mehr als das Sichtbare. Ja, das Eigentliche der Wirklichkeit entzieht sich gerade dem beobachtenden, diskursiven Sehen – nur das Schauen ist in der Lage, das Eigentliche der Wirklichkeit zu berühren. Dem Menschen als einem JEMAND ist eine solche Berührung mit dem Sein Wesens-eigen. Josef Pieper prognostiziert (wie Max Horkheimer und Theodor W. Adorno, wiedergegeben von Kardinal Karl Lehmann):

> „... dass nämlich die *instrumentelle Vernunft* der Neuzeit den „Lauf der verwalteten Welt“ eher noch beschleunigen wird und den

Einzelnen in die Gefahr bringt, „ganz und gar Funktionär zu werden (ebd. S. 19 f.)".
Pieper weist auf die moderne Arbeitswelt hin, die vieles verdrängt hat. Nach Pieper bedeuten „Kult, Feier, und Muße, die Freistatt inmitten der Arbeitswelt, Entrückung aus dem Hier und Jetzt, Kontemplation" (S. 21).

Die *Urwirklichkeit als Geheimnis, als reines Sein* erschließt sich nach Pieper nur demjenigen, der beten kann – und Gebet ist wiederum ein Heraustreten aus dem Hier und Jetzt, heraus aus dem Gefüge des Alltäglichen, als Entrückung. Zur eigentlichen Person wird der Mensch nach Pieper also erst im Gebet, der Stille, dem Rückzug, der Kontemplation, also dem Schauen.

Wer keine Muße hat, der kann auch nicht beten, der bleibt im Alltäglichen, im Funktionalen, im Funktionieren. – Er wird zum ETWAS in einer Welt, die letztendlich auch nur noch eine Ansammlung von vielen ETWAS ist, ohne ein alles umfassendes und übersteigendes Wesentliches.

Dabei greift Pieper auch auf Vorstellungen zurück, die vor ihm Ernst Jünger niederschrieb: Jünger spricht von einer *totalen Arbeitswelt*, wo der Mensch sich restlos einfügen muss in organisatorische Gebilde – wobei er sich als Mensch seiner selbst verlustig geht. Im Funktionieren erfolgt eine ausgesprochene *„Verwandlung des Individuums in den Arbeiter"* (S. 26). Aus dem Mensch wird also der Arbeiter, aus dem JEMAND ein ETWAS.

Während für den griechischen Lebenskünstler Aristoteles galt: „Wir arbeiten, um Muße zu haben", und das heißt übersetzt: „Wir arbeiten, um Mensch zu sein, die Seele baumeln zu lassen und das Leben zu spüren in einer freundlichen Beziehung zum Ganzen", so gilt für den typischen modernen Menschen, dass er im Jahr 2011 das Wort *Muße* nicht einmal mehr kennt, eine solche sich vor lauter Geschäftigkeit und Betriebsamkeit, Inszenierung und Selbstinszenierung (vgl. Rainer Funk 2005) auch gar nicht mehr vorstellen kann. Muße gibt es nur noch bei wenigen. Der moderne Mensch überbewertet die Aktivität und lebt unter einer *„Diktatur der bloßen Nützlichkeit"* (S. 29).

Exkurs: In einer Sitzung mit der Weisheit des Körpers (Focusing) wurde mir einmal von meinem Körper ganz deutlich „gesagt“: *„Kuscheln ist es nicht – und Aktionismus ist es auch nicht!“*
Kuscheln – das wäre Regression, d.h. wieder ein bedürftiges kleines Kind werden zu wollen, das sich ein warmes Nest sucht, um sich darin wohl zu fühlen, umsorgt, berührt und liebkost von einer anderen Person, sie selber ebenfalls liebkosend – um auf diese Weise vor dem Person-Sein (zu dem auch *Einsamkeit* und *Unterscheidung* gehören) zu fliehen (also eine Weise der Passivität, die weder problemlösend noch Lebens-dienlich ist).
Aktionismus wäre dann die zweite Form der Passivität, wo ich die eigentlichen Fragen (nach dem wahren Person-Sein, nach Echtheit, Authentizität) vermeide. Stattdessen weise ich allerhand Ersatz-Handlungen und Ersatz-Leistungen vor, die, oberflächlich betrachtet, zeigen könnten, dass mit mir doch alles in bester Ordnung ist – in Wirklichkeit wären diese Handlungen aber Flucht, Vermeidung echter Suche und Hingabe usw. – Das gilt gerade für die moderne Freizeitgestaltung in Aktiv-Urlaub und Aktiv-Wochenenden, wo in die Freizeit allerhand Aktivitäten gepackt werden – um nur ja nicht zum Nachdenken oder gar ins Spüren und Fühlen zu kommen.

Muße – als Event-Verzicht, als Ruhe, Mühelosigkeit und Leichtigkeit und vor allem „Herausgenommensein aus der werktäglichen Arbeitsfunktion“ (S. 31) als Einfach da sein, als Ich-Zustand des Seins im Sein garantiert, dass einer ein JEMAND bleibt und nicht steckenbleibt im „Ausschnittmilieu seiner Funktionsstellung“, (S. 30) als ein ETWAS – es geht darum, „die Welt als Ganzes feiernd zu betrachten und sich selbst als ein auf das Ganze der Welt angelegtes Wesen zu verwirklichen – in einem freien, das heißt in sich selbst sinnvollen Tun.“ (S. 30). Wahre Kultur kann nach Pieper nur auf dem Boden der Muße gedeihen. In diesem Sinne lautete ein kirchlicher Slogan: „Ohne Sonntag gibt es nur noch Werktage.“

Und sogar das Grundgesetz spricht dem Sonntag zu, dass er dem Bedürfnis nach Ruhe und „seelischer Erhebung“ dient. Seelische Erhebung – diese Wortverbindung macht die beiden Ebenen deutlich, welchen der wahre Mensch, der ganze Mensch, angehört. Von der einen zur anderen kann sich der Mensch als Subjekt erheben, um darin seine

Neugeburt und Vollendung zu erleben, an jedem Sonntag der Ruhe und Muße aufs Neue, in Einfachheit und Beschaulichkeit.

Dieses Erheben besteht in einem Paradigmenwechsel vom beobachtenden, diskursiven Sehen zum Schauen, vom Funktionieren zum Sein. *Sich erheben* wird uns als Möglichkeit und Auftrag später wieder begegnen bei Johannes Tauler. In diesem Zusammenhang zitiert Pieper den Psalm 45: „Habet Muße – und erkennet, dass ich Gott bin".

Eines hängt mit dem anderen zusammen, eines ist die Voraussetzung für das andere: Gotteserkenntnis und Muße, Muße und Gotteserkenntnis. Es bräuchte also Lehrmeister der Muße, Orte der Einübung von Muße, Anleitungen für Entfremdete, die den Weg zurück suchen. – Ein Angebot, welches heute ja viele Klöster machen, wo Nonnen und Mönche auf die Not des modernen Menschen eine Antwort geben wollen.

Wenn wir Person sind, sind wir authentisch. Nach der mittelalterlichen Tradition der Scholastik (Thomas von Aquin u.a.) besteht aber nun unser Person-Sein gerade darin, dass es das *rein Ichhafte* übersteigt, weil es eingebunden und verbunden ist mit einem *übermenschlichen, größeren Leben*, welches gleichzeitig das *rein Menschliche* transzendiert und doch als sein innerstes Wesen und authentischste Natur genau erst das wahre Menschsein ausmacht. (Dieses Verständnis begegnet uns z.B. explizit bei Karlfried Graf Dürckheims Konzept *vom doppelten Ursprung des Menschen* (1973), aber auch in Carl Gustav Jungs Konzept vom *Selbst* und bei dem Jesuiten Johannes B. Lotz (1963) (in alter christlicher Tradition) als *Seelengrund* (dazu ausführlich die Kapitel 6 und 7). Immer ist dabei gemeint, dass zum Person-Sein etwas Größeres, Höheres, Weiteres gehört als das Nur-Individuelle, woraus sich folgende Gleichungen ergeben:

Mensch = Individuum + Transzendenz
Mensch = Welt-Ich + Wesen
Mensch = Ich + Selbst
Mensch = Ich + Seelengrund
Mensch = Ich + Sein
Mensch = Ich + Gott

Nach welchen Kriterien lässt sich nun unterscheiden, wann ein Mensch „arbeitet“ und wann er „Muße hat“? Josef Pieper zeigt das am Unterschied von Sehen und Schauen:

„Was geschieht, wenn unser Auge eine Rose erblickt? Was tun wir selber dabei? Unsere Seele verhält sich, indem wir dieses Gebilde in seiner Farbe und in seiner Form gewahren, aufnehmend, hinnehmend, empfangend. Wir sind wach und tätig, gewiss. Aber es ist ein unangespanntes Hinblicken – sofern es sich wirklich um eigentliches Anschauen handelt, und nicht etwa um Beobachtung, die schon dabei ist, zu messen und zu zählen. Beobachtung ist angespannte Aktivität; auf sie ist der Satz Ernst Jüngers gemünzt: Sehen sei „Angriffsakt“.

Anschauung, anschauen, Schauen aber – das ist das Sich-Öffnen des Auges zum empfangenden Hinblicken auf die sich darbietenden Dinge, die in uns eingehen, ohne dass es dazu der besitzergreifenden Anstrengung des Sehenden bedürfte.

Wie aber ist es beim geistigen Erkennen? Gibt es, wenn der Mensch unanschauliche, unsinnliche Sachverhalte gewahrt, so etwas wie rein empfangendes Hinblicken? In der Terminologie des Faches: Gibt es „intellektuelle Anschauung?“

Auf diese Frage haben die Alten mit „Ja“ geantwortet, während die neuere Philosophie zu antworten pflegt: „Nein“.

Für Kant etwa ist das geistige Erkennen des Menschen ausschließlich „diskursiv“, das heißt: *nicht* anschauend. „Der Verstand vermag nichts anzuschauen.“ Man hat diese These kürzlich als eine der „folgenschwersten dogmatischen Voraussetzungen der Kantischen Erkenntnistheorie“ bezeichnet. Nach der Meinung Kants also verwirklicht sich menschliches Erkennen wesentlich in den Akten des Untersuchens, des Verknüpfens, des Vergleichens, des Unterscheidens, des Abstrahierens, des Schlussfolgerns, des Beweisens – lauter Formen und Weisen der aktiven denkerischen Anstrengung. Erkennen (*geistiges* Erkennen des *Menschen*!) sei, dies ist die Kantische These, ausschließlich Aktivität, nichts als Aktivität...“ (S. 56–58).

Erkennen im Sinne Kants – das ist dem Ich-Zustand möglich, in welchem ein ETWAS regiert – und das bedeutet: Der Mensch funktioniert, indem er einem Teil seiner Selbst das Ganze unterwirft. Beobachten, abstrahieren, erklären – darauf wird der Mensch der industrialisierten Welt in Schule und Arbeitswelt getrimmt. Das kann er – und gerade weil er das so gut kann, merkt er es nicht, wenn ihm sein Menschsein als Verbunden-Sein mit der Dimension der Tiefe abhanden kommt.

Josef Pieper:

> „Die alte Philosophie (...) sowohl die Griechen, und Aristoteles nicht minder denn Platon, wie auch die großen mittelalterlichen Denker, sind der Meinung gewesen: es gebe nicht allein in der Sinneswahrnehmung, sondern auch im geistigen Erkennen des Menschen ein Element rein empfangenden Hinblickens oder, wie Heraklit sagt, des „Hinhorchens auf das Wesen der Dinge."
>
> Das Mittelalter unterscheidet zwischen der Vernunft als *ratio* und der Vernunft als *intellectus*. *Ratio* – das ist die Kraft des diskursiven Denkens, des Suchens, des Abstrahierens, des Präzisierens, des Schließens. *Intellectus* aber ist der Name der Vernunft, sofern sie das Vermögen des *simplex intuitus* ist, des „einfachen Schaublicks", dem das Wahre sich darbietet wie dem Auge die Landschaft. Die geistige Erkenntniskraft des Menschen nun, so haben die Alten es verstanden, sei beides in einem: *ratio* und *intellectus*, und das Erkennen sei ein Zusammenwirken von beiden. Der Weg des diskursiven Denkens sei begleitet und durchwirkt vom mühelos gewahrenden Schaublick des *intellectus*, der ein nicht aktives, sondern passives oder vielmehr rezeptives, ein tätig empfangendes Vermögen der Seele sei.
>
> Dies allerdings muss hinzugefügt werden: Die Alten, auch sie, haben in der aktiven Anstrengung des Diskursiven das eigentlich Menschliche des menschlichen Erkennens gesehen; unterscheidend menschlich sei die *ratio*, der *intellectus* liege schon über das dem Menschen eigentlich Zugemessene hinaus. Freilich, dieses „Übermenschliche" gehöre dennoch zum Menschen dazu; das „eigentlich Menschliche" allein vermöge die Fassungskraft der menschlichen Natur nicht zu füllen; es sei dem Menschen wesentlich, dass er hinausgelange über den Bereich des Menschlichen in die Ordnung der Engel, der reinen Geistwesen" (S. 59 ff.).

Josef Pieper zitiert Thomas von Aquin:

„Obgleich das Erkennen der menschlichen Seele eigentlichst auf die Weise der *ratio* geschieht: es ist dennoch in ihm eine Art Teilhabe an jener einfachen Erkenntnis, welche sich in den höheren Wesen findet, von denen es daher heißt, dass sie die Kraft geistiger Schauung haben."

Dieser Satz besagt, es finde sich im menschlichen Erkennen eine Teilhabe an der nicht-diskursiven Schaukraft der Engel, denen es gegeben ist, das Geistige so zu gewahren, wie unser Auge das Licht und unser Ohr den Laut. Es gibt im menschlichen Erkennen das Element des nicht-aktiven, des rein empfangenden Hinblickens – freilich nicht kraft des eigentlich Menschlichen, sondern kraft einer Übersteigung des Menschlichen, die aber just die höchste menschliche Möglichkeit erfüllt und also doch wieder „eigentlich menschlich" ist (wie, nach des gleichen Thomas Wort, die *vita contemplativa*, wiewohl die erhabenste Weise menschlichen Daseins, *non proprie humana, sed superhumana*, „nicht eigentlich menschlich, sondern übermenschlich" ist).

Auch die alte Philosophie also würde im Arbeitscharakter des Erkennens gerade das Menschliche daran beim Namen genannt finden. Denn das Wirken der *ratio*, das diskursive Denken, ist Arbeit, angestrengte Aktivität. Der einfache Schaublick des *intellectus* aber, anschauen, ist nicht Arbeit" (S. 59–62).

Ist ein Individuum im Ich-Zustand des Verbunden-Seins mit seiner wahren Natur, seinem Wesen, erkennt das die Umwelt daran, dass sein Leben spielerisch, leicht, voller Humor, Verständnis und Liebe ist. Der Garant dafür, dass dieser Zustand reiner Authentizität immer wieder neu empfangen (gefunden, geschenkt) wird, ist der Sonntag, als Unterbrechung des *Funktionierens* und dazu das Sakrale, der Kult.

Wer diese Zeilen liest, wird sich (neben dem Kultischen, Kontemplativen), an Urlaub erinnern, an Wochenende, an Feierabend – also an die Zeiten, wo *die Seele baumeln* darf, wo die Zeit uns selbst gehört, wenn niemand von uns etwas will und wir in unserem eigenen Rhythmus das tun dürfen, was wir wollen. Das *Ich* kann dabei eine Weite bekommen, die unbegrenzt scheint: Man sagt dann z.B.: „Wenn ich auf meinem Balkon sitze und einfach nur bin und schaue, ist da nur noch reines Sein. Da brauche ich nichts mehr, da will ich nichts, da stört mich nichts – da bin ich hundert Prozent."

Wer sich auf diese Weise erlebt, in Beziehung zum Unendlichen im einfachen Dasein und Schauen, wird sich selbst zum Geheimnis. Und mit ihm jeder andere Mensch, solange diese Strömung des Verbunden-Seins mit dem Weiten vorherrscht. Denn das Unendliche im Außen, so es denn bewusst wahrgenommen wird – öffnet zum Unendlichen im Eigenen, wie auch wiederum gilt, dass das Unendliche im Außen durch das Unendliche im Innen erst wahrgenommen werden kann. Goethes Worte sind so gemeint: „Und wär' das Aug' nicht sonnenhaft – nie könnte es die Sonn' erblicken." Dieselbe Erfahrung kennt der Wanderer, der Bergsteiger, der Freund von Kaminfeuern, der Betrachter des nächtlichen Sternenhimmels, der Frühaufsteher in der durch Nebel verklärten morgendlichen Frische, vielleicht auch mancher Freund von Musik und Kunst. Diese Erfahrung zu ermöglichen, ist schließlich auch der Sinn und Auftrag von sakralen Räumen, sakraler Musik und der Liturgie: öffnen, weiten, erschließen, erheben.

Wer auf diese Weise den Urlaub, den Sonntag nützen konnte, um wieder zu sich selbst zu finden, kann am Montag in Offenheit auf andere Menschen zugehen, sensibel, empathisch, wohlwollend, freudig, leicht und heiter. Begegnungen werden zu echten Begegnungen (im Sinne Martin Bubers (vgl. Wehr 2010: 124 ff.).

In einer üblichen Arbeitswoche aber greift der Stress nach dem Arbeiter: Anpassung, Verzicht und Funktionieren treten in einem fließenden Übergang an die Stelle des selbstgesteuerten personalen Daseins – der Blick wird enger, die Leichtigkeit weicht einer Schwere, die Offenheit wird verdrängt von einem verbissenen „Durchhalten!" und das ehemals Freudige weicht einem ernsten Arbeiten: Jetzt regiert nicht mehr ein JEMAND, sondern ein ETWAS. Begegnungen werden zur *Vergegnung*, zum großen Leidwesen all derer, die mit Menschen arbeiten – wie Erzieher, Verkäufer usw. – weil sie deutlich spüren, wie sie dem Gegenüber nicht mehr gerecht werden können. Wenn die Erholung fehlt (als *sich wieder Einholen*, als wieder *ins Da-Sein kommen*), geht auch das Sein verloren – und damit die Fähigkeit zu echter Beziehung.

Die Ursachen für den Verlust des Personalen im Laufe von Arbeitsprozessen mögen vielfältig sein (wie z.B. der *ganz alltägliche Wahnsinn*, bestehend aus Stress, doppelter Moral, Dummheit usw.). Immer wird der Verlust daran deutlich, dass ein Problem als ein ETWAS die Regierung übernimmt. Die Auswirkungen sind verheerend: Die Beziehung zum Unendlichen wird verschüttet, der Verlust des Personalen macht nicht nur aus uns selber ein ETWAS, sondern auch aus den Mitarbeitern, Kunden, Kindern und Partnern – und macht uns ihnen gegenüber verschlossen, wie auch unsere Partner sich als Antwort uns gegenüber verschließen – dabei geht das *Geheimnis* verloren. Aus Begegnung wird *Vergegnung*. Wenn aber einmal das Personale, als Teilhabe am Sein, als Teilhabe am Geheimnis, verlorengegangen ist, verliert das Leben seinen Sinn: Der Theologe Paul Tillich (1962) nennt das *die verlorene Dimension*, und er nennt diesen Ich-Zustand *Entfremdung*. Wenn das Personale verloren gegangen ist – und mit ihm das Heilige, als Geheimnis von und in allem Lebendigen, nennt das Neue Testament diesen Zustand: *Besessenheit*. Übersetzt bedeutet *Besessenheit*, dass ein ETWAS den Platz eingenommen hat, der dem JEMAND zusteht. Im Bild: Ein Thronräuber hat sich die Königskrone aufgesetzt und gibt sich als König oder Königin aus. Goethe hat das einmal so formuliert: „Die unbedingte Tätigkeit macht zuletzt bankerott."

Den Bankrott eines seiner selbst verlustig gegangenen Menschen macht Sebastian Beck in der Süddeutschen Zeitung (9./10. Oktober 2010 unter dem Titel: „Ein Wohnzimmer für die Angst") sichtbar, wenn er einen Coach von Topmanagern interviewt (den Münchener Psychotherapeuten Klaus Eidenschink):

> „Die Klienten erschrecken, wenn sie mitkriegen, wer sie eigentlich sind." In den vergangenen Jahren ist zwar die Bereitschaft gewachsen, sich Hilfe zu holen. Top-Manager suchen sich aber gerne Top-Coaches aus, weil sie sich selbst in ihrem Unglück für einzigartig und bedeutsam halten. Auch wenn sie nachts schon lange nicht mehr schlafen können, im Job funktionieren sie nach außen oft noch einwandfrei: Sie schließen Verträge ab, halten Pressekonferenzen, entlassen Mitarbeiter oder beschließen Umstrukturierungen. 98% haben kein Handlungs-, sondern ein Selbstwahrnehmungsproblem', sagt Eidenschink.
>
> Was nicht nur ihm auffällt, ist das mangelnde Gespür der Klienten für die eigenen Gefühle und die anderer Menschen, die ‚eingeschränkte Wahrnehmung schwacher Signale', wie er es nennt. Doch

nur wer diese dunkle Seite wahrnehme, darin stimmen alle Coaches überein, der könne auch seine Sicht auf das Berufsleben ändern: Denn er weiß, was ihn antreibt und wovor er Angst hat. ‚Wenn ich mich nicht spüre, kann ich mich auch nicht steuern.'"

Wenn Menschen sich nicht mehr selber wahrnehmen, scheint das ihre private Angelegenheit zu sein – da aber jedes Individuum sich verhält, in einer Gesellschaft wirkt und so das soziale Leben mit beeinflusst und mit prägt, stellt sich angesichts jener Menschen, die sich selbst *instrumentalisieren*, die Frage welche Auswirkungen die *Verkümmerung ihrer Wahrnehmungsfähigkeit* auf das Ganze einer Gesellschaft hat: Angesichts der Macht, die vielen an ihrem Arbeitsplatz zur Verfügung steht (nicht nur Top-Managern), kann die Antwort nur sein: verheerend! Denn es gibt – wie der christliche Ethiker Friedrich Heckmann (2004) deutlich macht – einen direkten Zusammenhang zwischen Ethik und Wahrnehmungsfähigkeit! Wer sich selber nicht wahrnimmt, ist auch zu ethischem Verhalten nicht wirklich in der Lage, denn Sensibilität – als Kompenente jeglicher echter Wahrnehmung – ist die Grundvoraussetzung für *Biophilie*, die Liebe zum Leben, zum Lebendigen: Aus der Sensibilität heraus – und allein aus ihr – nimmt der Mensch als volle Person den Wert seines eigenen Lebens, den Wert des Du, des Wir und des gesamten Lebens wahr. Sensibilität gibt Wert. Sensibilität heißt: Ich fühle den Wert.

Die Voraussetzung für Sensibilität ist aber Selbstwahrnehmung, denn gefühlt wird über, durch, mit und in der Person, allein durch das voll entfaltete, ganzheitliche Person-Sein. Wer sich also selbst nicht mehr wahrnimmt, ist auch nicht mehr in der Lage, Andere zu fühlen, und damit den Wert des Lebens überhaupt wahrzunehmen – und damit kann er politisch und wirtschaftlich, ökologisch und sozial sämtliche Entscheidungsprozesse einem ETWAS unterordnen (sei es seine eigene Karriere, seine eigenen Triebe, seine eigenen Ängste, sein eigener Hass usw.). Wen wundert es, dass so in jedem „freien" Lande die Wahlen und die gewählten Politiker der Spiegel des Grades der schon entwickelten Biophilie sind – bzw. der noch wild wuchernden Nekrophilie (als Liebe zum Toten, Unlebendigen, als Diktatur des ETWAS)?

Exkurs: *Ethik, Ethosbildung und Selbstwahrnehmungsproblem bei Friedrich Heckmann (2004):* Der Ethiker Friedrich Heckmann versteht unter Ethosbildung eine Ausbildung nicht nur der Fähigkeit zu handeln, sondern eine „gute Person" zu sein, die dann auch gut handelt, einen Prozess also, in welchem die „Bedingungen für eine gelungene Personalität" im Vordergrund des Interesses stehen:
„Mir ging und geht es darum, herauszuarbeiten, dass das, was als Bedingungen gelungener Personalität anzusehen ist, die entscheidende Frage ethischer Problemstellung ist.
Bildung verstehe ich von daher als Befähigung des Einzelnen, in einem lebenslangen Prozess Mensch zu werden. Ethos-Bildung dient der Gestaltung seiner selbst im Sinne eines autonomen ganzheitlichen Ich und zweitens damit der eigenen Lebensgestaltung. Zur Weiterentwicklung des Ethos des Selbst, die die reflektierte Haltung zu sich selbst voraussetzt, habe ich sechs Bereiche der Ethosbildung benannt, die meines Erachtens in dem lebenslänglichen Prozess auch in der akademischen Lehre in den Blick kommen, vermittelt, angeeignet und geübt werden sollten:
Das Wissen um das Strukturelle, das Training der Urteilsbildung, die Gestaltungsfähigkeit von Beziehungen (Interaktionsfähigkeit), die Bildung der Klugheit (aristotelisch verstanden), die Stärkung der Wahrnehmung und die Erweiterung der Erfahrung, sowie das Ethos der Sensibilität. Diese sechs Bereiche, die es weiterzuentwickeln, zu bilden gilt, sind Bestandteile des Ethos, es sind Haltungen, die erst einmal für alle Menschen, die angesichts der oben angesprochenen Krise der Gegenwart nach Orientierung suchen, von Interesse bei der Reflexion des Ethos ihres Selbst sind.
Es geht mir darum, die Entstehungsbedingungen von Tugend als Bildung der Person zu thematisieren und zu reflektieren" (S. 171).

Das Fatale daran ist, dass wir im entfremdeten Zustand nicht mehr empfangen können. Wir meinen, zu wissen, wer wir sind, wir sagen von uns selber „Ich" – dabei haben wir genau das *humanum*, das uns zu Menschen mit Tiefe macht, d.h. unser Person-Sein verloren. In diesem Zustand ist das Herz versteinert (vgl. Josef Pieper 2007: 64) und will sich nichts mehr widerfahren lassen.

Man lebt zwar noch in der Welt – aber ihren Reichtum, das Herz der Welt, berühren wir nicht mehr. Wir werden maskenhaft-starr, beziehungslos, unfähig zu jeglicher Beziehung, nur noch der Disziplin des Durchhaltens gehorchend, in „äußerster Angespanntheit der aktiven Kraft, in restloser Einfügung in das rationale Planungssystem der sozialen Brauchbarkeitsorganisation" (ebd. S. 81), auf die Zähne beißend, verbissen, unlebendig.

Von diesem Ich-Zustand ist es nur noch ein Kleines zur *Acedia*, demjenigen von den Mönchen aller Zeiten gefürchteten Zustand der Verzweiflung, Trägheit und Langeweile, der nach Pieper dann auftritt, wenn der Mensch „seinem eigenen Sein letztlich nicht zustimmt, dass er, hinter aller energischen Aktivität, dennoch nicht eins ist mit sich selbst; dass ihn, wie das Mittelalter es ausgedrückt hat, Traurigkeit erfasst angesichts des göttlichen Gutes, das in ihm selber wohnt..." (S. 82)

Aus dieser Trägheit entspringt auch die innere Rastlosigkeit und Mußelosigkeit (die so typisch sind für den modernen Menschen). Dabei sind Mußelosigkeit und Verzweiflung Geschwister.

„Muße kann es aber nur geben, wenn der Mensch eins ist mit sich selbst, wenn er seinem eigentlichen Sein zustimmt. Eben dies ist aber das Wesen der *acedia*: die Nicht-Übereinstimmung des Menschen mit sich selbst" (S. 85).

Und noch einmal:

> „Muße ist eine Gestalt jenes Schweigens, das eine Voraussetzung ist für das Vernehmen von Wirklichkeit: Nur der Schweigende hört; und wer nicht schweigt, hört nicht. Solches Schweigen ist nicht stumpfe Lautlosigkeit, nicht totes Verstummen; es bedeutet vielmehr, dass der dem Seienden auf Grund ewiger Zuordnung ent-„sprechenden" Antwortkraft der Seele nicht ins Wort gefallen werde. Muße ist die Haltung des empfangenden Vernehmens, der anschauenden, kontemplativen Versenkung in das Seiende.
> In der Muße ist überdies etwas von der Heiterkeit des Nichtbegreifenkönnens, von der Anerkennung des Geheimnischarakters der Welt, von der Starkherzigkeit des blinden Vertrauens, das den Dingen ihren Lauf zu lassen vermag; es ist etwas darin, von dem „Vertrauen auf das Fragmenthafte, das eben das Leben und das Wesen der Geschichte bildet" (S. 86 f.).

„In solcher schweigenden Geöffnetheit der Seele mag auch dem Menschen einmal geschenkt werden, zu gewahren, „was die Welt im Innersten zusammenhält" – vielleicht nur für die Dauer eines Blitzes..." (S. 88 f.).

„Muße ist nur möglich unter der Voraussetzung, dass der Mensch nicht allein, wie wir gesagt haben, dem wahren Wesen seiner selbst zustimme (während die Trägheit in der Verweigerung dieser Zustimmung wurzelt), sondern dass er auch mit dem Sinn der Welt in Übereinstimmung sei. Muße lebt aus der Bejahung. Muße ist nicht das gleiche wie Stille, auch nicht dasselbe wie innere Stille. Sie ist wie die Stille im Gespräch der Liebenden, das aus der Übereinstimmung sich nährt" (S. 89).

„Die Muße hat ihre Rechtfertigung darin, dass der Funktionär Mensch bleibe, was besagen will, dass er nicht aufgehe in dem Ausschnitt-Milieu der eingegrenzten Arbeitsfunktion, sondern er fähig bleibe, die Welt als Ganzes in den Blick zu bekommen und hierin sich selber zu verwirklichen als ein auf das Ganze des Seins angelegtes Wesen.

Um dessentwillen gehört die Kraft zur Muße zu den Grundkräften der menschlichen Seele. Sie ist, ebenso wie die Gabe des kontemplativen Sichversenkens in das Seiende und die Fähigkeit zur festlichen Erhebung des Gemütes, die Kraft, in der Überschreitung der Arbeitswelt Berührung zu gewinnen zu übermenschlichen, Leben spendenden Seinsmächten, die uns dann erquickt und erneuert in den wachen Werktag entlassen" (S. 92 f.).

Ein abschließendes Beispiel zu Wahrnehmung und Vorherrschaft eines ETWAS veranschaulicht der Maler Ludwig Richter (1803–1884) aus seiner Arbeit als Grafiker-Gehilfe:

„Wir waren in den Banden einer toten Manier – wie alle Zinggianer –, waren in einem Wust von Regeln und stereotypen Formen und Formeln dermaßen eingeschnürt, dass ein lebendiges Naturgefühl, die wahre, einfache Anschauung und Auffassung der Dinge sich gar nicht regen, wenigstens nicht zum Ausdruck kommen konnte. Wir plagten und mühten uns ab, die schablonenmäßigen Formen „der gezackten Eichenmanier" und der „gerundeten Lindenmanier", wie Zingg sagte, so einzuüben, dass wir dergleichen mit Leichtigkeit

zeichnen konnten. Außerdem suchte man eine Fertigkeit im Tuschen, besonders in Sepia, zu erlangen, und leistete in dieser Technik auch Tüchtiges.
Dagegen erblickten wir in Wagners Naturstudien die Naturformen, wie wir sie in der Wirklichkeit vor uns hatten und nicht nach einer Schablone übersetzt. Besonders entzückte mich eine dunkle Felsenschlucht, in welche ein dünner Wasserstrahl herabfällt und vorn durch das Gestein fließt, zwischen welchem prächtige weiße Waldblumen im hellsten Sonnenlichte stehen. Es war mit Wasserfarben gemalt und blieb lange mein Ideal, dem ich nachstrebte. Wagner war so glücklich gewesen, keinen manirierten Lehrer, wie sie damals alle waren, (...) gehabt zu haben, und so hielt er sich an die Natur und suchte das auf dem Papier zur Anschauung zu bringen, was in der Natur sein Auge sah und vor allem sein Herz erfreute. Denn nur wofür der innere Sinn empfänglich oder bereits erschlossen ist, das sieht auch das leibliche Auge. Ein bloß äußerliches Sehen würde nur mechanisch nachbilden. Denn jeder sieht eigentlich nur das, was ihn sympathisch berührt, was er liebt. So sah Wagner also mit eigenen Augen und nicht durch eine der vielen akademischen Brillen, welche der Lehrer mit bester Überzeugung glaubte, seinem Schüler auf die Nase setzen zu müssen“ (aus: Richter 1982: 29 f.).

Zusammenfassung: Wen meinen wir also, wenn wir „Ich“ sagen? – da die Übergänge vom personalen Ich-Zustand zum nicht-personalen fließend sind, benützen wir in der Regel für beide Ich-Zustände das Wort „Ich“.

Wir meinen uns als Subjekt – und sagen „Ich“, wenn wir erholt sind und unser Person-Sein als Ganzheit und Verbundenheit erleben. Aber wir sagen genauso „Ich“, wenn wir nur noch ein funktionierender Rest sind, angepasst, abgeschnitten, zu keiner Begegnung und Empathie mehr in der Lage. – Und das stiftet unendlich viel Verwirrung, Irrtum und Leid.

Darum sind die Konzepte von ETWAS und Teilpersönlichkeiten eine ganz große Hilfe, um zu erkennen, was oder wer gerade innerlich die Regierung übernommen hat, um in einem Akt der Freiheit und Selbstbesinnung dem Person-Sein wieder zum Königtum zu verhelfen.

Dies ist die große *Kunst der Unterscheidung*, welche die Christus-orientierte Begleitung in jeder Sitzung übt.

Abb. 8a Tugend. Münster Straßburg, nördl. Portal. © Photo musées de Strasbourg, Mathieu Bertold. Deutlich hervorgehoben ist „der Punkt, auf den wir zeigen, wenn wir ‚Ich' sagen". Vermutung des Autors: Diese Tugend veranschaulicht jene Seligpreisung der Bergpredigt, in der es heißt: „Selig, die reinen Herzens sind, denn sie werden Gott schauen."

2. Kapitel **Wer in mir sagt „Ich“?**

In der Christus-orientierten Begleitung üben wir zwei Bewegungen immer wieder neu ein: Die Bewegung vom *Ich-Zustand* des *„Ich-bin-eine-Teilpersönlichkeit“* – (als einem Beherrscht-werden vom ETWAS) zum *„Ich-bin-einfach-nur-ich“* des wahren Person-Seins, der Authentizität. Der Klient soll dabei durch wiederholtes Üben befähigt werden, immer rascher zwischen diesen beiden Ich-Zuständen zu unterscheiden, um schließlich auch ohne fremde Hilfe von der Unterjochung durch ein ETWAS zu seinem Person-Sein als JEMAND zurück finden zu können.

Im Ich-Zustand des Person-Seins kann anschließend die zweite Bewegung eingeübt werden: Die *Öffnung zum Seelengrund.*

Was ist eine Teilpersönlichkeit? Man könnte dazu auch sagen:

ein Teil von mir
eine Seite in mir
ein ETWAS in mir

Wie es ist, wenn wir diese Teile (als *innere Familie*, *inneres Team*) bei einem Entscheidungsprozess bewusst erleben, möge folgendes Beispiel „Urlaubsplanung“ einer fiktiven Person verdeutlichen:

„Einerseits würde ich gerne Urlaub am Meer machen – aber dann ist der Bergsteiger in mir sauer. Wenn ich aber in die Berge gehe, ist meine innere Wasserratte enttäuscht. Mein innerer Gigolo würde natürlich lieber ans Meer und seinen Adonis-Körper zeigen, aber mein innerer Mönch mahnt: ‚Ich will endlich mal Ruhe haben – auch vom Flirten! Lass uns doch ins Kloster gehen und endlich Meditieren lernen!‘ – Jetzt meldet sich aber mein innerer Gesundheitsminister und erinnert daran, dass ich mich den ganzen Winter über damit vertröstet habe, dass ich im Sommer Aktiv-Urlaub mache und mich mal wieder richtig körperlich fit kriege – also doch die Berge! Mein innerer Perfektionist will jetzt alles richtig machen und überlegt, wie er das alles unter einen Hut bekommen kann, indem er im Internet

nach einem Kloster sucht, an einem See gelegen, umgeben von Bergen (irgendwo muss es doch so was geben!). Währenddessen meldet sich aber schon der Mutlose, dem das viel zu lange dauert und der resigniert und zusammen mit dem Genervten überlegt, ob es nicht besser ist, einfach zuhause zu bleiben, weil das Ganze ‚wieder mal' (!) (das war der innere Kritiker) unlösbar scheint. ‚Nein! Auf gar keinen Fall!' Mein innerer Lebenskünstler meldet sich und führt mich zum Kühlschrank: ‚Erst mal ein Bierchen trinken, dann sehen wir weiter!' Und jetzt (ich wusste es schon) meldet sich (*natürlich!* – Kommentar des inneren Kritikers) mein innerer Zauderer und lässt mich zum Telefon greifen, um erst mal die Freunde zu fragen, was die in diesem Jahr vorhaben. Bevor es aber zum ersten Gespräch kommt, dröhnt die Stimme meines verinnerlichten älteren Bruders, ich würde mich ja mal wieder anstellen – und jetzt spüre ich im Hals einen Druck und habe im linken Ohr Tinnitus! Mein innerer Krankenpfleger signalisiert mir, dass das alles für mich zu viel ist und dass ich am besten mal die ganzen Fragen auf sich beruhen lassen solle. Da lässt mich mein innerer Antreiber, zusammen mit dem Entschlossenen, zur Garderobe gehen: ‚Reisebüro! – Das ist die Lösung!' Ich will gerade die Haustür öffnen, als das Telefon klingelt: Mein Kumpel fragt, ob ich ihm beim Umzug helfen könne. ‚Wann? Ach, in der Zeit, wo ich Urlaub machen wollte? Mitten drin?' Mein innerer Retter jubelt: ‚Ich werde gebraucht!' Natürlich sage ich zu. Das Problem bin ich los!
Eigentlich wollte ich gerade aufatmen, dass ich dies Problem wenigstens mal zu aller Zufriedenheit gelöst habe, da meldet sich der kleine Junge in mir: ‚Und wo bleibe ich?' Und jetzt, wo ich mal wieder mein ganzes inneres Horrorkabinett durchgemacht habe, höre ich wieder: ‚Geschieht dir ganz recht!' – Ich weiß nur nicht, wer das sagt."

Schwindelig könnte es einem werden, wenn man Zeuge von derartigen inneren Prozessen ist. Man meint, einem verirrten Huhn auf der Autobahn zuzuschauen. Dass solche inneren „Tohu wa bohus" (So nannte die Bibel den Zustand, der war, bevor Gott die Welt schuf) keine Übertreibung sind, sondern Wirklichkeit, belegt ein Zitat von Fürst Bismarck (vgl. Schulz von Thun 1999: 46):

„Faust beklagte, dass er zwei Seelen in seiner Brust habe. Ich habe eine ganze sich zankende Menge. Da geht es zu wie in einer Republik."

Wer bei der oben dargestellten Urlaubsplanung offensichtlich völlig fehlt, ist die Person als Zentrum und Kern, welche die Aufgabe hätte, mit den Teilpersönlichkeiten zu sprechen – aber die ist gerade „gar nicht da", oder anders ausgedrückt, es fehlt der *König-Ich*, der seinem Hofstaat eine Form und ein Ziel gibt. Ein König, der in der Lage ist, alle anzuhören, abzuwägen, in sein König-Sein hineinzuhorchen und von dort aus zu entscheiden. Wenn die Person als JEMAND aber „nicht da" ist, toben sich die Teilpersönlichkeiten als ETWAS aus wie Kinder zuhause, wenn die Eltern nicht da sind.

Teilpersönlichkeiten können von kindlichen Bedürfnissen, Wünschen, Abneigungen, Hoffnungen – oder Befürchtungen, Verletzungen usw. geprägt sein; genauso aber auch von elterlichen Erwartungen, Haltungen, Normen, Verboten. Darüber hinaus können Teilpersönlichkeiten sich mit allen Dimensionen des Menschlichen, Gesellschaftlichen, Natürlichen, Fiktiven, Realen wie Virtuellen verbinden und ihre Sichtweise dem System aufzwingen. Das Typische an einer Teilpersönlichkeit ist, dass sie nur partiell sieht, fühlt, einschätzt, denkt und will. Teile von uns können immer nur Teile sehen: nämlich sich selbst mit ihren ausgesprochen beschränkten Absichten – nie aber das Ganze. Sie haben alle eines gemeinsam: den Tunnelblick. Teilpersönlichkeiten sind wie Vertreter verschiedener Firmen, wo jeder seine Einzelinteressen im Auge hat, ohne das Ganze zu sehen.

Das Ganze berücksichtigen und fühlen kann nur die Person als JEMAND, weil Menschen im Ich-Zustand der Authentizität am Sein teilhaben. Das Sein wiederum verbindet und beinhaltet alles *Seiende* in sich. Ein Beispiel aus der Praxis möge das verdeutlichen. Eine Klientin (Anfang 50) kommt in die erste Sitzung wegen folgender Frage:

„Was soll ich machen?" Sie ist mit einem „Karriere-orientierten" Akademiker verheiratet, in dessen Familie sie wegen ihrer Schulbildung (kein Abitur, kein Studium) nach ihren Worten „nie viel gegolten" hat. Sie fühlt sich allein gelassen in der Erziehung der Kinder, allein gelassen in der Führung des Haushaltes, erlebt ihren Ehemann als „weit weg" von ihr. Sie arbeitet halbtags und besucht nebenher das Abendgymnasium, um dann vielleicht noch ein Fernstudium anzuschließen – vielleicht aber auch in ihrer jetzigen Firma zu bleiben, wo sie sich wohl fühlt, weil sie „wenigstens dort Anerkennung“ bekommt für ihre Leistung. Dann gibt es da aber noch eine andere Option.

Auf einem großen Papierbogen (DIN A3), der vor uns auf dem Boden liegt, notiere ich mit grünem Filzschreiber die Frage:

Was soll ich machen?

Dann schreibe ich in blau eine andere Frage darunter:

Wer will ich sein?

Und nun lade ich die Klientin ein, beide Sätze auf sich wirken zu lassen. Sie schaut und schweigt. Dann sagt sie: „Wenn ich weiß, wer ich sein will, ergibt sich das Andere daraus.“

Im Laufe der Sitzung (nachdem ich ihr – mit ihrem Einverständnis – einige Ich-psychologische Konzepte vorgestellt habe), kommt sie zum Schluss: „Das Ich bleibt auf der Strecke! Es geht mir besser, wenn ich mich *wahrscheinlich* nicht in die Karriere stürze.“

Dieses *wahrscheinlich* haben wir dann auch noch gemeinsam angeschaut. Wichtig ist für unsere Frage an dieser Stelle, dass sie mit Hilfe der Konzepte zur Unterscheidung schon in der ersten Sitzung ein Gespür für diejenige bekam, die sie *als Person* ist – im Unterschied zu jenen Seiten in ihr, die es ihrem „Mann mal richtig zeigen“ wollen, seiner Familie beweisen wollen, dass sie auch „jemand“ ist. Dabei wird offensichtlich, dass diese *Teile* nicht souverän in sich ruhen, wie es dem Ich als Königin gebührt, sondern außen-orientiert sind, ihren Erfolg erst dann genießen werden können, wenn das erwartete Echo auf die Handlungen erfolgt, ansonsten wäre eine erneute Anstrengung erforderlich – eine endlose Geschichte.

Wenn ich wirklich JEMAND bin, als *Person*, dann brauche ich niemandem mehr etwas zu beweisen, es gibt auch niemanden mehr, dem ich etwas beweisen müsste oder wollte, *weil ich einfach bin, lebe, verbunden bin, lebendig bin, weil der Lebensstrom in mir und durch mich fließt*.

Zu Beginn der Sitzung sagte die Klientin: „*Ich* weiß nicht, was *ich* machen soll!“ – Am Ende der Sitzung konnte sie deutlich unterscheiden: „Da sind *Seiten in mir*, die noch einmal studieren wollen, die ihre Zeit für die Karriere verwenden wollen, die wiederum regiert werden von anderen Seiten in mir, die verletzt worden sind – aber das ist nicht das, was mich als Person ausmacht – *das bin nicht ich*, sondern das sind Seiten in mir, ein ETWAS.“ Mit anderen Worten: Der Klientin ist durch die Kunst der Unterscheidung deutlich geworden, dass sie viel, viel mehr ist als eine Frau, die Karriere machen kann – womit sie weit über ihre bis dahin vorherrschenden Teilpersönlichkeiten hinausgewachsen ist.

Psychotherapie ist darum eigentlich nichts anderes als Erinnerungsarbeit, das Bemühen, sich erinnern zu können an den Menschen, der wir eigentlich sind und immer schon waren.

Exkurs: *Freiheit, Beliebigkeit, Fundamentalismus und doppelte Moral.* Halten wir also fest: Alles andere, was nicht die Person in ihrer Freiheit und Souveränität ist, in ihrer Authentizität und Lebendigkeit, Weisheit, Liebe, Humor, Kraft, Mut, Leichtigkeit und Sanftmut, ihrer Fähigkeit, im Augenblick angemessen zu fühlen, zu denken, zu wollen, zu handeln, das ist ein ETWAS.

Die Freiheit der Person liegt in ihrem Da-Sein, das in sich selbst durch bloßes Sein in der Teilhabe am Sein erfüllt ist. Personales Dasein ist *beseeltes Da-Sein*, ein Sein mit der *„Seelensubstanz“* des *„tiefen Selbst der mit der Welt lebenden Person“* (vgl. Buber 2001: 39 und 53). Im personalen Da-Sein weiß, erlebt und fühlt sich die Person organisch und selbstverständlich mit allem Lebendigen verbunden:

„Ich bin Leben, das leben will,
inmitten von Leben, das leben will.“
Albert Schweitzer

In diesem Ich-Zustand können die leisen Töne, Zwischentöne und Signale, die das Leben ununterbrochen gibt, gehört werden. Sie sind das Leitsystem des in sich verwurzelten, mit dem Leben in und um ihn verbundenen Menschen. Diese zeigen als innere Stimme, Ahnung und Wissen, wo es lang geht – und umgekehrt auch, wo es auf gar keinen Fall lang geht. Immer wieder sagten mir Schüler, wenn sie etwas Übles erlebt hatten:

„Ich habe da schon ein komisches Gefühl gehabt – aber ich habe mir nichts dabei gedacht!“

Übersetzt heißt das: „In meinem Person-Sein habe ich nur zu deutlich gespürt, dass etwas nicht stimmt, dass Gefahr droht – aber die Teilpersönlichkeit, die gerade die Königskrone auf ihrem Kopf trug, wollte das nicht hören, weil sie von anderen Interessen beherrscht war", z.B. vom Eltern-Ich: „Wenn jemand dir das Angebot macht, dich nach Hause zu fahren, dann darfst du nicht absagen – das wäre unhöflich!". Oder vom Kind-Ich: „Das schmeichelt mir, dass der mich mit seinem teuren Auto nach Hause fahren will. Endlich zeigt mir jemand, dass ich für ihn wichtig bin!"

Der Mensch unter der Diktatur des ETWAS kann zwar auch die warnenden Stimmen hören, die sein Bestes wollen – aber das ETWAS lässt ihn gegen das bessere innere Wissen handeln (sei es gegen die Stimme heiraten, zusammenziehen, Schulden machen, Autos kaufen, Mieter ins Haus lassen, bei Bekannten ins Auto steigen usw.).

Was im landläufigen Sinne für *Freiheit* gehalten wird, ist nichts anderes, als dass der aufdringlichsten, stärksten und tyrannischsten Teilpersönlichkeit nachgegeben wird, damit sie sich austoben kann (wie bei einem unerzogenen Kind, dem man nach langem Quängeln schließlich resigniert seinen Willen lässt).

Von daher erklärt sich auch die – für eine Gesellschaft lebensgefährliche – *Beliebigkeit*, die uns zur Zeit allerorten begegnet. Beliebigkeit ist aber nur einem ETWAS möglich, denn die Person als JEMAND weiß, spürt, fühlt, was von Wert ist, was dem Leben entspricht. Person-Sein bedeutet in sich auch Sensibilität, Verbunden-Sein mit der Umgebung – und damit Ethos als biophiles (also dem Leben freundlich gesonnenes) Denken, Fühlen, Handeln. Der Authentische weiß um den Wert dessen, was ist – man muss ihn darüber nicht erst aufklären – der Wert alles Lebendigen ist ihm evident.

Doppelte Moral ist nur für Teilpersönlichkeiten möglich. Doppelte Moral bedeutet, dass da nebeneinander zwei Teilpersönlichkeiten bestehen, mit zweierlei Systemen, denen sie angehören, ohne dass eine sie verbindende Mitte als Person einen Dialog zwischen den beiden herstellen würde. Hierzu ein Beispiel:

Stimme A: „Die sollen endlich mal das Straßennetz ausbauen! Aber dafür ist ja wieder mal kein Geld da!"

Stimme B: „Steuern zahlen? – Diesen Staat kann man doch nur beschummeln!"

Doppelte Moral ist eines der sichersten Konzepte, um die Reife eines Gegenübers einzuschätzen: Nur der Unreife – also jener, dessen Person-Sein noch nicht seine einzelnen Teilpersönlichkeiten miteinander verbunden und ins Gespräch gebracht hat, sie kennengelernt und an den Platz verwiesen hat, der ihnen zukommt – nur der Unreife erträgt das Nebeneinander verschiedener, sich völlig widersprechender Wertsysteme, ohne daran zu arbeiten, sie innerlich zu versöhnen, zu koordinieren, sie vom JEMAND her kritisch zu sehen.

Wenn der Rechtswissenschaftler Udo di Fabio sagt: „Der Westen gerät in Gefahr, weil eine falsche Idee der Freiheit die Alltagsvernunft zerstört“ (vgl. di Fabio 2005: Bucheinband), dann entspricht sein Begriff der *Alltagsvernunft* genau dem, was die Person als JEMAND intuitiv weiß, denkt, fühlt und spürt. (Die Wortverbindung *„gesunder Menschenverstand“* wird in der Beliebigkeits-Kultur ja nur noch selten oder gar nicht mehr gehört). Was heißt *Beliebigkeits-Kultur?*: Jedes ETWAS ist für den Anhänger der Beliebigkeits-Kultur „richtig“ und darf „an der Person vorbei regieren“. Wer dann aus seinem personalen, im Sein verwurzelten Da-Sein heraus bemerkt, dass hier manches wohl nicht gesellschaftsverträglich sein kann, wird sich von seinen Zeitgenossen anhören müssen: „Du wertest!“

Das Problem ist nur, dass Millionen von Menschen mit der heute herrschenden Beliebigkeit überfordert sind und sich deshalb „Rattenfängern“ samt ihrem Sicherheit vortäuschenden *Fundamentalismus* und Extremismus anvertrauen, um in solcher Scheinsicherheit das Gefühl zu haben, das Richtige zu wollen und zu tun. (vgl. Schmidt-Salomon 2005: 7) Beliebigkeits-Kultur ist eine Un-Kultur der lieblosen Überforderung und kein Zeichen von Toleranz, (wie ihre Vertreter gerne meinen) sondern Zeichen für fehlende Personalität, also Abwesenheit des – mit dem Sein verbundenen und *im Sein* verwurzelten JEMAND!
Nur von unserer Verwurzelung im Sein aus – an welchem wir bewusst teilhaben, wenn wir authentisch sind – können wir entscheiden, was angemessen ist, was gut und was böse, biophil oder

nekrophil ist – einfach deshalb, weil wir in diesem Ich-Zustand mit allem Lebendigen auf geheimnisvolle Weise verbunden sind. Aus dieser Verbundenheit erwächst auch eine Haltung der Toleranz, die Andere wachsen und gedeihen lässt und sie nicht nur *sein* lassen kann, sondern auch *anders sein* lassen kann.

Authentizität ist darum auch ein untrügliches Mittel, um „gesundmachende Religiosität" von „Krankmachender Pseudo-Religion zu unterscheiden: In authentischer Religiosität geht es nicht mehr darum, „wer den richtigen Glauben hat", sondern, wer in seiner religiösen Praxis zu seiner Authentizität und damit zur *Teilhabe am Sein* finden kann. Fanatismus – im Namen des einen oder des anderen Gottes – ist immer ein Zeichen dafür, dass gerade nicht Gott „regiert", sondern ein unpersönliches, kaltes ETWAS. In seiner *Ringparabel* seines Weisen Nathan hat der Dichter Gotthold Ephraim Lessing genau diesen Gedanken vorgestellt, und damit einem Weltbürgertum (bei gleichzeitiger Zugehörigkeit zu verschiedenen Glaubenssystemen) den Weg bereitet.

Meine eigene Beobachtung und Erfahrung dazu ist, dass die Authentischen die Frage nach dem Unterscheidenden gar nicht mehr stellen, weil für sie Anderes wichtiger ist: das Verbindende. Authentische verstehen sich sofort – auf der ganzen Welt. Und sie erkennen sich auch sofort – und freuen sich aneinander!

Umgekehrt konnte ich tausendfach beobachten, wie die vom ETWAS in die Ecke einer partiellen Sichtweise ihrer selbst und der Anderen Gedrängten oft genug ihre ganze Aufmerksamkeit der Frage der Abgrenzung gaben. Warum? Weil das ETWAS in ihnen eine Projektionswand für den Schmerz des Nicht-authentisch-Seins braucht, um das Leiden des Von-sich-selbst-abgeschnitten-Seins energetisch zu entschärfen. Indem Feindbilder dem Ziel dienen, *„den Fremden in uns"* (vgl. Gruen 2002), nicht mehr in uns zu spüren, ist zwar kurzfristig der Leidensdruck durch Feindbilder reduziert – aber da jedes ETWAS stereotyp, unbelehrbar, erstarrt, abgeschnitten und nicht mehr auf das Lebendige bezogen ist, vielmehr ein sich in seiner Sichtweise immer aufs Neue durch Vorurteile und *self-fulfilling prophecies* bestätigendes Mini-System innerhalb des Ganzen, (vergleichbar einem Krebsgeschwür, das ebenfalls nicht mehr auf das Ganze bezogen ist und einfach nur noch macht, was es will), muss sich das ETWAS durch ständig neu gefundenes „Fressen“ ernähren, immer neue Gründe finden, warum abgelehnt, gehasst, verachtet und schließlich getötet werden darf – denn nur so kann der Schmerz der Diktatur des ETWAS ausgehalten werden. Arno Gruen hat die tieferen Gründe dafür sehr deutlich herausgearbeitet:

> „Der Fremde in uns, das ist der uns eigene Teil, der uns abhanden kam und den wir zeit unseres Lebens, jeder auf seine Weise, wiederzufinden versuchen. Manche tun dies, indem sie mit sich selbst ringen, andere, indem sie andere Lebewesen zerstören. Der Widerstreit zwischen diesen zwei Ausrichtungen des Lebens, die beide von derselben Problematik bestimmt sind, wird über die Zukunft unseres Menschseins entscheiden. Meine Hoffnung ist es, mit diesem Buch dazu beizutragen, dass der zerstörerische Anteil zurückgedrängt werden kann, bevor er so stark wird, dass er uns überrollt. Dabei geht es weniger um große revolutionäre Antriebe. Ich möchte vielmehr Mut machen für das tägliche Engagement, sich immer wieder und bei jeder Gelegenheit dem Herzen zu widmen.
>
> Wir alle haben tiefgreifende Unterdrückung und Ablehnung erlebt. In unserer Kultur ist es üblich, dass man in seinem Kindsein zurückgewiesen wird, weil man nicht den Erwartungen von Erwachsenen entspricht. Gleichzeitig darf ein Kind sich nicht als Opfer erleben, denn das würde dem Mythos widersprechen, dass ja alles aus Liebe und zu seinem Besten geschieht. So wird das Opfersein zur Quelle eines unbewussten Zustandes, in dem das eigene Erleben als etwas Fremdes ausgestoßen und verleugnet werden muss. Diesen Teil von sich wird der Mensch fortan suchen, ohne sich dessen bewusst zu sein. Es ist dieses Suchen, das uns zum Verhängnis wird“ (Gruen 2004: 7).

Religionskriege, Ehekriege, Kriege mit Vorgesetzten, Nachbarn, Lehrern, Schülern... immer wieder geht es dabei um Projektionen des inneren Mangels auf Außenstehende, so lange, bis die daraus erfolgende Krise zum Nachdenken zwingt, zum *Wahr*-nehmen, zum *Be*-merken, *Er*-kennen, *Ver*-stehen – zur Heimkehr zum Eigenen, Heimkehr zur Person, zur Reinheit des liebenden Herzens.

Die menschliche Psyche ist von Natur aus wissend, weise, fühlend und sehend, da wir Menschen nicht etwa nur eine Seele *haben*, sondern Seele *sind*. Mensch sein heißt beseelt sein – allerdings nur, wenn nicht eine Teilpersönlichkeit den Platz der Person als JEMAND eingenommen hat und auf diese Weise das unbeseelte ETWAS regiert. Wenn der personale Ich-Zustand zugunsten eines anonymisierten Teilpersönlichkeiten-Ich-Zustandes aufgegeben wurde, regiert irgend ein ETWAS – aber dann haben wir keinen *Kampf der Kulturen* – sondern eine Rivalität verschiedener individueller ETWAS, die genau eben gerade *nicht* Kultur sind, (denn echte Kultur kommt aus dem Lebensstrom authentischen Lebens und nicht aus dem sich stereotyp und ständig auf die gleiche Weise rigide wiederholenden und sich selbst bestätigenden Festgefahrenen des Abgespaltenen).
Darum kann auch weder Angst noch Abschreckung, noch Gewalt eine Antwort auf Fundamentalismus und Extremismus sein, sondern allein ein souverän in sich ruhendes Verwurzelt-Sein im eigenen Seelengrund, aus welchem der Lebensstrom immer neue Kulturleistungen hervorbringt und ermöglicht. Eine solche aus echter Lebendigkeit fließende Kultur verbindet, belebt, erfreut, und erinnert die Herzen an ihre eigentliche Natur: Voilà der Sinn und Auftrag wahrhaftiger Kultur, die um ihren Platz in der Welt nicht fürchten muss (kein Gedanke daran!), weil sie am Sein teilhat und ihre Menschenkinder immer wieder zurück ins Sein holt.
Die Angst einer Gruppe vor einer anderen ist nur ein Zeichen dafür, wie weit sich ihre Anhänger von sich selber entfernt haben und wie fremd sie ihrem König-Sein als Person geworden sind. Der allgemein verbreitete Etikettenschwindel gibt dann vor, mit scheinwissenschaftlichen Begriffen wie „Jugendkriminalität, Jugendgewalt, Jugendalkoholismus, Kampf der Kulturen, Bedrohung durch Fundamentalisten“ die Phänomene in der Gesellschaft beschrieben zu haben – dabei sind das alles nur Beschreibungen von Symptomen, die alle darauf hinweisen, dass verzweifelten Menschen ihre Identität abhanden gekommen ist.
Es gibt nur *ein* Heilmittel für alle Gebrechen dieser einen, großen Menschheitsfamilie, auf welches schon vor mehr als zweitausend

Jahren der Eingang zum Tempel in Delphi hinwies und den Menschheitskindern ans Herz legte: *Erkenne dich selbst!*

Halten wir fest: Wenn Menschen sich erst einmal fremd geworden sind, regiert das ETWAS. Denn es gilt: Entweder regiert die Person als JEMAND, als integrative, vermittelnde, Innen und Außen verbindende Kraft, oder es regiert das ETWAS.

Ich denke, dass das obige Beispiel der Frau, die über ihre Karriere nachdenkt, dafür typisch ist: Die Klientin kommt mit einem Problem – und sie will es los werden. Der Begleiter soll ihr dabei helfen. Wenn der Begleiter nun aber nicht auf der Hut ist, wird er monatelang mit genau diesem ETWAS-Problem beschäftigt sein, mit immer neuen

„Ja, aber",
„und da ist noch",
„und das muss ich unbedingt auch noch erzählen",
„und dann ist wieder das passiert",
„und stellen Sie sich vor, was jetzt noch passiert ist"
„und dann hat sie wieder... und dann hat er wieder... und dann war ich wieder...."

Da die Hauptaufgabe vieler Teilpersönlichkeiten ist, von einem tiefer liegenden unausgesprochenen unangenehmen Thema abzulenken, (dazu später mehr) machen sie ihre Arbeit gründlich und konsequent. Und da jede Teilpersönlichkeit nur auf ihren Bereich spezialisiert ist, gelingen die Ablenkungsmanöver auch dermaßen perfekt, dass spätestens an dieser Stelle deutlich wird, dass nur derjenige ein wirklich hilfreicher psychologischer Begleiter sein kann, der genau all diese Manöver bei sich selbst in geduldiger Analyse aufgearbeitet, d.h. erforscht und bewusst gemacht hat. Ist das nicht der Fall, wird der Therapeut genau in jenen Bereichen, wo er selbst noch Dunkelkammern hat, zu einer Art unfreiwilligem Mitspieler. Das erkennt man daran, dass Klienten ihren Therapeuten „ganz toll" finden und sich mit ihm „super" unterhalten können. – Und daran, dass es über Monate praktisch keine Vorwärtsbewegung gibt. Der Charakter – als Ursache von allem Leiden – darf ruhig vor jeder Sitzung ein gesundes Maß an Respekt haben. Nachfolge Jesu ist kein Sonntagsspaziergang!

In der Christus-orientierten Begleitung bekommen die Teilpersönlichkeiten den Platz, der ihnen zusteht – und zwar von Anfang an. Schon in der ersten Sitzung wird die Vormachtstellung von mindestens einem dieser Usurpatoren (= Thronräuber) ins Scheinwerferlicht gerückt, indem er beim Namen genannt wird (Beispiele aus der Praxis dazu in Teil III).

Damit macht die Begleitung genau das, was Inhalt und Thema des Märchens vom *Rumpelstilzchen* ist: alles daran setzen, den Namen des Dämons, der die Müllerstochter in Besitz genommen hat, ausfindig zu machen – und ist das geschehen, so ist die Macht gebrochen. Teilpersönlichkeiten dürfen nicht regieren, sie dürfen nicht bestimmen, wohin die Reise geht. Denn dafür ist der König-Ich zuständig, die Person als JEMAND. Regieren dürfen die Teile nicht mehr. Sie dürfen nicht mehr dafür sorgen, dass die Psychotherapie und Begleitung monatelang in allen Details und Ausführlichkeiten von der Teilansicht eines ETWAS aus terrorisiert wird. – Ich nenne das *Problem-Hypnose*.

Es genügt zunächst einmal, festzustellen, *dass* dieser Teil gerade da ist und einen ganz bestimmten Platz und Auftrag innerhalb des Gesamtsystems hatte und hat (den wir zwar jetzt noch nicht kennen, den wir aber im Laufe eines Prozesses erforschen können). Und dann wird in jeder Sitzung eingeübt, die Verteilung der psychischen Energie und Aufmerksamkeit aus der Perspektive der Person als JEMAND neu zu organisieren. Vom Verwurzelt-Sein der Person aus wird die Aufmerksamkeit gesteuert, die Energie verteilt, die innere Familie erforscht. Und sowie wir bemerken, dass eine Teilpersönlichkeit die Königskrone an sich gerissen und sich selbst aufgesetzt hat, wird die Krone Schritt für Schritt zurück geholt. Immer wieder wird aufs Neue die Frage gestellt:

Wer regiert gerade?
Welcher Minister hat gerade die Königskrone auf dem Haupte?
Welcher Planet gibt sich gerade als Sonne aus?
Welches Ichlein hat da gerade den Platz des Ich eingenommen?
Wer spielt da gerade die Rolle des Chefs?

Die Erfahrung zeigt immer wieder aufs Neue, dass atmosphärisch sofort frischer Wind in den Raum kommt, wenn Klienten verstehen:

„Ich bin als Person ein JEMAND – und unterscheide mich damit grundsätzlich von meinen verschiedenen Schwächen, Launen, Charakterzügen, Teilen, Stimmen, Seiten, Selbsten, Kopfbewohnern, Elementen der Persönlichkeit, ETWAS ...denn all das bin *nicht* ich – das ist immer nur ein ETWAS. Und mit dieser Einsicht gibt es ein Aufatmen, ein Lächeln, Zuversicht, Erleichterung und Freude. Jetzt ist schon alles nicht mehr so schlimm, wie es noch zu Beginn der Sitzung war und der Klient spürt: „Meine Würde, meine unantastbare, heilige, gottgegebene Würde, ist wieder hergestellt: Ich bin wieder Person, JEMAND, ICH." Der Jesuitenpater Anthony de Mello (vgl. de Mello 1995: 126) gibt in diesem Sinne die Anleitung zu sagen:

„Ich bin weder dies, noch bin ich das.
Mag kommen, was will, mein wahres Ich
werde ich nicht verlieren."

Hat ein Klient erst einmal diese Unterscheidung wirklich verstanden, leitet er eine völlige Neuordnung des gesamten inneren Systems ein: Voilà die Metanoia, (das völlige Umdenken und Neudenken) von der Johannes der Täufer im Evangelium spricht! (Mt. 3,2) Auf diese Weise *beginnt die Neugeburt*. Das ist, wie wenn die Geisterstunde vorüber ist, oder wie wenn man aus einem stickigen dunklen Raum in die Sonne und frische Luft hinaustritt.

Wenn der Klient erst einmal ein Gespür dafür bekommen hat, was eine Teilpersönlichkeit ist und wie es sich anfühlt, von ihr regiert zu werden und wie es im Unterschied dazu ist, im Person-Sein zu ruhen, dann kann er immer rascher einsehen, worum es beim jeweiligen Thema oder Problem gerade *eigentlich* geht: Er erinnert sich immer schneller an seine Fähigkeit zur Unterscheidung dessen, was aus dem fließenden Lebendig-Sein und Verbunden-Sein des authentischen Ichs heraus fließt, einerseits, und dem Musterhaften, sich tausendfach Wiederholenden, Stereotypen, Unlebendigen, „Klischee" (vgl. Lorenzer 1973: 113).

Er kann dann immer häufiger, immer rascher selber erkennen: „Aha, da war wieder mal mein innerer Perfektionist am Werk!" „Da hat sich wieder mein inneres Café Größenwahn eingeschlichen!" „Da ist wieder der Besserwisser, der Schleimer, der Streitsüchtige..." „Aha, Störzone – kennen wir doch! Weiteratmen!"

Das dahinter liegende „Warum?“ und „Wozu?“ der Aktivierung des Persönlichkeits-Teils sind zwar zu diesem Zeitpunkt noch ungeklärt – aber die Würde ist wieder hergestellt. Und das lässt Freude aufkommen, Zuversicht und Vertrauen. (Es ist jedes Mal ein Geschenk, als Begleiter dabei sein zu dürfen, wenn Menschen in scheinbar hoffnungslosen Situationen zu verstehen beginnen, und den ihnen zustehenden Platz des Königs und der Königin einnehmen – und dabei ein anderes Gesicht bekommen).

Da wir als Begleiter das Privileg hatten, ungezählte Kurse, Seminare und Fortbildungen zu besuchen, dazu Berge von Büchern und Lehrgangs-Skripten zu lesen (was aus zeitlichen, finanziellen und anderen Gründen dem berufstätigen und vielleicht noch erziehenden Klienten in der Regel nicht möglich ist), sind wir in der Lage, (mit Einverständnis des Klienten) in den ersten Stunden der gemeinsamen Arbeit die einzelnen Konzepte vorzustellen und zu erklären, damit der Klient sie von Anfang an wie Scheinwerferlicht für seine innere Welt benützen kann.

Das ist um so wichtiger, als man damit rechnen muss, dass heutige Klienten aus den verschiedensten Systemen und Pseudosystemen Bruchstücke gehört haben, deren Richtigkeit sie selber nie überprüfen konnten, die in ihnen aber als Auffassungen und Leitbilder wirksam sind. (Man denke nur an das sogenannte „positive Denken“ oder die gegenwärtig häufig missverstanden Konzepte von „Achtsamkeit“, „im Hier und Jetzt leben“ oder „in der Meditation leer werden“. Und dazu passt auch der häufig gehörte Spruch: „Die Religionen wollen doch sowieso alle das Gleiche: Raus aus dem Kopf in den Bauch!“). Während die Konzepte von „Innerem Kritiker und Antreiber“ inzwischen Allgemeingut geworden sind, scheint mir bei Vielen das *innere Kind*, welches in den 1990er Jahren in aller Munde und Illustrierten war, eher wieder in Vergessenheit geraten zu sein. Und die Existenz eines Unbewussten, die in den wilden 1960er bis 1980er Jahren als psychologisches Grundwissen zur Allgemeinbildung gehörte und in einer Therapiestunde vorausgesetzt werden konnte, (Freud war z.B. in den 60er Jahren ein Thema im württembergischen evangelischen Lehrplan Religion), scheint völlig vergessen zu sein. Der heutige Mensch meint, alles, was er denke, fühle und wolle, geschehe bewusst. Darum beklagte schon im Jahr 1990 Hermann Meyer im Vorwort zu seinem Buch „Gesetze des Schicksals – Befreiung aus unbewussten Zwängen“:

Exkurs: *Das vergessene Unbewusste:* „Fünfzig Jahre nach Freud weiß heute noch kaum jemand etwas über Anatomie, Physiologie und Pathologie der Seele. Fünfzig Jahre nach Freud kennen die meisten Menschen nicht die Mechanismen und Gesetzmäßigkeiten der Seele. Auf fast allen Lebensgebieten bleibt das Unbewusste unbeachtet, wird das Unbewusste nicht in Erwägungen und Entscheidungen miteinbezogen. Wir hätten eine andere Medizin, eine andere Legislative, eine andere Exekutive, eine andere Judikative, eine andere Pädagogik, eine andere Philosophie, eine andere Religion, wenn Menschen um das Unbewusste wissen würden. Fast überall spielt sich alles nur auf der bewussten Ebene ab, auf einer sehr oberflächlichen Ebene. (...)Eine Umfrage (...)ergab, dass die Mehrzahl der Befragten, insbesondere die Männer, glaubten, ihr Leben selbst im Griff zu haben und dass das Unbewusste nur bei schwachen Individuen Einfluss haben könne. Unter einem Zugriff von außen auf eigene Meinung, Vorstellung und Weltanschauung zu stehen, also eventuell manipuliert zu sein, war vielen der Befragten nicht bewusst.

Viele Menschen wissen nicht, dass sie nur Marionetten des Unbewussten sind, weil sie dessen Mechanismen und Gesetzmäßigkeiten nicht kennen. Sie wissen nicht, dass sie nur Programme abspulen, nur Rollen leben. Sie glauben, dass sie nach ihrem eigenen Programm leben und doch ist dieses Programm nur das der Eltern, Erzieher, das von Konvention und Moral, des patriarchalen Systems.

Solange diese alten, anachronistischen Programme in allen Schattierungen und Nuancen nicht erkannt, in Zweifel gezogen und aufgelöst werden, steht der Einzelne unter einer Kulturhypnose und bleibt manipuliert. Er ist fremdbestimmt. Ohne Wissen um das Unbewusste kann er niemals dem Schicksalszwang entfliehen, er bleibt gesteuert von unbewussten Programmen und Kräften. Ziel dieses Buches ist es daher, den Blick für unbewusste Zusammenhänge zu schärfen, dem Leser aufzuzeigen, dass das Unbewusste es ist, das die Ereignisse in der Außenwelt „holt“, dass das Unbewusste die Partner anzieht, den Arbeitsplatz wählt, für Krankheiten und Gesundheit verantwortlich ist, kurzum, dass das Unbewusste das Schicksal bewirkt“ (Meyer 1990: 9–11).

Exkurs: *Der vergessene Freud:* Obwohl man eigentlich meinen sollte, dass es sich seit dem Wirken von Sigmund Freud herumgesprochen hat, dass wir Menschen uns nicht nur bewusst, sondern auch unbewusst verhalten können (im Denken, Wollen, Handeln usw.), und es die Instanzen von Über-Ich, Es und Ich gibt, und für alle Menschen gilt: *In dir lebt das Kind, das du warst* (vgl. Missildine 1976) und entsprechend nach Eric Berne: „In deinem Eltern-Ich leben deine Eltern weiter, die du einmal hattest“, und dass wir als Erwachsene erst dann zu einigermaßen Übersicht über unser Leben gelangen, wenn wir die *Aussöhnung mit unserem inneren Kind* vollzogen haben (vgl. Chopich/Paul 1993) – ja, obwohl dieses Menschheitswissen für eine breite Masse schon einmal Selbstverständlichkeit war, müssen psychologische Begleiter heute davon ausgehen, dass dieses Wissen nicht mehr abrufbar ist.
Wie sehr dieses Basiswissen verschüttet worden ist, wird mir immer wieder deutlich in den gegenwärtigen pädagogischen Diskussionen, wo der Begriff der „Autorität“ von einer Mehrheit missachtet wird (ein Phänomen, welches schon Erich Fromm (vgl. Fromm 2005: 42 ff.) beklagt hat) Viele Menschen wissen nicht mehr, dass es ohne Struktur und Grenzen keine sinnvolle Dynamik gibt und keine gesunde Entwicklung, wenn nicht zunächst ein klares Eltern-Ich *erfahren* und dann auch *ausgebildet* wird.
Noch an anderer Stelle wurde mir dieser Mangel deutlich, als kürzlich in einer sehr bekannten TV-Show ein junger Mann ein lebensgefährliches Experiment ausgerechnet gemeinsam mit seinem Vater (!) auf die Bühne brachte – vor Millionen-Publikum. Wären die Verantwortlichen auch nur einigermaßen mit den Grundaxiomen der Freud‘schen Lehre vertraut gewesen, hätten sie von dieser Konstellation abgeraten.
Es mögen zwar so manche Konzepte Sigmund Freuds durch seine Schüler korrigiert und erweitert worden sein, manche auch gänzlich verworfen – aber dass es zwischen einem Sohn und seinem Vater nicht nur eine bewusste Beziehung gibt, sondern auch unbe-

wusste Anteile – das hätte auch der schwächste Schüler im Unterricht der sechziger Jahre begriffen und sich für alle Zeiten gemerkt und bei einem dermaßen gefährlichen Experiment als Möglichkeit mit eingeplant.

Auch bei dem Begriff der *Freiheit* lässt sich diese große Vergesslichkeit des Zeitgeistes beobachten: Während für die Wüstenväter derjenige frei ist, der seine Neigung zum Laster beherrscht und verwandeln kann in Tugenden und für Sigmund Freud gilt: „Wo *Es* ist (als die triebhafte, niedere Natur des Menschen), soll *Ich* werden!", da gilt für den modernen Zeitgenossen: „Frei ist, wer tun kann, was er will!" - was nichts anderes bedeutet als die Diktatur des ETWAS.

In bestimmten Lebensabschnitten, wie z.B. vor einer Prüfung, vor der Hochzeit, nach einem Wasserschaden usw. werden wir wahrscheinlich nur einen oder einige wenige Aspekte unseres Daseins bewusst erleben, und Zeuge sein, wie alles andere dahinter praktisch verschwindet und seine Bedeutung verliert, und damit vorübergehend auch unser eigenes Person-Sein als wirkliches, authentisches Da-Sein.

Aus diesem Hin und Her zwischen Person-Sein und Sich-verlieren-im-ETWAS besteht die Dynamik des Lebens. Niemand sollte ausschließlich und verkrampft anstreben, „immer nur übers Wasser laufen zu können", immer nur abgeklärt, gelassen, als Person in sich ruhend zu bleiben – aller Reiz und Reichtum des Lebens ginge verloren! (vgl. Dürckheim 1988: 8): „Das gibt es nicht, dass man andauernd offen ist..."

Wenn wir allerdings bewusst mitbekommen, was mit uns geschieht, werden wir dafür sorgen, dass wir nach unseren „Kurzaufenthalten im ETWAS" immer wieder aus dem Ich-Zustand der Teilpersönlichkeiten heraus zu einem *aristotelischen Ausgleich* finden, dass wir regelmäßig in unsere Mitte als Person kommen, von der aus wir nach links und rechts fröhlich pendeln, wenn der Lebensstrom es uns nahelegt und wir einverstanden sind. Dieses Hin und Her hat Alfred Lorenzer (1973) besonders nachvollziehbar herausgearbeitet in seiner Unterscheidung von (bewusster) *Symbolisierung* und (unbewusster) *Klischeebildung*, die in ihrem Wechselspiel eben beide zu einem gesunden Menschsein gehören (dazu ausführlich Kapitel 4). Der Lebensstrom bedient sich beider, um uns wirklich lebendig sein zu lassen, (entsprechend der Unterteilung in linke und rechte Gehirnhälfte usw.). Das Leben ist immer mehr als alle unsere Konzepte.

3. Kapitel Ich als König im eigenen Hofstaat

Ursprünglich sollte die Überschrift zu diesem Kapitel lauten: „Was meinen Psychologen, wenn sie *vom Ich* sprechen?"

In der Tat taucht in Fachbüchern die Wortverbindung „das Ich" auf. In einer solchen abstrakten Sichtweise geht allerdings m.E. die Personalität verloren – und mit ihr der Mensch als Person, als JEMAND. Wie Robert Spaemann (2006) bin ich der Auffassung, „dass das so existierende Individuum in keiner möglichen Beschreibung adäquat dargestellt werden kann. Anders gesagt: seine Benennung kann durch keine Beschreibung ersetzt werden. Person ist *jemand*, nicht *etwas*" (S. 38).

Wenn es uns gelingt, über psychische Phänomene nachzudenken und sie zu beschreiben und gleichzeitig allen Respekt zu wahren angesichts des Geheimnis-Charakters des Menschen in seinem Person-Sein, seiner *Teilhabe am Sein im Seienden* (C. G. Jung), lässt sich die unendliche Diskussion über „das, was das Ich eigentlich ist" vielleicht in neue Bahnen lenken. Darum ziehe ich den Begriff des *Ich-Zustandes* vor: Er lässt es zu, sich, bei gleichzeitiger Wahrung des Personalen, eine frei fließende personale psychische Energie vorzustellen, die sich in ungezählten Variationsmöglichkeiten in zwei verschiedenen Schwingungen oder Atmosphären ausdrückt: einmal eher als beziehungsfähige, persönlich-belebte Person (metaphorisch als *Person-Kern, Herz, Mitte* – wobei diese Redeweise wieder verdinglichend ist) und einmal eher unpersönlich-rigide-klischeehaft, beziehungslos, als unpersönliche Teilpersönlichkeit unter der Herrschaft des ETWAS.

Das bedeutet: Wenn Menschen *Ich* sagen, können darin die unterschiedlichsten Ich-Zustände gemeint sein. Derjenige, der *Ich* sagt, kann in diesem Moment in einem personalen, mit Seelensubstanz gefüllten frischen, in lebendigstem Austausch mit Innenwelt und Außenwelt befindlichen Zustand sein; oder aber in einem rigiden, klischeehaften, in welchem die ursprüngliche Lebendigkeit der Person in einer erstarrten Identifikation mit einer Teilpersönlichkeit sich als *unpersönliche Energie* auslebt, die zwar handelt, denkt, fühlt, sogar interagiert –

aber nur am Partiellen orientiert ist, die nicht mehr auf das Ganze des Geheimnisses des Lebens ausgerichtet ist, nicht mehr mit dem eigentlichen *Lebensstrom* verbunden, nicht mehr in personaler, frischer, immer wieder neu aus dem direkt erlebten Geheimnis des Lebens entstehender Beziehung als Frage und Antwort, Hin und Her, Geben und Nehmen. Im Ich-Zustand der Identifikation mit Teilpersönlichkeiten lernen wir nicht mehr dazu. Aus dem halb oder ganz Verborgenen heraus bestimmt ein anonymes ETWAS, quasi am Personalen vorbei, an der eigentlichen Situation vorbei, an den eigentlichen Beziehungen vorbei, weshalb Außenstehende dann auch fragen: „Was hat er denn?"

Hingegen im beseelten, personalen Ich-Zustand als Ich erkennen, schauen, verstehen wir direkt und lassen uns vom Leben in jedem Augenblick führen, weiten, bereichern und beschenken. Die Symbolisierungen als Antworten des Ich auf Innenwelt und Außenwelt entsprechen der tatsächlichen Realität und sind für Außenstehende nachvollziehbar und als logisch und sinnvoll erkennbar.

Die Tatsache, *dass* es einem Menschen möglich ist, auf einen Stimulus hin *persönliche Energie* innerhalb von Bruchteilen von Sekunden zu *unpersönlicher* werden zu lassen, (wie umgekehrt genauso) zählt zu einer der Besonderheiten des Menschlichen. Dabei kann eine einzige Wahrnehmung oder Stimulation im Innen oder Außen genügen, dass die Person „umschaltet": Entweder, weil die *Person als freier König-Ich* die Möglichkeit genützt hat, sich zu entscheiden, in einer bestimmten Situation freiwillig auf eine unpersönliche Energie-Schwingung zu wechseln (auf einem Bahnhof, in der Masse) – oder aber, dass bestimmte Situationen die Macht haben, verborgene Teilpersönlichkeiten in einem Automatismus zu aktivieren. Dietz und Dietz (2008) sprechen in diesem Zusammenhang von *Datenautobahnen*. Ein anderes Bild dafür wäre: „Ein roter Knopf wird gedrückt", ein „Reizthema" kommt zur Sprache und berührt den „wunden Punkt".

In der Denkweise des Neuen Testamentes ist es das *Herz des Menschen*, in welchem die Entscheidung für Fühlen oder Nicht-Fühlen, Denken oder Nicht-Denken, Handeln oder Nicht-Handeln vollzogen wird. Für Robert Spaemann ist es dieser neutestamentliche Begriff des Herzens, welcher dem späteren Begriff der Person zugrunde liegt (vgl. Spaemann 2006: 30).

Das Herz – eine Metapher, die hilfreich sein kann, wenn es darum geht, den *Ort* (auch diese Bezeichnung ist metaphorisch) der Entscheidungen als Zentrum des bewussten personalen Lebens zu beschreiben, in Unterscheidung von der Maske, mit der wir uns nach außen hin präsentieren oder auch in Abgrenzung von der Schicht unserer Persönlichkeit, wo wir oberflächlich und leichthin, ohne tiefere Reflexion Entscheidungen treffen. Diese Metapher verliert aber jede Daseinsberechtigung, wenn mit ihr gleichzeitig der Geheimnischarakter der Person aufgegeben wird.

Auf diesen Geheimnischarakter kann ich gar nicht oft genug hinweisen, da die Dynamik der alltäglichen Probleme, Aufgaben und Fragen, Zuschreibungen und Begegnungen in sich die Tendenz haben, Menschen zu operationalisieren, zu etikettieren, zu funktionalisieren – und diese Gefahr besteht, wie wir gesehen haben, von außen und von innen. Das ist auch der Grund, warum der jüdische Kalender den Sabbat als Totalunterbrechung sämtlicher Dynamik eingeführt hat, fortgeführt von der christlichen Tradition im Sonntag – und warum Mönche im Kloster zu den Tagzeitengebeten mehrmals täglich unterbrechen.

Denn allein *Unterbrechen* ermöglicht die Neuetablierung des Königtums des Ich, wenn zuvor Sachzwänge die partielle Sichtweise und Erlebensweise einer Teilpersönlichkeit favorisiert haben. Schließlich ist auch der Schlaf ein verlässlicher Wächter einer Neuorientierung nach jeder Verdinglichung.

Der Mensch als *König-Ich* kann sich selbst regieren (allerdings nur dann, wenn das ETWAS nicht die Vorherrschaft hat). In diesem Ich-Zustand kann er auch nach innen sehen und die verschiedenen Teilpersönlichkeiten erforschen, beim Namen nennen und sich von ihnen unterscheiden, sich mit ihnen im *inneren Teamgespräch* abstimmen und für die einzelnen Teile gut sorgen. Friedemann Schulz von Thun (1999) sieht für das *Oberhaupt* (als Chef des inneren Teams, der Teilpersönlichkeiten) folgende Aufgaben:

- „*Kontrolle:* Selbstkontrolle, Selbstbeherrschung.
- *Moderation:* Für geordnete und kreative innere Teambesprechungen sorgen.
- *Integration:* Aus dem „Haufen“ ein Team machen, die Einzelbeiträge synergetisch zusammenführen.

- *Konfliktmanagement:* Verfeindeten Mitgliedern aus ihrer Polarisierung heraushelfen...
- *Personal-und Teamentwicklung:* Die Förderung einzelner Mitglieder sowie die Förderung eines kooperativen Gesamtklimas, zum Beispiel durch Integration von Außenseitern...
- *Personalauswahl und Einsatzleitung:* Für eine gegebene Aufgabe/ Situation die richtige „Mannschaft“ aufstellen“ (S. 70).

Des weiteren ist es der Person als freiem Ich möglich, den eigenen Körper bewusst zu beobachten, zu empfinden, zu steuern.

Was alles ein mit der Realität in Lebensbejahung und Lebensfreude verbundener Mensch im Ich-Zustand des *freien Königs-Ich* im einzelnen leisten kann an Realitätseinschätzung, Symbolisierungen verschiedenster Art usw. greift das 4. Kapitel auf mit der Darstellung der psychoanalytischen Sichtweise des Ich und den erstaunlichen Forschungen einer Gerichtsgraphologin zum Zusammenhang von Ich und Werte-Bewusstsein.

Denn König-Ich als lebenstüchtiger Organisator und Überlebenskünstler, also als *Welt-Ich* (vgl. Karlfried Graf Dürckheim 1988) ist noch nicht die ganze Person. Als JEMAND, der meditierend, beschaulich kontemplierend, sich öffnend seine Zugehörigkeit zur nichtmateriellen und nicht-psychischen Wirklichkeit eines *Überweltlichen* erfahren kann, nämlich im Ich-Zustand *reinen* SEINS transzendiert das Ich sich zum ICH.

Persönliche Energie, als beseeltes, *personales Da-Sein als Ich*, ohne jegliche Störung, Minderung, Blockade usw. durch ein ETWAS ist eine wunderschöne Erfahrung: „Ich fühle mich jetzt richtig gefüllt!“ Dieser für mich unvergesslich schöne Satz stammt von einer Teilnehmerin eines Traum-Seminars. Wir hatten einander gegenseitig bei der Bearbeitung unserer Träume begleitet: Und jetzt saßen wir da, die Arbeit hinter uns, heiter, leicht, freudig, zum Scherzen aufgelegt. So, wie sie da saß, hätte ich sie ewig anschauen können und mich einfach nur an ihr erfreuen, an ihrer Lebendigkeit, an ihrer Lebensbejahung, Präsenz, Ausstrahlung und beseelten Schönheit. Ja, sie war ganz gefüllt, das war deutlich zu spüren. Und da ich mich genau so fühlte, war es einfach nur schön, da zu sitzen und sich zu freuen, dass man da saß – ohne etwas zu wollen, ohne etwas zu müssen, ja, überhaupt ohne irgend ein ETWAS.

Ich kenne einen ähnlich erfüllten Zustand aus der Massage: Wenn ich von der Liege aufstehe, braucht es erst einige Zeit, bis ich wieder „richtig da" bin und dann könnte ich in diesem Zustand die Welt umarmen. Es gibt nichts, was stören würde, alles fließt, und ich kann in und aus einer solchen Fülle in einer Weise dem DU begegnen, dass ich denke: „Genau so ist es. Genau so ist es richtig und stimmig: So ist es, wenn es ist, wie es *eigentlich* ist, wie ich eigentlich bin."

Dann ist das Du so nah – und doch nicht symbiotisch mit mir verschmolzen. Es ist einfach nur alles in Ordnung und fühlt sich so gut an, so lebendig, so freudig – und liebevoll aus einer Selbstverständlichkeit heraus, die genau so wenig einer Begründung oder Aufforderung oder Anstrengung bedarf wie überhaupt die gesamte Gegenwärtigkeit.

Der Wanderer, der Musiker, der Künstler, der Sportler, der Verliebte, Hobbygärtner, Briefmarkensammler und Hundezüchter – und wer sonst noch alles – kennt diese Erfahrung, in der das Leben fließt, und wir in unserem So-Sein und Da-Sein für einige Sekunden, Minuten oder länger unser Ich-Sein als Person beglückend erfahren. Selbst als unterrichtender Lehrer mit Schülern auf der „gleichen Wellenlänge" und mit Empfangsbereitschaft konnte ich diese Erfahrung machen:

> „Ich bin Leben, das lebt und ‚Ich' sagt, inmitten von Leben, das ich in mir und um mich herum wahrnehme, das ebenfalls ‚Ich' sagt und mit dem ich in lebendiger Beziehung voller Freude und Selbstverständlichkeit bin. *Ich bin – du bist – wir sind – es ist alles gut, so, wie es ist: Leben!*"

An solche ungetrübte Erfahrungen reinen *Ich-Seins* erinnern wir uns sehr genau und tun oft sehr viel, um am gleichen Ort, oder mit den gleichen Menschen oder mit der gleichen Natur oder dem gleichen Schiff, Motorrad, Fahrrad oder Segelflugzeug noch einmal diese Erfahrung zu machen – und sei es nur für zwei Wochen Urlaub, auf die wir unter Umständen das ganze Jahr sparen. Es ist bekannt, dass Tiere uns Menschen zu diesem Ich-Zustand des reinen „Ich-bin-einfach-nur-ich" verhelfen können. (Allerdings nicht während eines Tierversuches für die Pharma-Industrie).

Wer, wie der mittelalterliche Johannes Tauler, weiß, wie die Seele in diesen Ich-Zustand zu versetzen ist, kann auch ohne Urlaub oder andere

Stützen und Hilfen einfach nur durch *geistliche Übungen* die Erfahrung des *reinen Ich-Seins als Freisein von jeglichem ETWAS erlangen*.

Der systemisch orientierte Psychologe Richard C. Schwartz zeigt noch einen anderen gangbaren Weg zur Erfahrung des reinen Ich-Seins (Schwartz 2007: 64/66):

> „Aus meiner Arbeit mit Familien erinnerte ich mich daran, dass eine Interaktion zwischen zwei Familienmitgliedern meistens dann nicht gut verlief, wenn ein drittes Familienmitglied sich einmischte – Bemerkungen einwarf, Partei ergriff, Grimassen schnitt oder ganz allgemein die Grenze um die beiden anderen Familienmitglieder herum verletzte. Die Technik des „boundary making" (des Grenzziehens) wurde von strukturellen Familientherapeuten (...) entwickelt. Es bedeutet ganz einfach, den sich Einmischenden zu bitten, sich nicht einzumischen, sondern die Grenzen zu respektieren. Ich stellte die Hypothese auf, dass ein Klient möglicherweise dann Schwierigkeiten hatte, zu einem Teil eine Beziehung herzustellen, wenn sich ein anderer einmischte. Ich begann die Klienten in solchen Situationen zu bitten, nach einem weiteren Teil zu suchen, der sie dahingehend beeinflusste, den ursprünglichen Teil auf eine so extreme Art und Weise zu sehen. Sally z.B. nannte ihren zornigen Teil zu Anfang das Monster und hatte Angst vor ihm. Doch als ich sie bat, alle Teile zu finden und abzugrenzen, die sie dazu brachten, Angst davor zu haben, fand sie ein verängstigtes kleines Mädchen. Nachdem Sally das kleine Mädchen an einen sicheren Ort in ihrer Psyche gebracht hatte und es überzeugt hatte, seine Furcht von ihr zu trennen, empfand sie augenblicklich Mitleid für das zornige Monster. Außerdem veränderte sich das Monster; es sah weniger furchterregend aus. Danach wurde die Verständigung mit dem wütenden Teil produktiver.
>
> Wenn ich Klienten bat, sich auf diese Art von extremen und polarisierten Teilen abzugrenzen, stellte ich durchweg fest, dass die meisten von ihnen rasch in einen mitfühlenden oder neugierigen Geisteszustand wechseln konnten. In diesem Zustand wussten sie oft genau, was sie tun mussten, um ihren Teilen zu helfen. Jeder schien einen Geisteszustand in seinem Kern zu tragen, der Führungsqualitäten besaß. Es war dieses Grenzen ziehen, dieser

Abgrenzungsprozess, durch welchen ich dem begegnete, was die Klienten ihr „wahres Selbst" oder „Kern-Selbst" nannten. Dieses Selbst schien ihnen anders als ihre Teile. Später entdeckte ich, dass einige Autoren einen Geisteszustand wie dieses Selbst beschrieben. Gewöhnlich sahen diese ihn jedoch als passiven, nicht urteilenden Beobachter oder Zeugen, wie in der Tradition östlicher Religionen, statt als aktiven, mitfühlenden Führer.

Nachdem ich in über einem Jahrzehnt mit Hunderten von Klienten gearbeitet habe, bin ich zu dem Schluss gekommen, dass jeder ein Selbst besitzt, gleich wie schwerwiegend seine Symptome oder wie polarisiert sein inneres System auch sein mag. Das Selbst verfügt über die Klarheit der Perspektive und andere Eigenschaften, die zu seiner effektiven Führung notwendig sind. Wenn das Selbst völlig abgegrenzt ist – beispielsweise durch eine Imaginationsübung, in welcher der Klient gebeten wird, auf einen Berg zu klettern und seine Teile unten im Tal zu lassen –, erleben die Menschen im Allgemeinen einen ähnlichen Zustand. Sie beschreiben, sich „zentriert" zu fühlen, ein Zustand von ruhigem Wohlsein und Unbeschwertheit. Sie fühlen sich selbstbewusst, frei, und offenherzig. Sie beschreiben, „in der Gegenwart zu sein" (d.h., nur zu empfinden, ohne zu denken). Sie verlieren das Gefühl des Getrennt-Seins und empfinden eine erhebende Verbindung oder Verschmelzung mit dem Universum. Dieser Zustand ähnelt dem, wie Menschen eine Meditation beschreiben.

Eine ähnliche Erfahrung wurde von Teilnehmern an verschiedenen Aktivitäten berichtet, von verschiedenen Sportarten bis zu anderen kreativen Anstrengungen. Der Psychologe Mihaly Csikszentmihalyi (1990) hat diesen Geisteszustand untersucht, den er „Flow" (Fließen) nennt. Charakteristisch für den Flow sind eine tiefe Konzentration und die Abwesenheit von störenden Gedanken; fehlendes Interesse an einer Belohnung außer der Aktivität selbst; ein Gefühl von Selbstvertrauen, Meisterschaft und Wohlsein; Verlust von Zeitgefühl oder Befangenheit sowie ein Gefühl der Transzendenz. Csikszentmihalyi entdeckte, dass die Menschen, die sich konzentrierten Tätigkeiten hingaben, in der ganzen Welt den Zustand gleich beschrieben, und hat daraus gefolgert, dass es eine allgemeine menschliche Erfahrung ist."

Wenn wir die Personalität des Ich aufrecht erhalten wollen, ist eine Formulierung wie: *„Das ist mein Selbst“* natürlich problematisch: Sie verdinglicht und objektiviert, was doch gerade das Geheimnis des Person-Seins ist. Sie benützt einen Begriff für eine Art und Weise da zu sein, zu denken und zu fühlen, zu sehen und zu schauen. Angemessener wäre, zu sagen:

„Da bin ich ganz Ich-selbst“
„Jetzt bin ich ganz verbunden.“
„In mir öffnet es sich zum Leben.“
„Ich fühle meine Lebendigkeit in Freiheit.“
„Da bin ich ganz authentisch.“

Die Blickrichtung und jeweilige Fragestellung als Aufmerksamkeit entscheiden darüber, was bei Selbstreflexivität im Scheinwerferlicht liegt:

Ich als König und Oberhaupt des inneren Teams? (vgl. Schulz von Thun 1999)
Ich in Selbstführung? (vgl. Dietz und Dietz 2008)
Ich als Ich-bin-einfach-nur-ich?
Ich als Ich-bin-mit-allem-verbunden?
Ich als Ich-bin-gefüllt, vital, lebendig?
Ich als Du-für-dich, als Teil-vom-Wir?

Ich vermute, dass die Ich-Psychologie mit ihrem Wunsch nach Kategorisierung darum so große Probleme hat, sich auf eindeutige Kategorien zu einigen, weil Ich als Person und JEMAND sich jeweils mit der Steuerung der Aufmerksamkeit verändert: Die Aufmerksamkeit des Ich bestimmt, welcher Aspekt (welche Schwingung, Atmosphäre, Beschreibung usw.) gerade Gültigkeit hat. Weil Ich als JEMAND eben eine Fülle an Selbst-Manifestationen und Seinsweisen zur Verfügung hat. Es ist wie bei der berühmten Unterscheidung der Physiker bei der Qualität des Lichtes, welches als Teilchen und als Schwingung beschrieben werden kann – je nach Aufmerksamkeit für den einen Aspekt oder den anderen.

Für die Arbeit mit Klienten genügen erfahrungsgemäß einige wenige Fragen, um dem Klienten zu einer Aktivierung des *Ich-Zustandes des reinen Ich* und damit zu einer neuen Klarheit zu verhelfen:

„Wo ist jetzt gerade, nachdem du die Situation beschrieben hast, der König/die Königin?"
„Und wenn du jetzt einmal den Platz des König-Ich einnimmst, wie fühlt sich das an?"
„Und wenn du jetzt dein König-Ich dazu sprechen lässt, was sagt der dazu?"
„Wenn du das so beschreibst – sehen die Anderen den König in dir?"

Die Person als Ich ist immer da. Sie kann nicht verloren gehen. Auch nicht in einer Traumatisierung. Luise Reddemann (2008) sagt dazu kurz und bündig:

> „Die Person, die in die Therapie kommt, wird als erwachsen und voll funktionsfähig angesehen und behandelt, die Probleme werden dem jüngeren Ich zugeschrieben und die Person von heute eingeladen, sich um den jüngeren Teil zu kümmern. Damit ist die Hilfe suchende Patientin sofort als kompetent und Ressourcen-voll angesprochen" (72 f.).

4. Kapitel Im Ich sein – Symbolisierung und Grundrhythmus

Alfred Lorenzer: Symbolisierung

Zur *Kunst der Unterscheidung* von ICH und Nicht-ICH möchte ich noch zwei weitere Konzepte vorstellen, die aus völlig unterschiedlichen Forschungsbereichen stammen und und sich dem Konzept des wahren Selbst annähern:

- Das Konzept der *Symbolisierung* – aus Erkenntnistheorie und Psychoanalyse
- Das Konzept des *Grundrhythmus* – aus der Gerichtsgraphologie.

Beide Forschungen beschäftigen sich mit der Beobachtung, dass es eine einheitliche Person gibt, die einerseits in einem „gesunden Mittelfeld" *personal, beseelt, sozial, erkennend und formgebend* wirken kann – als bewusstes Wesen also – und andererseits „an den Rändern der Personalität" im Denken, Fühlen und Wollen *unpersönlich, seelenlos, beziehungslos, unbewusst und nicht mehr formgebend.*

Der Psychoanalytiker Alfred Lorenzer stellt diese Thematik in „Sprachzerstörung und Rekonstruktion – Vorarbeiten zu einer Metatheorie der Psychoanalyse" im Zusammenhang mit einer Revision des psychoanalytischen Symbolbegriffs dar. Er begreift darin die Neurose als eine Form der *Sprachzerstörung*. Damit beschreibt er das selbe Phänomen von Auflösung und Beziehungsverlust, wie es die Gerichtsgraphologin Roda Wieser in den Handschriften Krimineller vorfindet und in ihrem „Grundriß der Graphologie" darstellt.

Folgen wir zunächst einmal Lorenzers (2000) Überblick über die Geschichte des jahrzehntelangen Ringens der Psychoanalytiker um eine Revision des Symbolbegriffs. Die größte Herausforderung für die Nachfolger Sigmund Freuds stellten dabei die neueren Ergebnisse der Symbolforschung im Bereich der Erkenntnistheorie dar, wenn z.B. Ernst Cassirer auf die große Fähigkeit und Natur des menschlichen Geistes hinweist, nicht nur innere und äußere Eindrücke zu empfangen, sondern mit einer „freien Tätigkeit des Ausdrucks zu verknüpfen und zu durchdringen." Ernst Cassirer führt aus:

> „Anstatt den Menschen als animal rationale zu verstehen, sollten wir ihn als animal symbolicum definieren... Eine Welt selbstgeschaffener Zeichen und Bilder tritt dem, was wir die objektive Welt nennen, gegenüber und behauptet sich gegen sie in selbständiger Fülle und ursprünglicher Kraft" (zit. nach Lorenzer 1970: 47).

Das Symbol wird so als „Resultat eines Erkenntnisprozesses betrachtet". Susanne Langer (ebenfalls Erkennistheoretikerin) dazu:

> „Die Bildung von Symbolen ist eine ebenso ursprüngliche Tätigkeit des Menschen wie Essen, Schauen oder Sich bewegen. Sie ist der fundamentale, niemals stillstehende Prozess des Geistes" (ebd. S. 47).

Langer unterscheidet dabei zwischen diskursiven und präsentativen Symbolen. Als diskursive Symbole bezeichnet sie die Sprache; zur präsentativen Symbolik gehört all das „Unsagbare", was dem „logischen Jenseits" angehört. Zu letzterem gehören Mythos, Ritus, Musik, Kunst usw. Die präsentative Symbolik zeichnet sich durch eine größere „Affektnähe" aus, durch eine „betonte Beziehung zur Emotionalität", Wunscherfüllung und Projektion (ebd. S. 52).

Der Psychoanalytiker Lawrence Kubie entwickelt diesen Symbolbegriff weiter, indem er verschiedene „Reifungsstufen" der Symbolbildung herausarbeitet:

Es gibt ein breites Spektrum an Möglichkeiten der Symbolisierung, an dessen einem Extrem Formen „rigider Stereotypie" stehen (hier dominieren unbewusste Prozesse) und an dessen anderem Extrem ebenfalls rigide Formen vorkommen (hier allerdings in klarster bewusster Begrifflichkeit). In der Mitte zwischen diesen beiden Polen der Irrealität und der „Über"-Realität liegt jener Idealbereich gesunder menschlicher Existenz, in dem gleichzeitig die Fähigkeit besteht, Realität wahrzunehmen, ihr in Freiheit (d.h. Distanz und Flexibilität) gegenüberzutreten und zugleich auch eigene Besetzungen an Symbolen zu vollziehen. Es ist eine schöpferische Beweglichkeit des Geistes, die der Realität gerecht wird und zugleich begleitet ist von einer „freien, fortlaufenden und gleichzeitigen Tätigkeit der vorbewussten Vorgänge" (ebd. S. 61).

So sind es zwei Realitäten, welche die Symbolbildung verbindet, nämlich die äußere Realität, die wahrgenommen werden kann durch Augen, Ohren, Nase, Tastsinn, Wärmesinn usw., kurz, jene Realität, die durch Außenwahrnehmung erfasst wird. Und daneben gibt es den innerpsychischen Bereich, der durch Innenwahrnehmung erfasst wird. Nach Kubie muss „jedes Symbol gleichzeitig in den inneren Wahrnehmungserfahrungen des Körpers und in den äußeren Wahrnehmungserfahrungen der Außenwelt verwurzelt sein." Und weiter:

> „Der symbolische Vorgang stellt stets eine Verdichtung von bewussten, vorbewussten und unbewussten Symbolwerten dar" (ebd. S. 61).

Damit erstreckt sich die Symbolbildung über den Bereich der Primärprozesse wie über den der Sekundärprozesse.

> **Exkurs:** *Primärprozess* „kennzeichnet das unbewusste System: Die mit ihm verbundenen psychischen Vorgänge sind relativ unstrukturiert, archaisch, assoziativ, paradox, kennen keine Einschränkung oder Verneinung und gehorchen dem Lustprinzip. Die Energie kann leicht von einer Vorstellung zur anderen übergehen. Sekundärprozess kennzeichnet das vorbewusst-bewusste System: Die psychischen Vorgänge sind mehr am logisch-kausalen, strukturierten Denken und der Wahrnehmung der Realität orientiert. Die Energie ist an stabil besetzte Objekte und Vorstellungen gebunden, bevor sie in einer vom Ich kontrollierten Form abfließt. Da die Befriedigung aufgeschoben wird, können psychische Erfahrungen gemacht und verschiedene Befriedigungswege erprobt werden" (vgl. Wörterbuch Analytische Psychologie 2003: 326).

Für Alfred Lorenzer bedeutet das:

> „Unbewusste Inhalte werden vom Unbewussten mehr oder minder ‚freigegeben', um dann vom erkennenden Ich aufgenommen und verarbeitet zu werden; das Symbol ist Produkt eines Erkenntnisvorganges, bei dem eine „innere Wahrnehmung" die schlecht zugänglichen Wahrnehmungsmaterialien aufnimmt" (Lorenzer 1970: 65). „Wie schon Rapaport feststellte, gibt es ‚ver-

schiedene Stufen des Bewusstseins' und verschiedene Ebenen der Symbolbildung; es ist eine auf unterschiedlichem Niveau operierende ,einheitliche' Ich-Leistung anzunehmen (68). Diese ,einheitliche' Ich-Leistung hat erstaunlicherweise auf der niederen Ebene den Charakter des Primärprozesses, auf der höheren Ebene den des Sekundärprozesses. Wie Gill unter Bezug auf Rapaport feststellt, gibt es eine Kontinuität vom Primärprozess zum Sekundärprozess, und eine synthetische Funktion des Ich, die auf allen Ebenen der ,psychischen Hierarchie' wirksam ist" (69).

Diese *„,einheitliche' Ich-Leistung"* entspricht dem, was ich als *Person-Sein, Personalität* oder einfach ICH bezeichne, ICH – groß geschrieben – bedeutet dabei das umfassende personale Ganze, die ganze Person, Bewusstsein und Unbewusstes umfassend. (Dieser Begriff des ICH unterscheidet sich vom psychoanalytischen Konzept eines *erkennenden Ich, welches als Oberhaupt und König des inneren Teams* (vgl. Schulz von Thun) in der Lage zu Selbstbestimmung und Selbstführung ist.

Für Lorenzer (vgl. Lorenzer 2000) stellt sich nun die Frage:

> „Wie kann man einerseits ein einheitliches Symbolbildungszentrum annehmen, andererseits aber dem Gegensatz von ubw. zu bewusstseinsfähigen Inhalten Rechnung tragen?
> Die Antwort kann nur lauten: Die beiden Positionen lassen sich sinnvoll nur vereinen, wenn man das *Zentrum der Symbolbildung* unterscheidet von den *Reizquellen*, aus denen Symbole erwachsen. Jenes Zentrum ist im ,Ich' zu suchen, die ,Reizquellen' dagegen können ganz unterschiedlich beheimatet sein, u.a. zählt hierzu das Ubw mit dem Schatz seiner verdrängten Gehalte. Die Symbolbildung läuft demnach folgendermaßen ab: Unbewusste Inhalte werden unter bestimmten Bedingungen vom Unbewussten ,freigegeben', um vom erkennenden Ich aufgenommen und verarbeitet zu werden (...). An die Stelle der *alten Verdoppelung der Bildungsinstanzen* mit unterschiedlichen Inhalten und Mechanismen tritt so ein einziges Zentrum, die *Symbolbildung durch das Ich*, wobei das Ubw bzw. Es aber als Reizquelle besonderer Art und Intensität im Zusammenspiel mit dem Ich zu verstehen ist. Allerdings nicht als die einzige Reizquelle (110).

> Die These einer zweipoligen Anlage der Erkenntnisbildung – *das Ich als Organisationszentrum und das Ubw als Reizzentrum* – wahrt die Betonung der Differenz vom Ubw und Bw, reinigt zugleich die psychoanalytische Theorie von dem Einschlag der Ontologisierung des Unbewussten.
> Einzig das Ich darf als eine formgebende, symbolbildende Instanz gelten, während umgekehrt die Funktion des Ubw als eines Reservoirs an reizaktivem, *noch nicht* oder *nicht mehr* bewusstseinsfähigem Material aufzufassen ist" (S. 111).

Und nun macht Alfred Lorenzer eine wichtige Unterscheidung, die für unsere Fragestellung von großer Bedeutung ist:

> „Es kann zwei Arten von strukturierten Repräsentanzen geben, bewusste und unbewusste. Die bewussten Repräsentanzen haben den Charakter von Symbolen, die unbewussten Repräsentanzen sind dagegen nicht symbolische Strukturen. Ich habe vorgeschlagen, sie in Anlehnung an Freudsche Formulierung ‚Klischee' zu nennen.
> Zu betonen ist, dass Klischees als Repräsentanzen in einem genetischen Zusammenhang zu Symbolen stehen. Klischees, d.h. unbewusste Repräsentanzen, stammen von symbolischen Repräsentanzen ab, die im Sozialisationsprozess gebildet – und im Vorgang der Verdrängung ‚exkommuniziert', d.h. aus der Kommunikation in Sprache und Handeln ausgeschlossen wurden" (S. 113).
> *„Klischeebestimmtes Verhalten ist stets mit symbolvermitteltem Handeln vermischt:* Das Ich nimmt zumindest in Form von Rationalisierungen oder sekundären Überarbeitungen (wie der sekundären Traumarbeit) Stellung. Gerade die Erinnerung an den Traum warnt uns davor, die Ich-Leistung zu unterschätzen" (S. 117).

Folgerungen für die Christus-orientierte Begleitung

Wenn ich Klienten begleite, bezeichne ich den Ich-Zustand, aus welchem die Symbolisierungen fließen, als:

„Im Ich".
„Im Ich sein."

Den Ich-Zustand dagegen, aus welchem Klischees kommen, nenne ich im Rahmen einer Begleitung:

„Ohne Ich.“

„Ohne Ich sein.“

(Eine andere Sprachregelung könnte *„am Rand vom ICH“* sein, oder *„an den unbewussten Rändern des ICH“*. In der Praxis allerdings hat sich das obige Konzept bewährt).

Im Anschluss an alles bisher Dargestellte muss nicht mehr betont werden, dass das Person-Sein als ICH, als Jemand, unauslöschlich für jeden Menschen gilt und eine nicht mehr hinterfragbare Realität und Gegebenheit ist. Wenn wir in der Praxis aber dennoch von den Ich-Zuständen *„Im Ich“* und *„Ohne Ich“* sprechen, hilft diese Sprachregelung, diesem Grenzbereich *„an den Rändern des ICH“* gerecht zu werden, wo man eben nicht mehr von Symbolen sprechen kann, weil den Hervorbringungen der Klischees die Lebendigkeit abgeht, die Beseeltheit fehlt, das sich ewig neu erschaffende Person-Sein einer authentischen Teilhabe am Lebensstrom nicht mehr gegeben ist, weil die Hervorbringungen unbewusst, und somit vom Bereich des *erkennenden Ich* ausgeschlossen sind.

Vielmehr drückt sich im Klischee der rigide, durch Fakten und neue Erfahrungen unveränderte, beziehungslose, abgesonderte und erstarrte Bereich der Person aus, wo eben gerade nicht mehr „selbständige Fülle“ oder „ursprüngliche Kraft“ zu finden sind. Das Klischee wird vom *erkennenden Ich* nicht mehr durch Denken, Fühlen und Wollen bewusst durchdrungen, durchformt, beseelt, sondern einfach nur immer wieder aufs neue „reproduziert“ in einer Art „Datenautobahn“ (vgl. Dietz 2008), die am mit Bewusstsein wollenden, fühlenden, denkenden Ich „vorbei geht“. In diesem Bereich kann das Ich keine Kategorien mehr bilden, sodass die Hervorbringungen unpersönlich bleiben, wohingegen das Besondere am Ich-Zustand des bewussten, beseelten Ich ist, dass es personal-beziehungsfähig auf die Realität schöpferisch-frisch antwortet und entsprechend lebendige Symbolisierungen hervorbringt, die in jedem Augenblick aus der tatsächlich gegebenen Situation neu geboren werden.

Das Symbol ist eine Geburt des Hier und Jetzt. Das Klischee dagegen stammt aus alten Zeiten, von denen wir oft Auslöser, Anlass und

Zeitpunkt nicht einmal mehr ahnen. (An dieser Stelle wird deutlich, wie ungenügend eine „meditative Praxis des Hier und Jetzt" ist, da sie die unbewussten Anteile des Geisteslebens schlichtweg unberücksichtigt lässt. – Mir selber sind genügend Vertreter dieses Irrtums begegnet, die meinten, eine perfekte „Achtsamkeitspraxis" zu pflegen und nicht einmal ahnten, wie laut das unbeachtete Unbewusste sich in Ereignissen und Beziehungen manifestierte).

Zu den Klischees beschreibt Lorenzer noch eine Art Gegenteil oder Gegenpol:

> „Soweit die Verwandlung von Symbolen in Klischees. Aber es gibt noch eine andere Veränderungslinie im Bereich der Symbole selbst. Repräsentanzen können ihren Charakter als ‚Symbole' zunehmend in den von ‚Zeichen' umwandeln. Das ist eine ansteigende Entleerung der Bedeutung, die als eine Abschwächung von ‚emotionaler Bedeutung für das Subjekt' zu verstehen ist. Resonanzverlust meint hier immer: Verlust an Affizierbarkeit im Subjekt durch die Objekte, wobei der Ansatz für den Beziehungsverlust an korrespondierenden Stellen besteht: sowohl bei den Selbst-, wie bei den Objektrepräsentanzen. Desgleichen ist die Verwandlung der Symbole gleichbedeutend mit einer zunehmenden Vergegenständlichung; die Zeichen unterscheiden sich von den Symbolen durch eine one-to-one-Beziehung, d.h. eine Perfektion der Denotation mit Verringerung der Konnotationsbreite. Bei dieser Verwandlung wird das Bezeichnete herausisoliert und als Gegenstand abgegrenzt. Auf die Repräsentanzen der Beziehungsobjekte übertragen, ergibt sich daraus zwingend: die Objektrepräsentanzen verlieren mehr und mehr ihren Beziehungscharakter. In einer formalen Analyse der Zeichen erscheint die psychologische Erfahrung der fehlenden Wärme und affektiven Lebendigkeit bei Intellektualisierung und Isolierung als zunehmende Auflösung des Beziehungscharakters und d.h. als Auflösung des ‚gestischen Charakters' mit ansteigender Abgrenzung von Selbst und Objekt.
>
> Es kann folgender Gegensatz notiert werden: Die Verdrängung mündet aus in eine Desymbolisierung, eine formale Regression des Symbolprozesses in Richtung auf eine Klischeebildung, wobei anstelle des symbolvermittelten Verhaltens (mit der Reflexion auf

das Motiv) ein klischeebestimmtes blindes Agieren und Reagieren einsetzt. Beim zwangsneurotischen Arrangement des Isolierens und Intellektualisierens dagegen eilt die Symbolisierung progressiv voran in eine Weiterverwandlung von Symbolen in Zeichen.
Von den Zeichen zu den Symbolen geht dementsprechend eine Linie der Zunahme an gestischen Gehalten. Diese Linie führt weiter von den Symbolen zu den Klischees bis zum Ineinanderschmelzen von Selbst und Objekt.
Zwischen Klischee und Zeichen in der Mitte angesiedelt, besitzen die Symbole (in engerem Sinne) ein ausgeglichenes Verhältnis (...)" (S. 119 ff.).

Exkurs: An dieser Stelle möchte ich auf die Nähe dieses Konzeptes zur Nikomachischen Ethik des Aristoteles hinweisen, worin er „Tugend“ darstellt als: „Mitte zwischen zwei Lastern, von denen das eine auf Übermaß, das andere auf Mangel beruht (Abbildung 9). Sie ist auch in dem Sinn eine Mitte, dass die einen Laster in den Affekten und Handlungen hinter dem Gesollten zurückbleiben, die anderen über es hinausgehen, während die Tugend das Mittlere sowohl findet wie wählt“ (vgl. Aristoteles 2008: 85).

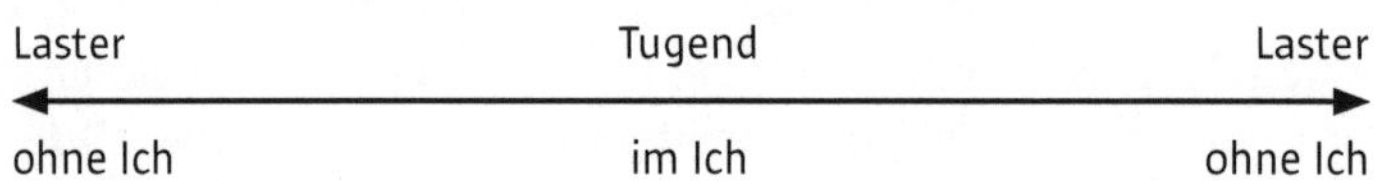

Abb. 9 Aristoteles: Tugend als gesunde Mitte

Tugend ist demnach ein Ich-Zustand, der dem oben beschriebenen *„im Ich“* entspricht: Wer *„im Ich“* ist, ist auch tugendhaft. Mangelnde Tugend weist auf mangelnde Durchdringung durch das Ich hin, also unter anderem auf mangelnde Bewusstheit, mangelnde Ichhaftigkeit, mangelnde Personalität – und genau diesen Zusammenhang werden wir in den gerichtsgraphologischen Forschungen Roda Wiesers bestätigt finden: Ich-Sein und Sozial-Sein sind zwei Seiten des gleichen Phänomens: *Authentizität*.

Noch weitere Folgerungen ergeben sich aus dem oben Beschriebenen: Wenn Symbolisierung die Tätigkeit des Ich schlechthin ist und das Humanum daran erkennbar ist, dass ein Mensch in der Lage ist, Symbole zu bilden, dann bekommen viele jener therapeutischen Verfahren, die bisher von keiner Krankenkasse finanziert wurden, einen wissenschaftlich erwiesenen und fundierten therapeutischen Charakter: All die Ausdruckskünste wie freies Malen, freies Modellieren, freies Tanzen, freies improvisiertes Theaterspiel, freies improvisierendes Musizieren, freies Gestalten von Holz, Ton, Stein und anderen Materialien (mit der absolut unverzichtbaren Betonung auf *frei*) fördern in gleicher Weise die Symbolisierungsfähigkeit des *erkennenden Ich* als auch die sozialen Fähigkeiten – und zwar einfach deshalb, weil es *ein Prinzip* ist, das in Entsprechungen wirkt: Symbolisierungsmöglichkeiten in Freiheit – freier antwortender Ausdruck – und dazu gehört als Entsprechung auch das Prinzip Kultur, Reisen als Ortsveränderung und Horizonterweiterung, Spiel als angewandte Freiheit, Sport im Sinne von spielerischem Selbstausdruck über den Körper innerhalb einer Gruppe – alles, was die Fähigkeit zu Symbolisierung und gestalterischem Ausdruck in Freiheit fördert, ist ein Schritt in Richtung Ich-Stärkung.

Auch Spielsachen, Spiele, aber auch die Gestaltung von Wohnungs-Einrichtungen, Architektur, Anlage von Wohnvierteln – sie alle tragen bei biophiler Gestaltung durch ihren positiv-stimulierenden Charakter zu gelingender Symbolisierung bei – wie auch umgekehrt gilt, dass alles, was Menschen an nekrophiler Architektur, Städteplanung, Farben, Formen, Geräuschen umgibt, die Fähigkeit zur Symbolisierung beeinträchtigen und schädigen kann – und sich damit letztlich auf die gesamte Persönlichkeit und die Art ihrer Präsenz auswirkt – bis hin zum Wert-orientierten bzw. Unwert-orientierten Verhalten. Viele Vororte werden von nekrophilen Prinzipien bestimmt – das Verhalten scheinbar „aggressiver" Jugendlicher (Achtung: Etikettenschwindel!) ist dann in Wirklichkeit der unbeholfene Schrei des Lebens angesichts einer Übermacht des Nekrophilen.

Kultur ist im obigen Sinne folglich in hohem Maße etwas Ethisches, weil Ethik nur aus einem authentischen Ich fließen kann und weil Authentizität nur dann entstehen kann, wenn die entsprechenden Bedingungen für eine gelingende Symbolisierungs-Kultur gegeben sind: Alles, was *Interesse am Leben* weckt, ist Ich-stärkend. Alles, was Freude am Symbolisieren weckt, ist Therapie. Dass der Umgang mit Tieren ebenfalls symbolisierungsfördernd sein kann, weiß man inzwischen in Altersheimen wie in „schwierigen" Schulklassen.

Nach allem kann eigentlich auch nicht mehr der „alte Stil der Therapie" praktiziert werden, in welchem der Therapeut „abstinent dasitzt" als ein unpersonales Nicht-Ich und wartet, bis vom Klienten „etwas kommt". (Ich habe leider nicht gezählt, wie oft mir Schüler wie Erwachsene berichteten, dass sie „auch beim Psychologen waren" – aber, dass das „nichts gebracht" hat, „weil der bloß dagesessen ist und nichts gesagt hat").

Symbolisierung ist ein Akt des Person-Seins, der nur dann wirklich möglich ist, wenn derjenige/diejenige, der/die mir gegenüber sitzt, ebenfalls personal ist, mit durchseelter, persönlicher Energie, und authentischer Reaktion und wenn der Therapeut sich als Person auf eine solche Weise einbringt, dass eine echte personale Begegnung zweier frei symbolisierender Menschen stattfindet. Ansonsten handelt es sich um eine *Vergegnung* (wie Martin Buber das nennt) in welcher der – sowieso schon unter innerem und äußerem Ausschluss leidende Klient – noch einmal die Un-Personalität in der Pseudo-Begegnung eines entpersönlichten therapeutischen Settings erlebt. Die Verzweiflung, die dabei entstehen kann, kennen nach meiner Beobachtung nicht wenige.

Wenn man weiß, wie viele Kämpfe es einen Klienten braucht, bis er sich schließlich überwindet, die Telefon-Nummer des Therapeuten zu wählen, sich anzumelden, die Schwelle zu überschreiten... Wenn man weiß, wie viele Kämpfe es in Familien gab, bis einer dann schließlich bereit war, „zum Psychologen zu gehen" – und dann bekommt er nichts anderes als einen „Zuhörer" – wie sollen da neue, von Leben erfüllte Symbolisierungen entstehen? Wie soll da frischer Wind die Seele nähren und mit Mut erfüllen?

Was Beseeltheit als echte humanitas bewirken kann, zeigt eine Studie an der Universität Stanford: (vgl. Süddeutsche Zeitung vom 18.3.2011):

„Geteilte Sorgen – Erfahrungen anderer beruhigen
Am Anfang stehen die Sorgen: Wie wird die Zeit an der Universität? Sind die Anforderungen zu bewältigen? Wird es schwer werden, Kontakte zu knüpfen? Mit einer einfachen Übung, die Psychologen der Universität Stanford entwickelt haben, lassen sich die Sorgen beruhigen und die Leistungen verbessern (Science, Bd. 331, S. 1447, 2011). Gregory Walton und Geoffrey Cohen ließen Studenten Berichte von Kommilitonen lesen. Die eine Hälfte bekam Texte, in denen erfahrene Studenten von ihren Sorgen und Problemen in der Anfangszeit an der Universität berichteten. Die anderen erhielten Texte zu neutralen Themen. Wer die Erfahrungsberichte las, fühlte sich offenbar verstanden: Diese Probanden erzielten in den folgenden Jahren bessere Leistungen. Besonders ausgeprägt war dieser Effekt bei dunkelhäutigen Studenten, die offenbar mit besonderer Sorge an die Uni gekommen waren."

Aus dem bisher Gesagten ergibt sich als Regel für die Begleitung: *Soll ein Klient erfahren können, dass er ein personales Wesen ist, muss der Therapeut ihm auch personal begegnen, also „im Ich" sein – sonst kann er nur den status quo des Unpersönlichen und Ausgeklammerten im Nicht-Ich bestätigen oder verschlimmern. Das Hauptwerkzeug eines Therapeuten ist seine personale Präsenz und Authentizität, daneben dann natürlich auch seine Werkzeuge und Fähigkeiten als Therapeut.*
Durch Studien ist genügend belegt: Es ist nahezu gleichgültig, mit welcher Methode und sogar welchen Konzepten begleitet wird – es ist die personale Begegnung (als Gegenteil der Vergegnung) die zur Veränderung beiträgt. Heilung geschieht, wenn der Therapeut personal durchseelt ist, beseelt ist durch seine Authentizität, in Frische, Lebendigkeit und Humor.

Doch kehren wir noch einmal zurück zu Alfred Lorenzer (2000):

> „Klischeebestimmtes Verhalten ist als *‚Ausschluss aus der Sprachkommunikation‘* zu kennzeichnen. Auf dieser Stufe des Verhaltens muss die Szene ‚agiert‘ werden, sie kann weder als ‚Situation‘ begriffen werden, noch auch kann das Verhalten (das eigene wie das andere) als *‚Verhalten-in-Beziehung-zu‘* und d.h. als signifikante Geste *verstanden* werden. (124). Weil das klischeebestimmte Verhalten mit symbolvermitteltem Verhalten ständig verbunden wird und letztere ersteres überformt, wird das klischeebestimmte Verhalten der Beobachtung (und erst recht der Selbstbeobachtung) entzogen. Die ‚Lebenslüge‘ des Neurotikers besteht darin“ (S. 125).

Die Verbindung von Klischeebestimmtem mit Symbolvermitteltem heißt mit anderen Worten: die Vermischung von Bewusstem mit Unbewusstem, die Gleichzeitigkeit von JEMAND und ETWAS in einem Menschen. Sie macht eine Begleitung so schwierig, fordert vom Begleiter alle nur erdenkliche Wachheit. Darum ist ein Begleiter nur dann qualifiziert, wenn er selber in der Lage ist, immer wieder aufs Neue den Ich-Zustand einer „frei schwebenden Aufmerksamkeit“ eines absichtslosen, in sich ruhenden Menschen „herzustellen“. Nur dann, wenn der Begleiter *im Ich* ist, kann er in seinem Körper, in seinem Denken, Fühlen, Wollen mitschwingen und somit wahrnehmen, worin und wann sein Klient *ohne Ich* ist.

> „Der Mensch im Ich-Zustand der Klischeebildung spricht eine *‚pseudo-kommunikative Privatsprache.‘* Die Heimtücke der Privatsprache besteht darin, dass sie infolge ihrer allgemeinsprachlichen Einkleidung nur indirekt aus den Verhaltensabweichungen als privatisiert ermittelt werden kann.
>
> Das Subjekt bleibt in all den Bereichen, die von der Störung im Symbolgebrauch betroffen werden, aus dem öffentlichen Sprachverständnis partiell ausgeschlossen.“
>
> „Fatal wirkt sich hier jene Aufspaltung aus, die für Klischees, d.h. aus dem Bw ausgeschlossene Repräsentanzen gilt: sie dienen weiterhin (und mit vermehrtem Druck) der Triebbesetzung, sind nun aber nicht mehr vom Ich fassbar, sind nicht mehr (bzw. nur falsch) erkennbar“ (S. 131).

In der Begleitung helfen wir dem Klienten, die Klischees als Klischee zu erkennen und so zwischen Klischeebildungen und echten Symbolisierungen zu unterscheiden. Indem wir mit ihm zusammen Klischees und Klischeeverhalten als ein ETWAS identifizieren, tragen wir dazu bei, das Ich zu „stärken", und helfen ihm auf diese Weise, den Bereich des *erkennenden Ich* als Ort echter Symbolisierung von den Stereotypien des Klischeehaften *am Rande des ICH* zu unterscheiden. Was für ihn bisher vermischt war und von ihm als ein „so bin ich" erlebt worden war, wird nun in den Bereich seiner „Beobachtung und Selbstbeobachtung hereingeholt", kann nun überhaupt erst einmal richtig be-merkt, wahr-genommen und anschließend in einem zweiten Schritt als vom Ich unterschieden er-kannt werden. Indem er auf diese Weise das bisher Verborgene mit dem Scheinwerferlicht seines *erkennenden Ich* durchdringt, kann er (neue) Kategorien bilden, die einen bewussten Unterschied schaffen zwischen *Nicht-ICH* und *ICH*: damit wird der Weg frei zu neuen Symbolisierungen in all den Bereichen der Person, die bisher der Stereotypie und dem Automatismus der Klischeebildung und Erstarrung angehörten. Der Wirkungsbereich des erkennenden Ich wird dadurch ausgeweitet und damit auch die Fähigkeit zur Beziehung wieder hergestellt. Beziehungsfähigkeit aber ist ein Aspekt allen lebendigen Lebens. Leben ist immer auch Beziehung. *Im Ich sein bedeutet immer auch im Wir sein.*

Roda Wieser: Der Grundrhythmus in der Handschrift als Hinweis auf die „nicht-egoistische Mitte des Menschen"

Schreiben ist eine ganz besondere Art der Symbolisierung: Wer schreibt, kann darin zu sich kommen. Schreiben und Ich-Sein gehören zusammen. Viele schreiben Tagebuch, um sich selbst zu sammeln, Erfahrungen zu verarbeiten.

Als Lehrer konnte ich immer wieder Zeuge sein, wie kraftvoll-ordnend der Vorgang des Schreibens wirken kann: Gibt der Lehrer einen (kreativ-freien) Schreibauftrag, so ist zunächst einmal die übliche Unruhe, bis jeder ein Blatt und das notwendige Schreibwerkzeug vor sich hat. Vielleicht muss noch schnell eine Bemerkung zum Nachbarn wandern, eine Frage geklärt, ein Bonbon ausgepackt werden – und dann ist Stille, belebte, gefüllte, seelenvolle Stille. Ich habe diese besondere Qualität des Kraftfeldes schreibender Schüler immer wieder als etwas ganz Kostbares, Geheimnisvolles, Heiliges erfahren, als eine gemeinsame Erfahrung des Seins:

> „Schreiben ist ein derart persönlicher, aus tiefster Innerlichkeit hervorgehender Akt, dass er sich nur unter Ausnahmebedingungen von den dominanten geistig-seelischen Leitbildern loslöst. Denn ‚Leitbilder' sind es, die sich wie einverleibte Tendenzen, einmal der *seelischen Zerlösung* oder *Verhärtung*, ein anderes Mal des *seelisch Weichen, Gemüthaften* oder mehr des *Festen, Willensbetonten* zur Darstellung bringen. Das sind Vorgänge, die sich unbewusst vollziehen" (vgl. Wieser 1973: 37).

Wer ist Roda Wieser, Schülerin Ludwig Klages? Muss man sie kennen? Als Graphologe ja. Ich habe als Student an der Universität Zürich 1975 eine Vorlesung über Graphologie (Schriftdeutung) gehört und fand in diesem Zusammenhang das Buch über ihre Entdeckung des Grundrhythmus in der Handschrift. Ursprünglich erstellte Roda Wieser für das Gericht Gutachten, um Schriftfälschungen zu entlarven. Sie bekam dann einen einmaligen Forschungsauftrag:

> „Wir erhielten von aufgeschlossener, vorgesetzter Stelle die Anregung, eine kriminalgraphologische Untersuchung vorzunehmen. ‚Was man da graphologisch herausbekommen könne?' Akteneinsicht war möglich. Die Arbeit wurde in Angriff genommen (...). Nach und nach eingesammelte Handschriften vergleichbarer Nichtkrimineller lieferten das Vergleichsmaterial. Insgesamt wurden ursprünglich 700 Kriminellen- und erst 100, dann 200 Nichtkriminellenschriften systematisch bearbeitet. Unter den letzteren stammten 100 zum größten Teil von Angehörigen aller möglichen einfacheren Berufsstände aus Landwirtschaft oder Gewerbe.
>
> Nach erster Gewinnung der erwähnten kriminalgraphologischen Ergebnisse zeichnete sich vorläufig weder graphologisch noch psychologisch eine Möglichkeit ab, das vorliegende Gesamtmaterial nach einheitlichem Gesichtspunkt systematisch aufarbeiten zu können. Die Untersuchungen brachten nur Teilergebnisse und immer wieder Teilergebnisse. Waren sie nicht ohne Bedeutung, so waren

sie dennoch nicht zufriedenstellend und vor allem nicht über jenes hinausreichend, was kriminalpsychologisch und zum Teil – graphologisch schon bekannt war.
Vielleicht musste erst die Ergebnislosigkeit der im Herkömmlichen wurzelnden Fragestellungen erlebt werden, bevor sich der suchende Blick ganz von dem zu lösen vermochte, was in der Handschrift auf die üblichen kriminalpsychologischen Vorstellungen und auf anderes, was damit zusammenzuhängen pflegt, Bezug haben konnte. Auch musste sich das Auge erst an die zum Teil abschreckenden Schriftbilder zur Genüge gewöhnt haben, um davon nicht zu sehr in Anspruch genommen zu werden. Dasselbe galt vom Studium vieler Einzelfälle aus den dazugehörigen Akten. Distanzgewinnung zu all dem gab eines Tages den Blick frei für etwas vollkommen anderes, völlig Unvermutetes. Schwerstkriminelle sollten dazu verhelfen, und zwar jene, deren Straftaten seit jeher als die schwersten gelten. Es waren die Schriften der Mörder (140 Stück). Zwar muteten sie beim ersten Durchsehen und danach immer wieder von neuem als etwas Furchtbares an. Viele von ihnen waren insofern einzigartig, als ähnliche Schriftbilder in den Schriftkategorien der übrigen Kriminellen überhaupt nicht vorkamen. Aber in vielen von ihnen fand sich nichts „Besonderes", was als konkrete Hinweise für die Einmaligkeit und Schwere der Taten hätte dienen können. Der Motivforscher wird einwerfen: selbstverständlich, denn die Motive zum Mord sind mannigfaltigster Art (...). Aber ohne, dass wir es gesucht oder auch nur geahnt hätten, löste sich eines Tages der gordische Knoten auf unvermutete Weise:
Nicht mehr so gebunden an die von außen herangetragenen Fragen oder an die Vielfalt graphischer Erscheinungsformen (Schriftarten, Schriftbilder, Schreibfertigkeit oder -unfertigkeit Gebildeter und wenig Gebildeter usw.) wurden wir eben durch jenes Erlebnis an Mörderschriften an etwas Zentrales herangeführt. Es liegt einer jeden Schrift, mit der wir uns befassen, als ihr Substrat zugrunde. Das sind die an den Strich gebundenen Bewegungsabfolgen im einfachsten Auf und Ab, unabhängig von der vor uns liegenden, fertigen Schriftform oder vom Bild- und Bewegungscharakter usw. Damit war mit einem Schlag die Möglichkeit gegeben, unabhängig von Einzelmerkmalen und unabhängig auch von

Bildungsstufen den weiten Bogen vom Schwerstkriminellen zum verlässlich Nichtkriminellen zu spannen. Wie das zu verstehen ist, soll an den ersten Schriftbeispielen gezeigt werden. Sie können den Leser miterleben lassen, wie aus engen kriminalgraphologischen Fragestellungen nach und nach eine zentrale Menschenfrage wurde, nämlich die Frage nach dem geistig-seelischen Wesenskern im Menschen, der sich in seinem Charakter äußert.
So wie wir selbst erst dahin kamen, den suchenden Blick von Besonderheiten und Einzelheiten der Handschrift abzuziehen, und eines Tages auf wesentliche Unterschiede der noch nicht geformten, sondern die Schriftgestalt erst formenden Bewegungsabfolgen zu achten begannen, möge der Leser jetzt von Anfang an diesen selben Schritt mit uns tun.
Auf die Handschrift bezogen: Es ist jetzt unmittelbar an dasjenige heranzuführen, was uns im Zuge der seinerzeitigen kriminalgraphologischen Untersuchung schließlich als überraschender Befund entgegenschlug: Die Gesamtwirkung der Schriftbilder Schwerstkrimineller, an der Spitze diejenigen der Mörder, Notzüchter und bestimmter Unzuchtverbrecher, war – unabhängig von allem übrigen Bildbestimmenden – wesentlich gekennzeichnet durch eine besondere Art des Strichs, wie er sich aus dem insgesamt der Bewegungsabfolgen durch ein unmittelbares Eindruckserlebnis darbot. Dieser vermittelte das Bild des *Un*elastischen entweder als vorwiegende Schlaffheit oder als vorwiegende Starre oder als das unvermittelte Nebeneinander von beidem. Über die Gruppen der weniger schwer Kriminellen (...) und von da zu den Leichtkriminellen und schließlich bis zu den berufsbewährten Nichtkriminellen hin verschwand jener Eindruckscharakter des vorwiegend Schlaffen oder Starren immer mehr. Hier ließen sich zwar gleichfalls Eindruckscharaktere verschiedener Art verzeichnen, aber die blieben im Bereich von „weich“ und „fest“. Aus deren Wechsel im Zuge der Bewegungsabfolgen sah man sodann ein zur Ganzheit verwobenes Schriftbild, das seinen innerlich bedingten Wertgehalt unmittelbar zu erleben gestattete.
Was sich solcherart in ihnen als dem Substrat des gesamten Schriftbildes dartut, nannten wir den ‚Grundrhythmus‘. ‚Grund-‘, weil es dieses Substrat betrifft, und ‚Rhythmus‘, weil es an ei-

nen Bewegungsvorgang gebunden ist, der dem Leben angehört. (Abbildung 10).

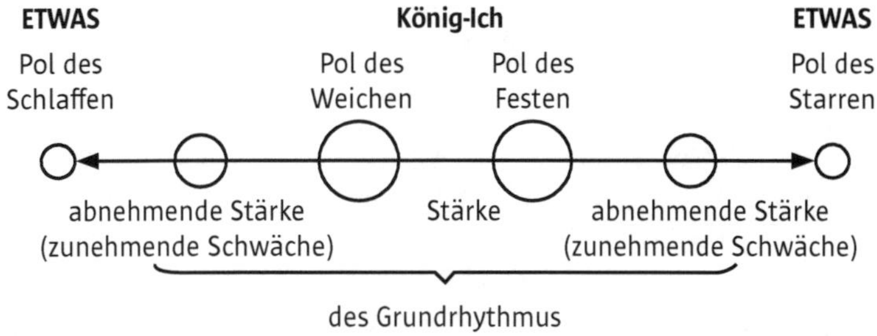

Abb. 10 Grundrhythmus als Eindruckscharakter (mod. nach Wieser 1973, S. 30)

Was wir ‚Grundrhythmus' nannten, *schwächte* sich nach der Richtung sei es der Schlaffheit, sei es der Starre umso mehr ab, je mehr sich die Kategorien der Schrifturheber den schwersten Verbrechen annäherten oder diesen angehörten. (...) Dagegen war im Gros der Nichtkriminellenschriften etwas zu erspüren, was im Gros der Kriminellenschriften fehlte. Das war eine an die Bewegungsspur, d.h. an den Strich sich heftende, das Ganze aus seiner Tiefe einheitlich beprägende Kraft. Ihre Lebensechtheit konnte unmittelbar entgegenschlagen. ‚Integration' mag hierfür als Stichwort dastehen. Es meint die Durchdringung von Einzelnem und Ganzem in der Art, dass man nichts davon wegnehmen oder wegdenken kann, ohne der Einheit Abbruch zu tun. Im Gegensatz zur Schwäche des Grundrhythmus in den Kriminellenschriften war in der Masse der Nichtkriminellenschriften von seiner Stärke zu sprechen" (S. 23 f.).

Was Roda Wieser mit „Stärke des Grundrhythmus" meint, entspricht der „Stärke des Ich", also der Präsenz des Königs-Ich, der Königin-Ich. Der „Pol des Schlaffen bzw. des Starren" weist dagegen sowohl auf eine Schwäche des Ich hin, als auch in zwangsläufiger Folge eines Ich-Mangels auf die Dominanz des ETWAS. Abbildung 11 macht dies noch einmal in einer anderen grafischen Darstellung deutlich: „Am Rande des ICH" herrscht die Auflösung. Das Ich ist dort so geschwächt, dass es auf der einen Seite den Phänomenen nichts entgegen setzen kann;

auf der anderen Seite kann es im Bereich der Verhärtung vom Leben nicht mehr erreicht werden.

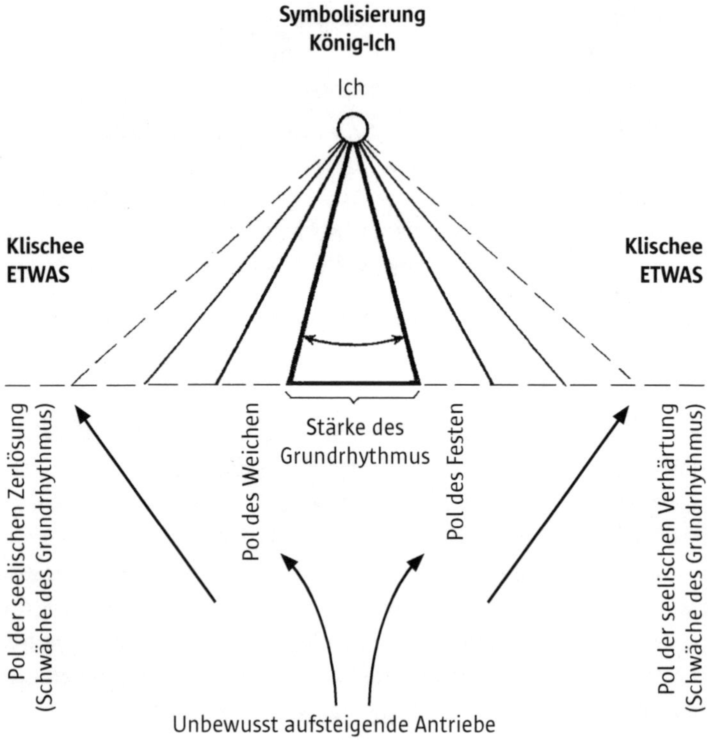

Abb. 11 Polarität und Wertmaßstab (mod. nach Wieser 1973, S. 40)

Was Roda Wieser an Tausend Handschriften als den „lebensechten", integrierenden, das Ganze durchdringenden „Grundrhythmus" herausgearbeitet hat, der zwischen zwei Polen des Schlaffen bzw. Erstarrten liegt (zwei Polen, an denen eben gerade nicht mehr Lebendigkeit und Durchdringung herrschen), entspricht genau dem, was Alfred Lorenzer für die Symbolisierungs-Leistung des Ich – zwischen den Polen des Klischeehaften und Zeichenhaften – beschrieb. „Grundrhythmus" ist also ein anderes Wort für „einheitliche Ich-Leistung", Personalität, für beseeltes, lebendiges, von Lebendigkeit durchpulstes Subjekt-Sein eines gesunden Menschen. Roda Wieser wie Alfred Lorenzer beschreiben beide das Phänomen eines bewusst durchdringenden, kraftvollen Mittelfeldes als „Zentrum der Symbolbildung“, an dessen Außenpolen, sozusagen „an den Rändern der Personalität“, das Unlebendige angesiedelt ist, dort also, „wo das erkennende Ich nicht mehr richtig hinkommt“, wo die „Kraft der Durchdringung und Beseelung“ noch nicht oder nicht mehr gegeben ist. So haben zwei völlig verschiedene Forschungswege zum gleichen Ergebnis geführt:

Dort wo Menschen „im Ich“ sind, haben sie die Möglichkeit und die Kraft, Kategorien zu bilden, die Phänomene zu durchdringen, Beziehung aufzunehmen, zu hören und zu antworten. Sie sind realitätsverbunden und personal. Die Symbolisierungen sind angemessen, frisch, passend, liebevoll, kreativ, immer neu aus dem Augenblick geboren; Lebendigkeit fließt durch sie in Lebensfreude und Bezogenheit.

An den Rändern aber, wo das Ich nicht mehr oder noch nicht ist, dort ist am einen Pol das Klischeehaft-Schlaffe (in welchem das Unbewusste regiert, das nicht mehr in Beziehung befindliche, ausgeklammerte „Tote“, sich immer gleich bleibende Nicht-Leben); am gegenüberliegenden Pol ist das Erstarrte, zum Zeichen gewordene Versteinerte, ebenfalls vom Lebensfluss abgeschnittene Nicht-Personale. Von diesen beiden Bereichen des Unlebendigen sagt der griechische Philosoph Heraklit in seiner Schrift „Die verborgene Harmonie“:

> „Menschen sind selbst in wachen Augenblicken wie Blinde und beachten das, was um sie her geschieht, so wenig wie in ihrem Schlaf. Selbst anwesend sind sie abwesend“ (vgl. Osho 2002: 49).

Schlafende und Unbewusste haben eines gemeinsam: Sie leben jeder in einer Welt für sich. Dort, wo das Ich „nicht mehr hinkommt“, das Personale nicht mehr das ETWAS durchdringen kann, herrscht eine beziehungslose Privatsprache mit eigenen Gesetzen, eigenen Erklärungssystemen, eigenen Entschuldigungen – das Ganze ist „aus dem Auge gefallen“. Dazu Roda Wieser:

> „Die Eindruckscharaktere des Schlaffen wie auch diejenigen des Starren lassen uns etwas vom Bereich des Todes erspüren. Auch er ist in diesen beiden Erscheinungsformen wiederzufinden. Aus unseren bisherigen Darstellungen geht hervor, dass wir in den betreffenden Eindruckscharakteren im Bereich der handschriftlichen Bewegungsspur das Bild der in sich erstorbenen Seele zu erblicken

haben. Als Extrem im Felde menschlichen Daseins gehört ihnen der Bereich des Verbrechens an. Es trägt in allen Schattierungen und Arten die Egoismen der Zerlösung und der Verhärtung in sich (...). Dürfen wir die Stärke des polar bestimmten (Grund)Rhythmus mit Recht als ‚Urerscheinung des Lebens' bezeichnen, so darf man umgekehrt dessen äußerste Schwäche (Außenpole) als die Darstellung äußerster Absonderung vom Leben verstehen. So sind die Bilder äußerster Egoismen gleichzeitig die Bilder äußerster Absonderung vom Leben. Hingegen sind die Bilder jener Nichtegoismen, die unser Wertmaßstab mit verschiedenen Umschreibungen in positiven Aussagen nahezubringen versuchte, gleichzeitig Bilder des sich darstellenden Lebens" (S. 46 f.).

Die Ethik des Aristoteles, das psychoanalytische Konzept Alfred Lorenzers von Symbolisierung und die Beschreibung des Grundrhythmus in der Graphologie stimmen demnach völlig überein mit dem Konzept eines Königs-Ich als Authentizität (siehe Abbildung 12).

Die Größe des „Menschengemäßen" und seine Verwirklichung geschieht für Roda Wieser dort, wo Leben und Liebe Eins werden im Dienste eines Überpersönlichen. Die Reifung des Menschen vollzieht sich, wenn er seine „Ichhaftigkeit" (im Sinne von Personalität, Person-Sein, als personales, beziehungsfähiges Subjekt-Sein) in gleichzeitiger Ehrfurcht vor dem „fremden Ich" als dem Anderen lebt. Das ist möglich, wenn Denken, Fühlen und Wollen durch einen „ichhaften", personalen Grundrhythmus integriert und durchdrungen werden. Eine entscheidende Rolle spielt dabei das „Leitbild", selber Verantwortung zu übernehmen und die humanen Werte zu verwirklichen. Der Mensch will das Menschengemäße von Natur aus. Erst durch „Ausfallserscheinungen" kommt es zu den Egoismen der „Zerlösung oder der Verhärtung" (42). Zeichen für den „Verlust des Ichhaften" sind die Egoismen von Selbstsucht, Egozentrizität, Machttrieb, Habenwollen, Eitelkeit, Eifersucht, Ressentiment usw. – sie alle sind Zeichen dafür, dass ein Wert verloren gegangen ist.

Exkurs: Verlust des Grundrhythmus und „Sünde". Was Roda Wieser als „Verlust des Ichhaften" (gemeint ist: des Personalen) und dessen Auswirkungen beschreibt, entspricht in frappierender Weise dem, was die traditionelle Kirche als „Sünde" bezeichnet.

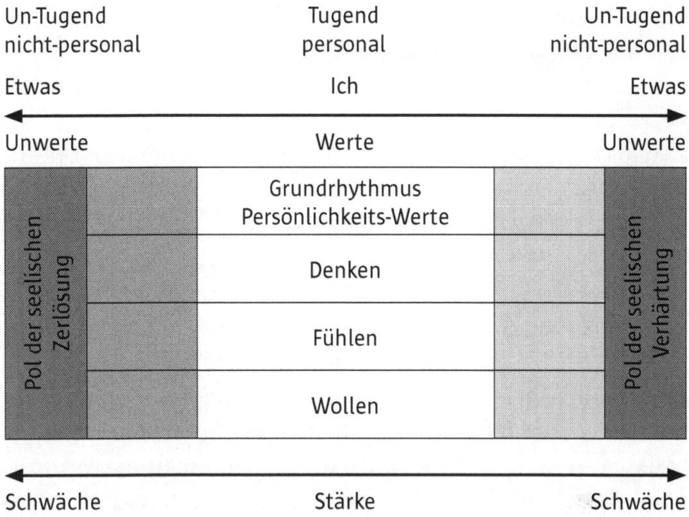

Abb. 12 Grundschema der Bedeutungstabellen (mod. nach Wieser, S. 65)

Übertragen wir Roda Wiesers Einsichten auf den Begriff der Sünde, dann gilt: Sünder ist also jener, der seine Ichhaftigkeit verloren hat! Sünde entsteht demnach nicht aus dem Menschsein als solchem mit der Geburt, (wie kirchliche Traditionen immer wieder behauptet haben), sondern erst ‚an den Rändern des ICH', wo eine einheitliche Ich-Leistung nicht mehr gegeben ist. Wer also *Sünde* vermeiden oder heilen will, muss nach den Bedingungen für Authentizität fragen. Authentizität ist nach Roda Wieser auf natürliche Weise werte-orientiert-sozial und hat Teil am Sein. Die Person in ihrer ursprünglichen Kraft und Fülle ist eingebunden in das Sein. Erst der Bruch der einheitlichen Kraft zur Symbolisierung schafft auch einen Bruch mit dem Sein (siehe nächstes Kapitel), sodass selbst Morde möglich werden. Die Struktur der Sünde entsteht mit der Beschädigung der natürlichen Fähigkeit des Menschen zur Symbolisierung. Dort, wo ein Mensch ‚gebrochen' ist, kann er nicht mehr mit seinem *erkennenden Ich* kreativ und frei denken, fühlen, wollen – und erst daraus entsteht das Böse als mangelnder

sozialer Bezug, als mangelnde Fähigkeit, die ‚Randzonen' seines ICH mit Leben zu füllen bzw. vom Leben erfüllen zu lassen.
Sünde ist also nicht eine Folge der Geburt des Menschen, sondern eine Folge von Einflüssen, die die Fähigkeit zur Symbolisierung geschädigt haben, bzw. deren Entfaltung von Anfang an unterbunden haben.
Die Teilhabe an Glaubensvorstellungen, einem Kult oder Ritual allein werden darum niemals genügen, um den Schaden der Sünde zu beheben, wenn nicht parallel dazu die ‚Randzonen des ICH' eine Umwandlung erfahren, indem die quasi ‚autonom' gewordenen Bereiche wieder in den kommunikationsfähigen, beziehungsfähigen Lebensbereich personal-lebendiger Symbolisierung innerhalb eines erkennenden Ich eingeholt werden durch Integration, Bewusstwerdung, Aufarbeitung: Genau das meint die *Rekonstruktion der Spachzerstörung*, von welcher Alfred Lorenzer spricht: also Psychoanalyse, Psychotherapie als Integration des Abgespaltenen und Ausgeklammerten, Wiederbelebung des Erstorbenen, Psychotherapie als Heilung zur Authentizität.

Roda Wiesers Beobachtung ist: Je sozialer und Werte-orientierter ein Mensch ist – und das heißt: aufs Ganze bezogen in lebendiger Beziehungsfähigkeit – desto stärker ist eben auch der Grundrhythmus ausgeprägt. Umgekehrt entdeckte sie, dass es mit Zunahme der Verbrechen auch eine Zunahme des Erschlafften oder Erstarrten gibt, also eine Abnahme des Grundrhythmus, was einer Abnahme der Bewusstheit, der Beziehungsfähigkeit und einer Abnahme der Bezogenheit auf das Ganze entspricht.

Der Mensch „im Ich" ist sozial, einfach deshalb, weil er ganz er selber ist. Als der, der sagt „ich bin" sagt er offenbar immer auch gleich mit: „Wir sind". ICH und WIR sind zwei Namen für das gleiche Phänomen: lebendiges, teilhabendes personales Leben.

Je weiter einer sich aber durch eine Zunahme des Unbewussten und Unbearbeiteten vom Leben entfernt, indem die Zonen des Rigiden und der Erstarrung größer werden, desto mehr entgleitet ihm das Soziale, das Eingebundensein, desto weniger hat sein Ich noch die Kraft, echte, frische, der jeweiligen Situation des Innen und Außen lebendig antwortende Symbolisierungen hervorzubringen, die in der Lage sind, ihn mit dem Ganzen des Innen und Außen zu verbinden. Vielmehr tritt jetzt an die Stelle des von lebensfrohem Ich durchdrungenen Personal-Lebendigen das Stereotype privatisierter Pseudosymbolik in Klischee oder Zeichen, in Schlaffheit oder Erstarrung.

Neurotiker und Krimineller unterscheiden sich in der Orientierung an Werten. Beiden gemeinsam aber ist die partielle Zerstörung der Symbolisierungsfähigkeit, die partielle Beschädigung des Ich als Oberhaupt im inneren Team. Bei Roda Wieser findet sich das selbe vierdimensionale Konzept vom Menschen wie bei Alfred Lorenzer (Abbildung 13).

Zunächst einmal schaffen zwei Lebenspole die Voraussetzungen für Leben: ein „bewusstes Ich" und ein „unbewusstes Ich" mit den aus dem Unbewussten aufsteigenden Trieben gegenüber. Daneben gibt es ein zweites Gegensatzpaar zweier Pole an den „Rändern des ICH", näm-

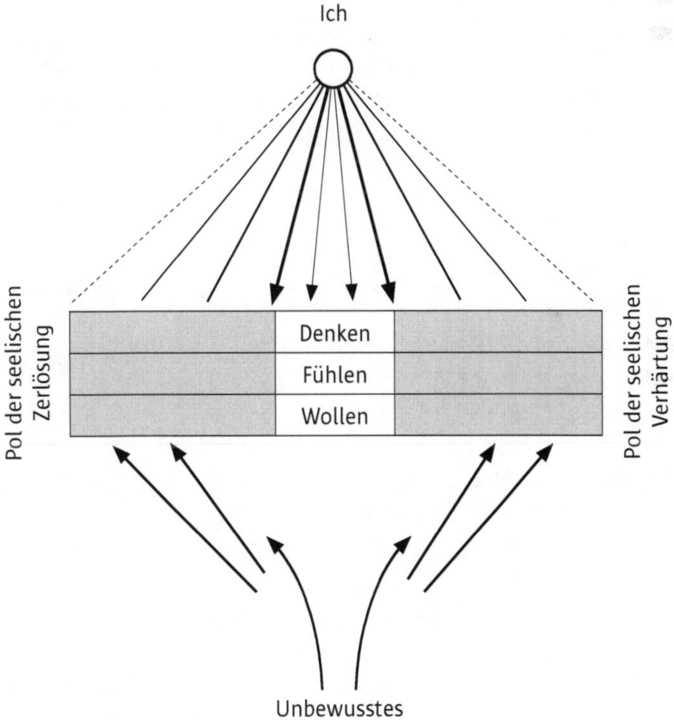

Abb. 13 Polarität und Merkmalsbedeutungen (mod. nach Wieser 1973, S. 64)

lich den „Pol des Schlaffen und seelischer Zerlösung" als Schwäche des Grundrhythmus, sprich „Schwäche des Ich" auf der einen Seite – und auf der anderen Seite den „Pol der seelischen Verhärtung".

An diesen Rändern herrscht nicht mehr das Ich, als personales, bezogenes verantwortliches, wertebezogenes Zentrum, sondern das unpersönliche ETWAS des Abgeschnittenen, das zwar juristisch und psychologisch zum Bereich und der Verantwortung der Person gehört – aber gleichzeitig aus dem „Bereich des Lebendigen" ausgeschlossen ist, indem es nicht mehr vom fließenden, ständig erneuernden, kreativen Lebensstrom ständig neu geboren wird, sondern sich in seiner Erstarrung und Schlaffheit immer gleich bleibt. Aus dieser Unlebendigkeit erklärt sich die Skrupellosigkeit jeglicher Verbrechen. Sie sind vom Lebendigen als Beziehungsgeschehen ausgeschlossen und sind „Bereiche des Todes", sei es Tod von Leben oder Tod von Beziehungen oder Tod von Werten.

Während der Grundrhythmus – als Mitte zwischen zwei Extremen – an Aristoteles' Tugendlehre erinnert, gibt es zusätzlich innerhalb des Grundrhythmus eine Gesetzmäßigkeit von ständig wechselnden harmonischen Gegensatzpaaren, deren Zusammenspiel Roda Wieser anschaulich macht und die schon Heraklit wie folgt beschrieben hat:

„Die verborgene Harmonie
ist besser
als die offensichtliche.
Aus Zwietracht entsteht Eintracht,
aus Missklang
entsteht die höchste Harmonie.
Erst durch dauernden Wechsel
kommen die Dinge zur Ruhe.
Die Menschen sehen nicht,
dass alles, was sich widerspricht,
dadurch mit sich in Einklang kommt.
Es liegt Harmonie im Widerstreit,
das zeigen Bogen und Leier..." (vgl. Osho 2002: 21)

Innerhalb eines gesunden, lebendigen und mit dem Lebensstrom in gelungener Weise kooperierenden Ich gibt es nämlich zu jeder Fähigkeit eine Gegenfähigkeit – und erst als polares Ergänzungspaar schaffen und garantieren sie echte Lebendigkeit. Im Bereich des Denkens wie des Fühlens wie des Wollens gibt es nach Wiesers Beobachtung ein Oszillieren zwischen zwei Polen, die sich auf plausible Weise nicht nur ergänzen, sondern gleichzeitig auf sanfte Weise polar entgegenstehen und abwechseln. Die Ergebnisse von Roda Wieser sind so kostbar und aufschlussreich, dass sie ausführlich im Anhang dargestellt werden. Ihre Tabellen zeigen differenziert die Vielfalt eines von Leben erfüllten Ich, das weit mehr ist als nur „Bewusstsein", ganz im Gegensatz zu vielen, die meinen, es genüge, sich in einer „Achtsamkeitspraxis" nur auf das Bewusst-Sein zu konzentrieren.

„Ich", „König-Ich", „Oberhaupt des Inneren Teams" – die Tabellen der Gerichtsgraphologin Roda Wieser über die Polaritätenpaare im *erkennenden Ich* erinnern uns daran, dass unser Person-Sein dermaßen vielschichtig-geheimnisvoll ist, dass es alle Begriffe und Vorstellungen, die wir in der Praxis der Begleitung verwenden, übersteigt und dass alle Konzepte immer nur Annäherungen an ein Geheimnis sein können. Die Konzepte sind nichts als stotternde Versuche, sich verständigen zu können. Sie sind Verständigungshilfen – mehr nicht. Und sie legen auch nahe, behutsam zu sein, wenn jemand sich als „Spezialist für Lebensfragen" ausgibt und meint, „den" Sinn des Lebens zu kennen:

Die Reduzierung des Menschlichen und „spiritueller Praxis" auf „Achtsamkeit" oder „im Hier und Jetzt sein" ist angesichts der oben angedeuteten Vielfalt der Symbolisierungsebenen und – Dimensionen genauso ungenügend, wie die Lebenskonzepte fundamentalistisch ausgerichteter Menschen, deren Symbolisierungsfähigkeit spür- und sichtbar reduziert ist. (Darum sammeln sich ja auch die Fundamentalisten so einheitlich unter einem Banner: Sie sind „Symbolisierungs-Reduzierte", die aus ihrer Reduzierung eine Ideologie gemacht haben und nun ihre Verkümmerung der Welt aufzwingen wollen, um sich auf diese Weise in ihrem Schmerz des Reduziertseins Erleichterung zu verschaffen: Jedes fundamentalistische religiöse System vereinigt Menschen, deren Symbolisierungsfähigkeit dieselben partiellen Beschädigungen aufweist. Daraus schöpft es seine Kraft. Sowie einer aber seine seelischen Beschädigungen bearbeitet und die Symbolisierungsfähigkeit in den Teilbereichen seiner Persönlichkeit wiederhergestellt hat, ist er zu gesund, um in der fundamentalistisch ausgerichteten Gruppe noch weiter mithalten zu können: Er steigt aus.

Exkurs: *Prophetische Kritik.* Nicht umsonst kennt die alttestamentliche religiöse Tradition die „prophetische Kritik" als Ergänzungs- und Gegenpol zur „Liebe Gottes". Jeder Pol braucht seinen Gegenpol (siehe Heraklit genauso wie die systemische Psychologie). Die Aufgabe der alttestamentlichen prophetischen Kritik war es, jegliche Selbstgefälligkeit aufzudecken, jegliche Lüge freizulegen. Ein religiöses System ohne „advocatus diaboli" – ohne institutionalisierte Gegenstimme und Möglichkeit der Opposition, Gegenstimme, Infragestellung zementiert das Abgleiten in die Privatsprache, die Privatisierung der Symbolisierungen, die Sektenbildung. Das Kloster Cluny gibt dafür ein Beispiel:
Mit der monastischen Erneuerungsbewegung von Cluny mit all ihrem liturgischen Reichtum, ihrer klösterlichen Kraft und Reformfreudigkeit ging es ab dem Tag bergab, als beschieden wurde: „An der derzeitigen Form der Liturgie (gottesdienstlichen Ordnung und Gesänge) darf nichts mehr geändert werden!"
Auch die christliche Tradition kennt die Drohung: Nichts mehr an den Glaubensinhalten darf geändert werden – sonst blüht dem Frevler ewige Verdammnis! – Mit Leben, mit der Lebendigkeit des Lebensstromes und seinen ungezählten Möglichkeiten der Symbolbildung hat das nichts mehr zu tun, dafür aber mit Erstarrung, Absterben, perfekt-morbider Zeichenbildung „an den Randzonen des ICH".
Symbole werden geboren und ersterben irgendwann zu Zeichen – das ist der Lauf der Dinge. Und darum braucht jede Institution, jede Gruppe, jede religiöse Vereinigung eine Kultur des Freiraumes, welche es erlaubt, zu experimentieren, neue Symbolisierungen zu finden und zu erproben. Und zwar ohne dass die Hüter des Dogmas mit ihrer nach Tod riechenden Erstarrung Ketzerhüte verteilen oder spin-doctors aus den Denkfabriken eines vom ETWAS gesteuerten Kapitalismus Pseudosymbole von Ersatzlebendigkeit anbieten.
Jede Kultur braucht das Experiment, will sie sich die Kraft zum Überleben bewahren. Die derzeitige Angst vieler Christen vor dem Islam ist vor allem aus der dunklen Ahnung zu erklären, dass das Christentum jene lebenhervorbringende Zone der Symbolisierung längst verlassen hat.

Eine Gesellschaft braucht die Anbindung an den Lebensstrom. Dieser ist ständig neu, ständig anders. Wenn der Lebensstrom nicht die Erlaubnis bekommt, ständig neue Symbolisierungen hervorzubringen, schafft derselbe Lebensstrom die Struktur des Destruktiven. Und darum braucht jede dem Leben wirklich verbundene Gruppe Menschen, die darauf aufmerksam machen dürfen, wo Bereiche sind, in welchen die Symbole absterben (oder schon abgestorben sind). Diese Propheten, Narren, Kritiker, Visionäre und Pioniere braucht ein jegliches System, sei es politisch, religiös, pädagogisch, sportlich. Symbolisierung schenkt sich aus dem Lebensstrom – aber nur unter solchen Bedingungen, die eine sich stets erneuernde Symbolisierung auch erlauben – ist das nicht gegeben, müssen die Lebendigen ausbrechen (sie haben gar keine andere Wahl), in die Ferne gehen, mit der alten Tradition brechen – im Dienste des Lebens. Es ist die vornehmste Aufgabe aller kulturell Schaffenden, aber auch der Verantwortlichen in der psychologischen Praxis wie des Sakralen, im Bereich der Pädagogik wie im Sport, darüber zu wachen, dass der Symbolsierungsprozess in Lebendigkeit gehalten und immer wieder erneuert wird: Solche Erneuerung war schon das Anliegen der mittelalterlichen Mystik, des Humanismus, der Reformation, des Ur-Pietismus, der Romantik, der Jugendbewegung.
Jede Bewegung erstarrt irgendwann im Zeichenhaften und evoziert so eine erneuernde Bewegung mit neuen Symbolisierungen – das ist Leben!

5. Kapitel Abschied vom Ich – Ersatzgefühle, Charakter und Skript

„Am Anfang war Erziehung." So heißt ein Buch von Alice Miller. Dafür können wir auch sagen: „Am Anfang waren die Ich-Zustände von Mutter und Vater" (und aller weiteren Personen in der Umgebung des Kindes). Nach allem, was wir bisher über die Unterscheidung von ICH und ETWAS gesagt haben, versteht sich von selbst, dass es ganz entscheidend für die Entwicklung eines Kindes ist, ob es überwiegend mit Menschen zu tun hat, die sich ihm personal zuwenden oder mit Menschen, die ihm nicht-personal begegnen. Wer sich dem Kind personal zuwendet, also „von ICH zu ICH", schafft damit eine Atmosphäre der Leichtigkeit, Lebendigkeit und Offenheit, welche allein durch ihr So-Sein das Personale, Authentische im Kind anrührt, aktiviert, bestätigt, fördert. In einem oszillierenden Hin und Her antwortender Resonanz kann sich Beziehung und Begegnung ereignen, als Leben, Erfüllung, Glück, Geschenk. Das geschieht nicht nur über Augen, Ohren und Haut, sondern über einen Beziehungsraum des Spielerischen und der Leichtigkeit, wo Neues erfahren und ausprobiert werden kann und die kleine Seele aufblüht wie eine vielfarbige Blume.

In seiner reinsten Form können wir das Prinzip lebendiger Resonanz mit Kleinkindern erleben, die auf unser „Ha du du du da da" mit einem Lächeln antworten, das dem offenen Himmel gleicht.

Ist das Kind dann etwas älter geworden, wiederholen wir seine Bewegungen und Laute – und mit Überraschung und Freude erkennt es, dass es *seine* Bewegungen und *seine* Laute sind, die wir ihm da gerade als Antwort schenken: Es erlebt darin, – ohne jegliche kognitive Vorstellung von „Ich" und „Ich bin" zu haben – dass es „als ein JEMAND da ist", dass es wahrgenommen und gemeint ist. Die personale Resonanz vermittelt das Glücksgefühl, da zu sein, gesehen zu werden, in den Augen der Anderen wirklich vorhanden zu sein, wodurch sich das Lebensgefühl und die Lebenslust steigern.

Auf der nächsten Stufe der Kommunikation holt das kleine Kind nacheinander seine Spielsachen herbei – seine Art der personalen

Beziehungsaufnahme – und der durch eine solche Geste Geehrte wird die Zuwendung beantworten, indem er das Auto und die Puppe mit Freuden annimmt und seinerseits Kind und Gegenstand mit einer Resonanz würdigt.

Es ist das zentrale Anliegen eines jeden Menschen, gemeint zu sein als der Mensch, der er ist. Das ist Seelennahrung, die Bedingung für bewusstes Werden und Sein im Ich.

Wie wirkt es sich aber für ein Kind aus, wenn niemand da ist, der es als einmaliges Individuum anschaut und anspricht, niemand, der in ihm, als einem JEMAND, sein Person-Sein nährt und fördert? Was ist, wenn die Bezugspersonen „ohne Ich" sind und anstelle des Personalen das ETWAS regiert? Zum Beispiel das ETWAS von...

...Armut, Sorgen, Krankheit, Trauer, Schmerz, Heimatlosigkeit,
Leere, Ehrgeiz, Pflicht, Stress, Tradition, Partei, Ansehen,
Konfession, Zorn, Hass, Gewalt, Familiengeheimnis,
Scham, Enttäuschung, Lüge...?

Exkurs: *Alma Mahler als Beispiel für eine Kindheit „ohne Ich".* Oliver Hilmes (vgl. Hilmes 2004) beschreibt ein solches ETWAS, welches im Elternhaus von Alma Schindler (der späteren Geliebten von Gustav Klimt und Oskar Kokoschka, Ehefrau von Gustav Mahler, Walter Gropius und Franz Werfel) herrschte. (Ihre Geschichte wird uns noch in einem besonderen Kapitel beschäftigen):

„Es war eine Atmosphäre der Unehrlichkeit und der unterdrückten Gefühle, in der Alma aufwuchs. Auch wenn sie das volle Ausmaß des Betruges noch nicht begreifen konnte, wie jedes Kind konnte sie die Verlogenheit spüren." (31) Während eines Kuraufenthaltes von Familienvater Schindler „hatte seine Frau eine Affäre mit Julius Victor Berger begonnen. Anna Schindler wollte ihren Seitensprung vertuschen, aber Schindler schöpfte Verdacht, da sich leicht nachrechnen ließ, dass er im Monat der Zeugung gar nicht in Wien gewesen war. Dennoch spielte er das Theater mit und akzeptierte die kleine Margarethe Julie, die am 16 August 1880 geboren wurde als seine Tochter." (30). Seinem Assistenten Carl Moll vertraute Schindler für die Zeit der Kur seine kleine Familie an. „Carl Moll verehrte nicht nur seinen Lehrer, sondern auch dessen Ehefrau, die

23-jährige Anna. Bald waren sie ein Liebespaar. Es stand viel auf dem Spiel – sie mussten unter allen Umständen verhindern, dass der ‚Meister' Verdacht schöpfte. Offiziell war man per Sie, in verstohlen gewechselten Briefen schlugen Anna und Carl allerdings andere Töne an" (S. 31).

Zu dieser „Atmosphäre der Unehrlichkeit" gesellte sich noch der die Kinder überfordernde Größenwahn von Vater und Mutter. Hilmes schreibt:

„Als Alma und Gretel gerade erst lesen konnten, nahm er (der Vater) seine Töchter beiseite und erzählte ihnen Goethes ‚Faust'. (Alma:) *‚Als wir nun ganz hingerissen waren, sagte er: ‚Das ist das schönste Buch auf der Welt, lest es, behaltet es.'*

Während Vater Schindler sich zum Malen zurückzog, zwang Mutter Anna ihre Töchter zum Lernen. Dabei war sie pädagogisch so ungeschickt, *‚dass sie uns zum Beispiel aufgab, in einem einzigen Tag das große Einmaleins auswendig zu lernen. Am Schluss (...) kam sie in ärztliche Behandlung wegen eines Kehlkopfleidens, das sie sich durch das Schreien mit uns zugezogen hatte'* (S. 34).

Was Alma hier als „ungeschickt" bezeichnet, müsste eigentlich heißen: so wenig fähig zu personaler Beziehung zu ihren Töchtern, dass sie nicht einmal wahrnehmen konnte oder wollte, wann ihre Töchter überfordert waren.

In ihrer selbstverfassten Biografie (1960) stellt Alma fest: „Mein Vater kannte nichts als seine Kunst. Wurde es ihm zu bunt, legte er sich hin – schlief – oder schrieb. All das fühlte ich, und in mir wuchs in frühen Tagen schon die Lebenssehnsucht nach dem blauen Himmel auf Erden. Ich fand sie in der Musik" (S. 14 f.).

Und schließlich resümiert Alma in ihrem Lebensrückblick: „Und so war die ganze Jugend: Voll von Versuchen und ohne jedes System" (S. 16). Mutter wie Vater Schindler sind der kleinen Alma offenbar nur sehr selten personal begegnet: Das ETWAS, welches die Ich-Zustände der Mutter vor allem beherrschte, waren ihre Beziehungen zu anderen Männern (und die daraus folgende Unruhe und Ungeduld) – und das vorherrschende ETWAS im Leben des Vaters war seine Kunst.

Alma Schindler war gerade 15 Jahre alt, als ihr Vater starb. Ihr ganzes weiteres Leben lang wird auch in ihrem Leben das ETWAS vorherrschen: Sie wird regelmäßig in Ich-Zuständen von Leere, Desorientiertheit und Sinnlosigkeit verharren; gesellschaftliche Salons, Musik, Kunst und Liebes-Affären sollen den Mangel überspielen, was aber jeweils nur für kurze Zeit gelingt – und so wird die Tochter den gleichen Irrtümern unterliegen wie ihre mit Liebesaffären beschäftigte Mutter und ihr malender Vater: Als Ersatz für das fehlende Ich soll ein ETWAS der Lebensinhalt sein. Die großen Emotionen und Gefühle, die Intensität des Erlebnisses wurden von Eltern wie Tochter als Zeichen echten Lebens verstanden – das war ihr Irrtum. Als Seelen-Nahrung dürfen Musik und Kunst zwar lebensnotwendig sein – als Lebens-Inhalt dagegen verstärken sie die Selbsttäuschung von Menschen, die noch nicht zwischen freiem *Person-Sein* und *mit einem ETWAS sein* zu unterscheiden gelernt haben und nicht wissen, wer sie wirklich sind.

Die Beobachtungen an Alma Mahlers Leben könnten zu dem Eindruck führen, nur Extreme würden ein Kind „aus seiner Spur" herausführen, es seines „persönlichen Fingerabdruckes" verlustig gehen lassen und sich selber ein Fremder zu werden. Nachfolgende Beobachtungen der Transaktionsanalytikerin Fanita English (1982) belegen allerdings, dass der „Abschied vom Ich" schon in scheinbar ganz banalen Situationen beginnt und sich rasch einschleifen kann:

> „Wie Ersatzgefühle zustande kommen, lässt sich im Alltag jederzeit beobachten. Vor einiger Zeit besuchte ich ein Café. Am Nebentisch befand sich eine Familie. Die Mutter hatte den Säugling auf ihrem Schoß und gab ihm die Flasche, während der Vater dem Zweijährigen beim Essen half. Das älteste Kind, ein Mädchen von etwa drei oder vier Jahren, war schon mit dem Essen fertig und saß etwas verlassen zwischen seinen Eltern und Geschwistern. Sie fühlte sich offensichtlich ausgeschlossen. Vielleicht war sie sogar eifersüchtig. Aber sie wagte ihren Eltern nicht klar zu machen, dass sie sich ausgeschlossen fühlte – möglicherweise wusste sie auch nicht, wie sie das hätte anstellen sollen. Als sie merkte, dass ich sie beobachtete, lächelten wir uns gegenseitig zu, verständigten uns mit Blicken und Gesten. Irgendwann machte sie nach, wie ihr kleiner Bruder aß. Der Vater hatte sie bis zu diesem Augenblick völlig ignoriert. Jetzt schaute er sie mit gerunzelter Stirn tadelnd an.

‚In dieser Familie unterhält man sich nicht', sagte sein Blick, ‚und schon gar nicht mit Fremden! Lieber langweilt man sich. Und seine Geschwister lacht man nicht aus!' Beschämt (denn sicher hatte sie diese Botschaft schon öfter erhalten) wurde das kleine Mädchen rot, wandte den Blick von mir ab, guckte nach unten und wendete sich dann ihrer Mutter zu (mag sein, dass sie sich nach dem Tadel des Vaters dort Trost erhoffte). Die Mutter war aber noch immer intensiv mit dem Säugling beschäftigt. Da wurde ich Zeuge eines Ersatzverhaltens, wie es zum Entstehen von Ersatzgefühlen führen kann oder diese begleitet. Mit einem süßen Lächeln (das Scham und Frustration verdeckte) bot sie der Mutter an, die Flasche für das Baby zu halten. Die Mutter nickte mit Vergnügen. Und nun zog das kleine Mädchen eine richtig Show ab: Sie liebkoste den Säugling als ‚kleine Mutter' und gab sich jede Mühe. Das konnte ich an dem angestrengten Ausdruck in ihrem Gesicht erkennen. Für die Mutter aber war es ein ‚liebevoller' Ausdruck. Dafür erteilte sie dem Mädchen auch entsprechende Zuwendung. Ohne jedes Wort funktionierte hier der Mechanismus: Das Kind war vom Vater beschämt worden wegen eines unerwünschten Verhaltens, das jedoch seinen spontanen, echten Gefühlen entsprochen hatte; diese Impulse ersetzte es nun durch erwünschte ‚liebevolle', ‚fürsorgliche' Gefühle und Handlungen. Das kleine Mädchen war also dabei, in seinem Bewusstsein Ersatzgefühle wie ‚schwesterliche Liebe' und Fürsorge an die Stelle von Neid, Eifersucht, Trauer oder auch Albernheit zu setzen.
Ersatzgefühle entstehen natürlich nicht aus einmaligen Erlebnissen, und Kinder können vieles ohne schlimme Folgen ertragen. Ersatzgefühle entwickeln sich, wenn in früher Kindheit das gleiche Motiv ständig wiederholt wird. Ebenso kommen Lernerfolge wie etwa das Sprechen durch die Wiederholung und Verstärkung zustande, bis z.B. ein gewisser Wortschatz wie von selbst erworben ist" (S. 129 f.).

„Beschämt wird das Mädchen rot und schaut nach unten (...)". Nach John Bradshaw ist Scham „eine der zerstörerischsten Kräfte im gesamten menschlichen Leben" (vgl. Bradshaw 1993: 11). Scham lässt uns in einen Abgrund blicken, in welchem das existentielle NICHTS! SEI

NICHT! regiert, als Gegenpol zu Lebensfreude und Lebensbejahung im Ich. Bradshaw unterscheidet zwischen zweierlei Ich-Zuständen von Scham:

> „Scham ist an sich nicht unbedingt etwas Schlechtes. Sie ist ein normales menschliches Gefühl, ein Gefühl, das zur wahren Menschlichkeit gehört. Scham ist ein Gefühl, das uns gestattet, menschlich zu sein. Die Scham zeigt uns unsere Grenzen (...). Ich entdeckte, dass sich das gesunde menschliche Gefühl der Scham in einen Seinszustand *verwandeln kann. Und als Seinszustand übernimmt die Scham die gesamte Identität eines Menschen. Wenn man sich mit der Scham identifiziert, glaubt man, dass das eigene Wesen fehlerhaft ist und dass man als Mensch minderwertig ist. Wenn man sich erst einmal mit der Scham identifiziert hat, wird sie toxisch und hat eine dehumanisierende Wirkung.*
>
> Toxische Scham ist unerträglich und erfordert immer eine Tarnung, ein falsches Selbst. Da man das Gefühl hat, dass das eigene Selbst minderwertig oder fehlerhaft ist, braucht man ein falsches Selbst, das nicht minderwertig oder fehlerhaft ist. *Sobald man aber ein falsches Selbst geworden ist, hört man psychologisch auf, zu existieren.* Wenn man ein falsches Selbst ist, ist man kein echtes menschliches Wesen mehr. Alice Miller nennt diesen Prozess der Bildung eines falschen Selbst ‚Seelenmord'. Als falsches Selbst versucht man, mehr zu sein als ein Mensch oder weniger. Toxische Scham ist die wichtigste Form aller erlernten Gewalt. Sie zerstört das menschliche Leben. Toxische Scham liegt den meisten Formen seelischer Erkrankungen zugrunde (…). Die toxische Scham wird zum Wesenskern der Neurose, der Persönlichkeitsstörungen..." (vgl. Bradshaw 193: 12 f.)

Es gehört nicht viel Phantasie dazu, sich vorzustellen, wie sich das kleine Mädchen (aus unserem Beispiel oben) weiterentwickeln wird, wenn es mit seinen Eltern Erfahrungen wie jene (der Beschämung, Nichtbeachtung und des Missverstandenwerdens) im Café noch häufiger macht: Sie wird sich tagtäglich alle Mühe geben, die Aufmerksamkeit der Eltern durch pflegeleichtes Wohlverhalten zu erlangen, sie wird dazu eine Musterschülerin sein, Mamas Stütze – und später das „Eine-ganz-Liebe-sein" zu ihrem Beruf machen und als Krankenschwester,

Kindergärtnerin, Lehrerin, Ärztin oder „alles gebende Mutter" für Andere bis zur Erschöpfung und bis zum Zusammenbruch da sein. Ihr „Not-Ich" (Dürckheim) wird dabei ein ganzes Leben lang den eigentlichen Schmerz, die eigentliche Wunde, überspielen. Nur ihre immer wiederkehrenden Depressionen werden sie kontinuierlich daran erinnern, dass ihr „Überlebens-Ich" nicht der Person entspricht, die sie eigentlich ist. Angela Waiblinger hat in ihrer „Neurosenlehre der Transaktionsanalyse" (1989: 126) die verschiedenen Skript-Elemente, aus welchen sich das Ersatz-Ich des Mädchens aus obigem Beispiel zusammensetzt, folgendermaßen beschrieben:

Einschärfungen:	„Sei kein Kind" / „Sei nicht nahe! / „Denke nicht".
Antreiber:	„Mach es den anderen recht" / „Streng dich an"
Spiele:	„Dumm" / „Warum nicht – ja, aber" / „Du siehst, ich gebe mir die größte Mühe".
Ersatzgefühl:	Traurig sein (verbunden mit depressivem Weinen).
Grundposition:	„Ich bin nicht o.k., du bist o.k./ „Ich bin nicht o.k., du bist nicht o.k."
Größte Angst:	verlassen zu werden.
Sehnsucht:	Wie ein Kind sein dürfen: geborgen, abhängig, versorgt, verwöhnt, geliebt – „endlich im Paradies sein."
Lebensprogramm:	So macht man sich von anderen abhängig.
Skript-Entscheidung:	„Ich mache mich klein und hilflos, dann tun die anderen was für mich."

Eine (vermutlich aus der Sufi-Tradition stammende) „Menschenkunde der 9 verschiedenen Charaktere" (Enneagramm) beschreibt die Einstellungen und Verhaltensmuster, Strategien, Stärken und Schwächen, wie sie zu allen Zeiten auf der ganzen Welt zu beobachten sind. Demnach wäre das oben beschriebene Muster die ZWEI. Typisch für die ZWEI ist unter anderem, dass sie sich nach Aufmerksamkeit sehnt, nach Liebe, Einfluss und vor allem nach einem besseren Selbstwertgefühl. Weil sie sich das aber nicht eingesteht, ist ihr Anspruch an sich selbst, genau das alles, wonach sie selbst sich so sehr sehnt, Anderen zuteil werden zu lassen. An dieser Stelle soll aus dem großen Reichtum der Charakterbeschreibung zum Typ ZWEI das (vorhersagbare!) „Selbstverstrickungsmuster“ dargestellt werden, wie es Maria-Anne Gallen und Hans Neidhart beschreiben (1996):

> „Je weniger wertvoll ZWEI sich fühlt (Bedürfnis nach Zuwendung) desto mehr versucht sie, sich Wertschätzung zu erkaufen, indem sie sich für Andere nützlich macht, desto mehr erfährt sie, dass erkaufte Zuwendung nicht satt und zufrieden macht und das Selbstwertgefühl nicht dauerhaft hebt, desto mehr geht sie von sich weg, um die Bedürfnisse Anderer zu befriedigen, und verliert immer mehr den Kontakt zu sich selbst und ihren eigenen Bedürfnissen. Am Ende fühlt sie sich nur noch ausgepowert und von allen ausgenutzt“ (S. 84).

Hal und Sidra Stone (1995) geben mit dem Traum einer solchen „hilfreiche-Mutter-Spielerin“ ein eindrückliches Beispiel einer 35jährigen Frau, „die sich ganz mit ihrer Mutterrolle *identifizierte* und inzwischen jeden Menschen so behandelte, wie eine Mutter ihr Kind behandeln würde. Sie hatte es sich nämlich zur Aufgabe gemacht, die ganze Welt zu umsorgen. Nachdem sie eine Therapie begonnen hatte, hatte sie folgenden Traum, und zwar genau in dem Moment, da sie begonnen hatte, sich von der mütterlichen Seite ihres Wesens zu lösen“ (S. 18):

> „Die Geräusche werden immer unerträglicher. Da ist so viel Lärm und Chaos, dass ich nicht ruhen kann. Schließlich wache ich ganz auf und sehe mich um. Es ist, als wäre ich in einem fremden Haus, und doch weiß ich, dass es mein Haus ist und dass ich schon lange hier lebe. Am Fuß des Bettes steht ein Spiegel. Ich schaue hinein und bin entsetzt, wie alt ich während des Schlafes geworden bin. Der Lärm ist jetzt ohrenbetäubend, und ich gehe hinaus, um nachzusehen, woher er kommt, und ich öffne die Türe. Um den Küchentisch sitzen viel Menschen. Manche sind jung, manche viel älter als ich. Alle tragen sie Kinderkleider und warten darauf, gefüttert zu werden. Als sie mich sehen, klopfen sie mit ihren Schälchen auf den Tisch und rufen ‚Mutter‘. Auf der anderen Seite des Raumes steht der Priester unserer Gemeinde mit dem Rücken zu mir. Ich denke, er kann mir sicher erklären, was hier los ist, aber als ich ihn

ansprechen, dreht er sich um, und ich sehe, dass auch er ein Lätzchen trägt und ein Schälchen hält. Ich laufe zurück zur Türe, um zu fliehen. Am Küchentisch sitzen jetzt auch meine Eltern. Auch sie tragen Lätzchen. Gerade als ich die Türe erreiche, kommt ein Mann herein. Irgendwie weiß ich, er ist mein Ehemann, obwohl er ganz anders war, bevor ich einschlief. Er befummelt mich, und ich bin erleichtert, weil er offenbar wenigstens nicht glaubt, ich bin seine Mutter. Da entdecke ich, dass er Spielhosen trägt und ein Kindergesicht hat. Ich denke, vielleicht ist das ein Alptraum, und laufe in mein Zimmer und schließe mich ein, um ganz aufzuwachen, aber ich weiß, dass ich nicht schlafe. Wieder und wieder frage ich mich: ‚Was habe ich getan, als ich geschlafen habe?' Robert kommt ins Zimmer (Robert ist ein Therapeut aus ihrer Stadt). Ich denke, er kann mir sicher helfen, alles zu verstehen, aber er weint, weil er sein Knie verletzt hat, und will, dass ich ihm ein Pflaster gebe" (S. 19).

„Ich bin liebevoll und hilfsbereit" lautet schließlich das Selbstbild, das diesem *Ersatz-Ich* entspricht, wenn sich der regelmäßige Abschied vom Ich eingeschliffen hat und die Ersatzgefühle zum Automatismus geworden sind. Der Schmerz des Unbeachtet-Seins, die Vernachlässigung und die Scham sind ein Abgrund, der nur gemieden werden kann durch die Schutzmechanismen des Rollenspiels.

Innerhalb des Familiensystems gibt das Ersatz-Verhalten Sicherheit, Schutz und eine Position und ermöglicht so ein Überleben – allerdings mit dem Preis der Entfremdung und des Selbst-Verlusts. An die Stelle des Ich tritt ein Selbstbild, (Selbst-Konzept, Leitbild) – und wehe dem Menschen, der das Ersatz-Ich in Frage stellt: Sämtliche „Beschützer-Ichs" als rettende Teilpersönlichkeiten werden innerhalb von Bruchteilen von Sekunden aktiviert, um als „Feuerwehr" (vgl. Dietz 2008) den Schmerz abzuwehren, der unter der Rolle verborgen liegt.

Oft geht dann der „Entlarvte" zum Angriff über, was wir inzwischen auch verstehen: Würde er akzeptieren, dass die Rolle, die er spielt, nichts als nur eine Rolle ist, fern von dem wahren, authentischen Leben, das ihm eigentlich zusteht, müsste er sich dem Schmerz stellen, der ihn einst dazu veranlasst hat, eben gerade diese Maskerade anzulegen – er müsste sich dem Ur-Schmerz seiner Kindheit stellen: Das ist zunächst einmal nur bedrohlich! Richard Rohr, franziskanischer Mönch und Seelsorger, schreibt dazu (vgl. Rohr/Ebert 1993: 30):

> „Nach vielen Jahren in der Seelsorge bin ich davon überzeugt, dass es nichts gibt, worauf Menschen so fixiert sind, wie auf ihr *Selbstbild*. Wir sind buchstäblich bereit, durch die Hölle zu gehen, bloß um das nicht aufgeben zu müssen. Es determiniert das meiste von dem, was wir tun oder lassen, sagen oder verschweigen, mit wem wir uns abgeben und mit wem nicht. Wir alle sind davon betroffen. Die Frage lautet: Habe ich die Freiheit, etwas anderes zu sein als diese Rolle und dieses Bild?"

Für „Selbstbild" müssten wir eigentlich besser sagen: „Selbstschutzbild" – und darum spricht Wilhelm Reich auch von „Charakterpanzer".

Die Fähigkeit, ein Ersatzverhalten mit den dazugehörigen Ersatzgefühlen zu einem Ersatz-Ich auszubilden, ist so perfekt entwickelt, dass Menschen schließlich ihren Charakter für ihr Ich halten, und meinen, er sei ihre wahre Natur. Sie sagen: „So bin ich!" Wir können davon ausgehen, dass die große Mehrheit der Menschen mit ihrem „empirischen Ich" (Richard Rohr) identifiziert ist, welches der Mönch Thomas Merton als das „falsche Selbst" bezeichnet. Hal und Sidra Stone bezeichnen das Ersatz-Ich als „Persönlichkeit".

Weil es für unsere Fragestellung der Unterscheidung von ICH und ETWAS so wichtig ist, sollen H. und S. Stone das Entstehen dieses „lebenslänglichen ETWAS" noch einmal mit ihren Worten zur Sprache bringen:

> „Das Kleinkind lernt, dass es ein gewisses Maß von Kontrolle über seine Umgebung gewinnen muss, um Unlust zu vermeiden. Dieses Entwickeln von Kontrolle bedeutet nichts anderes als die Entstehung der Persönlichkeit, weil wir mit unserer Verletzlichkeit fertig werden müssen. Je mehr Stärke die Persönlichkeit entwickelt, um so weiter entfernt sich das Kind von seiner Verletzlichkeit und seinem seelischen Fingerabdruck. Je mehr es lernt, stark zu sein, um so mehr verliert es den Kontakt zu seinem einzigartigen Wesen." (vgl. Stone 1989: 27)

Die Tatsache, dass Menschen sich selber entfremden können, war schon vor Jahrhunderten den Erzählern der alten Märchen bekannt, wenn sie die Ausbildung eines Ersatz-Ich als Verzauberung beschrieben, die ein Froschkönig, ein Zwerg Nase, ein Biest oder ein Brüderchen erleiden. Ja, sogar schon die klassischen griechischen Sagen beschreiben mit „Sisyphos" das Lebens-Skript des (oben erwähnten) „Mädchens aus dem Café" und das Schicksal von Alma Mahler würde die griechische Weisheit mit dem „Damokles"-Mythos charakterisieren (Alma Mahler verlor zwei Kinder, dazu ihren ersten Ehemann, und erlebte – gemäß ihrem „Lieblingsspiel Tumult" (vgl. Waiblinger 1989: 129) eine Fülle an dramatischen Liebesbeziehungen.

Angela Waiblinger hat die einzelnen Typologien von Neurosen den alten griechischen Mythen zugeordnet: Arachne, Tantalos, Herkules, Narzissos, Sisyphos und Damokles bezeugen das alte Wissen um psychologische Zusammenhänge und die dazugehörigen Einstellungen und Verhaltensmuster.

Die transaktionsanalytische Forschung hat herausgearbeitet, dass Märchen Lebensmodelle beschreiben, die den Kategorien jeweiliger Lebensskripts entsprechen. Und so können wir mit Hilfe unseres Lieblingsmärchens viel über uns selbst erfahren.

Die Einsicht, dass es ein Ersatz-Ich gibt, ist für Klienten erfahrungsgemäß für kurze Zeit erschreckend und macht natürlich betroffen – aber rasch erfolgt ein Aufatmen: „Wenn ich zu einem Ersatz-Ich hinüber gewechselt bin, dann kann ich auch wieder zurück!" – Daraus entsteht Hoffnung, Zuversicht und Vorfreude. Der Tag, an dem ich selber erfuhr, dass mein „wahres Ich" nicht ein ETWAS ist und von allen Traumata, die ich erfahren habe, unverletzt blieb, war mehr als ein Glückstag: Es leitete meine Neugeburt ein.

Wenn wir im Laufe einer Sitzung zu dem Punkt kommen, wo Klienten mit Betroffenheit und Schrecken erkennen, dass sie ein Leben lang in ihrem Rollenspiel aufgegangen sind, bitte ich sie, die Überlebensleistung des Kindes, das sie einmal waren, wertzuschätzen und ihr Ersatz-Ich zu würdigen: Ihm verdanken sie, dass sie heute noch da sind. Und da alle Menschen gezwungen sind, Strategien zu entwickeln, wie sie mit den Mängeln ihrer Ursprungsfamilie umgehen können, ist es für Klienten tröstlich zu erfahren, dass es sich hier nicht um ein persönliches Versagen, sondern um ein Menschheitsschicksal handelt.

Dann sollen die Klienten aber auch erkennen, dass das gleiche Überlebens-Ich, das ihnen einstmals half, mit der schwierigen Situation des mangelnden Personalen umzugehen, ihnen heute im Wege steht und erlöst werden möchte von seinem Stellvertreter-Dasein: Jetzt heißt es, den Weg zurück zum Selbst zu gehen, zum authentischen Ich-Zustand des naturgegebenen Person-Seins, das immer schon da war und von der gesamten Lebensgeschichte nicht ein einziges Mal beschädigt wurde (dazu später noch mehr).

In vielen Märchen wird das *Ersatz-Ich* dargestellt als *Alter König*, der für das Regieren eigentlich nicht mehr taugt oder krank ist und dringend abgelöst werden sollte, da er dem Übel nur zuschaut, ohne selbst etwas dagegen zu unternehmen (sei es dass er nichts gegen einen Drachen unternimmt, der regelmäßig eine Jungfrau verspeist oder dass er seiner Tochter zuschaut, wie durch ihr Verhalten ein junger Königssohn nach dem anderen in einem Garten zu Stein wird). Ob im Märchen vom Reisekamerad oder in der Sage von Parzival: Irgendwann fügen sich die Dinge so, dass ein junger Held auftritt, der nach vielen bestandenen Prüfungen zum *Neuen König* wird und nun die Macht hat, das ganze Königreich zu erneuern: *König-Ich* und entsprechend *Königin-Ich.*

Die Kunst der Unterscheidung von ICH und ETWAS, die Unterscheidung von Ersatzverhalten und Skript einerseits, dem freien Ich als König andererseits, hat für die Begleitung elementare Bedeutung: Da die Muster vorhersagbar stereotyp ablaufen, da sie dem Klischee-Bereich angehören, genügt es, das jeweilige Muster im Denken, Fühlen, Wollen, Phantasieren usw. zu identifizieren als ein ETWAS. Eine Vertiefung in Form einer endlosen Aufzählung von Einzelheiten einer Situation ist dann überflüssig. Man muss nicht den ganzen Topf Suppe essen, um zu erkennen, dass sie versalzen ist. Hier unterscheidet sich die direktive und konfrontierende Begleitung fundamental von einer Personzentrierten Vorgehensweise. Ich habe in meiner Ausbildungszeit beide Methoden kennengelernt, mit ihren Stärken und Schwächen und mute den Klienten meine Beobachtungen *dann* zu, wenn wir uns zuvor auf diese Vorgehensweise geeinigt haben. Es muss dabei nicht betont werden, dass diese „saturnische" Vorgehensweise nicht Jedermanns Sache ist. Die meisten der Klienten, die ich begleiten durfte, waren für meine Mitteilungen zu ihrem Enneagramm-Muster und Skript ausgesprochen dankbar. Es half ihnen, jeweils rascher zum König-Ich zurück zu finden. Meine Person-zentrierten Kollegen dagegen lehnen Direktiven kategorisch ab.

Angesichts unseres kränkelnden Gesundheitssystems ist m.E. die ausführliche Darstellung von Einzelheiten einer Situation nur in den ersten Sitzungen der Kontaktaufnahme hilfreich und zu verantworten.

Sagt man dem *erfahrenen* Klient, dass er „im Skript ist", wird er sich gerne auf die Frage einlassen, wo denn jetzt gerade sein König-Ich ist. Er wird zu dem imaginierten Ort des Königs Kontakt aufnehmen und ihn fragen, was er braucht, um näher zu kommen. Er wird ihn durch sich sprechen lassen und aufatmend erleben, dass er „immer noch" mit seinem Person-Kern in Beziehung ist, „trotz allem."

Dieses Vorgehen entspricht übrigens, wie die Hagiographie aus dem 4. Jahrhundert deutlich macht, in erstaunlicher Weise der Menschenbegleitung der ersten Christen. (vgl. Frank 2008: „Die selige Synkletike wurde gefragt"). Der Amma Synkletike genügte die Einteilung in die beiden Bereiche von Tugend und Nicht-Tugend. Alles, was dem Bereich der Nicht-Tugend zugehört, wird als solches bemerkt, erkannt, benannt – also zur Kenntnis genommen – aber auf keinen Fall durch eine ungebührliche, größere Aufmerksamkeit für das Nicht-Tugendhafte, das Nichts vertieft. Vielmehr erfolgt jeweils direkt die Hinwendung zur Tugend mithilfe der „Askese", der „Übung", „Praxis", um das Gute zu stärken – das Schlechte aber bekommt keinerlei Aufmerksamkeit! Wozu auch?

6. Kapitel Der Seelengrund: Erfahrungen

Der Fotograf Roger Ballen sagte einmal:

> „Je älter ich werde, desto mehr muss ich zur Quelle vordringen, zu dem Platz, an dem unsere Träume entstehen, zur Quelle der Psyche.“

Diese „Quelle“ nenne ich nach einer alten, auf den Kirchenvater Augustinus (und noch ältere Zeugen) zurückgehenden Tradition den „Seelengrund“. Unser Person-Sein gründet im Verborgenen in ihm – aber bewusste, erlebbare Wirklichkeit wird er für uns nur, wenn wir in einem bestimmten Ich-Zustand sind. Einen solchen üben Millionen Menschen auf unserem Planeten ein mit Hilfe von verschiedensten meditativen Techniken. Wie nachfolgende Beispiele in diesem Kapitel zeigen werden, kann die „Quelle“ allerdings auch völlig unerwartet, ohne jegliche vorausgehende meditative Praxis, ins Bewusstsein drängen und sich manifestieren. Viele deuten dies dann als das „Heilige“, „transpersonal“, als „Gotteserfahrung“.

Wer hat nun Recht? Jene, die sagen: „Der Seelengrund ist unser Innerstes!“ Oder jene, die sagen: „Das Heilige ist transpersonal?“ In den 1970er Jahren haben wir uns ein ganzes Wochenende über dieses Thema gestritten. „Wir“ – das waren die Mitglieder eines „Arbeitskreises geistliche Übungen“ und ein „theologischer Arbeitskreis“. Damals gab es keine Einigung. Eine Brücke zwischen beiden Lagern hätte der Begriff „Geist“ bilden können – aber für beide Gruppen war „Geist“ damals kein Thema. Die Lehre vom „Heiligen Geist“, die „Pneumatologie“, war damals ein Stiefkind der Theologen; viel wichtiger war die „Christologie.“ Die Quittung dafür kam bald darauf in der New Age-Bewegung (im 8. Kapitel werde ich ausführlich auf diese Frage eingehen).

Für die Urchristen war Gott Geist. Und der Mensch? Er war für sie Geist, Seele, Leib. Und damit war Geist eine gemeinsame „Schnittmenge“ von Gott und Mensch, welche Jesus in folgenden Bildern ausdrückte:

„Was ihr getan habt einem von diesen meinen geringsten Brüdern, das habt ihr mir getan.“
„Ich bin der Weinstock – ihr seid die Reben.“
„Ohne mich könnt ihr nichts tun.“
„Ich und der Vater sind Eins.“
„Bleibt in mir – und ich in euch.“

Aus diesem Grund mag ich das Konzept von den Ich-Zuständen: Es lässt verschiedenen Sichtweisen Raum; Gotteserfahrung kann dann personal wie transpersonal verstanden werden. Für das „Welt-Ich“, den „König Ich“ ist der Seelengrund ein „tragender Grund“, in welchen hinein er sich voller Vertrauen und in Hingabe fallen lassen und loslassen kann. Und in einem ganz nahe beim Loslassen liegenden Ich-Zustand der Erreichbarkeit ist es auch wiederum möglich, das Heilige, Göttliche personal zu erleben, als Gegenüber, als das „absolute Du.“ Nachfolgende Beispiele sind eine Auswahl aus der Fülle menschlicher Zeugnisse vom Ergriffen-Werden, Verschmelzen und Eins-Werden mit dem Göttlichen einerseits und der Begegnung mit dem göttlichen Du andererseits. Ich beschränke mich dabei vor allem auf den christlichen Traditionsstrang der Gottes-Erfahrung.

Erfahrungen

Alma Mahler

Wonach sich viele Meditierende sehnen und wofür sie Seminare besuchen, regelmäßig in die Stille gehen, oft sogar ihren gesamten Alltag meditativ ausrichten – das bekam Alma Mahler vom Leben geschenkt, einfach so, unerwartet, unvorbereitet: die Erfahrung des Seelengrundes.

Und das, obwohl ihr Lebensstil zu der Zeit (und auch danach) nicht gerade meditativ war. Sie übte keinerlei Praxis und hatte auch niemals einen Kurs zur Einführung in Meditation besucht. Sie verfolgte keinerlei religiöse Ziele und suchte ihr Glück nicht in Stille, Atem oder Versenkung, sondern in Musik, Kunst und in angeregten Gesprächen mit Kunstschaffenden, wobei oft genug die Begegnungen eine Fortsetzung im Bett fanden, und zwar so oft, dass einer ihrer Biographen schreiben kann: „Die Reihe ihrer Liebhaber liest sich wie ein ‚Who is who' der ersten Hälfte des zwanzigsten Jahrhunderts" (vgl. Hilmes, 2004: Text auf Einband).

Wenn ausgerechnet Alma den „Schatz im Acker" finden durfte, nach dem Millionen von Menschen oft ein Leben lang vergeblich suchen, so ist das für mich im Zusammenhang unserer Fragestellung ein ganz besonderer Glücksfall: Niemand wird Alma in irgendeine religiöse Ecke stellen können um auf diese Weise ihre Erfahrung abzuwerten. Die Authentizität dessen, was sie erlebt hat und mit einer Sprache schildert, die spürbar aus ihr selber kommt und von niemandem die Worte geliehen hat, bezeugt: Was wir hier lesen, ist echt!

Alma Mahler schreibt in ihrer Biographie (vgl: Mahler-Werfel 1960):

> „Ich erlebte seinen Aufstieg (gemeint ist der Maler Oskar Kokoschka, Anm. d. Verf.). Er hatte ein Atelier und ein kleines Schlafgelaß am Stubenring in Wien. Ich sorgte für ihn, so gut es ging. Er malte mich, mich, mich! Er kannte kein anderes Gesicht mehr. An einem stürmischen Tag der Qual, da er in blinder Leidenschaft mich und sich nahezu zu Tode marterte, versank mir plötzlich die ganze Umwelt... Es war keine Halluzination, sondern eine innere Erleuchtung.
>
> Eigentlich sollte man nach einem solchen Moment der Welt allen Scheins den Rücken kehren – aber ich war wohl noch nicht fertig mit meinem ‚Erdenpensum'. War es bewusste Suggestion von ihm zu mir? Es ist unbeschreiblich, was ich empfand. Ich möchte so leben, dass ich noch einmal einen solchen Moment innerer Erleuchtung empfangen kann. Es ist Jahrzehnte her – die Empfindung dieses Momentes aber wird gleich stark bis zu meinem Ende bei mir sein.
>
> Seit damals bin ich überzeugt von einer Überwelt, in die wir hineinragen können, wenn wir die konkrete Welt überwinden. Aber zentnerschwer hängt der sichtbare Himmel über uns und lässt unseren Kopf nicht durch die materiellen Wolken hindurch" (S. 57 f.).

Es ist deutlich zu spüren, wie tief Alma von diesem Geschehen beeindruckt ist und noch 45 Jahre später in der Erinnerung exakt einstufen kann, was für eine Kostbarkeit ihr damals geschenkt wurde, nämlich eine Erfahrung der *Dimension der Tiefe* (Paul Tillich), das *Fünklein in der Seele* (mittelalterliche Tradition), von dem Goethe sagt:

„Ich glaube, dass wir einen Funken jenes ewigen Lichtes in uns tragen, das im Grunde des Seins leuchten muss und welches unsere schwachen Sinne nur von ferne ahnen können. Diesen Funken in uns zur Flamme werden zu lassen und das Göttliche in uns zu verwirklichen, ist unsere höchste Pflicht."

Schon Jahrtausende früher empfängt der Prophet Jesaja (60,1) die Aufforderung:

„Mache dich auf, werde licht, denn dein Licht kommt, und die Herrlichkeit des Herrn geht auf über dir. Denn siehe, Finsternis bedecket das Erdreich und Dunkel die Völker; aber über dir gehe auf der Herr, und seine Herrlichkeit erscheinet über dir."

Der Philosoph Schelling spricht das große Geheimnis auf folgende Weise aus:

„Uns allen wohnt ein geheimes, wunderbares Vermögen bei, uns aus dem Wechsel der Zeit in unser innerstes, von allem, was von außen her dazu kam, entkleidetes Sein zurückzuziehen und da in der Form der Unwandelbarkeit das Ewige in uns anzuschauen. Diese Anschauung ist die innerste, eigenste Erfahrung, von welcher allein alles abhängt, was wir von der übersinnlichen Welt wissen und glauben."

Unter den ungezählten Zeugen für diese Erfahrung möchte ich noch einen Musiker sprechen lassen, dessen Musik noch Jahrhunderte nach ihrer Entstehung gehört werden kann, weil sie aus genau jener Tiefenschicht gespeist ist, Ludwig van Beethoven:

„Ja, von oben muss es kommen, das, was das Herz treffen soll, sonst sind's nur Noten – Körper ohne Geist! Dreck oder Erde. Nicht wahr? Der Geist soll sich aus der Erde erheben, worein auch eine gewisse Zeit der Götterfunke gebannt ist, und ähnlich dem Acker, dem der Landmann köstlichen Samen anvertraut, soll er aufblühen und viele Früchte tragen und also vervielfältigt hinauf zur Quelle emporstreben, aus der er geflossen ist."

Alma Mahler ist sich in ihrem Lebensrückblick bewusst, dass neben der tiefen Betroffenheit, ja, Erschütterung, welche die Erfahrung der

„inneren Erleuchtung“ in ihr ausgelöst hat, ihr damaliger Lebensstil mit seinen Prioritäten noch der „Welt des Scheins“ angehörte. Es ist beeindruckend, wie klar ihr ist, dass sie all diesen Oberflächlichkeiten hätte den Rücken kehren müssen, um der Tiefe in ihr Raum zu geben. Martin Luther hätte dazu als Kommentar sagen können:

> „Das, woran du dein Herz hängst, das ist dein Gott!“
>
> Was, übersetzt in heutige Begriffe, heißen würde:
>
> „Das, worauf du bezogen bist, dein oberster Bezugspunkt, das ist dein Ersatz-Gott.“

Alma gehörte auch Jahrzehnte nach dieser Erfahrung ganz der „Welt des Scheins“ an. Sie wird zwar einmal vorübergehend Jakob Böhme lesen, sie wird in der Dichterin Paula Grogger einen Menschen sehen können, der „das unsichtbare Königreich in sich trägt“ (S. 198). Auch die Sehnsucht nach dem „Insichhineinschauen“ (S. 31), welches sie als junges (vernachlässigtes) Mädchen so oft gepflegt hatte, wird sich immer wieder mal in ihr bemerkbar machen – aber eben nur als Sehnsucht danach. Warum? Eine mögliche Erklärung unter anderen ist, dass ihr diese Fähigkeit und Gewohnheit in der Ehe mit dem Komponisten Gustav Mahler gründlichst abhanden gekommen war (er hatte ihr das Komponieren verboten – und damit das „Insichhineinschauen“ gleich mit abgeschnitten). Immer wieder schreibt sie in ihrer Biographie vom Hunger nach Innerlichkeit in ihrem oft so gehetzten Leben, dass sie einmal sogar überlegt, ob sie nicht für sich ein eigenes Kloster kaufen soll – über eine intellektuelle Beschäftigung mit dieser Thematik wird es aber nie hinausgehen:

> „Warum kann man nie glücklich sein – nie zufrieden genießen, was man hat, und immer das Andere wollen? Das Andere. Jetzt sehne ich mich fort, an einen stillen Ort, um mich zu vergraben und allein zu sein (...) so will ich heimlich ‚Comologno‘ kaufen. An der Grenze zwischen der Schweiz und Italien, ein Schloss aus dem siebzehnten Jahrhundert, in den höchsten Bergen gelegen – sehr nahe bei Lugano. Als Abt im Kloster meiner eigenen Bruderschaft“ (S. 198).

Eigene Erfahrungen

Vorbemerkung

Wenn ich an dieser Stelle ausführlicher meinen eigenen Weg darstelle, dann hat das mehrere Gründe. Zum einen ist da die Absicht, glaubwürdig zu sein, indem ich meine einzelnen Entwicklungsstadien für den Leser und die Leserin nachvollziehbar schildere. Auf diese Weise kann ich des weiteren die Christus-orientierte Arbeit mit dem inneren Team als Selbsthilfe veranschaulichen. Des weiteren habe ich absichtlich „Persönliches“ (welches jeweils meinen Erfahrungen des Seelengrundes vorausging) mit aufgeführt, damit nicht der Eindruck entsteht, jene, die den Seelengrund erfahren, seien „ganz besondere Menschen“. Ich möchte mit diesem Vorgehen Mut machen: Der Mensch, der da in diesem Kapitel hier seine Erfahrungen vom Seelengrund preisgibt, ist ein ganz normaler, durchschnittlicher Jedermann, der also auch einen Charakter hat, welcher sich schützend um den Ur-Schmerz gebildet hat – wie bei allen Anderen. Und diese Schicht gibt es auch bei den „großen Lehrern“, wie wir bei Jack Kornfield lesen können (vgl. Kornfield 2003):

> „Hier ist der Bericht über das erste Satori (Erleuchtungserlebnis) eines westlichen Zen-Meisters und was daraus folgte. Solche Berichte werden selten veröffentlicht, denn nur allzu leicht entsteht der falsche Eindruck, dass jemand, der so etwas erlebt, etwas Besonderes sei. Mag die Erfahrung auch außergewöhnlich sein, die Person ist es nicht. Jeder kann Erleuchtung erfahren, sobald er nur gelassen und aufgeschlossen genug ist, um die Welt auf radikal neue Weise zuzulassen“ (S. 11).

Und an anderer Stelle:

> „Seit Beginn der 1990er Jahre bin ich an der Organisation regelmäßiger Treffen buddhistischer Lehrer aus allen Schulen beteiligt. Eine davon fand auf Einladung des Dalai Lama (…) statt. Hier diskutierten asiatische und westliche Lehrer miteinander über die Möglichkeiten, die buddhistische Praxis für das moderne Leben fruchtbar zu machen, aber auch über die Probleme, denen sie dabei begegneten. Im Raum hatten sich aufrichtige, aufgeschlossene Zen-Meister, Lamas, Mönche und Meditationsmeister versam-

melt, deren Weisheit, Arbeit und Gemeinschaften Tausenden von Menschen nützlich waren. Wir sprachen über die vielen Erfolge und freuten uns gemeinsam darüber. Als dann aber die Probleme offen zur Sprache kamen, wurde klar, dass das spirituelle Leben nicht nur Schokoladenseiten hat; es spiegelten sich darin auch gesellschaftliche Schwierigkeiten und individuelle Neurosen wider. Selbst in dieser illustren und engagierten Runde gab es Vorurteile und ausgeklammerte Bereiche (...) (S. 14). Da wurden schmerzliche Scheidungen geschildert, Depressionen und Angstphasen, Familienkonflikte und Streitigkeiten mit Mitgliedern der Gemeinschaft. Meditationslehrer berichteten über Stress und Krankheit (...). Wir sahen, dass jeder seine körperlichen, persönlichen, familiären und sozialen Probleme hat. Das ist einfach menschlich (S. 15). „In Tibet sagt man, dass der eigene Guru mindestens drei Täler entfernt wohnen sollte..." (S. 17).

Als ich mit einer Bekannten über die Erfahrung des Seelengrundes sprach und dabei Paulus erwähnte, meinte sie: „Ja, der Paulus! Bei dem ist das was ganz Anderes." Dieser Satz entspricht meiner Erfahrung als Gemeindepfarrer wie als Religionslehrer, dass nämlich die meisten Menschen in unserer Gesellschaft nicht die Vision haben, einmal mit Gott im Seelengrund Eins zu werden, einfach deshalb, weil sie sich für viel zu unbedeutend und unvollkommen halten. 2000 Jahre christlicher Verkündigung haben mit ihrem dualistischen Denken zwischen Mensch und Gott einen Graben aufgerissen und versäumt, den Menschen ihre eigentliche, ur-eigene Berufung deutlich zu machen. Mit der Überbetonung einer Theologie des Kreuzes und des stellvertretenden Opfertodes des Gottessohnes ging der eigentliche Sinn und Auftrag menschlicher Existenz verloren. Und damit hat das Kirchen-Christentum genau *den* Kapitalismus und Materialismus vorbereitet, den so viele Prediger anprangern: Kapitalismus ist nämlich nichts anderes als Ersatzverhalten von irre geleiteten Menschen, die nach dem Verlust vom Wissen über ihr inneres Heiligtum nicht mehr wissen, was sie mit ihrer Zeit anfangen sollen.

Darum also „zeige ich mich" in den folgenden Berichten: Ich möchte einfach deutlich machen, dass der Seelengrund in einem jeden Menschen die Quelle und der Ursprung ist, als Innerstes, Tiefstes (oder

Höchstes), als unser Proprium (Eigenstes), als das summum humanum (höchste Menschliche), welches alle Menschen im Verborgenen miteinander verbindet. Mir selber erging es ähnlich wie Alma Mahler:

Ich war 45 Jahre alt, als ich meine erste große Erfahrung des Seelengrundes geschenkt bekam. Damals hatte ich schon etliche Meditationskurse besucht (unter anderem bei Karlfried Graf Dürckheim, bei dem Jesuiten Johannes B. Lotz und dem ehemaligen Benediktinermönch Willi Massa) und es bei 15 Jahren beharrlichem Üben endlich bis zu 40-minütigen Sitzungen in meditativer Stille „geschafft" (wobei die ersten 20 Minuten regelmäßig ein einziges lautes „Kopftheater" waren). Wie Alma hatte auch ich noch ein „Erdenpensum" zu bewältigen, welches ich in den nachfolgenden anderthalb Jahrzehnten gründlichst unter Schmerzen, Tränen und einer nicht abbrechen wollenden Folge von Ent-Täuschungen bearbeiten musste.

Meine Erfahrung des Seelengrundes in einem Traum 1986:

> „Ich sehe eine Fotografie von Jesus. Während ich das Bild anschaue, verwandelt es sich in den lebenden Mann Jesus, der mich anlächelt: bejahend, ermunternd, freundlich, liebevoll, kraftvoll, lebensbejahend, strahlend – ein Mann, der sich in seinem Körper wohlfühlt, mir das Ideal eines ‚richtigen Mannes' gibt – einfach vollkommen. Ich nehme deutlich sein Wohlwollen mir gegenüber wahr. Ich schaue auf ihn. Da verwandelt er sich noch einmal: Er ist jetzt ein strahlendes Licht, wie eine Sonne. Das Licht ist Liebe und ist zugleich personal.
> Licht und Liebe erfassen mich, erfassen alles in mir, jede Zelle wird sowohl körperlich wie seelisch zu diesem Licht und dieser Liebe.
> Das erlebe ich ganz bewusst mit meinem Wahrnehmungszentrum, welches als Beobachter offenbar nicht erfasst und erfüllt wurde vom Lichtwesen. Als dieser Beobachter, Ich, als eigenmächtiger Weltgestalter, Welt-Ich, empfand ich gleichzeitig zu dieser beglückendsten aller Erfahrungen, die es in meinem Leben jemals gegeben hat – Angst! Ich sage: ‚Hör' bitte auf, ich habe Angst zu sterben!' – und schon waren Licht und Liebe nicht mehr."

Eine solche Liebe hatte ich niemals zuvor erfahren. Sie ist mit menschlicher (psychischer) Liebe nicht zu vergleichen. Es war die reine Liebe Gottes, jenseits des Psychischen. Bei Wiederbelebten, die im Nachhinein von ihrer Begegnung mit dem Lichtwesen berichten, fand ich die Worte und Beschreibungen für das, was ich selber erlebt hatte: Die Erfahrungen sind identisch. Und auch jene Wiederbelebten sahen sich vor der Schwierigkeit, das Erlebte in angemessene Worte zu fassen; unsere Sprache ist darauf nicht vorbereitet.

Danach war ich aber wieder in allem *der* Mensch, der ich zuvor gewesen war. In meiner Psyche hatte sich durch die Erfahrung nichts Spürbares geändert. Nur: Ich war ermutigt, meinen Weg der konsequenten Übung der Meditation weiterzugehen. Ich empfand dieses große Geschenk als eine Art „Bestätigung“ für meine bisherigen Bemühungen um Selbst-Erfahrung und Gottes-Erfahrung und auch als Ermutigung, den eingeschlagenen Weg weiterzugehen. Und für meine geängstete Seele (deren größte Sorge immer wieder war: „Mache ich es richtig?“) als Trost. Wenn künftig Zweifel aufkamen, konnte ich mich an diese Nacht erinnern... Im übrigen hatte ich aber nicht verstanden, was diese Erfahrung mir auch noch und eigentlich zeigen wollte. Verwirrend war für mich zusätzlich, dass ich bald nach diesem Erlebnis für etwa ein bis zwei Jahre nicht mehr meditieren konnte. Erst Jahre später, als ich mit Schülern über die Berichte von Wiederbelebten und ihre Nahtodeserlebnisse nachdachte, verstand ich, welche Botschaft mir in jenem Traum geschenkt worden war:

> „Sieh mal, junger Freund, da meditierst du wie ein Weltmeister und sehnst dich nach dem Christus-Licht – und wenn du das bekommst, was du dir so sehr wünschst, dann kannst du es gar nicht aushalten: Weil du nämlich noch viel zu wenig *lebst*. Weil du noch viel zu wenig *da* bist. Weil so vieles noch in dir schläft.“

Heute würde ich es so formulieren:

> „Dein Ich steht noch dermaßen unter der Herrschaft vieler einzelner ETWAS; du erlebst die Welt und dein Leben und die Mitmenschen durch so viele Filter, Schutzpanzer usw.: Geh noch mehr den Weg der Selbsterfahrung, finde noch mehr in die Welt hinein, es fehlt

noch so viel... Und vor allem: Überwinde den Dualismus! Suche so lange, bis für dich Gott und Welt Eins sind!“

Unerfreuliche Erfahrungen mit meinen Schülern und eine innere Leere, gepaart mit Langeweile führten dazu, dass ich bald darauf eine Supervisions-Gruppe besuchte, die Transaktionsanalyse Eric Bernes kennen lernte und so mit neuen Fragestellungen mein Bemühen um Selbsterfahrung fortsetzte. In den Jahren davor hatte ich zunächst mithilfe einer Analyse nach Carl Gustav Jung an mir gearbeitet, anschließend mit „konzentrativer Bewegungstherapie“.

Im Jahr 1989 hatte ich zwei Träume, die veranschaulichen, was für eine große Arbeit als mein „Erdenpensum“ noch anstand:

> „Ich bin in einer Gruppe; wir schauen auf ein Kloster, dann auf ein Schloss. Schließlich führt uns ein Weg durch eine verlassene Kirche und eine Kloster-Ruine. Es ist eine himmlische Architektur. Aber es sind eben nur noch Mauerreste. Ein alter Mann führt uns in den Klosterhof mit einem Labyrinth. Er führt uns zu einer Quelle. Dort ist lebendiges Wasser, das unter einem Felsen hervor sprudelt. Ein toter Fisch schwimmt darin und ich sehe das Christus-Monogramm. Der Alte greift unter den Felsen und holt eine Spinne hervor. Sie ist erst winzig, wird in seiner Hand überdimensional groß, ekelerregend. Er sagt, man müsse davon ein Bein essen. Auf dem Boden liegen schon sehr viele Beine und zeugen davon. Ich ekle mich und würde mich auch fürchten, ins Wasser unter den Stein zu fassen. Ich kann nicht von der Spinne essen!“

Zweiter Traum:

> „Ich bin mit jemand Fremdem im Meer. Wenn ich mich jetzt loslasse, könnte ich ohnmächtig werden und erleuchtet werden. Eine schwarze, zusammengerollte Schlange liegt da, wie selbstverständlich. Dann verfolgt mich ein Mann. Wir prügeln uns leicht. Es wird mir mitgeteilt, dass man erst reif ist für die Erleuchtung, wenn man alle fremden, unbekannten Seiten seiner Persönlichkeit angenommen hat und sie lieben kann. Sonst ist man zu schwach für die Erleuchtung.“

In den darauf folgenden Jahren besuchte ich Transaktionsanalytische Skriptseminare, Gestaltpädagogische Fortbildungen, erlebte eine erste Systemische Familienaufstellung und durchwanderte im „Holotropen Atmen“ niemals geahnte Abgründe und übte mich in der Anwendung Transaktionsanalytischer Konzepte in verschiedenen Supervisionsgruppen. Im Jahr 1996 erlebte ich dann während einer Körpertherapie-Sitzung auf dem „unsichtbaren Bildschirm“ :

„Ich stehe vor einem Berg, der wie das Matterhorn geformt ist. Eine Seite von mir weiß: „Da muss ich hoch!“ Eine andere Seite von mir sagt: „Da will ich nicht hoch, sonst werde ich viel Einsamkeit erfahren!“ Aber die Sehnsucht nach Erfüllung ist größer. Ich steige hinauf – ein Mönch ist da. Er spricht mit mir. Der Berg ist mein Herz. Es ist unbeschreiblich klar, hell, friedvoll, ganz gefüllt mit Licht. Außen an ihm hängen noch dunkle Themen, die anhaften. Ich bekomme die Aufgabe, sie jeweils zu lösen.“

Was mir hier als „mein Herz“ gezeigt wird, muss ich begrifflich so stehen lassen, weil es mir damals so gesagt wurde. Dafür würde ich heute das Wort *Seelengrund* verwenden, um diese Qualität der Erfahrung sprachlich zu unterscheiden vom Herzen als Entscheidungszentrum und Willenszentrum des Menschen (wo wir die Freiheit haben, uns für Gut oder Böse zu entscheiden). „Herz“ in diesem zweiten Sinne ist die Person, das Subjekt, also unser Person-Sein in den Dimensionen des Psychischen. „Herz“ im obigen Sinne (als Seelengrund) ist dagegen jenseits des Psychischen und gehört dem Geistigen an.

Irgendwann in den 90er Jahren träume ich, dass ein Auerhahn zu mir kommt und sagt:

„Ich werde dich ab jetzt führen. Ich bin immer bei dir.“

Warum kam der Auerhahn erst jetzt zu mir? Warum gerade in jenem Jahr, zu jenem Zeitpunkt? Immerhin hatte ich doch in den Jahren davor schon so viel meditiert, analysiert und mich mit all meinen mir zur Verfügung stehenden Möglichkeiten für Selbsterfahrung und Gotteserfahrung eingesetzt? – Die Antwort erhielt ich im Jahr 2012, als ich einen Klienten begleitete. Diesem wurde in einer Sitzung von seinem Engel mitgeteilt:

„Wenn du wach bist, bin ich da!“

Offenbar hatte es bei meinem Klienten – wie bei mir damals – so viele Jahre der konsequenten Arbeit am Charakter gebraucht, bis wir jenen Ich-Zustand der Wachheit erreicht hatten, den es braucht, um die feine Stimme der inneren Führung wahrnehmen zu können. (Und es ist mir nur zu bewusst, wie rasch ich diesen Zustand „verspielen“ kann, wenn ich mich nicht an die Regeln halte. Oh ja! Es stehen nicht nur die Mönche und Nonnen unter einer Regel – oh nein! Ich weiß heute sehr wohl, wie rasch ich den „Hauptweg“ verlassen kann, wenn ich nicht aufpasse und ein ETWAS wichtiger werden lasse als König-Ich.)

Exkurs: *Die Unterscheidung von psychisch und geistig:* Wer damit Probleme hat, zwischen Psyche und Geist zu unterscheiden, findet sich hier im Westen in einer großen Gemeinschaft wieder. Die Geschichte der Kirche hat m.E. wesentlich dazu beigetragen, dass den meisten Christen das Gespür für diese Unterscheidung gründlichst verloren ging.

Im Jahr 869 fand – ausgerechnet in der Hagia Sophia – in Konstantinopel das 8. ökumenische Konzil statt, auf welchem die Dreidimensionalität des Menschen, bestehend aus Geist-Seele-Leib, „abgeschafft“ wurde: Übrig blieben Leib und Seele. De facto ist es so, dass der durchschnittliche Theologe des Westens für die Dimension des Geistes – im Unterschied zu seinem orthodoxen Kollegen der Ostkirche – kein Gespür mehr hat.
Über die zweitausend Jahre Kirchengeschichte hin gab es immer wieder verzweifelte Versuche, oft genug mit dem Leben bezahlt, den Sinn für die Dimension des Geistes im Menschen wieder zu wecken. Für die Mehrheit der westlichen Theologen heute besteht der Mensch nur aus Leib und Seele, und so beschäftigen sie sich vor allem mit Fragen der Christologie und der Nächstenliebe. Frömmigkeit, als *praxis pietatis*, ist für die meisten Theologen kein Thema. So war das Hauptanliegen der Evangelischen Kirche Jahrzehnte lang „Frieden, Gerechtigkeit, Bewahrung der Schöpfung“.
Aber auch ich selber war nach meinem Theologie – Studium als Pfarrer auf der Kanzel gestanden und hatte über Gott und das Leben gepredigt, ohne bewusst erfahren zu haben, was Geist ist. Erst ganz allmählich, im Maße meiner fortschreitenden Studien

alter Texte und parallel erfolgender Selbsterfahrung und Meditation, bekam ich dafür ein Gespür, in meiner Innenwelt immer deutlicher und noch deutlicher unterscheiden zu können, was dem Psychischen angehört und was dem Geistigen. Alma Mahler hat diesen Unterschied mit ihren authentischen Worten ja auf schönste Weise beschrieben. Man muss ihn selbst erlebt haben, dann weiß man...

Mai 2004. Ich beschäftige mich mit dem Thema „toxisches Schamgefühl", wie es John Bradshaw (1993) darstellt. Ich bin zur Zeit erschöpft, schlafe schlecht ein, habe das Gefühl, „dass irgendetwas ansteht". Ich frage meine Seele: „Was meldet sich da?"

„Wir führen dich. Und du stellst viel zu viele Fragen. Das war doch heute ein so schöner, voller Tag. Freue dich an dem, was war! Freue dich auch daran, dass du heute Geld ausgegeben hast und dich daran gefreut hast! Freue dich einfach! Du hast vollkommen Recht in der Frage: ‚Wie ist es eigentlich: Trägt jetzt der Mensch mehr Verantwortung oder trägt das die Geistige Welt?' – Ist es die Geistige Welt, dann muss sich der Mensch nur anvertrauen und wach sein. Ist es der Mensch, dann muss er ständig Angst haben, wie im Buddhismus, wie im Christentum. Wir können dich beruhigen. Es ist wahrhaftig so, wie du heute gelesen hast: ‚Unten wie oben!' Erst ist immer der Geist, dann die Seele, dann der Körper. Mache du, was du kannst. Und verliere die Angst. Lebe! Und vertraue dich (wie du es an Ostern schon einmal kurz erahnt hast) dem Tag an. Lass die große Verantwortung fallen! Die große Verantwortung trägt deine Seele im Verborgenen, trägt die geistige, himmlische Welt, tragen WIR. Du bist einfach der Diener des Selbst. Du bist der Schauspieler. Der Regisseur sind WIR. Übe dieses Bewusstsein ein! Und was die Kollegin XY angeht: Lass sie einfach, wie sie ist. Und sei du du-selbst. Und lächle, wenn du lächeln willst. Und schweige, wenn du schweigen willst. Sei du-selbst!"

Juli 2004. Ich habe an den Schulleiter geschrieben, dass ich mich in Burnout-Nähe befinde. Am gleichen Tag mache ich ein inneres Team-Gespräch zu diesem Thema:

Lehrer-Ich: „Ich spüre eine große Reizbarkeit und die ständige unterschwellige Angst, von der Klasse verlassen zu werden. Ich spüre, dass ich mit meiner Aufmerksamkeit ganz bei den Anderen bin und schaue, wie sie reagieren (und das ist meinem Alter nicht angemessen). Da möchte ich doch schauen, dass sich etwas tut. Und ich möchte gern mit meiner inneren Familie jetzt ein Stück klären und weiterkommen."
Ein Teammitglied: „Du stellst dir das so vor, dass wir irgendwas ändern. Es geht uns doch allen gleich! Wir sind deine Teilpersönlichkeiten. Es geht uns allen gleich: Wir stehen unter dem Schock der vielen Abschiede in deinem Leben und des Andersseins und... äh... Ratlosigkeit... Unbehagen, ja. Wir können's nicht machen. Haben wir lange probiert."
Ich: „Die geistige Welt hat uns ja gesagt, sie wird etwas tun, es wird geschehen. Ich fühle ja auch, dass etwas geschieht. Ich verliere nur dieses Gefühl, wenn ich unter Menschen bin. Woher kommt die Bereitschaft, dass ich immer wieder aufgebe?"
Ein Teammitglied: „Ich glaube nicht an den Eckhard. Der hat so viele Fehler begangen. Der ist für mich gestorben. Ich habe ihm den Rücken gekehrt. Wir haben keine Beziehung mehr. Die ist abgebrochen. Er hat mich so oft verraten. Ich lasse mich nicht mehr ein."
Ich: „Das ist ja unglaublich! Du sagst, du lässt dich nicht mehr drauf ein, du glaubst nicht an mich. Das lasse ich nicht zu. Ich kann es nicht zulassen, dass in meiner Seele eine Teilpersönlichkeit ist, die mich schlichtweg ignoriert. Ich habe gestern im Traum das Bild gehabt mit dem Mädchen im Schacht, das ich gebeten habe, herauszukommen. Bist du das?"
Teammitglied: „Natürlich bin ich das. Ich habe so oft erlebt, dass meine Gefühle verraten worden sind. Wir bleiben jetzt weg. Wir bleiben weg! Wir verschließen uns. Und es gibt ja auch keine Aussicht, dass es besser wird. Woher denn?"
Ich: „Wir arbeiten ja schon die ganzen Jahre daran. Wir sind stärker geworden, zuversichtlicher, selbstbewusster, geborgener... es tut sich was."
Teammitglied: „Zu langsam. Du suchst die Harmonie im Außen und bist abhängig von deinen Schülern. Du hängst an ihren Reaktionen, wie wenn sie der liebe Gott selber wären, der über Leben und

Tod entscheidet, weil du in diesem Augenblick vergisst, was für Menschen du vor dir hast. Du schaltest das Bewusstsein aus und boykottierst dich selber – und auf einmal bist du ein verlassenes Kind. Warum sabotierst du dich immer wieder?"
Ich: „Weil ich ganz konzentriert bin auf die Frage: Mache ich es richtig? Sodass ich dann das Gefühl verliere. Ich konzentriere mich auf die Frage: Werde ich dir, Schüler, gerecht? Weil ich es soooo gut meine."
Teammitglied: „Also ist Perfektionismus deine Stolperfalle. Und hinter dem Perfektionismus steckt die Angst. Die wäre zu lösen, wenn du dich daran erinnerst, dass dein Höheres Selbst der Regisseur ist. Du bist nur der Schauspieler."
Innere Führung: „Genau das ist es, Eckhard. Und dort sollst du hinkommen, dass du in deinem Lebensgefühl der Schauspieler bist. Du vergisst es immer wieder und machst dich zum Regisseur: Der Welt gegenüber, den Menschen gegenüber, dem Unterrichtsstoff gegenüber... du bist der Schauspieler, auch in der Kunst. Du hast solche Angst, dass du als Künstler versagst, dass nichts mehr an Ideen kommt, du hast Angst, dass dich die Schüler verlassen könnten.

In deiner Praxis, in deinem Alltag
kommt Gott nicht vor,
selbst wenn du im Unterricht
über ihn sprichst.
Der Schlüssel dessen, was du lernen sollst, heißt:
Vertrauen.
Vertrauen, das ist dein Thema. Und dazu gehört Loslassen.
Vertrauen ist dein Zauberwort.
Und das vergisst du, weil du dich an den Platz Gottes stellst.
Du machst dich zum Regisseur.
Alle Konzepte sind in deinem Kopf vorhanden.
Du musst sie nur umsetzen.
Und das ist eine Frage der Erinnerung,
des Gedächtnisses und der Übung.
Aber keine Sorge!
Auch dort führen WIR dich.

Im übrigen mach dir keine Sorgen wegen der Schulklasse. Sie sind dir dankbar, weil du dich einmal nicht perfekt gezeigt hast. Auch wenn es weh getan hat, überraschend und beängstigend war. Du hast den Schülern einen Gefallen getan: Du hast dich als Mensch gezeigt. Sei du selbst und stehe zu dir. Vertrauen ist der Schlüssel zu allem." (Es war eine Unterrichts-Stunde völlig daneben gegangen).

August 2004. Nachdem ich die Tonbänder meiner inneren Teamgespräche der vergangenen Wochen noch einmal angehört habe, male ich ein *Einminutenbild*: in der Mitte ein schwarzer Käfig, darauf meine Initialien. Links eine Figur auf einem Podest, Symbol für mein Selbst. Die Frage, die mich beschäftigt:

„Ich suche seit über drei Jahrzehnten nach dem Herzen, Erleuchtung, Liebe und ich bemühe mich andererseits um die Entfaltung meiner Kräfte und Anlagen. Was mache ich da eigentlich?"

Das Bild, das ich mit ein paar Strichen da skizziert habe, zeigt mich eindeutig im Gefängnis. Es gibt also etwas zu entdecken.

Inneres Team–Gespräch

Ich: „Auf welcher Ebene müsste ich etwas ändern? Durch Loslassen? Meditation? Oder durch Tun, Aktivität? Mache ich mir vielleicht etwas vor? Ich suche immer den Schatz im Acker – aber worin besteht er? Ist er etwas Transzendentes? Oder ist er einfach Authentizität? Ich habe schon das Gefühl, dass ich vorankomme, dass sich etwas tut. Aber... eine Seite denkt immer, da ist noch Schmerz in mir, den ich befreien möchte, befreien lassen möchte. Der Schmerz muss raus. Sonst werde ich mich immer wieder schützen müssen."

Innere Führung: „Eckhard, deine Suche ist auf mehreren Ebenen, weil du als Mensch vielschichtig bist und auf mehreren Ebenen lebst. Deshalb spiele die einzelnen Seiten nicht gegeneinander aus! Es ist richtig, dass du nach dem Schatz, nach Erleuchtung, nach dem Goldregen suchst. Es ist genauso richtig, dass du deine verschiedenen Persönlichkeitsanteile entfalten möchtest. Und es ist genauso richtig, dass du nach den ‚Schmerzresten', Erinnerungen, suchst, die in dir noch nicht bearbeitet sind. In allem bist du richtig. Gehe deinen Weg. Sei humorvoll, gehe leichtfüßig, aber gehe den Weg,

den du begonnen hast und schon so lange gehst. Er ist zu hundert Prozent richtig, authentisch und entspricht deinem Wesen.
Jetzt geht es darum, loszulassen.

Du kannst es nicht machen.
Die Liebe ist schon in dir!
Ihr seid alle Liebe!
Das Universum ist Liebe.
Aber versuche ums Himmels Willen nicht künstlich in dir Gefühle der Liebe zu wecken!
Es geht nirgends darum, etwas zu *machen*,
sondern das Alte, Falsche loszulassen,
mit der Zielrichtung, dass die Liebe durchschimmert.
Mach jetzt erst mal eine Pause, lies nichts, was in diese Richtung geht. Du hast dermaßen viel gearbeitet.
Genieße! Sei faul! Mach Dinge, die du sonst nie machst! WIR führen dich. WIR befreien dich. Habe Geduld und Vertrauen!

Ich möchte dann noch wissen, was der Käfig bedeutet und spreche ihn direkt darauf an:

Käfig: „Ich bin der Käfig. Ich bin dein Ehrgeiz. Den hast du gebraucht, um in deinem Geburtsort zu überleben, in dieser Familie, wo niemand den Anderen richtig gesehen hat, wo so viel Unpersönliches war. Da war deine einzige Möglichkeit zu überleben die Leistung, etwas Besonderes zu sein..."

17. Oktober 2004. Ich bin mit meiner Frau Catherine in St. Jean les Saverne, Elsaß. Es gibt dort ein ehemaliges Einweihungszentrum der Druiden. Wir machen dort Filmaufnahmen für den Religionsunterricht: von der Höhle, dem Grab, von dem Reinigungsbecken.

Ich stelle mich zum Grab, öffne mich für die Unendlichkeit. Ich darf einen wunderbaren Alten Weisen sehen. Er hat etwas Ermutigendes an sich. Und plötzlich ist es, wie wenn ich durch die Schädeldecke hinaus ins Universum gehe. Es ist hell, leicht, heiter.

Auf der Rückfahrt denke ich an Graf Dürkheim und nehme mir vor, noch einmal sein Buch „Hara" zu lesen. Im Traum in der darauffolgenden Nacht meditiere ich „mit offenen Augen" und suche die Ganzheit. Am Tag sitze ich dann tatsächlich einfach im Sessel, mit offenen Augen.

22. Oktober 2004. Ich habe das Gefühl, dass ich einen großen Schritt getan habe. Nach 31 Jahren Suche nach Gott kommt der verlorene Sohn nach Hause und stellt fest: Gott war immer schon da. Eine Seite von mir weiß: Gott drückt sich in uns aus, wir sind Eins mit ihm. Und eine andere Seite fragt: „Ist das alles?" Denn ich muss ja jetzt den Eckhard, so wie er ist, annehmen. Meine Hoffnung, von der Transzendenz her verwandelt zu werden, voller Liebe zu sein, voller Güte zu sein, ist enttäuscht worden. Das heißt also: Ich bin aufgefordert, aktiv zu lieben. Das ist mir neulich schon gesagt worden: Lieben ist ein aktiver Akt des Willens, eine Entscheidung. Und ich denke, mein Ansatz war wie der von Millionen: Ich suchte nach Liebe, die von außen kommt. Ich möchte dennoch meine innere Führung fragen, was es dazu vielleicht noch an Ergänzung gibt:

Innere Führung: „Sei konzentriert auf deine Lebendigkeit! Beobachte dich. Versuche nicht so viel zu machen, weder in der Kunst, noch an dir, noch in der Schule! Beobachte! Beobachte und sei zurückhaltend. Jetzt lass dir Zeit!

Dein Leben verwandelt sich. Denn du hast Abschied genommen von der größten Illusion, die ein Mensch haben kann: Durch Gott ein Anderer zu werden. Jetzt ist die Phase der Selbstannahme. Es ist der heroischste Akt, den ein Mensch vollziehen kann. Das ist die wahre Erleuchtung. Die wahre Menschwerdung. Die Akzeptanz dessen, was ist."

Januar 2006. Meine Halswirbel schmerzen extrem. Mich beschäftigt das Thema: Ich bin ein Weltmeister im Abwerten. Heute kommt mir der Gedanke, dass, immer wenn ich abwerte, dem Abwerten direkt davor ein wertschätzender Gedanke vorausgegangen ist: Ich sehe beim Anderen etwas Wertvolles – aber mir ist dieser Wert versagt, er steht mir nicht zur Verfügung – und dann wird abgewertet. Ich frage mein inneres Team, was ansteht:

Innere Führung: „Eckhard, du willst machen und machen und machen. Genau jetzt merkst du: Das geht nicht. Die Krankheit hat ihre Zeit – aber nicht nur, weil sie eine Krankheit ist, sondern weil das, was du lernen sollst, noch nicht angekommen ist. Und das hängt nicht allein von den Tonbändern ab, die du besprochen hast – die sind richtig. Aber es geht noch um etwas Anderes: Loslassen und Zulassen.

Du bist immer noch der Macher.
Du bist der Aktive.
Von deinem Gedankengebäude her bist du längst Christ,
der sagt: ‚Nicht mehr lebe ich, sondern Christus in mir‘;
aber im Vollzug bist du der Macher.
Und du bist das Zentrum deiner Welt.
Und das wollen wir ändern.“

Innerer Kritiker: „Zum Kuckuck! Stell dich nicht so an! Warum denkst du nicht um? Jetzt lass es doch auch mal zu, dass etwas Neues wächst! Jetzt lerne doch endlich mal dazu! Du willst die ganze Zeit und, und, und, und...jetzt geht es schon so lange. Ich mag nimmer! Lerne doch endlich mal dazu!“

Innere Führung: „Genau diese Seite ist es, die mit ‚Hauruck‘ die Lösung will. Eine kritische und ungeduldige Seite.

Eckhard, vertraue!
Lass dir Zeit!
Mach jetzt erst mal eine Pause!“

Halswirbel: „Jetzt mische ich mich ein! Ich klemme, ich klemme und tue dir weh, im Hals, weil ich nicht will, dass es so weitergeht! Die ganze Energie geht in die Schule und in die Schule und in die Schule. Das will ich nicht mehr. Und ich will auch nicht mehr, dass jeder dritte Gedanke über die Schule ist. Das hört auf! Das hört jetzt auf! Diese Artikelsammlerei und Arbeitsblatt-Fabriziererei hört auf! Punkt.“

September 2006. Ich berate mich mit meinem inneren Team:
Ich: „Wie können wir eigentlich damit umgehen, dass Eltern offensichtlich ihre Kinder lieblos behandeln, dass auf dem Wochenmarkt die Leute Salate und Früchte in die Hände nehmen und drücken und wieder ablegen und, und, und... all die Lieblosigkeiten, die sich allenthalben präsentieren – und die wir sehen, fühlen, die uns dann auf den Spaziergängen zum Meckern veranlassen?“
Ein Teammitglied: „Ich könnte dreinschlagen! Das tut mir so weh! Zu sehen, wie die Leute sich verhalten, mit sich und anderen Menschen umgehen. Das tut mir so weh – und Catherine genauso!“

Anderes Teammitglied: „Ja, und auf die Art und Weise vergiftet ihr euch jedes Mal. Bravo! Herrliche Gesundheitspolitik! Macht nur so weiter!“

Noch ein anderes Teammitglied: „Antlitz Gottes. Das ist das Leben. Das ist das Leben. Das ist das Antlitz der Welt, der Menschen. So ist es.“

Ein weiteres Teammitglied: „Ich kann nur bestätigen, was er gesagt hat: So ist das Leben! Ob ihr euch aufregt oder nicht: Es ist so. Es ist so. So ist das Leben. Das ist das Antlitz Gottes. Die werdende Menschheit, die werdende Kreatur. Alles ist im Fluss. Alles ist in Bewegung. Alles führt weiter.“

Innere Führung: „Dein Ekel vor dem Leben und den Menschen... freue dich: Diese Phase geht jetzt zu Ende. Als Gegengewicht zum Ekel musstest du lernen zu lieben – und das war die Aufgabe. Da du jetzt erkannt hast, wie wichtig Liebe ist, kann ein Zwang nach dem anderen, ein Schuldgefühl nach dem anderen, eine Angst nach der anderen sinken.

Das Ziel eines jeden Lebens ist,
die Tiefe und den Sinn der Liebe den Menschen beizubringen
und dass sie das erfahren am Thema der Lieblosigkeit.
Deshalb ist keine Lektion umsonst.
Alles, was ihr erlebt, dient dem, dass ihr Menschen lernt,
dass ein Leben ohne Liebe nichts ist.
Wenn ihr das verstanden habt,
dürft ihr zurück in die himmlische, geistige Welt und dort bleiben.“

Ein Fragment aus dem gleichen Monat (nach einer längeren Arbeit an Denken, Fühlen und Wollen):

Innere Führung: „Das Eins-Sein, Eckhard, ist dir jetzt gegönnt... Du musst wieder raus... Aber du kennst jetzt deine Heimat und weißt, was Heimkehren heißt. Erleben besteht in der Polarität zwischen Daheim-Sein, bei sich heimkehren und Hinausgehen in die Tätigkeit, unter die Menschen, in die Natur, unter die Sachen, oder auch hinausgehen in den Inneren Bereich. Aber du kennst jetzt deine Heimat, das Eins-Sein, wo Fühlen und Denken im Sein sind. Du darfst jetzt Kunst machen, Klavier spielen, du darfst mit der

Kettensäge wieder arbeiten, an Stein und Holz dich erfreuen; aber es ist wichtig, dass du einen Weg findest, um das Heimkehren zu dir zu vertiefen und aufrecht zu erhalten. Es kann dabei sein, dass das Heimkehren zu dir den Rest des Tages, den Rest des Wochenendes erfüllt. Und dann darf die Angst nicht regieren, die dich zu irgendetwas zwingt: weder zum Lesen noch zum Tun noch zum Verreisen. Beim Eins-Sein in der Stille, in der Sammlung, bin ich in meiner ganzen Vollmacht, zu hundert Prozent im Menschen, in dir. Wage es, in dieses Heimkehren dich immer wieder neu einzufinden! Übe es, erinnere dich daran. Und lass es regieren."
Ich: „Wie ist es, wenn aus der Stille ein Impuls kommt, etwas zu machen?"
Innere Führung: „Eckhard, keine Frage! Jeder Impuls, der aus der Stille kommt, ist richtig. Dein Problem in den vergangenen Jahren war, dass du durch die Schuldgefühle geblendet warst. Und das musste so sein. Es war alles in Ordnung. Die Schuldgefühle dürfen und sollen und werden jetzt nicht mehr regieren. Du ordnest dein Leben neu. Und natürlich wirst du aktiv sein. Du wirst alles machen wie früher – und doch anders. Anders, wacher, sensibler, liebevoller, wärmer, wacher, einfacher. Aber durchaus mit Charme, durchaus mit Erotik, durchaus mit Genuss. Versuche nicht, ein anderer zu sein als der, der du bist! Das wäre fatal! Suche die Stille, wie du sie jetzt erlebt hast und merk dir wohl: Diese Stille, die du hier erlebt hast, ist die vollkommene Gegenwart Gottes. Aus der heraus kannst du essen, trinken, spielen, spazieren gehen und einkaufen, für die Schule arbeiten. Und zu dieser Stille kehrst du zurück, bewusst, liebevoll, einfach. Du hast festgestellt, dass, seit du an diesem Punkt bist, die Basis der Wirbelsäule sich meldet. Das ist dein nächstes Thema."

Im Jahr 2008, also 21 Jahre nach meiner ersten ganz großen Erfahrung des Seelengrundes und nach hunderten von inneren Team-Sitzungen, bei denen sich immer häufiger, immer selbstverständlicher die innere Führung neben den anderen Teammitgliedern zu Wort meldete, wurde mir dann noch einmal die Gnade zuteil, den Seelengrund zu erfahren. In der Zwischenzeit hatte ein Total-Erschöpfung mich gezwungen, mein gesamtes Leben noch einmal durchzuarbeiten, mich den Traumata zuzuwenden, was ich u.a. mit Hilfe von Focusing systematisch tat. So war ich in diesen Jahren in meiner gesamten Entwicklung doch wesentlich fortgeschritten, hatte also weiter am „Erdenpensum" gearbeitet, als Folgendes geschah:

Mein Studienkamerad und ich sitzen in seinem Garten in der Sommersonne und machen eine Focusing-Sitzung zum Thema „Gott". Das heißt – da wir ja beide Theologen sind – wir wollten die Wahrheit über den wirklichen Stand unseres Glaubens erfahren.
Was ich dabei erfahre, gebe ich hier wieder:
Ich sitze mit geschlossenen Augen da. Friedrich begleitet mich. Er lädt mich ein, mich zu entspannen. Dann stellt er die Frage: „Was sagt dir das Wort ‚Gott'? Was ist ‚Gott' für dich?"
Ich wende meine Aufmerksamkeit nach innen.
Im ganzen Körper ist es zunächst hell.
Dann verliere ich meine Stabilität.
Jetzt fällt mir mein linkes Bein auf.
Es ist wie ein Sog.
Es will mich drehen.
Ich stehe auf und folge dem Sog.
Ich muss also ein, zwei Schritte vorwärts machen und mich umdrehen, so dass ich der Sonne den Rücken zuwende.
In meinem Rücken spüre ich etwas Unangenehmes.
Ich lasse dieses Unangenehme im Rücken sprechen
(d.h. ich leihe ihm meine Stimme) und es sagt: „Gott soll mich in Ruhe lassen!"
(Das war der eigenmächtige Eckhard).
Ich bin ernüchtert.
Daran schließt sich im linken Rücken etwas Glibberiges an,
wie Sülze in Aspik, hell, aufgedunsen („bäh").
Es ist meine Mutter im Rücken, die sagt:
„Du musst immer brav sein!"
Ich spüre Phlegma.
Im Rücken rechts spüre ich etwas Aggressives, wie Kampfgeist,
es ist dunkel, kleiner, aber dafür ganz klar, aggressiv drohend.
Es ist mein Vater, der darin sagt:
„Du wirst es zu nichts bringen!"
Im habe kurz Kopfweh und erhalte den Satz: „Mit dem Kopf ist es nicht zu lösen!"

Jetzt nehme ich wieder einen Impuls wahr, mich umzudrehen: Innen spüre ich Helligkeit – und außen nehme ich Sonnenlicht und Wärme wahr. Aufatmen. Jetzt habe ich auf der Vorderseite das ganz starke Familiengefühl: „Wir sind etwas Besseres!"
Die Antwort vom Bauch kommt direkt: „Muss das sein?" An der Art der Energie spüre ich: Das ist mein innerer Kritiker. Er sagt:
„Ich habe den Auftrag bekommen, dich zu bewerten. Ich bin dein schlimmster Feind." Als Botschaft schwingt dabei mit:
„Der Auftrag und Sinn des Kritisiertwerdens war: Lernen."
Und der Kritiker fährt fort: „Aber jetzt darf ich gehen, meine Aufgabe ist erfüllt." (Das hatte sich schon in anderen Sitzungen angekündigt). Ich atme auf, es wird hell. Jetzt ist großer Jubel, im Bauch ist Freude und Jubel. Und jetzt sehe ich die Quelle, die ich bin und an der ich teilhabe. Es fließt von mir Friede und Licht, aus meinem Herz-Brustbereich fließt es. Es ist unbeschreiblich schön. Ich könnte ewig so verweilen und das Fließen erleben. Ich bin die Quelle und bin Eins mit ihr – und gleichzeitig ist die Quelle Nicht-Ich, ich bin etwas Zweites, das wie ein Zeuge die Quelle, die mehr ist, erlebt – und doch bin ich die Quelle. Es gibt nur Eines, das Fließen – und doch bin ich davon unterschieden, ein Zweites, ein Teil davon – und doch bin ich es. Während ich das beglückende Fließen erlebe, gleichzeitig als Sein und als Zeuge, sehe ich, wie es weiterfließt in ein Becken – auch das ist wunderschön zu erleben.
Und nun schaltet sich mein Denken ein: „Wohin lasse ich es fließen?" Mehrere Möglichkeiten gehen mir durch den Kopf.
Es wird mir „gesagt", dass es genügt, die Quelle zu *sein*, und zu erleben und das Fließen zu erleben, ohne „Sollte" und „Müsste".

März 2009. Während der Fortbildung zum Focusing-Trainer (am DAF in Würzburg) üben wir die Anleitung zum Focusing in der Gruppe. Dabei mache ich folgende Erfahrung:

Ganz plötzlich und völlig überraschend sehe ich in einer Kathedrale neben den farbigen Fenstern eine gläserne, durchleuchtende, tiefblaue Figur, die mich kraftvoll und souverän und würdevoll in sich ruhend anschaut. Es ist wunderschön und beglückend. Ich schreibe einen Brief an die Figur: Sie sagt, sie sei ich. So werde ich sein. Das, was ich mir immer gewünscht habe.

Für mich ist klar: Das durchscheinende Glas ist ein Bild für den Ich-Zustand, den Graf Dürckheim „Durchlässigkeit“ oder „Transparenz“ nennt, in welchem also das „Wesen“ durch das Person-Sein durchscheint. „Wesen“, „Herz“, „Seele“, „Geist“, „Seelengrund“ – immer ist damit jene Schicht des Person-Seins gemeint, die nicht mehr „psychisch“ ist. Ein anderes Bild für Durchlässigkeit wäre: Eins-Sein – die drei Dimensionen von Geist, Psyche und Körper sind in diesem Falle vereinigt.

April 2010. Ich werde am Telefon von einer Focusing-Partnerin begleitet. Meine Mutter ist vor vier Wochen gestorben. Es trauert in mir. Aber, anders als beim Tod meines Vaters fließt die Trauer nicht. Sie ist unberechenbar. Etwas in mir ist wie versteinert. Wir machen das zum Thema. Ich beginne damit, eine Körperhaltung einzunehmen, wie sie gerade zu meinem inneren Zustand passt: Ich kauere mich auf den Boden, die Hände zu Fäusten geballt, mit Blick nach oben. Sehr rasch wird daraus der Impuls, aufzustehen und jemanden abzuweisen: Jene Menschen, mit denen ich während des Trauerprozesses Kontakt hatte und die eine Eiseskälte an den Tag gelegt hatten – ich hatte mich offenbar innerlich gegen sie verbarrikadiert – und dabei meine eigene Lebendigkeit, mit allem, was dazu gehört, verloren. Jetzt darf das Gefühl sein. Ich wehre mich gegen die Anderen – und fühle mich allein und missverstanden, ohne Resonanz... Das kenne ich aus meiner Vergangenheit... Meine Begleiterin fordert mich auf, vom Selbstmitleid wegzugehen zum tragenden Punkt in mir, einer höheren Perspektive. Da bekomme ich aber aus meinem Inneren Jenseits die deutlichen Worte:

> „Wir haben dich absichtlich dorthin in diese „Selbstmitleid“-Trauer geschickt, damit du etwas Neues lernst!“

Während ich diese Trauer erlebe, spüre ich im Rücken ein ganz unangenehmes Gefühl, sodass ich mich mehrmals schütteln muss. Jetzt nehme ich links Licht wahr, rechts ist es dunkel: die Einsamkeit.

Und nun fließt mir von links wärmendes Licht zu, sanftes, liebevolles, verstehendes Licht, ganz weich, so wohltuend. Ich weiß direkt: Das ist göttliches, tröstendes Licht. Und ich kann es zulassen! Ich kann es aushalten! Zum ersten Mal in meinem Leben erfahre ich in meiner eigenen Seelenwirklichkeit als Person sich schenkende Wärme und

Licht Gottes! Es füllt sich in mir, wird lebendig – und ich nehme das Geschenk einfach an. Jetzt ist in mir Verständnis für die Situation. Und es ist in mir etwas Getrostes: das stille Glück, dass Gott sich in mir auf so liebevoll-sanfte Weise geschenkt hat. Ich bin angeschlossen, verbunden, erlebe meine Zweiheit, meinen „doppelten Ursprung" wie Graf Dürckheim diesen Ich-Zustand nennt. Der große Lebensregisseur hat eine Situation inszeniert – und ich erschloss mir im Focusing-Prozess deren Sinn. Dieses Glück, „mit dem Schicksal zusammenzuarbeiten", von Mal zu Mal mehr und immer wieder aufs Neue zu erfahren, dass unter jeder Situation eine Einsicht verborgen auf ihre Entdeckung wartet, ist die eigentliche Wurzel meines Gottvertrauens.

Vor Jahrzehnten hatten alte Bauersfrauen bei meinen Hausbesuchen gesagt:

„Der liebe Gott macht keine Fehler!"

Damals hatte ich mich geschämt, dass ich als bezahlter Pfarrer Menschen besuchte, deren Frömmigkeit die meine bei weitem übertraf. Ich wusste damals nicht, wie ich jemals zu dieser Sichtweise kommen sollte. Das Leben hat mich dann aber an der Hand genommen und dorthin geführt, wo ich durch eigene Erfahrung, Einsicht und Erkenntnis mit vollem Herzen und Leichtigkeit und Freude bekennen kann: „Der liebe Gott macht (offenbar und tatsächlich) keine Fehler!"

Meine Erfahrung ist, wann immer ein Klient sich auf die Christusorientierte Begleitung einließ, konnte er nach kürzester Zeit eine Ahnung von den großen Zusammenhängen bekommen und vom großen Theaterspiel, dessen Schauspieler wir sind. Ich habe beobachtet, dass in dem Maße, wie die Selbsterkenntnis fortschreitet, ein Gespür für den verborgenen Sinn in allem Geschehen wächst. Bis allerdings einer (wie John Kabat-Zinn immer wieder fordert), „die Dinge nicht anders haben will als sie sind" und in ihrem So-Sein die Gottesgegenwart sehen kann, ist es ein langer Weg. Menschen mit diesem absoluten, kompromisslosen Gottvertrauen sind mir bis jetzt äußerst selten begegnet.

August 2010. Partnerschaftliches Focusing (per Telefon). Ausgelöst durch den Besuch der Schwägerin, drängte sich das Thema „Einsamkeit" auf. Ich sehe, wie liebevoll die Zwillingsschwestern miteinander umgehen – und sehe darin wie in einem Spiegel die Einseitigkeit meines Lebensstiles. Als ich dann den Impulsen meines Körpers folge, stehe ich am Fenster und spüre deutlich: „Ich stehe dazu! Das ist mein Lebensentwurf. Ich suche Gott – und damit ist eine Entscheidung getroffen – alles kann ich gleichzeitig nicht haben. Es ist richtig so, wie es ist. Es ist meine freie Entscheidung. Es ist mein Weg des ‚Mönches in der Welt', der ‚Nachfolge Jesu'. Es ist gut, da zu stehen". Jetzt sehe ich ein Bild von Graf Dürckheim – und Trauer erfüllt mich, Erinnerungen an das mit ihm gemeinsam gefeierte Abendmahl kommen hoch. Er ist mein Vorbild: das liebevolle, weiche, nach innen gekehrte Wesen – so hatte ich ihn erlebt. Damit verbunden ist der Schmerz, dass ich nicht Seminare geben darf, wie ich drei Jahrzehnte lang angestrebt habe, sondern dass mir meine Seele deutlichst signalisiert hat, dass meine Aufgabe allein darin besteht, mit dem Seelengrund Eins zu werden. Was will ich aber mit dem Rest meines Lebens mit mir alleine anfangen? Das kann es doch nicht sein! Empörung. Revolte. Ich habe immer weitergeben wollen, mit Anderen teilen, was mir das Leben geschenkt hat. Ich wollte „gemeinsam" mit Anderen den Weg gehen. Das Bild von Graf Dürckheim hat sich zurückgezogen.

Ich: „Warum hast du dich zurückgezogen?"

Bild von G. D.: „Du verwechselst die Dinge (lächelt). Das ist nicht schlimm – aber du verwechselst die Dinge."

Ich weiß nicht, was er meint, frage die Focusing-Partnerin. Sie sagt etwas, was mich rührt, was trifft. Jetzt verstehe ich: „Ich habe die Prioritäten verwechselt: Erst kommt das Sein, dann das Tun. – Und ich strebe immer erst das Tun an – und verliere dabei das Sein".

Während die Partnerin spricht, spüre ich mein wahres Selbst. Ein ganz weites Feld der Liebe und des Lichtes auf meiner rechten Seite. Und aus dem heraus – das erkenne ich – kann alles fließen. Dort ist „noch keine Tür zugemacht". Mir wird deutlich, dass ich in den vergangenen Wochen meine ganze Aufmerksamkeit der Frage gegeben habe, wo ich Kurse anbieten kann. Dabei regiert die Angst: „Hilfe, das Leben geht an mir vorbei!". Jetzt aber spüre ich deutlich: Es geht erst einmal darum, die Qualität zu spüren, es geht um das Sein. (Mein Magen gluckert und sagt ja). Von der „Dürckheim-Seite" (rechts) spüre ich: „Ja, so ist es." Links ist etwas wie eine Mauer, rechts ist das Weite (Aufatmen). Als die Partnerin sagt, es sei eben anders als meine Vorstellungen, überkommt mich eine ganz große Rührung. Ich spüre von rechts her das

Sein. Ich spüre am ganzen Körper, dass es darum geht. Ein völlig neuer Raum. Ein völlig neues Lebensgefühl. Eine Strömung, die mich erfüllt, wie ein Sommerwind. Wie wenn man am Strand am Meer entlang geht. Es rührt mich so. (Tränen). Es ist beinahe so, wie wenn es überpersönlich wäre.

Wie wenn diese Unterscheidung, die ich bisher gemacht habe, zwischen Geist, Person-Sein (als Ganzes) und Ich (als innerem Beobachter) aufgehoben wäre und es nur noch mein Ich gibt als Zeugen (als das lebenstüchtige Welt-Ich) und dann dieses Strömen, dieses Helle, Weite, Feine... Ich kenne diese Qualität noch gar nicht, habe sie noch nie erlebt. Das ist etwas Neues. Und aus dem heraus ergibt sich alles Andere. Das ist eine völlig neue Seinsqualität, ich bin völlig erschöpft von diesem Berührtwerden. Weil das so etwas Neues ist. Ich muss erst lernen, diese Strahlung, diese Schwingung auszuhalten. Da wird mir gesagt:

Innere Führung: „Das ist der Logos."

Ich (flüsternd): „Mir wird schwindelig. Das ist Christus. (Höchste Rührung, mein Atem beschleunigt sich wie beim Holotropen Atmen, das Tempo wie beim Hyperventilieren). Das ist die Christus-Schwingung! (Wieder schnelles Atmen). Das ist Christus! Mir ist schwindelig! (Ich sitze im Sessel wie eine Hysterica aus dem 19. Jahrhundert – langsameres Atmen und Aufatmen). Das ist Christus! Das ist die Christus-Schwingung, der Logos. Das ist Christus... (zur Partnerin) Ich glaube, jetzt berührt er dich auch – spürst du das? (Antwort nicht festgehalten). Das ist eine Wucht (Aufatmen). Das ist die Christus-Schwingung. (Die Erfahrung wird schwächer, der Atem beruhigt sich, die Stimme wird ruhiger. Ich sehe das Bild von Graf Dürckheim, der mir sagt):

G. D.: „Ich werde dir helfen, dich daran zu gewöhnen."

Ich (zur Focusing-Partnerin): Ich spüre deutlich, dass es ein Kraftakt ist, sich daran zu gewöhnen und das auszuhalten – auch dass es nicht weggeht, sich daran zu erinnern und diese Schwingung des Christus in uns so aufzunehmen, dass wir dem standhalten und nicht gleich wieder weglaufen und uns mit etwas Anderem beschäftigen. (Mir ist noch schwindelig und gleichzeitig erfüllt mich ein tiefes Glück). Wunderbar! Das ist, wie wenn ich auf der Schwäbischen Alb stehen würde und die Natur erlebte, einfach dieses Größere. Und das ist überraschend für mich, weil (...) da komme ich so nahe dem, was

Paulus einmal ausrief: „Nicht mehr lebe ich, sondern Christus in mir!“ Sowie ich „Paulus“ denke, zieht „Es“ sich zurück. Es ist jetzt schwächer geworden in seiner Frequenz.
Innere Führung: „Wir bringen dir das bei, diese Frequenz auszuhalten.“

Und es wird mir gesagt, dass ich den Traum (wegen dem ich die Focusing-Partnerin angerufen hatte) nur brauchte, um in die Begleitung zu kommen. Ich könne den ruhig vernachlässigen. Es gehe um die Christus-Frequenz (da wird es wieder hell, als ich das denke). Ich bekomme den Impuls, zum Fenster zu gehen. Auf schwachen Beinen. Wie nach einer Operation. Und ich lächle. So ganz gelassen lächle ich aus dem Fenster hinaus in die Außenwelt. Ich weiß jetzt, es geht nicht darum, irgendwo mitzumachen, oder Kurse zu halten – die Frage ist, dass ich meinen Seelenapparat daran gewöhne, dass er die Christus-Frequenz aushält. Es ist schön, das zu wissen. Dass da nicht wieder ein Sollte und Müsste kommt. Ich spüre jetzt auch, wie wichtig es ist, dass meine Focusing-Partnerin mich begleitet. Ohne sie wäre ich nicht dorthin gekommen: Sie hat mir deutlichst gespiegelt, dass es nicht mehr darum geht, im „psychischen Bereich“ irgendwelche großen Veränderungen anzustreben, sondern dass es jetzt um etwas Anderes geht: die Gewöhnung an die Christus-Frequenz. Danke!

Jasmins Erfahrung

Jasmin möchte ihren (zweiten) Ehemann verlassen, es fehlt ihr noch die Entschiedenheit, wirklich auszuziehen. Sie ist ohne Arbeit, ohne Geldreserven. In einer Focusing-Sitzung hat sie folgende Bilder:

„Ich stehe am Abgrund. Es ist dunkel.
Es ist, als ob ich das Universum vor mir habe.
Um mich Dunkelheit und Leere, vor, bzw. unter mir nichts.
Ich ducke mich, mache mich klein, kauere mich zusammen.
Ich lege die Hände über den Kopf. Zum Schutz.
Ich habe Flügel.
In mir ist ein Engel.

Der Engel ist in mir. ‚Er' sitzt niedergekauert, aber nicht ganz so gekrümmt wie ich vorher da war.
Hinter mir durchbricht ein Lichtstrahl die absolute Dunkelheit.
Ich werde im Rücken angestrahlt.
Eine Gestalt taucht auf. Es wird heller.
Eine Lichtgestalt taucht auf. Es ist vielleicht meine Oma.
Ich drehe mich, sehe nach hinten.
Ich sehe die Wüste hinter mir.
Ich muss durch die Wüste zurück.
Meine ‚Oma' (Lichtgestalt) ist bei mir.
Sie leuchtet hell.
Ich leuchte hell."

Nach der Sitzung sagt Jasmin: „Es ist wunderschön! Ich fühle mich ganz leicht. Heute werde ich auf dem Nachhauseweg leuchten!"

Acht Tage später kommt sie in die Sitzung und sagt: „Das war auch so schön. Das hat mich die ganze Woche ein wenig mit begleitet, dieses Helle, ja, das war gut."

Erfahrungen von Berufsschülern

Als Religionslehrer bot ich in früheren Jahren in geeigneten Klassen Phantasie-Reisen „zur guten Fee" an (in den 90er Jahren war das noch möglich) und zwar immer dann, wenn wir uns mit den Berichten von Wiederbelebten und ihren Nahtodeserlebnissen beschäftigten. Da dort ja jedes Mal auch von einem Engel (im Sinne von Lebens-Begleiter) die Rede war, bot ich manchen Klassen die Möglichkeit an, sich einmal auf die innere Reise zu diesem Begleiter zu machen. Die „gute Fee" ist dabei ein personales Symbol, welches gleichzeitig schon dem Geistigen angehört – und damit als echtes, lebendiges Symbol (vgl. Paul Tillich und Paul Ricoeur) eine „Brücke" zum Seelengrund darstellen kann (wenn es sein darf – denn machbar ist für die Psyche im geistigen Bereich nichts; was dem Geist angehört, kann nur vom Geist gegeben werden und von der Psyche nur „empfangen" oder „wahr-genommen" werden). Nachfolgende Berichte sind von Metzgern, Friseurinnen und Kaufleuten:

„Das erste, was ich spürte, war ein helles Licht in mir. Es wurde immer leichter, ich wurde immer glücklicher. Dann sah ich ganz leicht und sehr verschwommen eine kleine Gestalt. Nur kurz – aber ich wünsche mir, dasselbe noch einmal machen zu können, um die Gestalt deutlicher zu sehen."

„Ich fühlte mich in dem Park wohl und alles war sehr schön. Als die Fee mit einem weißen Kleid aus dem Wald kam, wurde mir ganz warm. Die Fee sprach zwar nicht zu mir, aber sie schenkte mir irgendwie ein Glücksgefühl. Vor der Übung war ich matt und müde, aber nach der Übung fühlte ich mich wohl und fit."

„Ich hatte zwar nicht alles gesehen, aber das, was ich sah, war wirklich schön. Es brachte schnell ein heller Fleck einen Lichtstrahl. Es war leer, als ob ich nichts gegessen habe."

„Ich habe viel Ruhe aber auch viel Leiden gespürt. Dann hat es mir den Kopf nach hinten gedrückt" – offenbar ein Selbstschutz.

„Als ich die Augen geschlossen habe und mir vorgestellt habe, dass ein Licht in mich hereinkommt, bin ich plötzlich von einem warmen Licht umgeben worden. Plötzlich war ich in diesem sonnigen Park. Da stand eine Bank und darauf saß eine weiße Gestalt, die meinte, ich solle mich neben sie setzen! Sie war mir so nah! Doch auf einmal löste sie sich wieder auf – und ich schaffte nicht, sie wieder zu finden. Das macht mich etwas traurig!"

„Ich hatte noch nie so etwas mitgemacht. Aber ich war überrascht über meine Gefühle und Gedanken bei dieser Reise. Ich konnte zwar die Fee nicht genau sehen, aber ich habe sie gespürt. Mir wurde es warm und ich fühlte mich sehr frei und glücklich. Zuvor ging es mir nicht so gut – aber nach dieser Reise fühlte ich mich wohl. Ich war zufrieden, glücklich und spürte Frieden. Die Farben hatten bei mir zwar noch keine Wirkungen. Doch bei dieser Reise fühlte ich bei jeder Farbe etwas anderes, nur Gutes, Wärme, Licht, Geborgenheit, Friede."

„Bei der Reise fühlte ich mich leicht, leer (im Sinne von Freiheit). Bei dem Licht (weiß wie Sonnenschein) hatte ich Gänsehaut, fühlte mich sehr gut, frei, gut drauf, voller Liebe, ohne Sorgen.“

„Während der Übung fühlte ich mich, wie wenn ich schweben würde. Alles erschien mir ganz leicht um mich herum. Ich fühlte mich voll mit den Farben gefüllt, voll mit Frieden. Die Fee kam aus einem sehr hellen, warmen, friedlichen Licht, das zwischen den Bäumen im Park hervorblitzte. Sie hatte ein zart fliederfarbenes Gewandt an, das locker um sie herum flatterte. Sie kam nie auf den Boden. Sie flog die ganze Zeit. Sie hatte allerdings kein Gesicht. Ich suchte die ganze Zeit danach, aber ich fand keines. Sie sagte zu mir, der Wunsch, den ich erzählte, wird schon irgendwann in Erfüllung gehen. Ich müsse nur genügend Geduld haben und darauf warten. Nach der Übung fühlte ich mich voller Frieden und ganz entspannt. Ich hatte meinen ganzen Stress vergessen.“

„Ich habe sehr viel Wärme empfunden. Eine gute Fee.“

„Eine Fee habe ich nicht gesehen. Ich habe nur ein sehr helles Licht gesehen und Wärme gespürt. Ich hatte ein sehr trauriges Gefühl im ganzen Körper, als wäre auch eine sehr schwere Last von mir gefallen. Und warm war es mir im ganzen Körper. Vor allem in die Situation mit der Natur, der Wiese und den Bäumen konnte ich mich sehr gut hinein versetzen.“

Catherine

Meine Frau Catherine arbeitete einige Zeit mit einer Frauenärztin zusammen, die sich auf heilende Imaginationen (nach Simonton) spezialisiert hat. Dabei hatte sie folgende innere Bilder:

„Ich hätte etwas fühlen sollen – aber ich konnte nicht, meine Gefühle waren einfach weg, unerreichbar. Wir machten eine Reise nach innen. Dabei sah ich eine Tür. Ich stand davor. Meine Therapeutin fragte mich, was hinter der Tür sei. Ich wollte erst nicht rein gucken. Dann habe ich es doch gemacht. Hinter der Tür war ein Raum,

in dem es überhaupt keine Fenster gab. Es war ganz schwarz. Die Therapeutin fragte mich, ob ich etwas darin sehen könne.
Ich sah einen Stein und einen Stern. Der Stein war weiß und braun. Der Stern war glänzend und hatte die Farbe Gold. Die Atmosphäre war sehr unheimlich. Ich habe gespürt, dass in diesem Raum lauter Wesen waren, und die wollten mit mir kämpfen. Ich habe mich nicht gut gefühlt. Ich fing an, gegen die Wesen zu kämpfen, die waren aber unsichtbar. Ich hatte Angst. Plötzlich habe ich einen Stein genommen und an die Wand geworfen. Die Wände waren aus Glas und durch diesen Schlag ging das Glas kaputt und der Raum ist verschwunden. Ich stand im Freien. Da hat der Stern zu mir gesprochen. Er sagte zu mir, dass ich ihn befreit habe und er hat sich bedankt. Er sagte, er würde ab jetzt mein Schutzengel sein. Und es sei kein Zufall, dass ich diese Tür entdeckt habe, sondern es sei meine Aufgabe gewesen, ihn zu entdecken und zu befreien. Der Stern strahlte viel Wärme, Güte und Freude aus. Nachdem er zu mir gesprochen hatte, flog er in Richtung Himmel. Der Stein aber verwandelte sich in einen wunderbaren Baum. Es war ein schöner Anblick, den Stern und den Baum zu sehen. Ich fühlte mich dabei gut und spürte, dass etwas ganz Besonderes geschehen war.“

Klara

Ich besuchte Klara anlässlich des Todes von ihrem Ehemann, welcher mit meinem Vater im Krieg gewesen war. Dabei erzählte sie mir von all dem Terror, all den Zumutungen, die sie ein Eheleben lang hatte erleiden müssen. Sie war aber weder verbittert noch nachtragend geworden. Sie erzählte mir:

„Ich bin eine alte Frau und denke über mein Leben nach, über die Höhen und Tiefen, die ich durchwandert habe. Ein paar eigenartige Erlebnisse sind so klar in meiner Erinnerung, als wäre es gestern geschehen:
Im Alter von 10 Jahren lag ich nachts in meinem Bett und hatte einen unruhigen Schlaf. Ich hatte ein Gefühl, als wäre ich nicht allein in meinem Zimmer. Als ich zur Seite schaute, sah ich Jesus an meinem Bett stehen. ‚Er‘ trug eine Dornenkrone auf seinem Haupt.

Ich konnte es nicht fassen und dachte, ich träume. Ich war jedoch hellwach!

‚Er' gab mir zu verstehen, dass ich ein schweres Leben vor mir hätte, aber ich müsse keine Bange haben, denn ‚Er' sei immer bei mir und würde mich nie verlassen. Das gab mir Mut! Ein unsagbares Glücksgefühl durchströmte mich. Von diesem Tag an hatte ich keine Angst mehr vor dem Leben und Sterben."

Céline

Céline (aus einer TV-Dokumentation über Nahtodeserlebnisse aus den 90er Jahren) berichtet, wie sie nach einer Herz-Attacke außerhalb ihres Körpers im Raum schwebt und ein Lichtwesen sieht. Sie fragt:

„Wo kommst du denn her?"

Und das Lichtwesen antwortet ihr:

„Ich war immer schon da – bloß hast du mich nicht gesehen!"

Ruth Cohn

In ihrer „Gelebten Geschichte der Psychotherapie" (1984) berichtet Ruth Cohn von einem Workshop bei Fritz Perls, an welchem sie teilgenommen und danach um eine Privatstunde bei Fritz gebeten hatte:

„Er sagte ja....Die ‚Stunde' dauerte drei Stunden.

‚Listen to me...' Ich bin mein Säugling. Neun Zimmer von meiner Mutter entfernt. Sie glaubt dem Doktor, dass es gut für meine Lunge sei, wenn ich schreien muss. Ich sei ja satt und sauber und hätte keinen Grund zu schreien, sagt der Doktor. Er sagt: ‚Es ist auch gut, früh Disziplin zu üben...'

– All das hatte ich schon oft erzählt in meinen Analysen und Gruppen, so wie es meine Mutter erzählt hatte. Ich besann mich ja nicht darauf! Aber jetzt war es lebendig geworden – im Hier – und – Jetzt. Ich schrie, ich weinte, ich war der Säugling. Und da saß jemand, der hörte mir zu und wollte mich hören. Und das glaubte ich ihm.

‚Listen to me...' Ich bin sechs Jahre alt. Mein Vater rasiert sich im Ankleidezimmer. Das ist die einzige Zeit, in der mein Vater je mit mir allein ist. ‚Sag mir die Wochentage auf!' – ‚Sag mir die Straßennamen der Querstraßen vom Kurfürstendamm!' – ‚Sag mir

die Opern, die Wagner geschrieben hat, und deren Reihenfolge!' ,O ja, ich lern' ja gut, ich kann das alles lernen. Bitte, Papa, frag mich nichts mehr (ich hab das nie gesagt) – spiel mit mir. Ich will mit dir spielen! Du spielst nie mit mir. Ich habe meine Puppe lieb, und du willst sie gar nicht ansehen. Ich will dir etwas von ihr erzählen. Du siehst mich nicht. Ich bin doch ein so niedliches Mädchen, und du siehst mich nicht. Du bist ein Idiot, ein Vollidiot, ich will, dass du mich hören willst. Ich will, dass du hörst, was ich dir erzähle. Bitte, bitte, listen to me, please, listen to me' – Tränen, Schluchzen. Wieso kann ich nur so weinen, jetzt, hier? Wieso *bin* ich das kleine Mädchen und erzähle nicht nur von ihm?

,Listen to me...' Nein, nein, das ist keine Phantasie, das war so. Er hat es mir ja selbst gesagt an meinem fünfzehnten Geburtstag: ,Wie schön, dass du nun erwachsen bist und ich mit dir reden kann. Mit Kindern kann man ja nicht reden, wenn man es nicht gelernt hat. Die haben noch keinen richtigen Verstand. Darum haben wir Kinderfräuleins, Fröbel-Kinderfräuleins für euch gehabt. Die verstehen Kinder. Sie haben's ja gelernt!' (Fritz: ,Sei dein Vater!')

,Es tut mir weh, dass ich nicht mit dir spielen kann, ich habe ja selbst nie gespielt. Meine Mutter war eine Hexe von einer Mutter. Die hat mich gehasst. Ich sehe, dass du niedlich bist, aber ich kann es dir nicht sagen. Ich weiß nicht, wie. Ich will dir alles geben, was ich nicht gehabt habe, aber ich kann es nicht. Mama kann's dir geben. Ich bin ja selbst kein kleiner Junge gewesen. Niemals. Als ich siebzehn Jahre alt war, musste ich meine Mutter und Geschwister ernähren.' (Fritz: ,Sprich zu ihm!')

,Ach Papa, ich bin ja noch ganz klein, ich versteh dich nicht. Ich will, dass du mit mir spielst. Du bist Papa, du bist kein kleiner Junge. Ich kann dir gar nichts sagen.' – Und wieder Tränen, Tränen. Und ich erzähle Fritz vom Tod meines Vaters zwei Jahre nach jenem Geburtstag.

Vieles, vieles muss noch gesagt und erlebt worden sein in diesen drei Stunden, an das ich mich nicht mehr erinnere. *Ich weiß, dass es irgendwann ganz leer in mir wurde; erschöpft, leer: ,Ich bin kataton...' (Fritz: ,Sei kataton!') Ich blieb stehen, wie ich stand. Aufrecht, ein Arm aufwärts, einer hing herunter. Totale Leere, totale Steifheit. Nichts. Zeitloses Nichts. – Und plötzlich stand vor mir ein*

riesengroßer, breiter Laubbaum, mit Blüten übersät, mit Vögeln, die auf Zweigen herum hüpften und an Früchten pickten. Das Nichts war zur Fülle geworden und zu einem lebendigen Baum. Und als ich die Augen aufmachte, war Fritz neben mir. Die Tränen liefen aus seinen Augen in den weißen Bart hinein. Wir umarmten uns lange. Es war nicht nur mein Erlebnis gewesen, sondern auch seines.
Worauf auch immer sein Erlebnis beruht haben mag – er hatte mir zugehört. He ‚listened to me'" (S. 306 f.).
„Den Engpass durchstehen": diesen Konflikt durchleben, der durch seine Unauflösbarkeit in eine Leere, in die „Katatonie" führte; das Unvermögen, die gegensätzlichen Ansprüche zu versöhnen, weder im Schmerz noch durch Wut und Auflehnung, auch nicht durch Anklage und gewiss nicht durch Verdrängung, doch vielleicht durch Akzeptieren von Gegensätzen, die nicht aufgelöst werden können, sondern Teil, Anteil des zu lebenden Lebens sind; Abschied nehmen als Schicksal und weiterzuleben – zu fließen, zu lieben.
Die Leere wich dem blühenden, fruchtbaren Lebensbaum – mit seinen Blüten, Blättern, Vögeln, Eichhörnchen –, und es entstand ein Gefühl des Erfülltseins, eines lebendigen Friedens, des Rauschens einer inneren Quelle. Und dann in der Gegenwart zu sein, mit einem hier-und-jetzt daseienden anderen Menschen, der ebenfalls Enttäuschung und Erlösung kennt" (S. 308),

Albert Schweitzer

Einen „Engpass" musste auch Albert Schweitzer durchleben, um zur Erfahrung des Seins durchzudringen. Sein Biograph, Friedrich Schorlemmer, schreibt (vgl. Schorlemmer 2009):

> „Schweitzer kommt aber bei der Grundlegung seiner erneuernden, die Kultur aufbauenden Ethik noch längere Zeit über Liebe und Mitleid nicht hinaus. Lebensbejahung brauche jedoch eine fundamentalere und, wie er sagt, „denknotwendigere" Grundlegung. Schweitzer laviert:
>
> > ‚Ich irrte in einem Dickicht umher, in dem kein Weg zu finden war. Ich stemmte mich gegen eine eiserne Tür, die nicht nachgab' (S. 111).

Das, was sich hinter ihr befand, hatte sich Schweitzer bisher nur spekulativ und unzureichend erschlossen. Ihm fehlten der Schlüssel für die eiserne Tür, das Schlüsselwort und die nötige Gewissheit. Die Vollendung der Welt bejahenden Ethik bedurfte eines mystischen Naturerlebnisses auf dem Ogogwe in Äquatorialafrika. Für Schweitzer ist dieses mystische Erlebnis unmittelbar authentisch und plausibel. Die Plausibilität stellt sich jedenfalls durch die Authentizität her und umgekehrt (...) das mystische Erlebnis ist wie eine Offenbarung, die keinen Einwand mehr duldet.

Im September 1915 befand sich Schweitzer mit seiner erschöpften Frau zur Erholung in Kap Lopez am Meer, als er nach N'Gomo – zweihundert Kilometer stromaufwärts gerufen wurde, um einer erkrankten Missionsfrau zu helfen. Er fand einen kleinen Dampfer, der einen Schleppkahn mit sich führte (S. 111 f.):

> ‚Langsam krochen wir den Strom hinauf, uns mühsam zwischen den Sandbänken – es war trockene Jahreszeit – hindurchtastend. Geistesabwesend saß ich auf dem Deck des Schleppkahnes, um den elementaren und universellen Begriff des Ethischen ringend, den ich in keiner Philosophie gefunden hatte. Blatt um Blatt beschrieb ich mit unzusammenhängenden Sätzen, nur um auf das Problem konzentriert zu bleiben. Am Abend des dritten Tages, als wir bei Sonnenuntergang gerade durch eine Herde Nilpferde hindurchfuhren, stand urplötzlich, von mir geahnt und nicht gesucht, das Wort ‚Ehrfurcht vor dem Leben' vor mir. Das eiserne Tor hatte nachgegeben; der Pfad im Dickicht war sichtbar geworden. Nun war ich zu der Idee vorgedrungen, in der Welt- und Lebensbejahung und Ethik miteinander enthalten sind! Nun wusste ich, dass die Weltanschauung ethischer Lebensbejahung samt ihren Kulturidealen im Denken begründet ist' (S. 112). ‚Ehrfurcht vor dem Leben bedeutet Arbeit an sich selbst, denn es geht um nichts weniger als die ‚Vertiefung, Verinnerlichung und Steigerung des Willens zum Leben' (S. 114).
>
> ‚Als Wille zum Leben inmitten von Willen zum Leben erfasst sich der Mensch in jedem Augenblick, in dem er über sich selbst und über die Welt um sich herum nachdenkt'" (S. 115).

Jean Piaget

Wie vielfältig Erfahrungen des Seelengrundes sein können, zeigt auch folgendes Erlebnis des Zoologen und Entwicklungspsychologen Jean Piaget (*1896):

> „Ich erinnere mich an einen Abend, an dem ich eine tiefe Offenbarung erfuhr: Die Identifikation Gottes mit dem Leben selbst war ein Gedanke, der mich fast bis zur Ekstase anrührte, weil er mir erlaubte, von nun an in der Biologie die Erklärung aller Dinge und des Geistes selbst zu sehen."
> (Aus einer Radiosendung des Bayerischen Rundfunk II).

Carl Friedrich von Weizsäcker

Der Kernphysiker und Philosoph C. F. von Weizsäcker berichtet in seinem „Garten des Menschlichen" (1977) von einer Seinserfahrung, die ihm in Indien auf einer Reise zuteil wurde:

> „Mahadevans Meister war Sri Ramana Maharshi gewesen. Dieser hatte als 16jähriger, Brahmanensohn und Schüler einer amerikanischen Missionsschule, ein Todeserlebnis gehabt. Ihm wurde klar: ‚Was da stirbt, bin nicht ich'. Wenige Monate danach entwich er in die alte Tempelstadt Tiruvannamalai, entledigte sich allen Besitzes und verharrte, nur von erst mitleidigen, dann verehrenden Passanten genährt, Jahre lang in völligem Schweigen, allein mit dem einen Selbst, dessen Gegenwart er war. Später kehrte er zur äußeren Ordnung, zum Essen, zum Reden zurück und um ihn entstand am Fuß eines heiligen Berges ein Ashram. Die in ihm gegenwärtige Seligkeit vermittelte er schweigend, lächelnd, fragend. Diejenigen, die ihn fragten, weil sie in ihm die Gegenwart Gottes sahen, lehrte er fragen: ‚Wer ist es denn, der fragt: wer bin ich?', um sie dahin zu führen, dass sie sich als dieselbe Gegenwart erkennten. 1950, 20 Jahre vor meinem Besuch, war er gestorben. All dies wusste ich, als ich mit Mahadevan nach Tiruvannamalai fuhr. Der Leser möge entschuldigen, dass ich das, was nicht zu schildern ist, nicht eigentlich schildere und doch davon spreche; denn andernfalls hätte ich diesen Lebensbericht nicht beginnen dürfen. Als ich die Schuhe ausgezogen hatte, und im Ashram vor das Grab des Maharshi trat, wusste

ich im Blitz: ‚Ja, das ist es'. Eigentlich waren schon alle Fragen beantwortet. Wir erhielten im freundlichen Kreis auf grünen Blättern ein wohlschmeckendes Mittagessen. Danach saß ich neben dem Grab auf dem Steinboden. Das Wissen war da, und in einer halben Stunde war alles geschehen. Ich nahm die Umwelt noch wahr, den harten Sitz, die surrenden Moskitos, das Licht auf den Steinen. Aber im Flug waren die Schichten, die Zwiebelschalen durchstoßen, die durch Worte nur anzudeuten sind:
‚Du' – ‚Ich' – ‚Ja'.
Tränen der Seligkeit. Seligkeit ohne Tränen.

Ganz behutsam ließ die Erfahrung mich zur Erde zurück. Ich wusste nun, welche Liebe der Sinn der irdischen Liebe ist. Ich wusste alle Gefahren, alle Schrecken, aber in dieser Erfahrung waren sie keine Schrecken. Sollte ich nun immer hier bleiben? Ich sah mich wie eine Metallkugel, die auf blanke Metallfläche fällt und, nach Berührung eines Augenblicks, zurückspringt, woher sie kam. Ich war jetzt ein völlig anderer geworden: Der, der ich immer gewesen war" (S. 594 f.).

Michael Hahn

Im Jahr 1775 arbeitet ein junger Mann auf dem Feld. Er hat sich in den vergangenen Monaten wegen seines Lebensstiles viele Vorwürfe gemacht und quält sich mit vielerlei Fragen über Gott (beeinflusst von der pietistischen Frömmigkeit, die in seinem süddeutschen Ort vorherrscht). Da bricht, völlig unerwartet, der Seelengrund in ihm auf. Michael Hahn schreibt in seinem Lebensrückblick (vgl. Lang 1962: 10 f.):

„Ein feuriges, oft quälendes Gottsuchen war in mir; denn ich wollte wissen: wie Gott, wo Gott, was Gott und wer Gott sei? Ich dachte, suchte, las die Schrift, ich forschte im Gewissen und im Buch der Natur, konnte aber nicht ins Reine kommen, wie Gott allwissend und allgegenwärtig sein konnte... Und immer wenn ich kein Genüge fand, sank ich in größere Zweifel zurück; dann durfte sich nur ein Sündengefühl dazu gesellen, so war ich fast dem Verzweifeln nahe und dachte oft: Ach dass ich doch ein Dasein haben muss! Ach, warum kann ich nicht auch nicht sein!"

Dann aber kam eine Erleuchtung über ihn:

> „Ich sah in die innerste Geburt und allen Dingen ins Herz,
> und mir war, als wäre auf einmal die Erde zum Himmel geworden
> und als ob ich die Allenthalbenheit Gottes in mir schaute;
> mein Herz war gleich der ausgedehnten Ewigkeit, darinnen sich Gott offenbart“ (S. 11).

Als Folge dieser „Centralschau“, wie er seine Erfahrung nennt, wird er in seinem weiteren Leben 16.000 Seiten schreiben: Briefe, in welchen er Menschen ermutigt, tröstet, lehrt und Lehrschriften, die als Bücher noch heute in den gegenwärtig 370 „Hahn‘schen Gemeinschaften“ (Stand 2003) als Ergänzung zu den biblischen Schriften studiert werden. Hahn wird einmal sagen, dass er froh ist, Jacob Böhmes Schriften erst nach seiner „Centralschau“ kennengelernt zu haben, da sich beide in ihren Aussagen in vielem gleichen. Gleichzeitig betont Hahn aber, dass er lange nicht alles glaube, was Böhme geschrieben hat, weil etliches auch „aus Vernunftschlüssen“ geschrieben sei (vgl. Hahn 1858):

> „So war ich in der That centralistisch erleuchtet; und weil dieß gar zu unmittelbar geschah (denn ich war mit nichts dergleichen im Geringsten bekannt), so kann ich mit Recht dieß eine unmittelbare Erkenntniß Gottes nennen, denn sie geschah durch den Geist des Herrn; und was durch den Geist unmittelbar geschieht, ist gegeben von Gott“ (S. 5).

Es blieb für Michael Hahn nicht bei einer einmaligen Erfahrung des Seelengrundes; vielmehr blieb die Verbindung ihm ein Leben lang erhalten. Er schreibt in einem Brief:

> „Denn das göttliche centralische Licht ging von derselben Zeit an in meiner Seele nicht unter, ob es gleich oft kürzere, oft längere Zeit von dem Gemüthsgewölke mir versteckt seyn kann. Aber zu der Zeit, da es sich wieder zeigt – entweder kürzer oder anhaltender, tiefer und heller, oder etwas schneller und trüber – kann ich etwas sagen von den Geheimnissen, über die Sie mich gefragt haben, außer diesem aber nicht. Denn ich fand von Anfang an, daß dieses mitgetheilte Gnadenlicht nicht in meiner Macht und Verwahrung liegt, und ich nicht damit thun kann, was ich will; sondern es liegt in der Verwahrung dessen, der es gab und in mir drinnen licht oder dunkel

machen, das Licht herausbrechen lassen oder es zurückziehen kann. Sie sehen also, dass ich bald viel, bald wenig sehe und erkenne, bald etwas und bald gar nichts kann, und – im Grunde betrachtet, gar nichts bin und kann, und nur zu erharren habe, was mir gegeben wird, kann ich wieder geben und dienen, weiter aber nicht; denn was ich weiter thue, ist nur vom Nachschein gethan und hat nicht dieselbe Verwandlungskraft, wie es seyn sollte, nämlich, wie es der Geist in dem wahrheitsbegierigen Hörer erwartet“ (S. 5 f.).

Dass die Verbindung zum Seelengrund auch seinerseits eines kraftvollen Bemühens bedarf, wird aus dem nachfolgenden Abschnitt deutlich:

„... Jedoch wollte ich rechte Erkenntnis Gottes haben und durchaus nicht im Tode der Unwissenheit liegen bleiben. Ich war mit einer ungeübten und unverständigen Einfalt nicht zufrieden; ich rang, bis ich zu einer geübten, wohlwissenden verständigen Einfalt kam in Christo. Da musste ich mich mit aller Vielheit und Mannigfaltigkeit schlagen im Durchpassieren; viele Sünden, ja alle steckten in mir. Da galt es mir und gilt noch.

Je mehr ich aber mit dem Geist im Geist in die Tiefe fahre, desto mehr lerne ich auf den Friedenskompaß merken; der ist gerad. Ich darf aber nicht die Gedanken ausschweifen lassen, ich muss subtil fühlen (S. 17). (...) Das wollen wir nicht bergen (verbergen, Anm.d.Verf.), dass wir schließen im Geist, in dem wir leben, als eine neue Kreatur aus Gott, im Geist der Dreiheit, mit dem wir im Geist zusammenfließen, wenn wir mit Herz und Sinn, mit Lebens – und Sinnenkräften ernstlich einzudringen uns befleißen, (...) aber dass ein jeder wissen und erkennen werde, wer er sei, was er sei, wo und auf welche Art und Weise er im Himmel sei, wie er sich aus sich selber, durch sich selber, zu sich selber geoffenbart habe (S. 27 f.).

Was nicht frisch aus der Quelle des Geistes kommt, schmeckt dem Geist nicht, der weiter sehen und genießen will. Man muss für alle Stufen im Christenlaufe andere Gesinnungen, die im Grunde Eins sind und aus einer Quelle kommen, hören (S. 30). Je mehr wir auch aus der Mannigfaltigkeit und Vielheit der Dinge ausgehen und in das Centrum sinken und eindringen, je mehr erlangen wir Ruhe und werden einig im Sinn und Geist, und Jesus ähnlicher, abgeschiedener von der Welt und so immer mehr vollendet und ausgeboren

(S. 30 f.). Da Gott dem Menschen die Ewigkeit ins Herz gegeben hat, so kann keiner Genüge haben mit Allem, was in der Welt, also eitel ist" (S. 35).

Os sacrum

Der Seelengrund teilt sich mit, wann, wo und wie er will. Weil er seiner Natur nach Geist ist, entzieht er sich dem Willen des Psychischen, des Machbaren, des willentlich Erreichbaren. Es kann aber sein, dass er sich über den Körper mitteilt, wenn die Gnade es so will. Ein Ort im Körper, wo sich das Heilige besonders mitteilen kann, trägt schon dessen Namen: Os sacrum (wörtlich: der heilige Knochen). Zu diesem Zwecke, in der Bereitschaft zu empfangen, dient das Auflegen der Hand im Bereich des Os sacrum (Abbildung 14), auf der unteren Wirbelsäule der „Sichtbarmachung", „Hörbarmachung" und „Spürbarmachung" dessen, was der Seelengrund uns mitteilen möchte. Klient wie Begleiter öffnen dabei ihre „inneren Augen", „inneren Ohren" und überhaupt alle inneren Sinne, um die ausgesprochen feinen Signale empfangen zu können, die (wenn es sein darf) geschenkt werden. Zuvor müssen allerdings – als Vorbereitung – die anderen Bereiche des Rückens berührt („befragt") werden:

In der Regel bitte ich den Klienten dazu, auf der vorderen Stuhlkante Platz zu nehmen und lasse die linke Hand auf der Schulter des Klienten liegen, während die rechte Hand zunächst auf der Mitte der Schulter Kontakt aufnimmt. (Ich lege die Hand also nicht gleich am Sacrum auf.) Dabei mache ich in den meisten Fällen folgende Erfahrung:
Die Schulter teilt das mit, was „man eigentlich schon weiß"
also das, was gerade anliegt, belastet, hauptsächlich beschäftigt –
und die Schulter „gibt ihren Kommentar dazu".

Als nächstes wandert die rechte Hand am Rücken zwischen die Schulterblätter auf die Höhe der Thymusdrüse, wo der „Sitz des authentischen Ich" im Sinne von Welt-Ich, Stellvertreter oder reines Ich als „König Ich" ist. Diese Stelle ist allerdings bei vielen Menschen „besetzt" durch jemand Anderen: oft Vater oder Mutter, Großeltern oder Geschwister.

Der „Ich-Bereich" teilt erfahrungsgemäß das mit, was man bestenfalls geahnt hat, meistens aber nicht weiß: dass nämlich der Königsthron unter fremder Herrschaft steht.

Nun wandert die rechte Hand noch ein bisschen tiefer: auf die Höhe des Mageneingangs bzw. oberen Bereich des Sonnengeflechts. An dieser Stelle ist üblicherweise etwas ganz Zartes, Feines zu spüren. Nach meiner Erfahrung sitzen hier die vielen verschiedenen inneren Kinder, einerseits als Wunsch nach Leben und Lebendigkeit, Vielfalt und Stimulation, dann auch als Emotionales, Verletztes, Traumatisiertes – sehr oft auch die Weisheit des Kindes, das dem Erwachsenen oft genug klipp und klar „die Wahrheit sagt."

So wurde ich gerade bei „esoterisch Engagierten" öfters Zeuge, wie das innere Kind den „Erwachsenen" voller Groll der Lüge und des Dummspielens bezichtigte, was damals jene aber in der Regel gar nicht hören wollten. Aber immer sagt auch dieser Bereich des Rückens nur das, wofür der Klient reif ist – das Andere bleibt einfach im Verborgenen. Eine Handbreit tiefer liegt der Bereich des Lebenswillens, der Bauchenergie. Auch hier kann ein „Etwas" usurpatorisch den Raum einnehmen. Hier können sich auch verstärkt Bilder und Szenen aus der Vergangenheit zeigen. (Bei einer Klientin sah ich ein Mädchen im Zug sitzen – eine alte Frau winkt ihr nach: „Ja", sagt sie, „das war, als ich im Krieg meine Heimat verlassen musste – das war meine Oma").

Eine Handbreit oberhalb des Sacrum liegt ein Bereich, in welchem sich erfahrungsgemäß oft Bilder und Szenen zeigen, die aus anderen Zeiten zu kommen scheinen, da sie mit dem bisherigen Leben des Klienten nicht erklärbar sind.

Und nun das Sacrum: Wenn ich hier die Hand auflege, kann es zunächst einmal sein, dass „gar nichts kommt". Wenn es aber die Gnade zulässt und es sein darf, dann sind hier, analog den oben beschriebenen Erfahrungen des Seelengrundes, auf „überpersönliche Weise" Licht, Liebe, Leichtigkeit, Heiterkeit, Friede möglich, nicht selten auch verbunden mit dem „Wissen", jetzt ist Christus „gegenwärtig" oder Maria (auch bei Protestanten habe ich das oft genug erlebt). Es kann dabei allein beim Spüren und Sehen bleiben (und zwar bei dem, der die Hand auflegt wie auch (seltener) beim Klienten) – es ist aber auch möglich, dass es dazu noch eine Botschaft gibt, die normalerweise tröstlich, er-

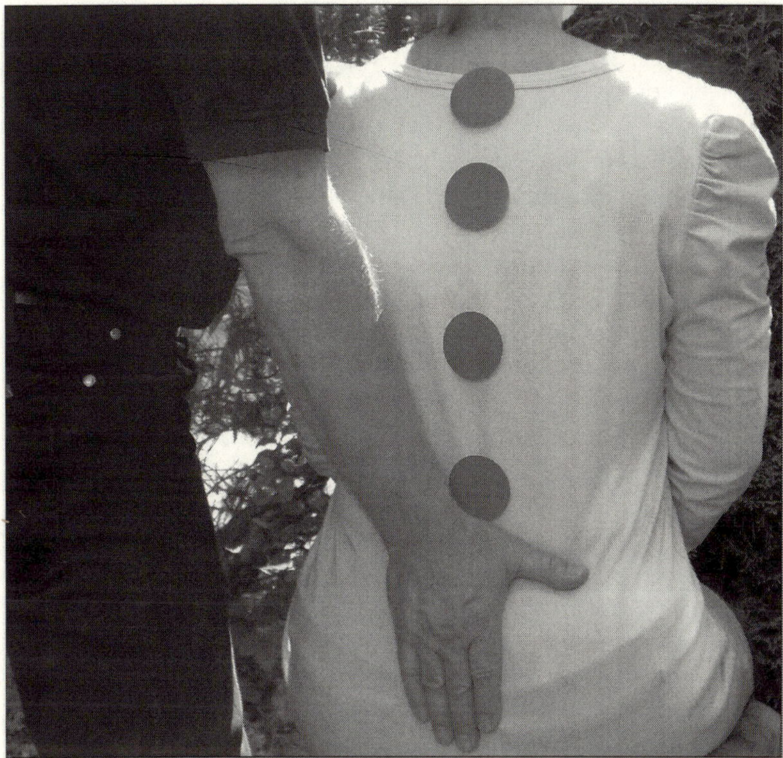

Abb. 14 Os sacrum

mutigend, entlastend und manchmal auch wegweisend ist. „Botschaft" soll heißen: Es bilden sich im Begleiter Worte und ganze Sätze, die eindeutig nicht aus ihm stammen, die vielmehr empfangen werden mit dem „inneren Ohr".

Oft wird auch beim Auflegen der Hand an dieser Stelle nur eine Botschaft vernommen. Wenn es „Korrektur" am Verhalten oder der Einstellung des Klienten gibt, dann wird sie jedes Mal dermaßen feinfühlig, zart, freundlich formuliert, dass er sie immer annehmen kann, ohne sich zu schämen.

Exkurs: *Mein Weg zum Sacrum-Fühlen.* Es begann mit einer Gehirnerschütterung. Als ich Wochen später einem alten Pfarrkollegen

(der die Stuttgarter Telefonseelsorge mit aufgebaut hat) das Knie massierte, sah ich Bilder und fragte ihn, ob er hören wolle, was ich da gerade „sehe“ – „Ja!“ Was ich ihm sagte, gab in seiner symbolischen Form dermaßen Sinn, dass ich mich voller Entdeckungsfreude nun jedem nur greifbaren nahestehenden Menschen aufdrängte, um ihm doch die Hände auflegen zu dürfen. Auf diese Weise bildete sich ein „kleiner Atlas der Körperregionen“ heraus (wie oben beschrieben). Während ich immer sicherer wurde in der Anwendung des „empfangenden Sehens“ musste ich allerdings auf schmerzlichste Weise erfahren, dass längst nicht alle Menschen bereit waren, die Wahrheit ihres Körpers zu hören. Irgendwann beschloss ich, diese Gabe für Andere gar nicht mehr anzuwenden, um mir unnötige Enttäuschungen zu ersparen. Dafür aber machte ich die Erfahrung, dass ich sie wunderbar für mich selber nutzen konnte: Wenn meine Frau mir ihre Hände auf den Rücken auflegt, kann ich „sehen“ und „hören“, was die jeweilige Region meines Rückens mir zeigen und sagen will.
Übrigens ist die „Gabe des empfangenden Sehens“ weit verbreitet: Bei mehreren Therapeuten, die Fußreflexzonen-Massage geben, Cranio-Sacral-Therapie oder Ostheopathie, habe ich erfahren, dass sie ebenfalls „Bilder“ und Eindrücke mitteilen können. Die Erklärung dafür könnte sein, dass sich der Behandelnde regelmäßig in eine Haltung der Absichtslosigkeit und des spürenden Empfangens bringen muss, um den Klienten auch wirklich zu spüren – und so entwickelt sich eben eine Meisterschaft in der Fähigkeit zur Resonanz. Ich bin der festen Überzeugung, dass die Fähigkeit des „empfangenden Spürens und Sehens“ zur ursprünglichen Grundausstattung eines jeden Menschen gehört wie auch Empathie und Telepathie.

Dostojewski und die „heilige Krankheit“, Epilepsie

Epilepsie wurde im Altertum die „heilige Krankheit“ genannt – wie sich im Folgenden zeigt – zu Recht: Vladimir Lindenberg, selber ärztlicher Betreuer von Epileptikern, berichtet, dass er häufig von seinen Patienten hörte, dass sie kurz vor ihren Anfällen das „Heilige“ erlebt haben. In „Mysterium der Begegnung“ (1979) berichtet er von einem

Gespräch, das Sonia Kowalewski mit Fedor Dostojewski (1821–1881) führte, der bekanntlich an Epilepsie litt:

> „Ihr seid alle gesunde Menschen, und ihr ahnt nicht einmal, was für ein Glück jenes Glück ist, das wir Epileptiker in der Sekunde vor dem Anfall empfinden. Mohammed versichert in seinem Koran, dass er das Paradies geschaut habe und dort gewesen sei. Alle klugen Toren sind überzeugt, dass er einfach ein Lügner und Betrüger sei. Aber nein! Er lügt nicht! Er war tatsächlich im Paradies, während des Anfalls der Epilepsie, an der er gleich mir litt. Ich weiß nicht, ob diese Glückseligkeit Sekunden oder Stunden oder Monate währt, aber glauben Sie mir aufs Wort, alle Freuden, die das Leben geben kann, würde ich für sie nicht eintauschen!" (224 f.).

Bei Lindenberg finden wir übrigens noch eine Fülle weiterer Beispiele von Menschen, die den Seelengrund erfahren haben: Hölderlin, Oskar Bolza, Papst Pius XII, Serafim von Sarow, William Blake, Francis Bakon, Pater Pio, Thomas von Celano, Hildegard von Bingen, Katharina von Genua, Bernhard von Clairvaux und Jakob Böhme.

Mit obiger Auswahl an Berichten ist der Seelengrund als Wirklichkeit bezeugt und belegt. Allen referierten Erfahrungen ist dabei gemeinsam, dass es jeweils außergewöhnliche Ich-Zustände sind, in welchen das verborgene Fenster zum Sein sich öffnet.

Wofür die Erfahrungen sprechen

Wir sind Erscheinungen an der Oberfläche Gottes.

7. Kapitel Der Seelengrund: Jenseits von Wille und Vorstellung

Authentizität als Erfahrung des Heiligen

Wie das vorige Kapitel zeigt, kann der Seelengrund sich auf vielerlei Weise zeigen, mitteilen und erfahrbar werden als Licht, Liebe, Friede, Stimme, alter Weiser, alte Weise, Engel, Maria, Jesus, sprechendes Tier, sprechender Baum, Fluss, Berg, Stern – und natürlich auch einfach und schlicht als innerer Raum der Geborgenheit, als „Wolke des Nichtwissens", wo – mit Worten unserer Sprache eigentlich gar nicht mehr auszudrücken – ein sprechendes Schweigen, eine erfüllte Leere sich als eigentliche Heimat unserer Psyche erweisen, als ihr Wurzelgrund, ihre Quelle, ihr Ursprung.

Wann öffnet sich der Seelengrund für unsere Wahrnehmung? Oder anders gefragt: Welchen Ich-Zustand braucht es, um das Heilige empfangen zu können? Die Antwort gibt Jesus:

„Meine Kraft ist in den Schwachen mächtig".

Mit „Schwäche" ist ein solcher Ich-Zustand gemeint, der eine Wahrnehmung des Seelengrundes begünstigt: ein reduziertes, geschwächtes Welt-Ich (wie z.B. bei Alma Mahler, als wochenlanges Modellsitzen jene Durchlässigkeit überhaupt erst ermöglichte).

Exkurs: *Das geschwächte Welt-Ich als Voraussetzung für die Erfahrung des Seelengrundes.* Allen Menschen dieser Erde ist eine regelmäßige große Schwächung des Welt-Ichs gemeinsam: im Schlaf. Er macht uns zugänglich für Botschaften des Seelengrundes, der von manchen Autoren als „Traumregisseur" bezeichnet wird. Hier können Menschen Botschaften empfangen, für die sie im Tagesbewusstsein eventuell noch verschlossen wären. „Geschwächt" ist dabei eine Metapher. Vielleicht wäre korrekter: „momentan reduziert in den Beziehungen nach außen" oder auch „nicht mehr gestärkt durch schützende Identifikationen". So träumte eine Schülerin:

„Ich war in einem großen Raum. Mitten in diesem Raum stand ein Stuhl. Ich bin also losgegangen, weil ich zu diesem Stuhl wollte. Auf diesem Stuhl saß eine Person. Doch je mehr Schritte ich machte, desto weiter entfernte sich dieser Stuhl von mir. Irgendwann stand ich dann vor dem Stuhl und sagte zu der Person, die auf dem Stuhl saß, dass sie sich umdrehen solle. Das tat diese Person auch. Ich konnte sie aber leider nicht erkennen. Dann sagte sie zu mir, dass ich mein Leben so weiterführen muss, wie ich es bereits führe. Ich solle nichts verändern. Dann verschwand sie plötzlich, ohne ein Wort zu sagen. Als sie dann weg war, hab ich mich die ganze Zeit gefragt, ob sie auch Recht hat. Dann wachte ich auf."

Wer ist diese Person auf dem Stuhl? – Aus den Hunderten von Schülerträumen, die ich jedes Schuljahr auf anonymen Zetteln eingesammelt habe und im Religionsunterricht besprach, hatte ich jenen Traum sofort markiert als „Kostbarkeit": Man spürt, dass dieser „Jemand", der hier redet, eine absolute Seelen-Autorität ist. Jemand, der offenbar den gesamten Lebensauftrag der Schülerin kennt und dadurch den Überblick hat: Carl Gustav Jung würde an dieser Stelle vom „Alten Weisen" als Archetypus sprechen, der das „Selbst" vertritt, was dem entspricht, was in meiner Begrifflichkeit das „wahre Selbst" ist, als Dimension des Geistes innerhalb des Person-Seins eines jeden Menschen. Dieses weiß, da es in direkter Verbindung mit dem Seelengrund ist, was der Lebensauftrag ist. Der Seelengrund kann sich auch über Personen unserer alltäglichen Lebenswirklichkeit mitteilen, wie nachfolgendes Beispiel veranschaulicht:

Ein etwa 40-jähriger Verwandter von mir träumte seinen eigenen Tod. Er bewegte sich durch eine Röhre oder Tunnel. Er wusste, dass am Ende des Tunnels Gericht gehalten wird. Er trifft dort meine Frau Catherine. Er fragt sie:

„Wie wird mein Leben weitergehen?"

Und die Antwort ist:

„So, wie bisher: ohne Gott!"

Da beginnt er zu fallen und fällt immer weiter. Er schreit laut. Seine Frau hat größte Mühe, ihn wach zu kriegen. Eine Änderung seiner Einstellung leitete der Traum allerdings nicht ein.
Auch bei diesem Träumer hier teilte sich die „verborgene Zentrale seines Person-Seins“ mit und gab einen Kommentar zu seinem derzeitigen Lebensstil. Bei Tage, in alltäglichem Ich-Zustand des die Welt gestaltenden Ich, hätte er über dieses Thema wohl eher nicht nachgedacht. – Und vor allem wäre er niemals zur emotionalen Wahrheit seiner Lebenseinstellung vorgedrungen – für die war er nur in einem reduzierten Ich-Zustand erreichbar. Ähnlich ist es mit einem Bekannten von mir, der träumte:
„Ich liege im Hundekörbchen. Der Hund liegt im Ehebett an meiner Statt. Ich wache schweißgebadet auf.“ – In der Tat war es so, jeder Außenstehende konnte sehen, dass es genau so war. Bei Tag erzählte er mir lachend diesen Traum – die emotionale Komponente der Wahrheit zeigte ihm der Traumregisseur im Schlaf.

Eine Schülerin erlebte ihre Mutter als streitsüchtig, seit sie einen Freund hatte und sich darum weniger um die Mutter kümmerte. Als Kommentar bekam die Mutter folgenden Traum: „Ich wache auf und bin blind. Aber da ist ein Enkelkind – und das kann ich sehen.“ – Hätte man ihr diese „Blindheit für ihr eigenes Leben“ bei Tage vorgeworfen, sie hätte wahrscheinlich gar nicht verstanden, wovon man redet.

Der Philosoph Friedrich Wilhelm Schelling sagte einmal: „Nicht ich weiß, sondern nur das All in mir.“ Um für dieses Wissen erreichbar zu werden, gingen die ersten christlichen Mönche und Nonnen in die Wüste, weil sie wussten, dass der Ich-Zustand der Einsamkeit Voraussetzung für die Erfahrung Gottes ist. Der Psychiater Ronald D. Laing schrieb einmal (Quelle unbekannt):

> „Wir haben – durch psychedelische Drogen – erfahren, dass das Alltagsbewusstsein unserer Zivilisation nur *eine* Bewusstseinsform unter mehreren möglichen darstellt – eine hochgezüchtete Kümmerform (...). Der religiöse Untergrund bleibt ein Ort des seelisch-geistigen Experimentes, wo der Ich-Verlust geprobt werden kann in der Hoffnung auf Selbstfindung...

‚Gott‘ nennen wir die Stimme in uns, die uns auffordert, über uns hinauszugehen. Gottesbeweise sind müßig; Gott lässt sich nicht anders beweisen als durch das Wachstum unseres Gottesbewusstseins. Gott gibt es nicht, aber wir wollen zu ihm hin.“

Beim Künstler Jean Cocteau (geb. 1889), heißt das dann so:

„Aus unserer Nacht kommen uns die Dinge. Unser Werk präexistiert in uns. Das Problem besteht darin, es zu entdecken. Wir sind nur seine Archäologen.“ (zit. nach Kaiser 1989: 53)

Im Evangelium des Lukas wird die Zusammengehörigkeit von Christus-Erfahrung und Schwäche besonders deutlich herausgearbeitet, wenn Maria im Magnificat singt:

„Meine Seele erhebet den Herren
und mein Geist freuet sich Gottes, meines Heilandes.
Denn er hat die Niedrigkeit seiner Magd angesehen.
Siehe von nun an werden mich selig preisen alle Kindeskinder... er zerstreuet, die hoffärtig sind in ihres Herzens Sinn. Er stößt die Gewaltigen vom Thron und erhebet die Niedrigen. Die Hungrigen füllet er mit Gütern und lässt die Reichen leer ausgehen...“ (Lukas 1, 46 ff.)

Als Begleiter durfte ich viele Male dabei sein, wenn die „Geburt des Gottessohnes in der Seele“ stattfand – immer war dieser Geburt ein Zustand der Schwäche, des Scheiterns, des „Gekreuzigt-Werdens“ vorausgegangen. Dazu ein Beispiel. Eine Frau, Mitte 40, erzählt in einer Sitzung:

„Mein Mann hat ein Verhältnis. Mein Sohn hört nicht mehr auf mich. Wir müssen das Haus verkaufen. Und ich bin krank: Ich kann nichts tun!“

Daraufhin sage ich ihr, dass dieser Punkt, wo sie nichts mehr tun könne, aus christlicher Sicht ein ganz kostbarer sei und ich frage sie, ob ich ihr ein paar Gedanken dazu sagen dürfe, als Experiment, vielleicht sei ja etwas Hilfreiches für sie dabei (wenn nicht, könne sie mich ja sofort unterbrechen). Und da sie einwilligt, erzähle ich ihr in knappen Sätzen von Hiob aus dem Alten Testament, dem seine Söhne, seine Töchter, seine Karawane und die Gesundheit genommen werden und der im größten Elend eine Gotteserfahrung hatte, als regelrechte Erleuchtung. Ich erzähle ihr von der Kreuzigung des Gottessohnes Jesus als christliches Symbol des absoluten Scheiterns, in welchem sich die Auferstehung als Neugeburt und neues Leben vorbereitet – und ich lade sie ein, sie solle doch einmal spüren, was in ihr am Rande dieses „Ich-kann-nichts-tun" auch noch da ist. Sie spürt in sich hinein – und plötzlich ist ihr Gesicht wie verklärt. Sie wiederholt die Worte „ich kann nichts tun" – aber jetzt staunend, mit einem Lächeln, mit völlig anderem Klang, erleichtert. Sie lächelt und sagt immer wieder „ich kann nichts tun!" und „es ist wunderschön!" Ungläubig schüttelt sie den Kopf und in der Folge will sie einfach nur sitzend verweilen und bittet mich, einfach weiterzusprechen und von jenen heiligen Dingen noch mehr zu erzählen, damit sie in dieser Atmosphäre noch weiter verweilen könne. So spreche ich vom tränenreichen Weg der Goldmarie im Märchen Frau Holle zum Goldregen, der nichts Anderes ist als ein Bild für die Erleuchtung. Ich erzähle ihr aus der „Göttlichen Komödie" von Dantes Erleuchtung am Ende seiner Reise durch die Unterwelt an der Seite von seinem Seelenführer Vergil, und von John Bunyans Pilgerreise, die mit Depressionen und Missverstanden-Werden begann, bis schließlich auch er den Himmel offen sah, und ich erzähle ihr von Parzival, dem „Alten König" An-fortas (= „ohne Kraft" – die griechische Vorsilbe „an" heißt „ohne") und von Parzivals schwerem und einsamen Weg zum Heiligen Gral. Und als ich meinerseits dazu alles gesagt habe, und sie immer noch in ihrem Glück verweilen will, beginne ich, gregorianische Gesänge zu improvisieren, bis ich dann irgendwann schweige. Schließlich löst sie sich aus der Sitzung, immer noch beglückt lächelnd, getröstet, erleichtert. Das „Ich-kann-nichts-tun" war zur Brücke zu ihrem inneren Heiligtum geworden.

Absichtlich lassen viele religiös orientierte Menschen ihr Welt-Ich kleiner werden, indem sie in ihrer Heiligen Schrift lesen. Ein besonders schönes Zeugnis davon gibt der Humanist Johannes Reuchlin (*1455):

> „So möge mich Gott lieben, wie mich, nachdem ich verschiedene Studien versucht habe, nichts unter allen Sprachen, die ich gelernt habe, mehr mit Gott verbindet, als die hebräische Lektüre der Heiligen Schrift. Denn immer, wenn ich hebräisch lese, ist es mir, als sähe ich den redenden Gott vor mir - wenn ich bedenke, dass dies die Sprache ist, in der Gott und die Engel ihre Gnaden den Menschen auf übernatürliche Weise erteilt haben. Und dann werde ich von einer Art Schauder und einem Schrecken geschüttelt (= „tremendum“, Anm. d. Verf), nicht ohne dass eine unaussprechliche Freude (= „fascinosum“) solchem Staunen oder vielmehr solchem Erstarren folgt, eine Freude, die ich in Wahrheit Weisheit nennen möchte, jenem göttlichen hebräischen Satz zufolge: ‚Der Anfang der Weisheit ist die Furcht vor Gott‘“ (vgl. Schwab, 1998: 128).

Wer einmal am Tage vor einer Beerdigung in einer katholischen Kirche dem Rosenkranz beigewohnt hat, weiß, dass auch dieses bewährte Gebet die Kraft hat, Umschaltvorgänge (als Wechsel des Ich-Zustandes) zu bewirken, sodass das Welt-Ich mit all seiner Trauer, seinen Sorgen usw. zurücktreten darf und sich vom Kraftfeld der betenden Gemeinde und dem Klang und Rhythmus und Inhalt des Rosenkranzes einfach tragen lassen kann - und dabei kann es schon mal sein, dass die Türen zum Seelengrund sich weit öffnen und Trost, Vertrauen und Zuversicht, Dankbarkeit und Liebe Raum bekommen. So berichtete mir eine Katholikin, dass sie während des Rosenkranzes ihren verstorbenen Vater tanzen „sah“ und durch dieses Bild getröstet war. Im „alltäglichen“ Ich-Zustand wäre eine solche Vision wohl kaum möglich gewesen.

Eigentlich besteht alle Kunst echter, authentischer Religiosität darin, Wege zu finden, sich selber zu „schwächen“ indem all die Identifikationen mit einem ETWAS aufgegeben werden, die einem bis dahin das Gefühl gegeben haben, stark zu sein, die Kontrolle zu haben usw., also das „Prinzip Eigenmächtigkeit“. Die Selige Synkletike wie auch Evagrius Pontikus in der Frühzeit des Christentums wussten, genauso wie ein Jahrtausend später Thomas a Kempis (in seiner „Nachfolge Jesu“), dass eine solche Loslösung möglich ist.

Ihre ganze Aufmerksamkeit galt dem Ziel, Reinheit zu erlangen. Sie strebten einen Ich-Zustand an, in welchem sie losgelöst waren von allem, womit sie sich bisher (ersatzweise) stark gemacht hatten. So waren sie schlicht und einfach mit sich selbst identisch, in einem einfachen, schlichten, authentischen Sein.
Heute wissen wir, dass dazu nicht zwangsläufig die Welt „verachtet“ werden muss, wie es viele Asketen damals lehrten. Es geht darum, eine Haltung einzuüben, aus der heraus es möglich ist, sich zu „erheben“, d.h. vom Psychischen in das Geistige „hinüber zu wechseln“ (besser „sich zu öffnen“, „umzuschalten“). In Wirklichkeit ist das allerdings ein Kraftakt, der die schwerste denkbare Arbeit an sich verlangt und voraussetzt: Selbsterkenntnis – und dafür wiederum wählten die Gottsucher die Wüste, die Einsamkeit, das Losgelöstsein von jeglicher Ablenkung und Verpflichtung – selbstgewählte Entkleidung von allem Schützenden, Loslösung von jeglichem ETWAS. Aus den vielen kostbaren Anleitungen zu einer „konstruktiven Ich-Schwächung“ mögen hier einige typische Beiträge aus der Tradition erwähnt werden:

Heinrich Seuse:

> „Solange der Mensch Mensch bleibt, gelangt er nicht über Meinen und Glauben hinaus; ist er aber losgelöst von sich, versunken in das, was da ist, so besitzt er ein Wissen aller Wahrheit, denn seiner selbst entsunken, steht er dann in der Wahrheit selbst“ (zit. aus Mystik 2003: 65).

Johannes Tauler:

> „Gott sucht und will haben einen demütigen und sanftmütigen Menschen, einen armen, lauteren Menschen, einen gelassenen Menschen, der in Gleichmut verharre“ (zit. aus Mystik 2003: 61).

Meister Eckhart:

> „Die Leute sagen: ‚Ach ja, Herr, ich möchte gern, dass ich auch so gut zu Gott stünde und dass ich ebenso viel Andacht hätte und Frieden mit Gott, wie andere Leute haben, und ich möchte, mir ginge es ebenso oder ich wäre ebenso arm‘, oder: ‚Mit mir

wird's niemals recht, wenn ich nicht da oder dort bin und so oder so tue, ich muss in der Fremde leben oder in einer Klause oder in einem Kloster.' Wahrlich, darin steckt überall dein Ich und sonst ganz und gar nichts. Es ist der Eigenwille, wenn zwar du's auch nicht weißt... du bist es (vielmehr) selbst in den Dingen, was dich hindert, denn du verhältst dich verkehrt zu den Dingen. Darum fang zuerst bei dir selbst an und lass dich!... Richte dein Augenmerk auf dich selbst, und wo du dich findest, da lass von dir ab; das ist das Allerbeste" (zit. aus Mystik 2003: 60 f.).

Was im Alltag als „Schwäche" und „Scheitern" ausgelegt wird, ist ein Ich-Zustand, in welchem das Psychische „weitestgehend zurückgetreten" ist – und damit ist gleichzeitig Raum für den Geist, das wahre Ich und das Höhere Selbst geschaffen. Ein Mensch, der „voll im Leben steht", die „Ärmel hochkrempelt" und erfolgreich aus dem Ich-Zustand eines schaffenden Welt-Ichs wirkt, mag sich zwar als beliebt, mächtig, kraftvoll und einflussreich erleben, aber er ist dann eben darin auch als „eigenmächtiger Macher" „selbstmächtig" – der Seelengrund bleibt in dieser Haltung zunächst einmal zwangsläufig im Verborgenen. Man sagt ja auch:

„Die Sterne sieht man nur bei Nacht."

Und kurz und bündig fasst Bernhard von Clairvaux zusammen:

„Lasst euch den Weg vom Geist Gottes weisen, nicht von eurem eigenen Sinnen und Trachten."

Wo keine Eigenmächtigkeit mehr möglich ist, weil die Schwäche zu groß ist, dort ist die Pforte zum Seelengrund. Das wusste auch schon ein alttestamentlicher Weisheitslehrer:

„Mein Kind, willst du Gottes Diener sein, so bereite dich auf Anfechtung vor. Mache dein Herz bereit und steh fest und wanke nicht, wenn sie über dich kommt. Halte dich an Gott und weiche nicht, damit du am Ende erhöht wirst. Alles, was dir widerfährt, das nimm auf dich und sei geduldig bei jeder neuen Demütigung. Denn wie das Gold durchs Feuer, so werden auch, die Gott gefallen, durchs Feuer der Trübsal erprobt. Vertraue

Gott, so wird er sich deiner annehmen; geh gerade Wege und hoffe auf ihn!“ (Jesus Sirach 2, 1–6).

Nach meiner Erfahrung gibt es noch eine Wirkung des Seelengrundes, die üblicherweise nicht unter der Kategorie der „Erfahrung des Heiligen“ betrachtet wird: Authentizität. Wenn wir authentisch sind, gleichen wir einer blühenden Blume, die sich in ihrem So-Sein völlig genügt und darin Erfüllung findet: im Einfach-Sein. Wenn ich authentisch bin, fühlt es sich im Bauch und im Herz-Brust-Bereich lebendig, hell, leicht an. Da ist etwas Lächelndes, Freundliches. Ich sage dann einfach:

„Ich bin ich. Ich bin da.“

Darin besteht die ganze Haltung der Authentizität. Mehr braucht es nicht. Das ist Geist. Und das ist Liebe. Mein Person-Sein erfüllt sich in dieser höchsten aller menschlichen Seinsweisen, in welcher Gott in mir „Ich bin“ sagt, durch mein Person-Sein, durch mein „Ich bin ich“. Himmel und Erde, Geist und Materie vereinigen sich in der Authentizität. Geist Gottes und Mensch-Sein sind in der Authentizität keine Widersprüche mehr, nicht mehr verschiedene Ebenen oder Dimensionen, sondern sie sind Eins, wirklich Eins. Das meint auch Jesus im Johannes-Evangelium, wenn er sagt:

„Ich und der Vater sind Eins.“

Weil Jesus aus dem doppelten Ursprung lebt, als „wahrer Mensch und wahrer Gott“, ist er der Prototyp des authentischen Menschen, als Fleisch gewordener Logos, wie jeder von uns Fleisch gewordener Seelengrund ist. Nur, dass wir, wie Jesus in den Evangelien von Markus, Matthäus und Lukas, erst mal 40 Tage in die Wüste müssen, um dort die Kunst der Unterscheidung zwischen ICH und ETWAS zu lernen, um ein Gespür für die Unterscheidung von Nicht-Authentizität und Authentizität zu bekommen und die Hingabe an den Seelengrund zu erlernen.

Authentizität ist ein Ich-Zustand im Geist, in der Liebe, im Eins-Sein mit dem Seelengrund. Sie ist die höchste Erfüllung für jeden Bewohner dieser Erde. Sie ist ein Ich-Zustand der Leichtigkeit, der Sanftmut, der schwebenden Heiterkeit, wo ich leicht bin wie eine Feder, wo die Schwere des Psychischen, des Charakters, des Ersatzes nicht mehr regiert, sondern reines Sein als Person, Person, die in ihrem Sein mit allem verbunden ist, mit allem in Beziehung ist, so selbstverständlich in der Authentizität verwurzelt, dass sich die Frage nach einer Daseinsberechtigung nicht mehr stellt. – Dieser Ich-Zustand möchte allerdings geübt werden, erfordert alle Aufmerksamkeit, die Kunst der Unterscheidung und die Disziplin nicht nur zu regelmäßigem Üben, sondern die Bereitschaft, den Kraftakt der Erinnerung an die eigene Natur und der Kehrtwende zum Sein immer und immer wieder aufs Neue zu vollziehen und dabei in Kauf zu nehmen, dass der Lebensstrom uns immer wieder „fallen“ lässt, damit wir wieder „aufstehen“, uns „erheben“ (wie Johannes Tauler es nannte) um aufs Neue unseren Platz als „König und Königin-Ich“ einzunehmen. Der „Neue König-Ich“ zeichnet sich (im Unterschied zu „An-Fortas“, dem „Alten Gralskönig“) dadurch aus, dass er nicht tatenlos zusieht, wie ihn das ETWAS im Besitz hat (das ist der eigentliche Wortsinn von „Besessenheit“), sondern er ist in Verbindung mit dem Seelengrund in Freiheit, Liebe, Wahrhaftigkeit und Leichtigkeit – einfach, schlicht, authentisch, erhaben.

In jungen Jahren war für mich die Erfahrung Gottes in der mystischen Schau höchstes zu erstrebendes Ziel. Heute ist mir die „Reinheit des Herzens“ wichtiger geworden: schlicht und sanft sein, verbunden und verwurzelt, mit aller „Erdenschwere“ an der göttlichen Liebe teilhaben und sie mit Anderen zu teilen – zu erleben, dass Gott in mir, in uns sagt: „Ich“, „Ich bin“, „Ich bin durch dich“, „Ich bin du“.

Wir sind im Ich-Zustand der Authentizität, der Reinheit, unser „doppelter Ursprung“, lächelndes Sein, personifizierte Leichtigkeit, Leben, Liebe, eine Liebe, die fern vom Erwartungsdruck ist, es jemandem recht zu machen, jenseits des verzweifelten Versuchs, zu phantasieren, was der Andere wohl gerade von mir bräuchte, um sich gut zu fühlen.

Wenn ich hier den Ich-Zustand reiner Authentizität beschreibe, dann tue ich das in dem Wissen, dass dieser Zustand „Gnade“ ist, ein Geschenk des Lebens, das wir nicht besitzen! So mancher „Lehrer“ erweckt den Eindruck, dass Erleuchtung die große andauernde Freiheit von allen „Altlasten des bisherigen Lebens“ schenkt, einen Dauerzustand paradiesischer Unbekümmertheit – dem ist natürlich nicht so! Der Lebensstrom sorgt dafür, dass wir immer und immer wieder mit unseren „dunklen Seiten“ konfrontiert werden. Oder anders ausgedrückt:

Durch den Geist werden wir die Psyche nicht los – es ist vielmehr die Aufgabe des Person-Kerns, des Königs-Ich, die Verantwortung für das ganze umfassende System Mensch zu übernehmen und Sorge zu tragen, dass im Alltag Raum geschaffen wird, damit der Geist so häufig wie nur möglich „in das Leben hereinkommt" – das erfordert Disziplin. Jeder Tag wird so zu einer Übung.

In der Alten Kirche und in vielen Traditionssträngen bis in die heutige Zeit sehnen sich Menschen nach einer Art Auflösung des Ich im Geist, nach einem Eintauchen in die kosmische Liebe, in kosmisches Licht und Frieden. - So sehr die Hingabe als Übung ein notwendiges Durchgangsstadium für jeden Praktizierenden ist, um wieder zum Ich-Zustand einer losgelösten, heiteren, absichtslosen Authentizität zu finden, so ist die Übung der Hingabe an Gott doch immer nur ein Übergang, der gekrönt werden möchte durch unser Person-Sein in Welt-Bejahung und Lebens-Bejahung. Das ist die wirkliche Vereinigung von Geist und Materie. Ich und Seelengrund möchten Eins werden in den ganz alltäglichen Vollzügen von Arbeiten, Essen, Begegnen. Gott und Mensch verschmelzen in der authentischen Person – voilà die wahre „Menschwerdung Gottes," welche viele christliche Theologen irrtümlicherweise nur auf Jesus von Nazareth beziehen. Das Johannes-Evangelium weiß von diesem Geheimnis, wenn es schreibt:

> „Im Anfang war der Logos (...) Alle Dinge sind durch ihn gemacht, und ohne ihn ist nichts gemacht, was gemacht ist. In ihm war das Leben – und das Leben war das Licht der Menschen" (Joh 1,1 f.).

Authentizität ist unsere Lichtnatur, unser wahres Mensch-Sein, ist Transparent-Sein für unser wahres Ich und unser Höheres Selbst, den kosmischen Christus (der in anderen Religionen andere Namen tragen mag). Und das ist Erleuchtung: im ganz alltäglichen, einfachen Mensch-Sein das Fließen des Lebens erleben, zulassen, erfüllen, begleiten, gestalten. Es gibt nichts Größeres als Authentizität. Sie ist die ersehnte Erleuchtung. Wenn kein ETWAS regiert, sind wir authentisch. Wenn wir authentisch sind, sind wir eine reine Manifestation des Seelengrundes – als ICH.

Der Seelengrund als die eigentliche Macht im Schicksal

Als ich noch Berufsschüler in Religion unterrichtete, fragte ich einmal im Gebet, was ich denn meinen Schülern als Wichtigstes mitgeben solle. Die Antwort:

> „Dein Leben ist richtig – egal, was geschieht.
> Versuch zu verstehen, was mit dir geschieht."

Jahrzehnte zuvor hatte ich schon bei meinen Hausbesuchen als Dorfpfarrer alte Bauersfrauen getroffen, die sagten: „Der liebe Gott macht keine Fehler!" (Und das sagten ausgerechnet jene Frauen, die zwei Weltkriege miterlebt hatten, Inflation, Hunger, und den Verlust ihrer Männer und Söhne im Feld). Von Ihnen kenne ich auch den Satz: „Für irgendetwas wird es auch gut sein!" Im gleichen Sinne endet der Film „Kama Sutra" der Regisseurin Mira Nair (1996) mit der großen Einsicht der Heldin: „Das Leben hat immer Recht!" Auf gleiche Weise laden John Kabat-Zinn (Gründer der Stress Reduction Clinic, Massachusetts) und seine Schüler bei ihren Achtsamkeitsübungen dazu ein, „die Dinge nicht anders haben zu wollen als sie sind." Er schreibt:

> „Integraler Bestandteil der Meditation ist das Entwickeln von Vertrauen in die eigene innere Weisheit (...). Für alle Aspekte der Meditation, insbesondere aber beim Yoga, brauchen Sie sowohl Selbstvertrauen als auch Vertrauen in das grundlegende Gutsein allen Seins (...)" (vgl. Kabat-Zinn 2007: 50 f.).

Der Exodus des Volkes Israel im Alten Testament, der Leidensweg Hiobs, die Kreuzigung Jesu sind biblische Geschichten voller Schmerzen und Entbehrungen, Demaskierungen und Ent-Täuschungen, die alle Eines gemeinsam haben: die Lenkung durch Gott. Gott führt. Das kommt auch im „Vater unser", dem Gebet der Christen, zum Ausdruck:

> „Und führe uns nicht in Versuchung!"

So gibt es also noch eine weitere Wirkung des Seelengrundes: Er inszeniert Situationen. So führt der Geist im Evangelium nach Markus den eben frisch getauften Jesus in die Wüste:

> „Und es begab sich zu der Zeit, dass Jesus aus Nazareth in Galiläa kam und ließ sich taufen von Johannes im Jordan. Und alsbald, als

er aus dem Wasser stieg, sah er, dass sich der Himmel auftat und der Geist wie eine Taube herab kam auf ihn. Und da geschah eine Stimme vom Himmel: ‚Du bist mein lieber Sohn, an dir habe ich Wohlgefallen.‘ Und alsbald trieb ihn der Geist in die Wüste; und er war in der Wüste vierzig Tage und wurde versucht von dem Satan und war bei den wilden Tieren, und die Engel dienten ihm“ (Mk 1, 9 ff.).

Handelt es sich bei dieser Geschichte um erzählte Theologie, so ist sie doch beispielhaft für ein Handeln, welches nicht aus dem (kleinen) Welt-Ich-Zustand kommt, sondern aus der Verbindung mit dem Größeren Ich, dem Seelengrund. Eine Begebenheit aus dem Elsaß zeigt, wie eine solche „Führung durch den Geist“ heute aussehen kann:

In einem Vorort von Straßburg hatte vor vielen Jahren eine Mutter ihren Sohn durch einen Verkehrsunfall verloren. Jeden Tag war sie seither auf dem Friedhof zu sehen, wie sie dort am Grab weinte, oft laut schrie. Eines Tages war auch ihr Nachbar auf dem Friedhof und sah sie wieder einmal am Grab ihres Sohnes beinahe zusammenbrechen. Da zog „Es“ ihn zu ihr, er fasste sie an den Schultern, schüttelte sie und sagte eindringlich zu ihr:

„Du hörsch jetzt uff! Du hörsch jetzt uff!“

Die Frau schaute ihn völlig verdattert an, ging nach Hause und war ein paar Tage nicht mehr zu sehen. Dann kam sie lächelnd zu ihm und sagte: „Danke! Du hast mich wieder zurückgeholt!“ Der Nachbar sagt im Nachhinein: „Ich weiß nicht, was da in mich hineingefahren ist. Ich musste einfach auf sie zugehen und sie anhalten. Ich bin über mich selber erschrocken.“ Ohne Vorankündigung, ohne Absicht seinerseits hatte „Es“ ihn geführt – und ihn das Richtige, das einzig Richtige tun lassen.

Jean Cocteau sagte einmal: „Wenn es mir nicht geschieht, mich als Werkzeug einer unbekannten Macht zu fühlen, der ich – ungeschickt genug – dazu verhelfe, Form anzunehmen, dann kann ich weder lesen noch schreiben, nicht einmal denken. Diese Leere geht bis zur Grausamkeit. Ich richte sie mir ein, wie ich es vermag, so wie man im Dunkeln singt. Übrigens nimmt meine mediale Dummheit ein intelligentes Aussehen an, das meine Ungeschicklichkeiten als äußerste

Schlauheit und meinen Schlafwandlergang als Akrobatenwendigkeit erscheinen lässt“ (vgl. Kaiser 1989: 51 ff.).

Die Kategorien des Religionsforschers Rudolf Otto für das Heilige („fascinosum“ und „tremendum“) sind von vielen Autoren als Norm übernommen worden, sind aber angesichts der Vielfalt der möglichen Erfahrungen des Heiligen schlichtweg ungenügend, da der Geist sich mit jeglichem Symbol, jeglicher Handlung, Begegnung, Situation, ja überhaupt jeglichem Phänomen verbinden kann – ob wir dazu eine Wahrnehmung haben oder nicht.

Wer in der traditionellen kirchlichen Tradition des Westens aufgewachsen ist, wird keine Probleme damit haben, den „religiösen Helden“ der Schriften des Alten und Neuen Testaments zuzugestehen, dass sie von Gott persönlich „geführt“ werden und dass auch andere Akteure der biblischen Geschichten in ihrem Verhalten gegenüber den religiösen Helden vom Geist Gottes geführt werden. Der Gedanke der „Führung durch Gott“ bzw. „Führung durch Gottes Geist“ ist uralt und beinhaltet, dass Gott bis in die Herzen der Handelnden in Entscheidungsprozesse hinein wirkt und sie auf diese Weise agieren lässt. Im Zusammenhang von kirchlich-traditionell „anerkannten“ religiösen Helden ist dieser Sachverhalt für die Gläubigen eine Selbstverständlichkeit, die nicht in Frage gestellt wird. In gleicher Weise ist der mit den Heiligen Schriften wohl vertraute Fromme gewöhnt, dass die religiösen Helden von Gott angesprochen werden, ihn hören, seine Boten (als Engel) sehen können und dass einige wenige unter ihnen sogar die Erlaubnis haben, Gott in einer Vision zu schauen.

Die Scheu vor dem Heiligen

Geht es allerdings um die eigene Person, empfindet der typische christliche Gläubige die größte Scheu, dass er selber, als „Otto Normal-Glaubender“, berufen sein könnte, ebenfalls, wie die großen Vorbilder aus den Heiligen Schriften, das Heilige zu erfahren. Einige Male wurde ich Zeuge, wie Menschen nach einer Gottes-Erfahrung dachten, sie wären krank. Sie konnten sich einfach nicht vorstellen, selber Erwählte zu sein. Als ich darüber mit einer kirchlich engagierten Christin sprach, sagte sie: „Ja der Paulus, bei dem ist das etwas ganz Anderes!“.

Nach meiner Beobachtung sind es die inneren Kritiker und das innere Kind, welche sich nicht vorstellen können, dieser Gnade würdig zu sein. Wer darum sagt: „Das kann ich nicht glauben!", muss damit rechnen, dass nicht er, als freie erwachsene Person, als Ich, diesen Satz sagt, sondern ein ETWAS in ihm. Bei genauerem Hinsehen wird er Teilpersönlichkeiten von sich entdecken, die nicht an die eigene Berufung glauben können, einfach deshalb, weil sie eine Geschichte haben. Da ist z.B. das verletzte, verlassene, enttäuschte innere Kind, welches vielleicht schon tausende Male Gott um etwas ganz Wichtiges gebeten hat – und es nicht bekam. Ein anschauliches Beispiel dafür gibt eine Klientin. Im Laufe einer Sitzung war sie mit ihrem verletzten inneren Kind in Berührung gekommen und fühlte dessen Schmerz. Als Begleiter bot ich ihr an, das verletzte Kind einfach da sein zu lassen und sich gleichzeitig an den Seelengrund zu erinnern:

> Begleiter: „Ich lade dich ein, diesen Schmerz mit der Leichtigkeit einer Feder da sein zu lassen und ihn zu begrüßen, ihn mit der Leichtigkeit einer Feder wahrzunehmen: ‚Ja, da ist der Schmerz'.... einfach wahrnehmen... am Rande des Brunnens stehen und sehen, wie dort eine Tiefe ist... und du kannst dabei erspüren, wie lange du dabei bleiben möchtest – und es wäre die Möglichkeit, jetzt, in diesem Augenblick, während du mit der Leichtigkeit der Feder dieses Schmerzende wahrnimmst, dich zu erinnern: Es atmet in mir. Da ist die eine Wirklichkeit – und da ist die andere Wirklichkeit. Da ist ein Schmerz – die kleine Vierjährige – und ich bin da, mit der Leichtigkeit einer Feder, und nehme das wahr. Und ich erinnere mich, wer ich im Innersten bin, ich erinnere mich an meine größere Identität, wo ich angebunden bin, ich erinnere mich: Es atmet in mir.' Und da gehören jetzt gar nicht große Gefühle oder Visionen dazu (im Sinne von: Licht und Liebe) sondern einfach die innere Einstellung: ‚Während ich mich dem Einen zuwende, wende ich mich auch dem Anderen zu.'"

Was für eine Rührung, als sie erlebte: „Ich bin gemeint! Es ist in mir!" Was für eine Überraschung, was für eine Scheu! „Ich bin angebunden, ich bin verbunden – es ist ja wirklich so!"

Es war der Klientin möglich, beide Seinsweisen gleichzeitig zu erleben, die des verletzten Kindes und „einen Lichtstrahl" – mehr konnte sie zunächst noch nicht zulassen. Sie spürte, dass sie sich erst noch daran gewöhnen müsse, dass ihr diese Gnade wirklich zuteil wird. Sie erlebte, dass sich etwas in ihr öffnete und tatsächlich ein Licht sie berührte. Klientin: „Das ist zu viel an Glück! Da muss ich mich festhalten!"

Sie hatte das Bild, dass sie ein „kleines Gefäß" ist, das „die ganze Sonne noch gar nicht aushält, aber wenigstens einmal einen Sonnenstrahl, und dann noch einen, und schließlich noch einen dritten – mehr nicht." Sie sagte, sinngemäß, dass sie deutlich spüre, wie es noch Übung brauchen wird, um in die Lage zu kommen, mehr von dem Licht auszuhalten. William Blake hat einmal genau diesen Sachverhalt mit dem Satz ausgedrückt:

> „Wir sind für eine kurze Zeit auf die Erde gekommen, damit wir lernen, die Strahlen der Liebe zu ertragen."

Ich erinnere mich, dass die Klientin am Anfang zunächst einmal der Licht-Erfahrung ausgewichen war, regelrecht vor ihr geflohen. Erst allmählich war es ihr möglich auszuharren, und dann drängte sich auch schon wieder das verletzte Kind in den Fokus, eine Zeitlang war sie dann auch in der Lage, beide Wirklichkeiten gleichzeitig in sich wahrzunehmen und da sein zu lassen, Schmerz und Gnade. Und das erinnert mich an meine eigenen ersten Licht-Erfahrungen, wo ich ebenfalls unterbrochen hatte, weil es mir schwer fiel, „mich und das Licht gleichzeitig zu halten", die Liebe „auszuhalten", also gleichzeitig „Ich" zu sein und „Teilhaber am Seelengrund". Die Klientin spürte deutlich:

> „Das habe nicht ich gemacht. Das geschieht. Ich mache ja gar nichts!"

Das „tremendum" (das Erschütternde) der Gotteserfahrung liegt eben darin, dass wir in dem Ich-Zustand, wo wir mit dem inneren verletzten Kind noch verschmolzen sind, uns als absolut unwürdig erleben, vergleichbar einem Bettler, der in ein sauberes Wohnzimmer gebeten wird, um dort zu speisen. Die Gewöhnung besteht darin, mit dem freien, absichtslosen, erwachsenen Teil des Person-Seins das Verbunden-Sein und Eingebunden-Sein in den Seelengrund zu erleben und zu „halten" und gleichzeitig die anderen Persönlichkeitsanteile da sein zu lassen. (Unter Umständen eben auch jenen Persönlichkeitsanteil, der das Geschehen gar nicht glauben kann, weil er dafür noch keinerlei Kategorien hat). Dieses „Halten“ braucht erfahrungsgemäß viel Übung. Das ganze Bemühen Karlfried Graf Dürckheims drehte sich um dieses Geheimnis: Wie können Menschen eine solche innere Einstellung erlernen und einüben, die es erlaubt, dieses „Halten können“ immer besser zu verwirklichen? Schon zu alttestamentlicher Zeit gab es Skrupel, sich selbst als von Gott berufen zu betrachten; die Bibel ist voll von solchen Berichten. So reagieren etliche alttestamentliche Propheten bei ihren Berufungen sinngemäß so: „Gott, ich bin nicht würdig; nimm jemand Anderen!“

Ein anschauliches Beispiel von Scheu vor dem Heiligen liefert die Biographie des Ignatius von Loyola (dem Begründer des Jesuiten-Ordens, geb. 1491) (vgl. Loyola, 2005):

> „In jener Zeit gab es in Manresa eine sehr betagte Frau, die auch schon sehr lange Dienerin Gottes war. (Später wird Ignatius sagen, dass sie die einzige war, die ‚mehr in die geistlichen Dinge eindrang‘). Und sie war als solche in vielen Gegenden Spaniens bekannt, so sehr, dass der katholische König sie einmal gerufen hatte, um einige Dinge mit ihr zu besprechen. Als diese Frau einmal mit dem neuen Soldaten Christi sprach, sagte sie zu ihm: ‚O möchte es meinem Herrn Jesus Christus gefallen, dass er euch eines Tages erscheinen wolle!‘ Doch er entsetzte sich darüber, da er die Sache so grob nahm: ‚Wie soll denn mir Jesus Christus erscheinen?‘ Er verharrte immer in seinen gewohnten Beichten und Kommunionen jeden Sonntag“ (S. 63). In den folgenden Wochen litt Ignatius weiterhin unter Skrupeln, „die ihm viel Schaden bewirkten“ (S. 64). Er „verharrte in seinen sieben Stunden Gebet auf den Knien, wobei er ständig um Mitternacht aufstand, und in allen weiteren Übungen. Aber in ihnen allen fand er keine Abhilfe für seine Skrupel, nachdem schon viele Monate vergangen waren, dass sie ihn peinigten“ (S. 65). „Und als er an einem Tag auf den Stufen desselben Klosters die Tagzeiten unserer Herrin betete, begann sich ihm der Verstand zu erheben, als sähe er die heiligste Dreifaltigkeit in Gestalt von drei Tasten, und dies mit so vielen Tränen und so vielem Schluchzen, dass er nicht dagegen ankam. Und während er an jenem Morgen in

einer Prozession ging, die von dort ausging, konnte er bis zum Essen nie die Tränen zurückhalten“ (S. 71 f.).
„Zweitens: Einmal stellte sich ihm im Verstand mit großer Fröhlichkeit die Weise dar, in der Gott die Welt geschaffen hatte: Es schien ihm, er sehe etwas Weißes, woraus einige Strahlen hervorgingen, und dass Gott daraus Licht machte. Doch diese Dinge wusste er weder zu erklären, noch erinnerte er sich ganz gut an jene geistlichen Erkenntnisse, die Gott ihm in jener Zeit in die Seele einprägte“ (S. 72).
Diego Laínez berichtet in seinem Brief an Juan de Polanco über Ignatius vom 16. Juni 1547: „Im Laufe eines Jahres, das er in Manresa war, hatte er so viel Licht vom Herrn, dass er in fast allen Geheimnissen des Glaubens vom Herrn besonders erleuchtet und getröstet wurde, und in einzigartiger Weise im Geheimnis der Dreifaltigkeit, über die sein Geist solche Freude erfuhr, dass er, obwohl er ein einfacher Mensch war und lesen und schreiben nur auf spanisch konnte, sich daran begab, ein Buch über sie zu schreiben“ (S. 72).
„Als er so an einem Tag in diesem Dorf in der Kirche des genannten Klosters war und die Messe hörte und dabei der Leib des Herrn erhoben wurde, sah er mit den inneren Augen so etwas wie weiße Strahlen, die von oben kamen. Und obwohl er dies nach so langer Zeit nicht gut erklären kann, war doch das, was er mit dem Verstand deutlich sah, dass er sah, wie in jenem heiligsten Sakrament Jesus Christus unser Herr war“ (S. 73).
„Viertens: Viele Male und über lange Zeit sah er, wenn er im Gebet war, mit den inneren Augen die Menschheit Christi und die Gestalt, die – schien ihm – wie ein weißer Leib war, nicht sehr groß und nicht sehr klein; doch sah er keine Unterscheidung von Gliedern. Dies sah er in Manresa viele Male: Wenn er sagte, zwanzig oder vierzig, so würde er nicht zu urteilen wagen, dass es Lüge sei. Ein anderes Mal sah er es, als er in Jerusalem war, und ein anderes Mal unterwegs bei Padua. Unsere Herrin sah er auch in ähnlicher Gestalt, ohne die Teile zu unterscheiden. Diese Dinge, die er damals sah, bestätigten ihn damals. Und sie gaben ihm immer solche Bestätigung für den Glauben“ (S. 73).

„Fünftens: Einmal ging er aus seiner Andacht zu einer Kirche, die wenig mehr als eine Meile von Manresa lag (...) und der Weg ging den Fluss entlang. Und während er so in seinen Andachten ging, setzte er sich ein wenig mit dem Gesicht zum Fluss, der in die Tiefe ging. Und als er so da saß, begannen sich ihm die Augen des Verstandes zu öffnen. Und nicht, dass er irgendeine Vision gesehen hätte, sondern er verstand und erkannte viele Dinge, ebenso sehr von geistlichen Dingen wie von Dingen des Glaubens und der Wissenschaft. Und dies mit einer so großen Erleuchtung, dass ihm alle Dinge neu erschienen. Und es lassen sich nicht die Einzelheiten erläutern, die er damals verstand, obwohl es viele waren; sondern er empfing eine große Klarheit im Verstand, sodass ihm in der ganzen Folge seines Lebens bis über zweiundsechzig Jahre hinaus scheint: Wenn er alle Hilfen zusammenzähle, wie er sie von Gott erhalten habe, und alle Dinge, die er erkannt habe, selbst wenn er sie alle in eins zusammenbringe, habe er nicht so viel erlangt wie mit jenem Mal allein“ S. 74 f.).

Der katholische Theologe und Philosoph, Jörg Splett, sagte einmal im Rahmen einer Akademietagung (zum Thema „Die Erfahrung des Heiligen“ ca. 1975) sinngemäß:

„Zwei Menschen machen eine Gotteserfahrung, der eine sagt: ‚Ich habe Gott erfahren!‘
Der andere sagt: ‚Ich habe da aber etwas Seltsames erlebt. Ich glaube, ich bin urlaubsreif!‘“

Die Scheu vor dem Heiligen hat sicher auch ihr Gutes: Sie verhindert, dass Menschen über das Heilige reden, wie wenn sie darüber verfügen könnten. – Bei vielen Christen steckt jedoch die Botschaft, „Sünder“ zu sein, so tief in den Knochen, dass es ihnen schwer fällt, sich vorzustellen, selber wirklich eine Rebe am Weinstock Christi zu sein. Sie können nicht glauben, dass auch sie – und nicht nur die Heiligen – berufen sind, ihre biologisch-natürliche Anlage zur Gotteserfahrung zu entwickeln. Wenn das Leben aber reif dafür ist, bricht der Seelengrund sowieso auf, jenseits von Wille und Vorstellung, jenseits aller Erwartungen oder Befürchtungen. Wenn das Heilige den Zeitpunkt gewählt hat, bricht aus der Tiefe unseres Person-Seins der Seelengrund auf. Dem voraus geht häufig der Zusammenbruch des bisherigen Lebens, wo die Eigenmächtigkeit gescheitert ist. An dieser Stelle braucht es dann den Begleiter, der die Zeichen erkennt und als kleiner Geburtshelfer dem Klienten zu verstehen hilft, was gerade mit ihm geschieht. „Es“ geschieht zwar von alleine, jenseits von Selbstmächtigkeit und Wollen, nur braucht der Klient jetzt dringend das Wissen der Tradition, damit das, was geschieht, auch richtig aufgenommen wird. Ist das nicht der Fall, trauern die Klienten ihrem verlorenen Spielzeug nach und möchten dieses repariert bekommen, um wieder wie bisher weiter zu spielen. Der Seelengrund braucht offene Arme, ein empfangendes Bewusstsein und die Bereitschaft, sich von einem Lebensabschnitt zu verabschieden, um sich auf den neuen einzulassen. Hiob, Jesus, Parzival, Dante, John Bunyan, Frau Holles „Goldmarie“, Hans Christian Andersens „Reisekamerad“ sind darum unverzichtbare Prototypen eines Weges, der sich von der Psyche zum Geist erhebt. Diesen Weg nenne ich auch heute noch „Nachfolge Jesu“.

Wie der Übergang von der Scheu vor dem Heiligen zur wirklich erlebten Verbindung mit dem Seelengrund sein kann, beschreibt der Maler Ludwig Richter (geb. 1803) (vgl. Richter 1982: 114):

> „Ich erwachte plötzlich mit dem Gefühl eines so unaussprechlichen Glückes, welches mir geworden, erfüllt mit Frieden und Freude, dass ich mich wie neugeboren fühlte und die ganze Welt an mein Herz hätte drücken mögen! Wie ein Blitz durchdrang mich das Bewusstsein: ‚Ich habe Gott, ich habe meinen Heiland gefunden! Nun ist alles gut, nun ist mir ewig wohl!‘ So bedeutsam wie das Neujahr 1825 hatte mich vorher noch keins begrüßt! Denn diesmal hatte es einen Zuruf ‚das Alte ist vergangen, siehe, es ist alles neu geworden!‘ vollständig wahr gemacht.
> Hatte ich es früher in den besten Momenten doch nur bis zur Ahnung eines höchsten Wesens bringen können und in den Stunden der Begeisterung zu dem gehobenen Gefühle: ‚Überm Sternenzelt muss ein lieber Vater wohnen!‘ so geschah es jetzt, dass – nicht nur fern über den Sternen – sondern nahe im eigenen Herzen und Gewissen die Stimme des Vaters zu mir gesprochen hatte: ‚Ich bin der Herr, dein Gott, wandle vor mir und sei fromm!‘ – und die Stimme des Menschensohnes: ‚Wer mich siehet, der siehet den Vater; komm und

folge mir nach!‘ Wie anders als jene Ahnung war nun die zuversichtliche Gewissheit des Glaubens, die sich nicht nur in einzelnen Momenten kundgibt, sondern als ein lebendiger Born, aus und in das ewige Leben quellend, die Seele gesund erhält und alle Morgen neu ist (...) doch empfinde ich hier lebhafter als je, wie unvermögend Worte sind, Tatsachen des innern Lebens zur Anschauung zu bringen. Sie sollen wohl auch nichts anderes, als Zeugnis ablegen, wo und wie man den Schatz gefunden hat.“

Exkurs: *Der Seelengrund und die Teilpersönlichkeiten.* Wer nach der Methode von Fritz Perls (Gestalttherapie) oder jener von Tsültrim Allione („Den Dämonen Nahrung geben“) einen Dialog mit seinen Teilpersönlichkeiten oder einem Phänomen aus seinem Leben führt, (sei es Krankheit, Unfall, Ungerechtigkeit...) wird dabei die Erfahrung machen können: Egal, ob ein Gegenstand aus einem Traum erforscht wird oder eine Teilpersönlichkeit oder ein Ereignis – wenn das Setting stimmt und Therapeut und Klient in der richtigen Weise vorgehen, wenn zusätzlich ein Ich-Zustand von Offenheit und Erreichbarkeit für die Wahrheit eingeübt ist, dann gibt das befragte Phänomen Auskunft über seine Herkunft, Sinn und Auftrag, über seine Bedürfnisse und vieles mehr. Ich habe dabei die Beobachtung gemacht, dass ganz entscheidend für diese Arbeit ein Ich-Zustand der Schlichtheit, Demut, der Bereitschaft zur Einsicht und zum Wachstum ist – wenn dieser gegeben ist, dann antwortet das befragte Phänomen. Im Phänomen selber ist offenbar schon immer das verborgene Wissen um die Gesamtsituation anwesend. Der alle Individuen, Lebewesen und Erscheinungen auf der Geist-Ebene verbindende Weltengeist trägt im Seelengrund jedes Einzelnen die Antwort auf alle Fragen und verbindet sich mit der jeweiligen befragten Teilpersönlichkeit (dem Gegenstand oder Ereignis) – und gibt auf diese Weise über das Phänomen Auskunft. Ob dabei mit Stühlen gearbeitet wird, oder mithilfe eines inneren unsichtbaren Bildschirmes „herausgestellt“ wird, oder ob innerhalb des Körpers auf dem „unsichtbaren Bildschirm“ Prozesse und Bilder, Empfindungen oder Impulse wahrgenommen werden, oder ob schließlich Figuren oder Skizzen als Stellvertreter für die Phänomene fungieren – immer sind sinnvolle, einleuchtende, erlösende

Einsichten und Erkenntnisse möglich, begleitet von einem Aufatmen (oft genug bei Klient wie Begleiter).

Meine eigene Erfahrung war, dass sich im Altersabschnitt von 57 bis 59 Jahren ein „innerer Störenfried" nach dem anderen „verabschiedete" und mir mitteilte, dass sein Auftrag jetzt erfüllt sei und ich gelernt hätte, was ich durch ihn lernen sollte und dass er jetzt nicht mehr gebraucht werde. Auch jene Persönlichkeitsanteile, die mir das Leben immer und immer wieder extrem schwer gemacht hatten, entpuppten sich so im Nachhinein und Rückblick als „göttliche Gesandte"; ja, sogar die Traumata aus meiner Kindheit und Jugend erwiesen sich als gottgewollte, notwendige Lehrmeister innerhalb meines gesamten Lebensplanes (transaktionsanalytisch: Skriptes). Mit Selbstverständlichkeit gaben mir die Teile jeweils ihren Auftrag bekannt. So waren sie also mein ganzes Leben lang mit dem Höheren Wissen des Geistes verbunden gewesen, mir selber, als Akteur, verborgen, jedoch der Tiefenschicht in meiner Seele, dem „inneren Regisseur", wohlvertraut.

Wenn die Teile sich „verabschiedet" haben, heißt das nicht, dass sie aus dem Gehirn verschwunden wären, sondern dass sie nicht mehr mit Energie aktiviert werden, um „am Ich vorbei" als störendes ETWAS den Alltag aktiv zu beeinflussen. Im Zustand von Erschöpfung und Stress, wenn also der Ich-Zustand des Welt-Ichs reduziert, eingeschränkt, geschwächt ist, melden sich diese Teile aber immer wieder – und das wird immer so bleiben. Wird dagegen die Seele genügend mit guter Seelennahrung genährt, gepflegt, sorgfältig die Zeit eingeteilt, regelmäßig die Stille gesucht und Stress vermieden, bleiben sie im Verborgenen.

Einen Beleg für die Existenz jenes alles verbindenden und durchdringenden Höheren Wissens geben übrigens die Berichte von jenen Wiederbelebten, welche im „Kosmischen Gedächtnis der Welt" lesen durften (dem „Buch des Lebens" in der christlichen Tradition, bzw. der „Akasha-Chronik" in der indischen Tradition). Der Nahtod-Forscher Raymond A. Moody (1978) berichtet von Menschen, die extrem lange Zeit im Nahtod-Zustand waren:

> (Sie hatten) „einen flüchtigen Blick erhascht auf einen ganzen, in sich geschlossenen Seinsbereich, wo alles Wissen – das gewesene, das gegenwärtige und das zukünftige – zu koexistieren schien in einem gleichsam zeitlosen Zustand. Hin und wieder ist das als Augenblick der Erleuchtung beschrieben worden, in dem der Betreffende über die Ganzheit des Wissens zu gebieten schien. Bei dem Versuch, über diesen Komplex in ihrem Sterbeerlebnis zu sprechen, haben alle zum Ausdruck gebracht, was sie da erlebt hätten, sei in seiner eigentlichen Bedeutung nicht darstellbar. Desgleichen stimmen alle darin überein, dass dieses Gefühl von umfassendem Wissen nach ihrer Rückkehr nicht fortdauerte; dass sie keine Allwissenheit in irgendeiner Form mitgebracht haben. Sie sagen alle, diese Vision habe sie nicht entmutigt, in diesem Leben etwas lernen zu wollen, sondern habe sie dazu ermutigt“ (23 f.).

Aus dieser Beschreibung wird deutlich: Das „Kosmische Gedächtnis der Welt“ gehört der Dimension des Geistes an; in der christlichen Sprache heißt dieser Bereich auch „Ewigkeit“, „Himmel“, „Paradies“ – es ist die Tiefenschicht in jedem Menschen, die Quelle, aus welcher unser Person-Sein fließt, unser Ursprung.

Ein Zugangsweg sein

Ob die Dimension der Tiefe hinter dem Sichtbaren oder Hörbaren „erkannt“, „erspürt“, „gefühlt“ werden darf, hängt einerseits von der Erreichbarkeit des Betrachters ab, also von seinem derzeitigen Ich-Zustand, von seiner Authentizitäts-Nähe (Selbst-Nähe), seiner Reife, und seiner Durchlässigkeit für die Tiefen-Dimension innerhalb seiner Gesamtpersönlichkeit. Und andererseits von einem nicht machbaren Geheimnis, der „Gnade“, die sich dann ereignet, wenn es sein darf.

Die Psyche kann den Geist nur empfangen, nicht machen. Das ist auch eigentlich gemeint mit dem Symbol der Jungfrau Maria, die den Gottessohn empfängt. „Maria“ als Symbol für das Prinzip des Gottergebenen Empfangen-Könnens. „Maria“ ist dann der Ich-Zustand der Reinheit, der Erreichbarkeit, die den Geist empfängt, ohne dass es dafür einen menschlichen „Vater“ in Form von Wille, Eigenmächtigkeit oder Machbarkeit gäbe. Jegliches ETWAS ruht und schweigt.

Das genau ist gemeint, wenn Frömmigkeit praktizierende Christen von „Gott-Ergebenheit“, „Demut“, „Führung durch den Heiligen Geist“ sprechen. Sie verstehen ihr Leben dann eben nicht nur aus der Perspektive des Körperlich-Materiellen oder Psychischen allein, sondern immer aus der ganzheitlichen Sichtweise eines Menschen, der weiß, dass er dreidimensional ist in Leib-Seele-Geist – und dass das auch nicht nur für ihn allein gilt, sondern für alle Menschen (ob sie es wissen oder nicht). Allerdings muss an dieser Stelle vermerkt werden, dass es grundsätzlich unterschiedliche Haltungen der Religiosität gibt, die Albert Schweitzer folgendermaßen charakterisiert:

> „Optimistisch ist eine Religiosität, wenn sie der Überzeugung ist, dass die in der natürlichen Welt waltenden Kräfte auf eine vollkommene, gute Urkraft zurückgehen, die alle Dinge in natürlicher Entwicklung der Vollendung entgegenführt.
>
> Die pessimistische Betrachtungsweise besteht darin, dass das religiöse Denken die in der Sinnenwelt waltenden Kräfte nicht als Ausfluss göttlicher Güte und Vollkommenheit begreifen kann. Darum setzt es seine Hoffnungen nicht auf die in ihr gegebenen Entwicklungsmöglichkeiten, sondern verlegt sie aus ihr hinaus in die Welt des reinen geistigen Seins.
>
> Monistisch ist eine Religiosität, wenn sie Gott als den Inbegriff aller im Universum waltenden Kräfte auffasst und also meint, dass wir in der Erkenntnis des Universums zur vollständigen Erkenntnis Gottes kommen. Seinem Wesen nach ist der Monismus also pantheistisch.
>
> Dualistisch ist eine Religiosität, wenn sie von vornherein darauf verzichtet, das Wesen Gottes ganz aus den in der natürlichen Welt waltenden Kräften erkennen zu wollen, sondern sich ihn nach idealen Vorstellungen von ihm, die wir in uns tragen, denken will. Dabei kommt sie dann notwendig dazu, sich diesen Gott mit den in der Natur waltenden Kräften in einem gewissen Widerspruch vorzustellen, so große Schwierigkeiten dies für das Denken auch in sich schließt. Der Gott, den wir als ideal in uns tragen, ist ja eine ethische Persönlichkeit. Das Geschehen, das aus den in der Welt wirkenden Kräften kommt, hat aber keinen ethischen Charakter. Die dualistische Religiosität denkt also theistisch“ (vgl. Schweitzer 1950: 150).

Nach meiner eigenen Beobachtung und Erfahrung ist es so, dass Menschen eine eindeutige Entwicklung vom dualistischen zum monistischen Weltbild durchmachen in dem Maße, wie ihre Selbsterfahrung fortschreitet und ihre Selbsterkenntnis zunimmt. Direkt proportional zu eigener Selbstwahrnehmung nimmt das Vertrauen in die Welt zu als Spiegel, welcher dem Individuum durch die Ereignisse im Außen zeigt, wie es um seinen inneren Entwicklungsstand steht. Mit der Bewussheit wächst das Gespür dafür, dass jedes Ereignis in sich eine kostbare Botschaft enthält. Der Satz: „Jeder Mensch ist entweder dein Freund – oder dein Lehrer" gilt für den Menschen mit Selbsterkenntnis für jedwedes Ereignis: „Jedes Widerfahrnis ist entweder dein Freund – oder dein Lehrer." In der Regel braucht es drei bis sieben Christus-orientierte Sitzungen – und der hilfesuchende Klient beginnt zu verstehen, umzudenken – voilà die „Metanoia" (das Umdenken), von welchem Johannes der Täufer spricht. Mit Worten des Boethius (geb. um 480), lautet diese Haltung so:

> „Wer tiefen Sinnes stets nach reiner Wahrheit frug,
> wer nicht erfahren will des Irrwegs falschen Trug,
> der senk tief hinein ins eigne Herz den Blick,
> und halt in sicherm Kreis den schnellen Geist zurück,
> damit aus jedem Ding, das ihm geschieht,
> er für sich selber stets die goldne Lehre zieht!
> Was lange hielt verhüllt des Irrtums dunkler Bann,
> wird heller als der Strahl des Phoebus leuchten dann!"
> (vgl. Boethius 2010: 89).

Umgekehrt gilt natürlich auch: Je weniger bewusst sich ein Mensch ist, desto mehr neigt er dazu, Gott außerhalb der Welt anzusiedeln. Von daher ist zu verstehen, dass für den Reformator Calvin Selbsterkenntnis und Gotteserkenntnis engstens zusammengehören:

> „Der Gesamtinhalt der Lebensweisheit, die so zu heißen verdient, umfasst zwei Stücke, nämlich die Erkenntnis Gottes und die Selbsterkenntnis. Beide sind derartig miteinander verwachsen, dass man kaum auseinanderhalten kann, auf welcher Seite der Grund und auf welcher die Folge ist."

Für meine – an den Wüstenvätern orientierte – Frömmigkeit gilt, dass das gesamte Universum durch den Weltengeist, den Logos, beseelt ist und dass Er darum auch in allen Phänomenen verborgen gegenwärtig ist: im Lebensstrom, in den Ereignissen, in Pflanze, Tier und Mensch, dass Er wirkt und erfahrbar ist. Durch diese Haltung zeichnet sich Frömmigkeit ja gerade aus, dass sie mit dem Heiligen in allem rechnet und sich durch geistliche Übungen immer wieder daran erinnert, dass dem so ist. Frömmigkeit ist dann eine Haltung, in welcher mit Disziplin und Schlichtheit ein Ich-Zustand eingeübt wird, der im Idealfall alle drei Naturen des Menschen im Auge behält, die körperliche (mit all ihren Bedürfnissen nach Nahrung, Bewegung, Berührung, Aktivität...), die seelische (mit ihrem Bedürfnis nach Stimulation, Abwechslung, Ausdruck, Begegnung und überhaupt Seelennahrung jeglicher Art) und schließlich die Natur des Geistes, (deren spezielle Nahrung die Zeit, Stille, Ruhe, Einsamkeit, Beschaulichkeit und Leichtigkeit – und damit Erreichbarkeit sind).

Um überhaupt für das Heilige erreichbar zu sein, gibt es ein Hauptprinzip: Unterbrechen. Dem Psychischen seinen gewohnten Fluss nehmen durch heilige Tage, und durch die regelmäßigen Gebetszeiten, die der Zeit eine Struktur geben und immer wieder durch das Unterbrechen die Möglichkeit geben, sich zu erinnern, wer man „eigentlich" ist, wer man „auch noch" ist, oder anders ausgedrückt: die Vorherrschaft des ETWAS immer und immer wieder aufs Neue brechen durch die heilige Pause. (Dieses Prinzip ist wahrscheinlich so alt wie die Menschheit – heute entdecken es auch die Psychotherapeuten wieder). In diesem Sinne beschreibt Eliahu Avichail den Sinn des Schabbat:

> „Der Schabbat ist ein wöchentlich wiederkehrender Tag der Ruhe und Heiligkeit, der das Drängen und den Fluss des Lebens unterbrechen soll und materieller Kreativität einen Riegel vorschiebt. Auf diese Weise kann man sich selbst erheben und geheiligt werden, ruhen und Kräfte sammeln für die kommende Woche" (vgl. Avichail 1994: 58).

Umgekehrt gilt: Wo nicht unterbrochen wird, regiert das ETWAS – und das Heilige bleibt zwangsläufig außen vor.

Exkurs: *Der Mensch als Beziehungswesen.* Als weitere Naturen des Menschen (neben Leib, Seele und Geist) wären, um der Vollständigkeit willen auch noch die soziale, die politische, ökologische Natur usw. zu nennen. Das Leben ist immer größer als unsere stotternden Versuche, es zu verstehen, gar mit Worten zu erfassen, und darum kann alles, was hier in diesem Buch geschrieben steht, immer nur eine unvollständige Annäherung sein. Wenn man z.B. bedenkt, dass Erwachsene allein 2 Kilogramm Bakterien im Darm und auf der Haut tragen (als mikrokosmische Abhängigkeit von anderen Lebewesen) (vgl. Juliette Irmer 2011) und dass wir ohne Landwirt, Bäcker, Metzger, Müllmänner usw. nicht lebensfähig wären (als makrokosmische Abhängigkeit), dann ist jede Rede vom Menschen eigentlich immer zugleich auch implizit eine Rede von unzählbaren Beziehungen nach innen und außen. Die Rede vom „Individuum" ist also immer ein Abstraktum und Auswahl aus einem bis in die innerste und äußerste Unendlichkeit reichenden Beziehungsnetz (siehe dazu auch die Beiträge des Quantenphysikers Hans-Peter Dürr). Wenn wir also von der „Person als abgegrenztem ICH" sprechen, dann ist es gut, sich immer wieder daran zu erinnern, dass wir mit dieser Redeweise aus einem universalen Gesamtzusammenhang nur einen Teilaspekt herausgenommen haben.

Der unüblich gewordene Begriff des „Heiligen" scheint mir besonders geeignet für eine Verständigung über das Geheimnis dessen, was der Mensch in seinem Innersten erfährt, weil er – wie „Seelengrund" – noch nicht abgegriffen ist und dabei zunächst einmal offen lässt, ob die Erfahrung „personal" oder „nicht-personal" bzw. „über-personal" ist (einige Autoren sprechen hier von „transpersonal" oder von „mystisch"). Die Schwierigkeit bei all diesen Begriffen ist, dass sie etwas beschreiben, was eigentlich jenseits der Sprache angesiedelt ist, indem es nicht der psychischen Organisation (oder Dimension) angehört, sondern dem Geist. Der „Geist", als Tiefen-Dimension unseres Person-Seins geht gleichzeitig weit über das Personale hinaus als Sein, das hinausreicht ins Universale, Kosmische, wie z.B. Stanislav Grof und die Praktizierenden des von ihm entwickelten „holotropen Atmens" in unserer Zeit bezeugen. Dergestalt muss wohl auch die Erfahrung von

Gerhard Tersteegen (geb. 1697) gewesen sein, von welchem folgendes Kirchenlied stammt:

> „Gott ist gegenwärtig. Lasset uns anbeten und in Ehrfurcht vor ihn treten. Gott ist in der Mitten. Alles in uns schweige und sich innigst vor ihm beuge. Luft, die alles füllet, drin wir immer schweben, aller Dinge Grund und Leben. Meer ohn' Grund und Ende, Wunder aller Wunder, ich senk mich in dich hinunter. Ich in dir, du in mir! Lass mich ganz verschwinden, dich nur sehn und finden! Du durchdringest alles. Lass dein schönstes Lichte, Herr, berühren mein Gesichte. Wie die zarten Blumen willig sich entfalten, und der Sonne stille halten, lass mich so, still und froh, deine Strahlen fassen und dich wirken lassen. Mache mich einfältig, innig, abgeschieden, sanft und still in deinem Frieden; mach mich reines Herzens, dass ich deine Klarheit schauen mag in Geist und Wahrheit; lass mein Herz überwärts wie ein Adler schweben und in dir nur leben. Herr, komm in mir wohnen, lass mein Geist auf Erden dir ein Heiligtum noch werden. Komm du nahes Wesen, dich in mir verkläre, dass ich dich stets lieb und ehre. Wo ich geh, sitz' und steh, lass mich dich erblicken, und vor dir mich bücken."

Angesichts der Unendlichkeit und Zeitlosigkeit des Heiligen ist es ein besonderes Geheimnis, dass es sich bei all seiner kosmischen Größe uns Menschenkindern dennoch *personal* antwortend mitteilt – wenn der gnadenhafte „Wille" des Seelengrundes diese Art der Selbst-Mitteilung will. Wir sprechen dann von „Gnade" und von „Offenbarung" – die Tradition der Propheten des Alten Testamentes gibt davon umfassendes Anschauungsmaterial (wobei vielen Bibellesern nicht bekannt ist, dass es regelrechte „Prophetenschulen" gab, in welchen sich Männer für den Empfang solcher Botschaften vorbereiteten).

Der Seelengrund kann aber auch nicht-personal (über-personal) das Welt-Ich erhöhen, erleuchten, erfüllen, ja sogar scheinbar „auflösen" in als „mystisch" bezeichneten Erfahrungen. Da tritt dann das Welt-Ich vorübergehend zurück und lässt einem Ich-Zustand Raum, der nur noch als „Zeuge", „Beobachter" und „Beteiligter" und „Eintauchender" die Ausweitung seines Gesamtwesens bis ins Unendliche erlebt, indem er zum Unendlichen wird und es in diesem Moment vorübergehend tatsächlich auch ist. Eine solche Erfahrung drückt sich aus in den Worten des Apostels Paulus (Gal 2,20):

„Ich lebe, doch nun nicht ich, sondern Christus lebt in mir!"

Exkurs: *Gedanken zur eigenen Erfahrung von „wahrem Ich" und „Höherem Selbst".* Ich erlebe den Seelengrund in zweierlei Weise: Als Erleuchtendes, Erhebendes, als mich Übersteigendes, Kosmisches, vergleichbar einem Meer, in dem man schwimmt, oder wie eine Sternennacht, die einen umgibt, also als etwas so umfassend Großes, dem gegenüber ich ein Winzling bin. In Bildersprache hat das Buch „Hiob" im Alten Testament diese Erfahrung dargestellt (vgl. Hiob 38-42), wenn sich am Ende des Dramas Gott manifestiert als die in allem Seienden anwesend verborgene Gottheit. Bei dieser Art der Gottes-Erfahrung kann ich in der Tat – wie Rudolf Otto – vom „tremendum" sprechen, dem Erschütternden, dem Absoluten, dem Majestätischen, dem jegliche Vorstellung übersteigenden Licht, Liebe, Gott (den ich als Christ, wenn ich ihn erleben darf, „Christus" nenne), oft genug mit Tränen der Rührung verbunden, wie sie der „verlorene Sohn" aus dem Gleichnis Jesu geweint haben muss, als er endlich wieder heimgekommen ist. Dazu gehört eine Überraschung und ein Staunen, dass man selber eine solche Erfahrung überhaupt machen darf – also für „würdig" empfunden wurde (angesichts all der eigenen Schattenseiten, die man ja zur Genüge kennt). Wenn ich Christus als den kosmischen Logos verstehe, aus dem alle Dinge sind und der in allen Lebewesen die ständig und immer wieder aufs Neue Leben hervorbringende und Leben ermöglichende Kraft ist, so ist er gleichzeitig in mir mein „Höheres Selbst", sozusagen die „Oberstufe zu meinem „wahren Ich" – oder im Bild des Johannes-Evangeliums gesprochen: der Weinstock zu meinem Rebe-Sein. Das Heilige ist unser aller Seelengrund – unter welchem Namen auch immer.

Die zweite Art und Weise, in der ich den Seelengrund erfahre, ist „kleiner", „konkreter" und eindeutig mein persönliches Ur-Eigenes, mein „wahres Ich", als dritte Lebensdimension der Trichotomie von Leib, Psyche, Geist. Andere Formulierungen für dieses Geheimnis wären „Person-Sein auf der Geist-Ebene" oder „personales Ich als Geist-Natur". Diese Geist-Natur, mein „wahres Ich", antwortet mir, kennt meinen Weg, meinen Lebensauftrag und Ursache und Sinn jeder einzelnen Begegnung, Erfahrung und Situation, da sie ihr Wissen und ihren Auftrag wiederum vom Höheren Selbst empfängt, also von Christus. Das „wahre Ich" steuert meinen gesamten Tages- wie Lebenslauf (so, wie der Weinstock die Rebe). Das geschieht auf einer Ebene, die sich mir verbirgt, wenn ich im Ich-Zustand des auf ein ETWAS konzentrierten Welt-Ich bin. Weder durch Wille noch Vorstellung kann ich nach der Geist-Natur greifen. Sie teilt sich mir aber mit, wenn ich in einem Ich-Zustand der Offenheit, Empfänglichkeit, Wahrhaftigkeit und Demut bin. Das ist gemeint, mit dem Bild vom Weinstock und den Reben. Besonders empfänglich bin ich, wenn ich meinen Körper bewusst erlebe: Ohne meinen Körper wüsste ich persönlich von Gott gar nichts. Wenn ich bei der Arbeit mit dem inneren Team den Platz des „wahren Ich" einnehme, spüre ich, unabhängig vom Problem, das ich bearbeite, sofort Leichtigkeit, Heiterkeit, Humor, Verständnis, und – lächle, selbst die Stimme verändert sich an diesem Ort. Graf Dürckheim pflegte zu sagen: „Das Sein lächelt".

Die Geist-Dimension unseres Person-Seins, das „wahre Ich", weiß lange vor dem „Welt-Ich", was geschehen soll und wozu. Diese Schicht meines Person-Seins ist für mich transpersonal und zunächst einmal verborgen und unerreichbar, solange ich im Ich-Zustand des Welt-Ichs bin. Wenn ich mich aber in einen Ich-Zustand versetze, wo ich offen bin für den Seelengrund (zum Beispiel im Körperbewusstsein des „von innen gefühlten Körpers"), kann es sein, (wenn es sein darf), dass Welt-Ich und Geist-Ich miteinander in gedanklichen Austausch treten und ich als Welt-Ich gesagt bekomme, was für mich gut ist und warum und wozu etwas so oder so ist. Diese Aufgabe versah in früheren Kulturen der Priester für das Volk, der Schamane für seinen Stamm und ist heute offenbar einem jeglichen Menschen erlaubt: sich mit dem Himmel zu verständigen, um der wichtigsten Bitte aus dem christlichen Vaterunser-Gebet gerecht werden zu können:

„Vater im Himmel – dein Wille geschehe!"

Mit meinem geistigen, „wahren Ich“ („wahr“, weil der Geist keine Täuschung kennt, im Gegensatz zum „System Psyche“) kann ich sprechen, es antwortet mir. C. G. Jung konnte mit seinem inneren Seelenführer sprechen und hat ihn in einem Stein verewigt (vgl. Erinnerungen, Träume, Gedanken 2001). Von Sokrates ist bekannt, dass er größten Wert auf die Führung durch sein „Daimonion“ legte und Aristoteles beschreibt, dass im Schlaf und im Sterbevorgang der Seelengrund zum Menschen spricht:

> „Aus zwei Ursprüngen lässt Aristoteles den Gottesbegriff der Menschen entstehen, und zwar erstens aus den psychischen und zweitens aus den meteorischen Erscheinungen. Im ersten Fall meint er die im Schlafe sich ergebenden Zustände der Entrückung und Prophezeiung. Wenn nämlich die Seele, so sagt er, im Schlafe bei sich selbst ist, dann erlangt sie ihre eigene Natur und sieht und sagt das Künftige voraus. Dasselbe geschieht, wenn sie im Sterben sich vom Körper trennt“ (vgl. Gigon, 1978: 79).

Das „wahre Ich“ heißt bei den verschiedenen Lebensmeistern „Wesen“ (Graf Dürckheim), „Selbst“ (C. G.Jung), „wahres Selbst“ (Johannes B. Lotz). In der mittelalterlichen Tradition benützte man die Begriffe „Seele“, „Grund“ oder „Seelengrund“ (Meister Eckhart, Johannes Tauler). Am 22.10.2010 erhielt ich zu diesen Fragen in einer Sitzung mit dem inneren Team eine umfassende Antwort (nachdem ich mich „aussichtslos allein“ gefühlt hatte und mir gleichzeitig meiner Anbindung und Verbindung zum Seelengrund bewusst geworden war und bei einer Arbeit mit dem inneren Team den Platz vom wahren Selbst eingenommen hatte):
Selbst: „Eckhard, für dieses Leben ist es so (‚aussichtslos allein‘). Das haben wir so gewählt – und du hast es ja gerade schon unterschwellig gedacht – dafür haben wir die Reichtümer einer Gottesbeziehung... und du wechselst eben dann auf die spirituelle Ebene. ...Du willst über das ICH schreiben: Ich bin als wahres Selbst immer verborgen. Deshalb ist der Begriff der ‚Selbstnähe‘ der geeignetste. Ich bin immateriell und ich bin trans-psychisch. Ich bin noch nicht der Seelengrund – aber ich bin nicht mehr Psyche. Ich bin das jungfräuliche Prinzip, welchem sich Menschen immer

nur ganz kurz annähern können. Und es wäre lieblos, zu erwarten, dass ich als ganz reiner Zustand die ganze Zeit da wäre. Dann ginge das Psychische verloren durch welches sich Gott inkarnieren will. Das Psychische ..." (ich gehe jetzt in das Psychische hinein).
Welt-Ich: „Ich bin das Herz vom Eckhard. Ich stehe ganz im Leben und ich bin rein kraftvolles Ich. Ich bin hier mit beiden Beinen auf der Erde und ich habe Kraft und ich habe einen Willen und ein Herz, aus dem heraus ich Projekte mache. Ich bin das Herz. Und ich bin die Zentralstelle, wo die Weichen gestellt werden, ob die Energie in den ‚Manager' geht oder ins ‚innere Kind' oder in den ‚Beobachter' oder ob ich die Energie zurücknehme..." (und jetzt bin ich wieder wahres Selbst)...
Selbst: „Als wahres Selbst bin ich ganz feinstofflich, fein"...
Höheres Selbst: „Ich bin das ‚Höhere Selbst'. Und ich ziehe die Fäden für das Ganze. Und du... (zum ‚wahren Ich') bist das Ebenbild Gottes in seiner Reinheit und Geistigkeit. Das ist ganz wichtig: die Geistigkeit des ‚wahren Selbst'. Und was du meinst, Eckhard, was in der Psychotherapie eingesetzt wird, das ist das reife Ich, und dafür können wir auch sagen, das Herz. Das gereifte Ich ist ‚Herz' in dem Sinne, dass das ganze volle Person-Sein verwirklicht ist in Bewusstheit nach außen und Bewusstheit nach innen, so weit möglich in Verbindung mit den Werten, Verbindung mit der eigenen Geschichte, Verbindung mit der Gesellschaft, Verbindung mit der sichtbaren Welt und Verbindung mit dem Inneren, mit dem ganzen Manual der Schaltzentrale eines Person-Seins. Das ist Reife. Wenn ein Mensch zu sich selber in Beziehung stehen kann und zum Außen. Das ist das Herz. Das Herz steht dem wahren Ich sehr nahe, aber es ist nicht das wahre Ich, denn das wahre Ich ist feinstofflich, rein geistiger Natur. Dagegen das Herz ist das Person-Sein in der Welt. Das wahre Ich ist genau das Schaltstück, ist genau zwischen dem Herzen und dem Seelengrund. Herz ist ‚Sonne' auf weltliche Art. Wahres Selbst ist ‚Sonne' auf geistige Art." (Da kommt jetzt eine ganz große Freude in mir auf. Und auch eine Rührung. Eine Rührung, die dem inneren Kind angehört).

Im Januar 2011 fühlte ich mich an einem Morgen so richtig „gefüllt" und lebendig, wie es mir nur selten widerfährt. Es muss wohl auch in den Tagen davor einen Traum gegeben haben, in welchem ich meiner „Seelenfrau", der „Anima" (wie Carl Gustav Jung sie nennt) begegnete, also meiner „weiblichen" Seite. Ich stellte meinem wahren Selbst die Frage, wie ich die Seelenfrau innerhalb des gesamten Seelensystems verstehen solle. Dabei kam folgende Antwort:

Wahres Selbst: „Ich bin dein wahres Selbst, und ich bin die Fähigkeit zur Resonanz. Aber diese Fähigkeit zur Resonanz hast du bisher ‚sträflich missachtet'. ‚Sträflich missachtet' in Anführungszeichen, denn deine Aufgabe war, den Kontakt zum Höheren Selbst herzustellen, und die einzelnen Instanzen deiner Seele kennenzulernen. Und wenn wir dir zu viel Resonanz geschenkt hätten, hättest du es nicht für nötig erachtet, dich mit dir selber zu beschäftigen. Ich, als dein Selbst, bin auch die Seelenfrau. Aber diesen Teil habe ich ganz bewusst zurückgehalten, um zu wachsen, wie es mein Auftrag ist. Mir, als dem wahren Selbst, ist völlig bewusst und bekannt, wozu ich hier bin, was mein Auftrag ist, und wann ich welchen Kanal öffne oder schließe. Mir wird auch vom Höheren Selbst direkt gesagt (oder wurde gesagt), wann ich das Skript aktivieren sollte und sogar wann die Energie in das *absolute Nein* gehen sollte. Weil ich meinen Auftrag, meinen Lebensauftrag kenne. Und jetzt, heute Morgen, Eckhard, hast du erfahren, wie es ist, wenn du in Resonanz trittst zum Leben. Das ist ein ganz neues Kapitel für dich, im Alter von beinahe 59 Jahren, ganz bewusst zu sagen: ‚Ich trete in Resonanz zum Leben'. Das ist etwas Lustvolles, Genussvolles. Diese Fähigkeit wird dir dann geschenkt, wenn alles andere klar ist und die Prioritäten klar sind. Noch einmal: Die Anima, die Seelenfrau, ist ein Teil von mir, vom wahren Selbst, aber ich bestimme, wann sie dem erfahrbaren Teil des Ichs erlaubt ist, erfahren zu werden, weil immer der Auftrag, der Lern- und Lebensauftrag, wichtiger ist vor allem Andern." (Ich nehme jetzt den Platz ein vom Welt-Ich.)

Welt-Ich: „Ich bin der Teil des Ichs, der weiß, was geschieht – aber nicht alles weiß."

Wahres Selbst: „Genau so ist es. Du bist mein Stellvertreter. Das Stellvertreter-Ich hat alle Würde, alle Verantwortung und alle Macht, dem Leben nach außen, den Bedürfnissen, Anforderun-

gen, Anpassungen wie der inneren Wirklichkeit gerecht zu werden – oder sie zu missachten. Und was du, als mein Stellvertreter-Ich, tust, das bestimme ich, dein wahres Selbst, und ich bekomme die Instruktionen vom Höheren Selbst. Und bei deinem Erkenntnisweg, Stellvertreter-Ich, brauchen wir alle heilenden Kräfte Gottes, damit du in die Lage kommst, das zu lernen, was du brauchst."
Welt-Ich: „Ich bin das Stellvertreter-Ich als Stellvertreter für mein Selbst und mein Höheres Selbst, mit dem, was mir jeweils an Bewusstseinsinhalten und Wissen, Bewusstheit gegeben und geschenkt wird. Ich bin der ‚Chef der Aufmerksamkeit', weil auf anderer Ebene mein Selbst lenkt. Ja, jetzt ist es klar."

Am 5.7.2011 fragte ich nach, wie ich mir das wahre Selbst vorstellen solle. Dabei erhielt ich folgende Antwort:
Wahres Selbst: „Lieber Eckhard, ich bin dein wahres Selbst, der Geist in dir. Meine Präsenz ist der Logos auf Menschen-Ebene, wirklich der ‚kleine Seelengrund': Ich bin Geist, wie du, als Herz-Ich (‚König-Ich'), erleben darfst: Leichtigkeit, Heiterkeit, Liebe, Freude, Friede, Harmonie, Gleichklang, Weite. Das sind alles die ‚Eigenschaften', ‚Elemente eines Geist-geborenen Menschen.' Sie sind die ‚höhere Oktave' des Seelenlebens – und darum heißt es in der Messe: ‚Erhebet die Herzen!' Erhebet die Schwingung, die Frequenz! Aber ich lenke nicht das Schicksal, ich *bin* einfach. Der Christus-Logos-Weltengeist aber kann nur über mich (!) von euren Herzen wahrgenommen werden. Ich bin sozusagen die Grundvoraussetzung dafür, dass das Heilige überhaupt einen Platz im Leben der Persönlichkeit bekommt. – Aber alles weitere wäre viel zu schwierig! Für dich ist wichtig: So, wie es eine Sprachzerstörung und Rekonstruktion (vgl. Alfred Lorenzer) im psychischen Bereich gibt, so ist diese auch möglich und nötig für den Geist-Bereich: d.h. jeder einzelne Lebensbereich möchte verbunden werden mit dem Geist. Anders ausgedrückt: Du musst vom Herzen aus, als deinem Person-Kern und absoluten Zentrum, von wo aus du ‚als Ich' denkst, entscheidest, organisierst, planst, willst, von diesem Zentrum aus musst du deine Geist-Natur, als wahres Selbst, ‚halten', als ein ‚Bleibet in mir' – und gleichzeitig jegliche Teilpersönlichkeit, jeglichen Bereich, sei er erfüllt mit Freude oder Leid. Auf diese

Weise entsteht eine ,Versöhnung', welche Voraussetzung dafür ist, dass der ,große Seelengrund', Christus als der Logos, dich erfüllen kann mit seiner Liebe, seinem Licht."

Für manchen Leser mag es erstaunlich sein, wie selbstverständlich hier der Dialog mit dem inneren Team fließt. Dazu muss man natürlich auch wissen, dass diese Meisterschaft im inneren Dialog eine Vorgeschichte hat: Das viele Alleingelassen-Sein in den ersten Lebensjahren des kleinen Jungen, der ich einmal war, entwickelte sich im weiteren Verlauf meines Lebens zu einer Vorliebe für Rückzug, einsame Wanderungen und Radtouren schon während der Pubertät. Später wurde daraus eine große Sympathie für das Klosterwesen, eine Faszination für sakrale Bauten und ein geradezu magnetisches Angezogen-Sein von allem, was mit Meditation, Psychologie und innerem Leben zu tun hatte. Als Muttersohn war ich dazu prädestiniert, ein introvertiertes Leben zu führen – die Teilhabe am öffentlichen Leben und die politische und wirtschaftliche Gestaltung der Welt überließ ich gerne den Vater-Söhnen und Vater-Töchtern. Dieser Wesenszug verbindet mich auch mit Carl Gustav Jung, der ja ebenfalls mit seiner inneren Welt so selbstverständlich kommunizierte wie ein Börsianer heute mit seinem PC (vgl. dazu Erinnerungen, Träume, Gedanken von C. G. Jung: 2001).

Wer in der Geschichte nach weiteren Meistern der Innenschau und des inneren Dialoges sucht, wird fündig bei dem Römer Boethius (Trost der Philosophie: 524), der in seiner Gefangenschaft sowohl die selbstbemitleidenden und verbitterten Teilpersönlichkeiten zur Sprache kommen lässt wie das höhere Wissen seiner Seele in Form der weiblichen Philosophia. Jahrhunderte später wird Dante in der „Göttlichen Komödie" (um 1307) in inneren Dialogen von seinem Seelenführer Vergil Ereignisse und Personen auf seinem Wege erklärt bekommen. Einen ebenfalls allwissenden Ratgeber finden wir um das Jahr 1660 in der Pilgerreise des John Bunyan, in der geheimnisvollen Person des Evangelisten. Das innere Team von John Bunyan weist dabei als Teilpersönlichkeiten einen Christ, Willig und Störrig, Weltklug, Gutwillig, Hoffnungsvoll und viele andere auf – ein Genuss für jeden, der die Arbeit mit dem inneren Team nach Schultz von Thun kennt. Dass auch Jeanne d'Arc (die „Jungfrau von Orléans" 1412–1431) die

Autorität ihrer inneren Stimme und Führung höher stellte als selbst die Autorität von Elternhaus, Papst und König, ist weltbekannt.

Rilke (1875-1926) lässt uns in seinem Gedicht „Archaischer Torso Apollos“ an einer Erfahrung teilhaben, wo sich eine absolute innere Instanz über die Betrachtung einer Statue (in einer unerwarteten, spontanen Projektion) bemerkbar macht:

> „Denn da ist keine Stelle, die dich nicht sieht. Du mußt dein Leben ändern.“

Peter Sloterdijk bezeichnet Rilkes Erfahrung (in seinem Buch gleichnamigen Titels „Du mußt dein Leben ändern“: 2009) als „authentischen Gipfelmoment“ (S. 43).

> „Die Fähigkeit, die innere Geste auszuführen, mit der man für diese Unwahrscheinlichkeiten in sich Platz schafft, dürfte ziemlich genau in diesem Talent bestehen, von dem Max Weber leugnete, es zu besitzen. Es ist das der „Religiosität“, als mitgebrachte Disposition und entwickelbare Begabung verstanden und hierin zu Recht der Musikalität vergleichbar. Man kann sie üben, wie man melodische Passagen oder syntaktische Muster übt“ (S. 44).

Damit auch hier mein eigener Weg nachvollziehbar wird, stelle ich meine eigenen Schritte dar, wie ich selber meine „religiöse Musikalität als Fähigkeit zum inneren Dialog und Introspektion“ entwickelt und geübt habe:

Exkurs: *Mein Weg zum Dialog mit dem Seelengrund.* Bei Maria Hippius, der Lebensgefährtin von Karlfried Graf Dürckheim, lernte ich als junger Student das „geführte Malen“: Auf riesigen Papierbögen ließen wir mit dicken Farbstiften, Kohle oder Wachsmalstiften Schalen und Kreise entstehen, wobei die Einladung lautete: „Es“ soll malen - nicht unser Wille. (Was wir da lernten, war praktisch die Kunst des japanischen Bogenschießens, wie sie Eugen Herrigel beschreibt, angewandt auf Farbe und Papier). Wir sollten dabei lernen, unserer malenden Hand die Führung zu überlassen, absichtslos, fließend - und vor allem offen. Denn Schalen und Kreise sollten nur die Vorbereitung dafür sein, richtig loslassen zu können, um dem „Es“ die Erlaubnis zu geben, im Anschluss an die Schalen

und Kreise auch Blitze, Kurven, chaotisches Krickel-Krackel, Dunkles und Helles, Überfließendes und Blockierendes auszudrücken. Hier durfte Vergessenes, Verdrängtes, Unbewusstes ans Licht, hier zeigten sich unerwartet Sonne, Mond, Sterne, Quellen, Bäume, wilde Tiere, Dämonen, Landschaften, Brunnen, sexuelle Symbole und immer wieder Engel - aber auch Schwerter, Panzer, Soldaten und viel Undefinierbares.
Nach diesem Kurs malte ich Berge von Bildern: sanfte, aggressive, depressive, die alle meiner Seele die Möglichkeit gaben, von dem vielen Zurückgehaltenen zumindest ein Weniges loszuwerden, sich auszudrücken ohne die Gefahr, jemandem dabei weh zu tun. Besonders eindrücklich waren für mich jene Bilder, die ich jeweils im Anschluss an meine Meditationen malte – sie entstanden praktisch immer um einen hellen Mittelpunkt herum. Anfangs brachte ich meine Papierbögen in die Therapiestunden mit und zeigte sie dem Therapeuten, der damit aber nicht viel anfangen konnte. Über die Jahre wurde das Malen von „geführten Bildern“ zu meiner zweiten Natur, zu einem Bedürfnis, mit meiner Seele in ein Gespräch zu treten und zu sehen, was sie mir zeigen wollte, mich mit ihren Bildern zu trösten, mir neuen Mut zu holen in der Einkehr mit mir selber. Das Malen dieser Bilder war, neben Meditation und Eutonie (Körper-Spüren) mein „Ritual des Eigenen“ innerhalb der Entfremdung. Sie zeigten mir, woran ich war, welches Thema bearbeitet werden wollte und was die verborgenen Aspekte einer Situation waren. – Dabei malte ich zeitweise auf kleinen Merkzetteln, mit Kugelschreiber, als „Ein-Minuten-Bild“, dann wieder auf großen Bögen, einmal mit Wasserfarben, einmal mit Wachsfarben.

Wenn man auf diese Weise jahrzehntelang malt, ist es sicher nicht überraschend, wenn die Seele irgendwann einmal nicht nur Bildmotive aufsteigen lässt, sondern Worte: In die Bilder hinein formten sich ganze Sätze. Der häufigste war: „Vertraue! Dein Weg ist richtig – wir führen dich!“ Es gab Kommentare, Warnungen, Erklärungen, Aufforderungen – und immer wieder die Mahnung zur Geduld und die Ermutigung, weiter zu gehen, dem Weg zu folgen. Irgendwann gesellte sich dazu auch die Unterschrift: H.S. (= Höheres Selbst).

So ergab es sich, dass ich irgendwann geführte Briefe an mich selber schrieb, deren Inhalt sich mir im Vorgang des Schreibens erschloss. Ich bekam auf diesem Wege Botschaften, die ich mir aus meinem Ich-Zustand des „Welt-Ichs" heraus niemals hätte geben können, da ich über so viel Weisheit bewusst nicht verfüge.
Das „geführte Malen" wurde mir schließlich zum Werkzeug der 5-Minuten-Pausen-Seelsorge in der Begleitung meiner Schüler, welche dieses Vorgehen rasch erlernten und Probleme aus Beruf wie Partnerschaft auf diese Weise eher verstehen und z.T. auch lösen konnten.
Empfänglichkeit, Erreichbarkeit, ein Zugangsweg sein, durchlässig werden – das übte ich mit jedem geführten Malen. Was bei Maria Hippius allerdings in ausgesprochen meditativem Rahmen praktiziert worden war, wurde nun, den Bedürfnissen der Situation angepasst, rascher umgesetzt – war dabei aber nicht weniger hilfreich. (Inzwischen habe ich die Technik so weit entwickelt, dass ich während der Leitung einer Gruppe bei etwaigen unklaren Situationen rasch nebenher ein Krickel-Krackel-Bild male, um mir durch das Bild sagen zu lassen, was gerade „dran" ist. Einzige Voraussetzung dafür scheint mir die totale Bereitschaft zur Des-Illusionierung, die Liebe zur Dis-Identifikation, die Freude an Reifungsprozessen und die Offenheit für die verborgene Botschaft, Wahrheit und Herausforderung einer Situation).
Auf Gestalt-Pädagogischen Seminaren lernte ich die „Stuhl-Technik" von Fritz Perls kennen. Damit hatte ich ein weiteres Werkzeug, um das bis dahin in mir Unausgesprochene als Stimme zu Wort kommen zu lassen, und es als „Einerseits" und „Andererseits" seine Konflikte austragen zu lassen (ohne dass ein Therapeut anwesend war. Die Freude über diese neue Möglichkeit und Freiheit war enorm: Endlich einmal unabhängig von jemand Anderem Klarheit schaffen zu können, dafür nicht an einen anderen Ort fahren zu müssen und auch kein Geld zu bezahlen...). Auch diese Möglichkeit praktizierte ich häufig, zeitweise täglich. Wenn ich mich recht erinnere, benützte ich diese Methode zunächst aber nur, um Entscheidungen zu treffen. Erst Jahre später wurde sie das wichtigste Werkzeug zur Selbsterfahrung.

Auch hier brauchte es eine innere Haltung des Gewährens, des Zu-Lassens, der Offenheit und Erreichbarkeit. Ich lernte immer rascher und selbstverständlicher, mich in eine Verfassung zu bringen, wo sich die Stimmen mitteilen konnten und ich (ohne diesem Faktum damals besondere Aufmerksamkeit zu schenken) als Zentrum der Stimmen, der „Schiedsrichter" war.
Eine weitere Bereicherung für meinen Weg ergab sich durch die Transaktionsanalyse. Auf meinen Spaziergängen legte ich fest: Die linke Wegseite symbolisiert mein inneres Kind, die Mitte den Erwachsenen, die rechte Seite meine inneren Eltern-Instanzen. Und so ging ich in ständigem Wechsel der Seiten, mit mir laut redend (mich dabei vergewissernd, dass weder vor mir noch hinter mir jemand ging, der Zeuge meines Zick-Zack-Weges geworden wäre). Der Auftakt zu solchem Dreier-Gespräch war immer die Einladung an die drei inneren Instanzen, sich zu den Ereignissen zu äußern, zu sagen, was sie fühlen, wollen, nicht wollen usw. Da gab es für mich immer Neues zu erfahren. Vor allem der Lehrer in mir musste sich gar manches vom inneren Kind sagen lassen.

Es ist evident, dass es zu dieser Arbeitsweise eine Einwilligung des Welt-Ichs braucht, seine vorherrschende Position zurückzunehmen und in einen gewährenden Ich-Zustand zu gehen, in welchem die inneren Instanzen die Möglichkeit und Freiheit haben, sich wahrhaftig auszudrücken. Dafür gibt es allerdings eine Bedingung: Bei mir selber und bei Anderen habe ich beobachtet, dass jeder Mensch nur so viel Wahrheit zulassen kann, wie er sich „getragen" fühlt. Es muss etwas da sein, was ein Gegengewicht zu den Peinlichkeiten der Seele schafft. Was gab mir das Gefühl, „getragen" zu sein? – Es war immer die Beziehung zu Gott und die Sehnsucht, mit ihm und mit mir ins Reine zu kommen, die Vision, dass meine Gottesbeziehung noch viel, viel tiefer sein könnte als sie war – und dazu hatten die Bücher meiner Seelenlehrer (Thomas Merton, Johannes B. Lotz, Karlfried Graf Dückheim) das Fundament gelegt. Ohne deren Vision des Seelengrundes und des Eins-Werdens mit Gott und ohne Carl Gustav Jungs Vision vom Individuationsweg hätte ich niemals die Kraft gehabt, all die unbequemen Wahrheiten aus meinen „Sitzungen" zu ertragen – so aber wusste ich, dass jede einzelne Sitzung mich meinem Lebensziel näher brachte. Und es bewahrheitete sich bei mir das Sprichwort:

> „Willst du, dass Männer dir Boote bauen, mit welchen du nach Schweden segeln kannst, dann erzähle ihnen, wie schön es in Schweden ist."

Ich weiß nicht mehr, wann sich bei mir die Perls'sche Arbeit mit Stühlen und die Berne'sche Arbeit mit den inneren Eltern, Erwachsenen und Kind zu einem einzigen System verbanden. Ich erinnere mich nur noch daran, dass sich im Wohnzimmer ein fester Platz für mein Welt-Ich herausbildete und dass im Raum außerhalb von mir allmählich verschiedene Teil-Persönlichkeiten einen festen Platz einnahmen. Gewöhnlich begann ich jetzt meine Sitzungen mit einem Gebet: „Ich bitte meine innere Familie mir jetzt zu sagen, was ihr mir sagen wollt und ich bitte Christus um Führung." Wenn ich diese Bitte ausgesprochen hatte, dann erspürte ich, an welchen Ort im Raum „es mich zog" – dorthin begab ich mich dann und ließ an diesem Ort den Teil, der mich dorthin gezogen hatte, durch mich sprechen. Eine Zeit lang saß z.B. auf der Kante eines Sofas mein „Kommentator" und „Ratgeber", der mir in breitestem Dorf-Schwäbisch die Situation erklärte, dabei eine wohlwollende Weisheit an den Tag legte, die mich immer wieder erfreute, leitete und aufatmen ließ. Dazu gab es eine „Pumuckel-Seite" oder „Pipi-Langstrumpf-Seite", die grundsätzlich gegen alles war. (Erst viel später lernte ich von meinem inneren Team, dass es in unserer Seelenwirklichkeit zum Plus-Pol den „Absoluten Minus- oder Nein-Pol" gibt, der die Spannung herstellt, die das Leben braucht, um überhaupt lebendig zu sein – und dass dieser Absolute Nein-Punkt von Gott eingesetzt ist, um uns reifen und wachsen, lernen und erkennen zu lassen).

Es ergab sich eine Ecke, in der häufig eine Art „Rumpelstilzchen" geheimnisvoll, destruktiv mir drohen konnte. Am Ende der Sitzung entpuppte sie sich als eine Seite, die mir nur dann schadet, wenn ich mich nicht an das halte, was ich „eigentlich" tun sollte oder lassen sollte, eine Art Mephisto, der das dunkle Prinzip immer dann aktivierte, wenn ich mir selber fremd und verlustig ging. Daneben meldeten sich natürlich andauernd meine inneren

Eltern, Geschwister, Großeltern als Instanzen, das innere Kind, der Lehrer in mir, der Weltverbesserer und der Resignierte usw. – es gab immer Überraschungen, warum ich auch früh begann, sämtliche Sitzungen auf Tonband aufzunehmen, um sie, mit Datum versehen, wieder anhören zu können und damit das Vergessene aufzufrischen.

Und dann war da – das war einfach nur beglückend und tröstlich – eine Stelle, die ich zunächst einmal die „Schutzengel-Seite" nannte. Die gab meistens am Ende eines inneren Hin und Her der verschiedenen Teilpersönlichkeiten (in Antwort und wiederum Reaktion auf die Antwort) einen Blick auf das Ganze, der schlicht und einfach als göttliche Sichtweise zu spüren und zu erkennen war. Seine Botschaften waren immer von einer sanften aber eindeutigen Autorität und Kraft, die sich deutlich von dem schwäbisch sprechenden Beobachter und Kommentator unterschieden: An dieser Stelle sprach das Heilige zu mir – das war eine nicht mehr hinterfragbare Instanz, jene, die schon seit Jahren in den geführten Bildern Trost gespendet hatte und die jetzt durch meinen Körper und meine Stimme zu mir sprach – nicht in jeder Sitzung – aber wenn sie zu mir sprach, war allein das Erleben des Sprachrohrseins, des Anteilhabens an der Atmosphäre dieser Schicht meiner Seele beglückend, ermutigend, aufbauend, heilend.

Als der Lehrer in mir schließlich ausgebrannt war, folgte eine „Reise durch das Tal der Tränen", die „dunkle Nacht der Seele" oder „Nachtmeerfahrt". Diese führte mich in Abgründe, die mit Worten nicht annähernd beschrieben werden können. Um „zu retten, was noch zu retten ist", lernte ich am Deutschen Ausbildungsinstitut für Focusing, DAF, in Würzburg, die Arbeit mit dem „felt sense" kennen, als dem, was unser Körper als Resonanz „sagt", wenn wir an ein Thema denken. Der „von innen gefühlte Körper" (vgl. Wiltschko 2003: 117) war mir zwar schon seit dem ersten Meditationskurs in den Studentenjahren vertraut gewesen (Eutonie-Übungen als „Körper-Spüren" gehörten bei allen Meditations-Lehrern, die ich erlebt hatte, immer dazu) und die Übung des Körper-Spürens (heute bekannter als „body scan") war mir über die Jahrzehnte hinweg immer wichtiger gewesen als die Sitz-Meditation – aber jetzt lernte ich, über die reine Wahrnehmung des „inneren Körperberichtes" hinaus, wie aus dem Wahrgenommenen ein Bild entstehen kann, eine Bewegung, eine Körperhaltung, ein Wort, ein Gefühl – die wunderbare Möglichkeit und Erfahrung also, dass mein Körper helfen kann, Probleme zu lösen, Antworten zu finden: was für eine Entdeckung! Aus einem Druck, einem Kribbeln oder Ziehen entwickelten sich ganze Prozesse, an deren Ende jeweils ein Aufatmen anzeigte: Botschaft des Körpers verstanden!

In meinen Studentenjahren hatte ich schon 1975 in Kloster Kirchberg über einen „Arbeitskreis Geistliche Übungen" der Evangelischen Michaelsbruderschaft (entstanden aus einer christlichen Erneuerungsbewegung) die Arbeit mit inneren Bildern erlernt, nämlich die „Aktive Imagination" (nach C. G. Jung) und die Imaginations-Übungen von Carl Happich (von ihm stammt der berühmte Weg auf den Berg, zur Kapelle). In den Folgejahren hatte ich auf meinem Weg experimentiert mit eigenen Phantasie-Reisen und Körperübungen, mit selbstgebastelten Anleitungen, die ich für mich entwickelte, auf Tonträger sprach und dann zur Übung verwendete (da ich bei gekauften Anleitungen zur Übung nur zu oft erlebt hatte, dass sie nichts taugten). So waren mir der „innere Bildschirm" und der Körper als Medium zur Hinwendung zum Heiligen schon früh zum wichtigsten Werkzeug geworden, sozusagen zum Empfänger, über welchen ich den Ich-Zustand herstellen konnte, in welchem ich überhaupt hören, sehen, fühlen und empfangen konnte mit dem „unsichtbaren inneren Ohr und Bildschirm".
Mit Hilfe von Focusing bekamen alle meine bisherigen Bemühungen um inneres Wachstum noch einmal neue Möglichkeiten: Die Ausbildung am DAF in Würzburg mit ihren gründlichen und systematischen Hinführungen zur Wahrnehmung dessen, was der Körper uns sagen will, half mir zu einer tieferen, noch systematischeren Arbeit mit allem bisher Geübten (Atem, Körper, Teilpersönlichkeiten, wahrem Ich und Höherem Selbst).

Mich überlassen, mich anvertrauen, loslassen, führen lassen, mich in Frage stellen lassen – scheinbar geht es dabei „nur" um Gottvertrauen und „Glauben" – aber damit verbunden ist aufs Engste die Frage, was für ein Mensch ich bin, welche Ich-Zustände ich bevorzuge, welche Teilpersönlichkeiten das Sagen haben, wie ich mit meinem Schmerz umgehe. Ich trug einen Charakterpanzer, um mich vor meinem Innenleben zu schützen, und war mit diesem identifiziert. Um wiederum den Charakterpanzer loslassen zu können und mich dem eigenen Seelenleben zuzuwenden, in welchem verborgen das Heilige anwesend ist, brauchte ich zusätzlich religiöse Unterweisung, die ich mir in meiner Hausbibliothek holte: Seelennahrung.

Der Weinstock und die Reben

Die Sterne kann man sehen, wenn es Nacht ist. Bei Tageslicht sind sie für das Auge unsichtbar. So ist es auch mit dem Seelengrund: Wie die Sterne ist er immer da – aber im Ich-Zustand des alltäglichen Tages-Bewusstseins wird er nicht wahrgenommen.

Weder unser Wille noch unsere Vorstellung können seine Wahrnehmung oder Erfahrung herbeiführen oder machen, denn die Psyche kann nur Psychisches hervorbringen – der Seelengrund aber ist Geist. Wie stehen Psyche und Geist zueinander? Im Johannes-Evangelium vergleicht Jesus das Zusammenspiel der beiden Wirklichkeits-Schichten mit einem Weinstock und seinen Reben:

„Ich bin der Weinstock – ihr seid die Reben."

„Ich bin" sagt dabei nicht der Mensch Jesus, sondern der im Menschen Jesus anwesende Logos. Der Weinstock ist der Lebensgrund und Hervorbringer der Reben. Ohne Weinstock keine Reben. Was die Reben sind, sind sie aus dem Weinstock. So ist jeder Mensch ein „Zweiteiler" – eine Vorstellung, die es schon im alten Ägypten gab. Marie-Louise von Franz (damals Mitarbeiterin von C. G. Jung) schreibt dazu:

„In Ägypten hatte der König (in späteren Zeiten auch einfache Leute) verschiedene Seelen. Eine war die Ka-Seele, die mehr die angeborene Vitalität meint, die sexuelle Potenz und die Geschicklichkeit. Die Ba-Seele dagegen ist der unsterbliche Teil, die vorbewuss-

> te Individualität und der Teil, der nach dem Tod überlebt. Der Ba wird in den Hieroglyphen entweder als Vogel dargestellt oder als Stern. Hier bedeutet also der Stern auch den unsterblichen und den besonderen individuellen Kern der Persönlichkeit. Wie Helmuth Jacobson in seinem Kommentar zum ägyptischen „Gespräch eines Lebensmüden mit seinem Ba“ ausführt, ist der Ba nicht ganz identisch mit dem, was wir das ‚Selbst‘ nennen, denn er enthält auch viele Elemente, die wir der bewussten Persönlichkeit zuschreiben. Das rührt jedoch daher, dass vor 4000 Jahren vieles, was wir heute der Ichpersönlichkeit und unserem Ichbewusstsein zuschreiben, noch Teil dessen war, was wir heute das Selbst nennen“ (vgl. von Franz 1985: 23 f.).

Was in der Jung‘schen Schule „Selbst“ genannt wird, ist der „göttliche innere Seelenkern“ (vgl. von Franz: 9), der Seelengrund. Wie schon das Bild vom Weinstock und den Reben deutlich macht, muss die Rebe auf keine ihrer Leistungen stolz sein, denn ihr gesamtes Leben empfängt sie ja aus dem Weinstock. Mit Worten des Johannes-Evangeliums heißt das: „Ohne mich könnt ihr nichts tun!“

Und wieder ist der, der da „mich“ sagt, der Logos. Marie-Louise von Franz beschreibt eine solche Haltung wissenden Empfangens (also der Demut) auch bei den alten Römern:

> „Im Römischen Reich hatte jeder männliche Römer einen Genius und jede Römerin eine Juno, eine Art innerer Schutzgottheit. Ein Genius wurde dargestellt als strahlender Jüngling, mit einem Füllhorn voller Früchte, tanzend. An seinem Geburtstag opferte jeder Römer seinem Genius für sein eigenes Wohlergehen. Er war das, was einen sich wohlfühlen und gesund sein ließ. Und wenn er z.B. in der Klemme saß und plötzlich eine gute Idee hatte, wie er herauskommen könne, dann wurde er nicht eingebildet, wie es bei uns der Fall wäre, dass wir uns gratulieren, wie großartig wir sind, sondern er pflegte seinem Genius zu danken, dass er ihm eine so gute Idee in den Kopf gesät hatte. Später nannte man den Genius auch den ‚Stern‘ eines Mannes“ (S. 24).

Dass der Grieche Sokrates sämtliche Entscheidungen mit seinem „Daimonion“, als höherer Instanz, traf, die ihn als „innere Stimme“ führte, hat er gemeinsam mit dem Dichter christlicher Lieder, Matthias Claudius, der seinen Sohn ermahnt, auf jene innere höhere Präsenz zu hören (vgl. „An meinen Sohn Johannes“ 1799):

> „Die Wahrheit richtet sich nicht nach uns, lieber Sohn, sondern wir müssen uns nach ihr richten. Was du sehen kannst, das siehe, und brauche deine Augen, und über das Unsichtbare und Ewige halte Dich an Gottes Wort. Bleibe der Religion Deiner Väter getreu und hasse die theologischen Kannengießer.
>
> Scheue niemand so viel als Dich selbst. Inwendig in uns wohnet der Richter, der nicht trügt, und an dessen Stimme uns mehr gelegen ist als an dem Beifall der ganzen Welt und der Weisheit der Griechen und Ägypter. Nimm es Dir vor, Sohn, nicht wider seine Stimme zu tun; und was Du sinnest und vorhast, schlage zuvor an Deine Stirne und frage ihn um Rat. Er spricht anfangs nur leise und stammelt wie ein unschuldiges Kind; doch wenn Du seine Unschuld ehrst, löst er gemach seine Zunge und wird Dir vernehmlich sprechen.“

Wo die innere Stimme nicht direkt gehört werden konnte, benützten die Christen auch mal Hilfsmittel, um den übergeordneten Willen Gottes zu erkennen: Bei den Christen der Herrenhutischen Richtung war und ist bis zum heutigen Tag das „Los“ und die „Losung“ ein Mittel, um Gottes Willen zu erkennen. In der Biographie des ehemaligen Herrenhuters Friedrich Daniel Ernst Schleiermacher (geb. 1768) wird z.B. beschrieben, wie das Los geworfen wird:

> „Die Prüfung verlief zufriedenstellend, so dass Gottlieb Schleyermacher nochmals ein Gesuch einreichen durfte. Am 17. Mai 1783 warf man nach herrnhutischer Sitte das Los. Das Losorakel entschied die Aufnahme Friedrichs, vierzehneinhalb Jahre alt, und Johann Carls, zehneinhalb Jahre alt, in das Pädagogium von Niesky“ (vgl. Nowak 2002: 23).

Im ehemaligen Landeskirchlichen Museum zu Ludwigsburg konnte man mit Nadeln durchstochene Bibeln begutachten, die zum Orakeln gedient hatten. Dabei dachte man an seine Frage, bat um Einsicht in den Willen Gottes, stach anschließend mit der Nadel in die Bibel, um dort, wo der Stich endete, zu lesen, was die Bibel als Antwort auf die gestellte Frage sagte. Auch ein kleines Kästchen mit Orakel – Kärtchen mit Bibelversen war im gleichen Museum zu bewundern: Wo die innere Stimme nicht vernommen werden konnte, sollte wenigstens auf diese Weise garantiert sein, dass der Wille Gottes erkannt würde. Für den Frommen war dabei selbstverständlich, dass er bei der Auswahl der Kärtchen „geführt" wurde – vom Weinstock aus der Tiefe des Menschenwesens hinein in die Bewegung der Hände, der Finger.

Für den Evangelisten Johannes, wie später auch für Athanasius, gilt, dass im Menschen Jesus der Logos anwesend ist. Eine ähnliche Vorstellung finden wir auch im Evangelium nach Markus, wo Jesus mit ausgewählten Jüngern auf einen Berg steigt und dort diese Auserwählten seine Geist-Natur als Licht-Leib sehen lässt:

> „Und nach sechs Tagen nahm Jesus mit sich Petrus, Jakobus und Johannes und führte sie auf einen hohen Berg, nur sie allein. Und er wurde vor ihnen verklärt; und seine Kleider wurden hell und sehr weiß, wie kein Bleicher auf Erden so weiß machen kann. Und es erschien ihnen Elia mit Mose und sie redeten zu Jesus" (Markus 9,2-4).

Als Weinstock ist der Logos der Seelengrund zugleich aller Menschen – und somit in allen gegenwärtig. Er ist das „Licht der Welt", das „Wasser des Lebens", „der Weg, die Wahrheit, das Leben", also die Weltenseele, der Lebensgeist, aus welchem in jeder Sekunde sämtliche Materie geschaffen wird:

> „Im Anfang war der Logos und der Logos war bei Gott und Gott war der Logos. Derselbe war im Anfang bei Gott. Alle Dinge sind durch denselben gemacht, und ohne diesen ist nichts gemacht, was gemacht ist. In ihm war das Leben, und das Leben war das Licht der Menschen. Und das Licht scheint in der Finsternis, und die Finsternis hat's nicht ergriffen. Es war ein Mensch, von Gott gesandt, der hieß Johannes. Der kam zum Zeugnis, um von dem Licht zu zeugen, damit sie alle durch ihn glaubten. Er war nicht das Licht, sondern er sollte zeugen von dem Licht. Er war in der Welt, und die Welt ist durch ihn gemacht; aber die Welt erkannte ihn nicht. Er kam in sein Eigentum; und die Seinen nahmen ihn nicht auf. Wie viele ihn aber

aufnahmen, denen gab er Macht, Gottes Kinder zu werden, denen, die an seinen Namen glauben, die nicht aus dem Blut noch aus dem Willen des Fleisches noch aus dem Willen eines Mannes, sondern von Gott geboren sind" (Johannes-Evangelium Kap. 1, 1-13).

Deutlichst betont wird hier, dass jenseits alles Willensmäßigen der Logos nur *empfangen* werden kann, in einem Akt, der hier „Glauben" genannt wird, was am besten mit „einverstanden sein", „empfänglich sein" oder „ein Zugangsweg sein" übersetzt werden kann (aber auf gar keinen Fall mit „Für-wahr-Halten" – und schon gar nicht gegen die eigene Vernunft). An anderen Stellen nennt Jesus den Seelengrund „Himmelreich" (verstanden als „Herrschaft des Geistes") und vergleicht ihn mit einem Schatz, der im Acker vergraben ist – also auch hier verborgen.

Auch die ostjüdische Tradition der Chassidim weiß von einem Schatz, der unter dem Küchenherd eines Mannes in Krakau vergraben ist – nur dass er nichts davon weiß. Erst als er drei Mal davon träumt, dass er in Prag einen Schatz finden würde, macht er sich auf die lange Fußreise dorthin, um dann auf der Prager Brücke durch einen Hauptmann und dessen Traum zu erfahren, dass der Schatz bei ihm im Hause vergraben ist. Diese Geschichte überliefert Martin Buber (vgl. Buber 2001: 49 ff.). Man sollte allerdings bei seiner Auslegung zu dieser Geschichte wissen, dass die Chassidim selber nicht einverstanden waren mit Martin Bubers Auslegung (vgl. Wehr 2010: 305 f.).

Der Seelengrund als das Verborgene findet sich auch in einem Märchen, das in 40 verschiedenen Fassungen weltweit erzählt wird: Frau Holle. (Den feministischen Auslegungen dieses Märchens – „Frau Holle als pädagogisches Instrument der Unterdrückung und Dressur von Frauen zu Gehorsam und Pflicht" – muss allerdings entgegnet werden, dass Märchen erst in jüngster Zeit als „Geschichten für Kinder" aufgefasst werden. Bekannt ist dagegen, dass nicht nur im Orient Märchen von Erwachsenen für Erwachsene erzählt wurden, so z.B. in Rumänien bei Bergarbeitern zwischen den Schichten).

In diesem Märchen befindet sich der Schatz als erleuchtender Goldregen ebenfalls im Verborgenen, und zwar in jener unsichtbaren Welt, in welche die Marie durch einen verzweifelten Sprung in den Brunnen gelangt. Sie will dort eigentlich nur eine Spule finden – diese verliert dann aber ihre Bedeutung angesichts von Aufgaben, die Marie absichtslos und ohne groß zu fragen einfach erfüllt, weil sie eben gerade anstehen: Brot aus dem Ofen, Wäsche von der Leine, Äpfel vom Baum – und dann lange Zeit Stuben kehren. Als Belohnung bekommt sie einen Goldregen: die Erleuchtung.

Das Motiv des Stubenkehrens – als des Reinigens der Seele, des Seelenhäuschens, taucht schon zu Beginn des Markus-Evangeliums auf, wenn Jesus gleich zu Beginn seines Wirkens vom Geist Gottes (!) in die Wüste geschickt wird, um dort in einer Zeit von 40 Tagen und Nächten seine Seele zu reinigen. (40 Jahre dauerte auch der Zug des Volkes Israel aus der ägyptischen Gefangenschaft heim ins gelobte Land. Wobei modernen Bibelforschern als gesichert gilt, dass das Volk Israel niemals in Ägypten war, sondern dass dieser Auszug vielmehr Symbol für einen Weg der Befreiung ist, den jede Seele zurücklegen muss, wenn sie zur Erleuchtung gelangen möchte).

Die Seele reinigen, sie leer werden lassen, bleibt von den Anfängen des Christentums über Dionysios Areopagita, Augustinus, Meister Eckhart, Johannes Tauler bis in die heutige Zeit *die* Aufgabe, welche dem Gottsucher aufgetragen ist – sein Teil, den er dazu beitragen kann, damit ihn dann die Gnade beschenken kann.

Ein anderes Bild für den Seelengrund ist das „himmlische Jerusalem“, zu welchem sich der Pilger des John Bunyan aufmacht, und das er auch schauen darf, nachdem er auf einer langen, qualvollen Reise (mit fortlaufender Selbsterfahrung über sein „inneres Team“) die notwendige Reinheit erlangt hat. Die „Pilgerreise zur seligen Ewigkeit“ erschien 1684 und galt nach der Bibel als das meistgelesene Buch der Welt – die Tiefenpsychologin Esther Harding (1957) deutete die Pilgerreise in ihrem Buch „Selbsterfahrung“ 300 Jahre später als „Weg der Individuation und Weg zum Selbst.“ An Gültigkeit haben beide Werke seither nichts verloren.

Das Motiv der Reise (der Quest), ist ja aus den Märchen, Mythen und Sagen nicht mehr wegzudenken. Eine Variante davon ist die Dichtung „Faust“ von Johann Wolfgang von Goethe. Reif werden, dem eigenen Schatten begegnen, einen Weg zurücklegen – es ist immer ein Geschehen, das den ganzen Menschen fordert und nicht zulässt, dass es andere Prioritäten gibt als jene eine: das große Ziel zu erreichen.

In meinem eigenen Erleben gab es in einem Initialtraum ebenfalls das Bild von einem langen, einsamen Weg, 1974, ich war damals Student in Zürich:

> „Alle haben eine Kuhherde – ich auch. Plötzlich ist meine Herde weg. Ich mache mich allein auf die Suche. Dabei komme ich zu einem Bauernhof, wo ich mich wohlfühle. Es gibt dort eine junge Frau, mit der ich zusammen bin. Dann gehe ich meinen Weg weiter. Der Bauer schimpft hinter mir her. Lange, lange Zeit gehe ich durch einen Hohlweg, ganz allein. Schließlich komme ich oben rechts zu einer Blumenwiese. Dort stehe ich und bin glücklich." Als mich die Therapeutin fragt, was mir zur „Blumenwiese" einfällt, kommt aus mir, ohne nachzudenken, der Begriff: „Gottesspiegel".

Natürlich werden auch jene, die „nicht wirklich am Seelengrund orientiert" sind und darum den beschwerlichen Weg der Selbsterfahrung auch nicht gehen, immer wieder einmal die Berührung durch das Heilige erleben. Und natürlich gilt für alle Menschen, was C. G. Jung einmal auf folgende Formel brachte: „Vocatus atque non vocatus – deus aderit" („Gerufen oder ungerufen – Gott wird immer anwesend sein"). Das „Gefühl schlechthinniger Abhängigkeit", wie es Friedrich Schleiermacher (ein Theologe aus dem 19. Jahrhundert) nannte, ist immer da und das bei jedem Individuum. Die Frage ist nur, wovon der Einzelne sich absolut abhängig fühlt und was ihm persönlich der höchste Wert ist: Ist es ein Gott – oder ein Ersatzgott, Götze, abwegiger Scheinwert? Wer sich nämlich nicht erhebt, nicht reinigt, nicht durch die Disziplin der Selbsterfahrung geläutert hat, wird das Absolute immer in Verschmelzung mit einem ETWAS erleben, seien es Nationalität, Heimat, Familie, Beruf, Auto, Briefmarkensammlung oder ein anderer Wert, der zum Höchsten Gut ernannt wird.

Wenn z.B. nach einem Gottesdienst eine Besucherin sagt: „Das war feierlich!", dann meint sie dieses „schlechthinnige" Berührt-Werden durch den Seelengrund – auch wenn sie die Sprache dafür nicht kennt. Wenn sie allerdings noch keine Unterweisung und Übung in der Kunst der Unterscheidung hat, und wenn sie noch keine Vorstellung vom weiteren möglichen Vorgehen hat, wird sie über ein augenblickliches, vor allem emotionales Berührtsein kaum hinausgelangen. Nach meiner Beobachtung wird von der Mehrheit der Menschen das Absolute als höchster Wert zunächst immer nur in Vermengung, Vermischung und Verschmelzung mit anderen seelischen Dimensionen bzw. Teilpersönlichkeiten erfahrbar. In den verschiedenen christlichen Kirchen und Freikirchen lässt sich das anhand der Schwerpunkte deutlich erkennen, welche die einzelnen Konfessionen bei der Feier eines Gottesdienstes haben:

- das Emotionale, Gefühlsmäßige
- das Intellektuelle (als Lust an neuen Formulierungen, Denkansätzen, sprachlicher Ausgestaltung, Rhetorik vor allem in der Predigt)
- das Liturgisch – Ästhetische durch Musik, Kunst, Gewänder, äußere Form
- das Ethisch-Politisch-Ökologisch-Appelative, das Sozial-Engagierte mit Priorität auf Veränderung, Verbesserung der Lebensbedingungen (z.B. bei der „Theologie der Befreiung")
- das Sinnhafte, Tröstende als Lebenshilfe und Ermutigung zum Leben
- das Konservativ-Erhaltende, Gesetzliche (z.B. Tradition, Brauchtum, Einhaltung von überlieferten Regeln)
- das Verschmelzen der Masse in inszenierten Großveranstaltungen
- Bekehrung, Umkehr, Neubeginn

Bei diesen (hier natürlich sehr vereinfacht dargestellten) Hauptrichtungen des Interesses und der Aufmerksamkeitsorganisation steht jeweils *eine* seelische Funktion im Vordergrund und ist der Bezugspunkt, anhand dessen entschieden wird, ob eine Feier gelungen ist oder nicht – es ist dabei immer ein ETWAS!

Alle o.g. Kategorien (oder Dimensionen oder Schichten) würde die Psychologie und Weisheit der ersten Nonnen und Mönche dem Prinzip „Welt" oder „Psyche" zuordnen. Sie gehören zwar alle zum Leben eines jeden und können natürlich allesamt verabsolutiert werden, also zum „Götzen" werden, sind aber noch nicht das „Eigentliche", sind alles andere als der Seelengrund. Dieser liegt verborgen wie ein „Schatz im Acker" (Jesus) oder wie ein Schatz unter dem Küchenherd (Chassidische Tradition) oder wie der Goldregen (im Märchen von Frau Holle) unterhalb der sichtbaren Welt – gemeint ist damit: jenseits des Psychischen, jenseits von Wille und Vorstellung. Auf gar keinen Fall soll es eine Ver-Mischung von Psyche und Geist geben, von Geist und ETWAS – das hieße dann in der Gleichnis-Sprache von Jesus „neuen Wein in alte Schläuche füllen“ oder „einen alten Stoff mit neuen Flicken reparieren.“ Überall dort, wo Psychisches mit Geist vermischt wird, entstehen Fanatismus, Machtmissbrauch, Unterdrückung, Unfreiheit. In einem Focusing-Prozess würde sich das anfühlen als: Schwere, Dunkelheit, Enge. Die Früchte des Geistes aber sind daran zu erkennen, dass wir im Ich-Zustand des Geistes heiter, gelassen, humorvoll, frei, wohlwollend, sanft und gütig sind. Im Körper fühlt sich das an als leicht, hell, weit.

Zu diesem Fragen-Bereich sagte mir in einer Sitzung das Höhere Selbst:

> Höheres Selbst: „Die Tatsache, dass Menschen einen doppelten Ursprung haben, bewirkt, dass sie fortwährend das Absolute suchen. Solange sie aber nicht zwischen Geist und Psyche unterscheiden können, suchen sie das Absolute im Vergänglichen, im Mitmenschen, im Urlaub, in diesem und jenem – und werden fortwährend enttäuscht und verbittern.
>
> Sowie die Kunst der Unterscheidung von Geist und Psyche, von Relativem auf Erden und Absolutem im Himmlischen Geist vollzogen ist, entsteht Langmut, Toleranz, Sanftmut und Nachsehen – man erwartet von niemandem mehr das Absolute, welches nicht in der Materie und nicht in der Psyche, sondern nur in der Tiefen-Dimension des Geistes zu finden ist, im Ich-Zustand des Lächelns bei gleichzeitigem Bewusstsein um die Erden-Schwere und um das immer vorhandene „NEIN!“, welches ein Teil eines jeden Menschen ist, ob er es weiß oder nicht.“

Ich habe diese empfangenen Gedanken damals ergänzt mit folgenden Sätzen:

Das große „NEIN!“ kann sich mit dem inneren Kritiker vermischen, ist aber weit mehr als dieser: Es ist jener Abgrund, der auf die Kreuzigung des Ego hin erfolgt: „Hinabgestiegen in das Reich des Todes“ heißt im alten Glaubensbekenntnis der Christen: „Niedergefahren zur Hölle!“ Es ist die Erfahrung des „absoluten NEIN!“ und manifestiert sich in uns unter anderem als der Wunsch, nicht zu sein. Der Kampf mit dem Minothaurus im Zentrum des Labyrinths ist Ausdruck des Ringens mit dem „NEIN!“ Es ist das absolute „Nein!“, welches den Gegenpol zum „JA!“ bildet – aus dieser Grundspannung nährt sich der Lebensstrom.

Das Zentrum des Labyrinths ist der Ort höchster Reinheit, wo sämtliche Illusionen und Identifizierungen aufgegeben sind: Schutzlos ist der Held nun dem reinen Da-Sein ausgesetzt, wo keinerlei Beschützer-Ichs zwischen ihm und dem Abgrund des Nichtseins stehen: Die buddhistische Entsprechung zu diesem Mythos ist der Kampf Buddhas mit „Mara“ unter dem Bodhy-Baum und die christliche Parallele das Ringen von Jesus mit Satan in der Wüste, am Ende seiner 40-tägigen inneren Reinigung und Läuterung.

Nun, wo keinerlei „Überlebens-Strategie“ mehr anwendbar ist, da man sich nichts mehr vormachen kann, bleibt nur noch der „Mut zum Sein“ (vgl. Paul Tillich 1968) als Akt, in welchem wir aus unserem Person-Sein heraus unser Leben *wollen*. Das aber ist in diesem Stadium, auf dieser Stufe der menschlichen Reife, eben gerade nicht mehr aus der Dimension des Psychischen allein möglich, sondern nur noch aus der engsten Lebens-Verbindung von Psyche und Geist, aus einem ständig sich aus dem Geist heraus erneuernden *Willen zum Leben*. Der Satz des Christus-Logos „ohne mich könnt ihr nichts tun!“ wird für die Person auf dieser Entwicklungsstufe zur selbst erfahrenen Wirklichkeit, zur nicht mehr zu umgehenden Notwendigkeit: Der des-illusionierte, dis-identifizierte, also gereinigte, geläuterte Mensch hat keine Wahl mehr. Da kein ETWAS mehr seinem Leben einen Ersatz-Sinn geben kann, muss er sich selber in höchster Wachsamkeit und Aufmerksamkeit dem Sein zuwenden und sich aus ihm ständig neu organisieren. Das ist gemeint mit Authentizität: Leben aus dem Sein. Es geht darum, die Erden-Schwere anzunehmen als das Vorläufige. Im Sinne von:

„Ich bin ein Gast auf Erden!“
„In der Welt, aber nicht von der Welt“
„Haben, als hätte man nicht!“

Mit dieser Haltung hören wir auf, das Absolute im Vorläufigen zu suchen. Dass diese Haltung alles andere als Passivität ist, macht Albert Schweitzer mit folgenden Worten deutlich:

> „Ehrfurcht vor dem Leben bedeutet Arbeit an sich selbst, denn es geht um nichts weniger, als die Vertiefung, Verinnerlichung und Steigerung des Willens zum Leben.“

Diese Haltung ist die Voraussetzung dafür, dass wir unseren Nächsten annehmen können: Wir erwarten von ihm nicht mehr das Unmögliche.

Exkurs: *Einsamkeit und der Auftrag der Kultur.* Schon im Jahr 1994, (also heute vor 18 Jahren) als ich noch ganz wenig vom Leben verstanden hatte, wurde mir im gleichen Sinne vom Höheren Selbst gesagt:
Höheres Selbst: „Was du suchst, suchen alle Menschen – aber du wirst es nicht finden – außer in Sternstunden, die du nicht machen kannst. Dieses Gefühl der Liebe bekommst du nur im Paradies. Das Wissen in dir ist, dass es fehlt. Damit müsst ihr Menschen leben. Es ist dein Traum von der fehlenden Kuhherde. Ihr könnt damit nur klar kommen, dass ihr euch arrangiert. Das ist die Leistung der Kultur. Sie ist Ersatz für das verlorene Paradies. Wenn du das weißt, hast du den goldenen Schlüssel für alles. Denn du weißt: Es gibt nichts Echtes. Es ist alles Ersatz, authentischer Ersatz. Wenn du das weißt, kannst du mit der Kultur spielen. Du weißt, dass kein Mensch das findet, was er als Erwachsener sucht, Menschen, die nicht erwachsen werden wollen genauso wie Menschen, die längst erwachsen sind. Sie erleben es im Kino, im Traum, in der Phantasie und manchmal als kleines Geschenk im Laufe ihres Tageserlebens. Aber das ist selten und nicht einplanbar. Wie töricht ist also die Aufforderung: „Lebe deinen Traum!"
Die Leistung der Kultur ist es, dem Menschen zu helfen, dass er mit dieser Entbehrungs-Situation zurecht kommt. Und aus dieser Spannung, lieber Eckhard, aus dieser Spannung zwischen dem, was ist und möglich ist und dem, was ihr als Vision habt, nährt sich euer Lebensstrom. Es ist nämlich die Spannung vom Minus zum Plus. Das verlorene Paradies ist und bleibt verloren, für alle Zeiten verloren. Da sind sich alle namhaften Philosophen und Psychologen einig. Ihr könnt nur lernen, euch damit zu arrangieren. Und ihr könnt entlarven, ob die Art, wie ihr euch behelft, ein guter oder ein schlechter Ersatz ist. Aber es ist und bleibt alles Ersatz, vorübergehend, nur für dieses Menschenleben und für den jeweiligen Augenblick, den jeweiligen Charakter, die jeweilige Gruppe.
Ihr werdet also gut daran tun, offen zu sein für alle kulturellen Erscheinungen und euch dabei zu fragen: Sind sie nützlicher oder

oder weniger nützlich? Wie lebendig sind sie oder wie unlebendig? Aber sie sind letztlich alle ein Zeichen des Todes, verglichen mit der göttlichen Daseinsform. Sie sind gleichzeitig ein Zeichen des Lebens und ihr könnt euch darin einfach probieren. Aus dieser Haltung heraus kannst du lächeln und gelassener werden.
Eure Bitterkeit ist ein Zeichen eurer Sehnsucht nach dem Paradies. Nehmt sie an; sie ist ein Teil von euch und gleicht das Gute aus. Kein Mensch kann nur gut sein. Kein Mensch kann nur positive Gedanken haben. Jeder braucht das Yang und das Yin. Deshalb ist es in Ordnung, wenn ihr euch Luft macht auf dem Spaziergang. Danach ist das Thema erledigt. Es soll nur kein Dauerbrenner werden. Aber es ist richtig, dass ihr aus eurem Willen lebt. Das ist eure Aufgabe als Menschen. Aus dem Willen, aus der Tat, aus der Handlung. Das ist die große Leistung der Kultur – und ihre lächerliche Tragik."

Der Mensch als Ebenbild Gottes

In den Siebziger Jahren schrieb ich eine Seminararbeit über jene Bibelstelle im Alten Testament, wo es heißt:

„Und Gott schuf den Menschen ihm zum Bilde – zum Bilde Gottes schuf er ihn." (Gen 1,27)

Was ich unter den damals anerkannten protestantischen Alttestamentlern als Antwort auf die Frage „worin besteht denn nun eigentlich die Ebenbildlichkeit?" vorfand, bezog sich beim Einen auf die „Fähigkeit zu denken", beim Anderen auf den aufrechten Gang, auf die Fähigkeit zu Freiheit, Liebe, Lebensgestaltung und Ähnlichem – damals waren diese Lösungsversuche für mich eine einzige große Enttäuschung und ich begann daran zu denken, das Studium der evangelischen Theologie abzubrechen. Trost suchte ich in einer kirchengeschichtlichen Arbeit über den „äußeren und inneren Menschen" bei Martin Luther. Voller froher Erwartung ging ich ans Werk, um wenigstens bei Luther Seelennahrung zu finden – musste aber nach langem zähem Suchen in seinen Werken feststellen, dass der „innere Mensch", welcher bei Luthers geistigem Vater, Augustinus, noch eine tatsächliche geistige Wirklichkeit war, bei Luther ein nicht mehr zu greifendes theologisches

Konstrukt war, dessen einziges Ziel die Durchführung des Konzeptes der „Rechtfertigung des Sünders durch den Glauben an Jesus Christus" war – ein über Meditation und andere geistliche Übungen real zu erlebender Geist Gottes im Menschen war für Martin Luther kein Thema mehr (dafür waren seine eigenen Kloster-Erfahrungen zu traumatisch gewesen und die Auseinandersetzungen mit den „Schwärmern" hatten noch das übrige zum Abschied vom „real erlebten inneren Menschen" beigetragen).

So erlebte ich als Student der Theologie enttäuscht das, was Ferdinand Lassalle schon 1859 im Vorwort zu seinem Drama „Franz von Sickingen" geschrieben hatte: Dass die „Selbstbefreiung des Humanismus durch Luther und die Folgezeit in das enge Bette einseitiger dogmatisch-theologischer Richtung eingedämmt" war. „Im Kampf Reuchlins" jedoch, heißt es dann im Stück selbst, „da ward es klar, welch neuer Drang die Welt bewegt" (zit. nach Schwab 1998: 9). Der Humanist Johannes Reuchlin (ein Zeitgenosse Luthers) stellte zur Theologie schlicht fest:

> „Was aber von der Natur vollständig und von jeglicher Materie und Bewegung seinem Wesen nach losgelöst und getrennt ist, nennen wir Theologie" (zit. nach Schwab 1998: 220).

Für Reuchlin ist die Dimension des Geistes alles andere als eine fromme Fiktion oder ein theologischer Glaubensinhalt, sondern wirkliche, erfahrbare Dimension des Menschlichen, nämlich das „Höchste, eine andere Seinsweise" (vgl. Schwab 1998: 216).

> „Der Geist allein ist göttlich, und nur er kommt dem Menschen von außen her zu. Nach der Erleuchtung durch ihn werden die unter ihm liegenden Seelenkräfte gelenkt und geleitet, bis der Verstand, der Verstehende und das Verstandene ein und dasselbe sind" (S. 216).

Diese „andere Seinsweise" hat Erich Fromm in seinem Buch „Haben oder Sein. Die seelischen Grundlagen einer neuen Gesellschaft" (Fromm: 1976) gründlichst beschrieben. In einem weiteren Buch beschreibt er auch den Weg dorthin (veröffentlicht durch Rainer Funk posthum unter dem Titel „Vom Haben zum Sein. Wege und Irrwege der Selbsterfahrung" (Fromm: 2005)).

Was hinderte die Menschheit bisher daran, dieses Höhere Sein, die Ebenbildlichkeit im Geist, weit mehr zu verwirklichen als es bislang geschieht? Unter den vielen möglichen Antworten scheint mir *eine* der Wirklichkeit besonders nahe zu kommen: So, wie es ein Lebensskript im transaktionsanalytischen Sinne für jeden einzelnen Menschen gibt (vgl. Kapitel „Abschied vom Ich"), so leben auch Institutionen und Organisationen nach einem Skript, welches sich mit seinen Schutzmechanismen gegen äußere Einflüsse immun zu halten bemüht. Es ist längst bekannt, dass jede Organisation, jedes System Abwehrmechanismen gegenüber Einfluss von außen und Veränderungen hat. Die Skripte der Kirchen stammen aus der frühesten Zeit der Christenheit, aus jener Zeit, wo die römischen Kaiser ihren Machteinfluss auf die Dogmen-Bildung ausübten und Bischöfe durch Abstimmungen bestimmten, was zu glauben bzw. zu verwerfen ist (unter der Vielzahl der vorhandenen Evangelien und Lehrtexte wurde bekanntlich eine Auswahl von vier „gültigen" getroffen). Das Skript der jeweiligen Kirchen, Sekten, Glaubensgemeinschaften in der Folgezeit wurde dann jeweils von ihren Reformern geprägt und neu geschrieben, umgeschrieben – und an diesen Skripten prallt dann wiederum alles ab, was an neuen Erfahrungen gemacht werden könnte oder gemacht wird – aber nicht ins Skript passt, bis es eben wiederum zu Neugründungen kommt, die wiederum ihrem neuen, eigenen Skript folgen. Dabei ist zu beobachten, dass die Form wichtiger wird als der Inhalt, dass das ETWAS die Stelle des Geistes einnimmt, weil die Menschen noch nicht bis zur wirklichen Reinigung und Leichtigkeit der Seele vorgedrungen sind.

So wurde der Einzelne mit seinen Gotteserfahrungen dazu verdammt, entweder seine eigene Erfahrung als „was Komisches" abzutun, zu verwerfen als „Urlaubsreife" und „Störung" – oder aber seine Erfahrung wichtig zu nehmen – und sie dafür seinen Mitmenschen zu verschweigen, um nicht unter den Folgen von Missverständnissen durch religiöse „Hüter der Wahrheit" zu leiden (so, wie vor Jahrzehnten die ersten Wiederbelebten sich nicht mehr trauten, über ihr Nahtodes-Erlebnis zu sprechen, weil sie befürchten mussten, in die Psychiatrie eingeliefert zu werden) – oder aber sie standen zu ihren Erfahrungen, sprachen und schrieben darüber – als Ermutigung für die einen, die solche Wahrheit schon immer geahnt hatten und sich bestärkt fühlten in ihrer Sehnsucht und Vision dessen, was uns Menschen möglich ist – oder aber als Bedrohung für die Anderen, die eben dann von „Ketzern“ sprachen, von denen sie nichts mehr wissen wollten. So war es bei der Sterbeforscherin Elisabeth Kübler-Ross, die nur so lange in Kirchenkreisen als Autorität in Sterbefragen akzeptiert wurde, bis sie selber eine solche Vielzahl von Wiederbelebten kennengelernt hatte, dass sie sich deren Botschaft nicht mehr verschließen konnte.

Die Zahl der Zeugen für Gotteserfahrungen wie Nahtodeserfahrungen ist heute allerdings so groß, dass sie nicht mehr geleugnet werden kann. Nur: Die Lehrpläne für den Religionsunterricht und die Religionsbücher werden immer noch von kirchlichen und staatlichen Institutionen zugelassen – und damit erhält das System des Glaubensskriptes der offiziellen evangelischen Landeskirchen und der offiziellen katholischen Kirche zusätzlich Verstärkung – nur eben heute nicht mehr durch einen Kaiser, sondern eben durch das jeweilige Kultusministerium.

Die Folge: Schon längst gehen jene, die sich für einen inneren Weg entschieden haben, ihren Weg am Rande der Gesellschaft, über ihre Erfahrungen schweigend. Als Religionslehrer erlebte ich ungezählte Male, dass Schüler in der Pause, wenn die Mitschüler den Raum verlassen hatten, mir berichteten: „Ich habe so was auch schon erlebt.“ – Im Unterricht dagegen hätten sie niemals über ihre Transzendenz-Erfahrung gesprochen, die Angst vor den Reaktionen der Anderen war zu groß. Um so größer ist das Geschenk, wenn dann einer sein Schweigen bricht und Andere an seiner Erfahrung teilhaben lässt, sie auf diese Weise ermutigend, zu ihrer eigenen Gotteserfahrung zu stehen. Das machten damals schon Meister Eckhart, Marguerite Porète und Andere unter Lebensgefahr, das tat Jahrhunderte später der Humanist Johannes Reuchlin, ebenfalls ständig durch Anfeindungen und Verleumdungen gefährdet – und das machte schließlich 1954 in Italien ein Herr P., von welchem Laura Archera Huxley in ihrem Vorwort zu Piero Ferruccis Buch über „Psychosynthese“ berichtet:

> „Mein erster Kontakt mit Psychosynthese entstand 1954 in Florenz. Ich begegnete dort einem älteren Herrn P., der sich sehr für psychologische und spirituelle Studien interessierte. Wir tauschten einige Erfahrungen und Informationen aus; er begann, sich für meine Arbeit zu interessieren und bat mich um eine Sitzung (….). Die Arbeit in der Sitzung war sehr tiefgehend, rief starke Reaktionen hervor, die

von Tränen und Schluchzen begleitet waren. Als sie versiegten, und wir uns auf etwas leichtere und angenehme Weise auf das Ende der Sitzung zubewegten, – so meinte ich jedenfalls – befand sich Herr P. plötzlich im Himmel; er wiederholte ständig: ‚Licht, ich sehe überall nur Licht.‘ Dies passierte vor 27 Jahren und von mystischen oder psychedelischen Erfahrungen und ähnlichem hatte ich noch nie gehört. Aber auf dem Gesicht von Herrn P. lag ein so beseligender Ausdruck und seine Worte waren von solcher Schönheit, dass ich wusste: ich durfte diese Erfahrung nicht stören und unterbrechen. Andererseits war es inzwischen halb acht geworden und ich hörte die kleine Glocke auf dem Flur rufen (...). Nach unserer Zeit gemessen, blieb Herr P. während vieler Stunden in dem Licht – für ihn war es eine Ewigkeit. Dann kehrte er auf unsere Bewusstseinsebene zurück, erhaben, voll freudiger Erregung und sehr zittrig. Wir trafen uns am nächsten Tag und auf seine Frage, was ich getan hatte, und was mit ihm geschehen sei, musste ich zugeben, dass ich nicht die leiseste Ahnung hatte.“ (vgl. Ferrucci, 1994: 9 f.).

Für all jene, die schon die Erfahrung des Heiligen machen durften, ist es eine nicht mehr hinterfragbare Tatsache und Wirklichkeit, dass wir Menschen drei-dimensional sind: Leib – Seele – Geist. Und dabei ist der Geist das Abbild Gottes. Die für dieses Denken grundlegende Bibelstelle greift Johannes Reuchlin auf (in der Wiedergabe von Schwab 1998: 212 f.):

„Gott, der höher steht als die Natur, setzte nämlich nach der Aussage der Hochheiligen Schrift den Menschen aus zweierlei zusammen: dem Lehm der Erde und dem Lebensodem (Gen 2,7), damit er, bekleidet mit dem Lehm, in kluger Weise für das Körperliche sorge und ausgestattet mit dem Lebensodem, in Weisheit das Göttliche liebe. ‚Und die Erde bringe hervor lebendes Wesen, nach seiner und der ihm eigenen Art‘ (Gen 1,24) nämlich nach dieser ihm eigenen Idee – es ist nicht die Idee der Tiere, noch die der Pflanzen, nicht die der Steine oder Hölzer, sondern die vom Mund Gottes geschaffene und nach seinem Bild durch den heiligen Geist eingehauchte Idee seines Geistes – die Erleuchtung selber. Hierzu also ist der Mensch geboren und dazu hat ihn die Natur gebildet und geformt, dass er sowohl auf seinen Füßen mit den Tieren auf der Erde umhergeht als auch als einziges von allen Lebewesen erhobenen Hauptes mit den Engeln im Himmel Umgang hat. Beide Hände aber, die zwischen den Füßen und dem Haupt gelegen sind, soll er einerseits durch Arbeit für den notwendigen Lebensunterhalt zur Erde richten, andererseits soll er sie für das ewige Leben betrachtend zum Himmel erheben."

In der Sprache von Karlfried Graf Dürckheim heißt der selbe Sachverhalt dann so:

„Der Mensch ist zweifachen Ursprungs, er ist himmlischen und irdischen, natürlichen und übernatürlichen Ursprungs (...). Der Satz vom doppelten Ursprung des Menschen spricht mit aller Deutlichkeit und Schlichtheit aus, was ist und was dem Menschen wahr-zunehmen gegeben und aufgegeben ist. Wo der Mensch aufgehört hat, seine Wahrheit im Innesein zu haben und ihr gemäß zu leben, wird er krank, böse, traurig" (vgl. Dürckheim 1973: 11).

Um dieses angesichts des großen Geheimnisses der Gottesgegenwart immer nur stammelnde, ungenügende Kapitel abzuschließen, füge ich hier noch einen Mitschnitt aus einer eigenen Sitzung bei, die ich im Februar 2010 mit meinem Inneren Team hatte.

Exkurs: *Welt-Ich, Selbst und Höheres Selbst in eigener Sitzung.* Hier stellte ich dem Höheren Selbst die Frage, ob es mir zum ICH noch etwas sagen kann. Zunächst antwortete es:
Wahres Selbst: „Ich bin dein wahres Ich, dein wahres Selbst, Eckhard – und du, wie du gerade vor mir standest, bist das Ich. Das Ich, mit dem du den Führerschein machst, Auto fährst, ist die Instanz, die entstanden ist, um den Alltag zu bewältigen. Das ist das Person-Sein in seinem Alltagsbezug. Und dieses Person-Sein mit seinem Alltagsbezug steht in der Mitte des ganzen Systems. Dieses Person-Sein im Alltagsbezug ist in der Lage, sich zu weiten, sich zu verengen und es ist in der Lage, seinen Platz aufzugeben, sodass andere Kräfte seinen Platz einnehmen. Es kann sich aber auch verbinden. Das heißt, es ist ein ganz flexibler Muskel. Dein Alltags-Ich ist die Fähigkeit, mitten in der Welt, mitten im Leben zu stehen, dein Leben zu meistern. Natürlich ist alles eine Person. Aber wir

schauen dich differenzierter an. Nimm einmal deinen Platz ein!" (Platzwechsel)

Alltags-Ich: „Ja, ich bin der Lebenskünstler. Ich habe den Führerschein, ich bin der reife Erwachsene, wie er eben mitten Leben steht. Aber wenn ich zu dir hin schaue, dann frage ich nach etwas anderem. Ich trete in einen anderen Ring ein." (Platzwechsel)

Wahres Selbst: „Ja,dieser Ring ist ein höheres Bewusstsein. Indem du Verbindung aufnimmst zu mir, zum wahren Ich, kann ich meine Kräfte dir zufließen lassen. Nochmal: Indem du, Alltags-Ich, Lebenskünstler, zu mir eine Beziehung hast, zu mir Kontakt aufnimmst, kann ich mein gesundes Gott-Ebenbild in dich einfließen lassen. Denn ich bin als wahres Selbst das Ebenbild Gottes. Als dieses Ebenbild Gottes bin ich aber unterschieden vom Höheren Selbst. Wir bleiben jetzt einfach noch mal, Eckhard, bei mir. Ich bin das Ebenbild Gottes, das wahre liebende, mit allen Menschen verbundene ICH. Ich war immer schon in dir. Ich bin der Funke Gottes in deiner Seele, aber so abgeschwächt, dass es eben auf menschlichem Energie-und Bewusstseinsniveau überhaupt möglich ist. Ich bin die Menschwerdung Gottes, ich bin wirklich Bethlehem. Ich bin die Verbindung Gottes mit deiner Seele. Ich bin dein Gemüt, ich bin dein Wesen, ich bin dein wahres Ich, ich bin dein wahres Selbst. Ich bin Liebe, wie Gott sie im Menschen zur Entfaltung bringt. Wenn ich in deinen Kreis trete, dann bin ich jetzt Ich – und ich sehe das Zimmer und ich weiß, es muss geputzt werden und aufgeräumt werden – ich bin das Ich unter der Fragestellung ‚Lebens-Ich', Lebensmeisterung, die Fähigkeit, Wirklichkeit aufzunehmen." (Jetzt entsteht in mir die Frage nach dem inneren Beobachter – da muss ich einen anderen Platz einnehmen – Ich atme auf).

Innerer Beobachter: „Ich bin ein Teil des Gesamtsystems ‚Person' oder ‚Identität' – nein, nicht Identität, Person! Ein Teil der Person und zwar die Fähigkeit, euch zu sehen. Ich bin die Fähigkeit, das Ganze zu sehen. Ich bin ein Teil des Person-Seins – aber ich bin nicht das reife, lebensmeisternde Ich, sondern ich bin eine besondere Fähigkeit und ich schaue gerade auf das Ganze. Ich bin in der Lage, das wahre Ich zu sehen und in der Lage, den Lebenskünstler zu sehen. (Ich gehe jetzt in den Bereich des wahren Ichs. Ich atme auf).

Innerer Beobachter: „Jetzt bin ich verschmolzen als Beobachter mit dem wahren Ich. Ich bin in voller Bewusstheit und sehe den Beobachter-Platz und ich sehe den Lebenskünstler". (Ich drehe mich um und schaue nach oben zum Höheren Selbst).

Innerer Beobachter: „Das Höhere Selbst ist Christus. Das ist das Lichtwesen, welches wir sehen, wenn wir aus unserem Körper heraustreten. Das ist über mir. Von dem empfange ich alle Liebe, alle Kraft. Das heißt ich bin als wahres Ich ein Abbild, ein Stellvertreter des Höheren Selbst. Das Höhere Selbst wird in mir Mensch. Und ich wiederum brauche den Beobachter, wenn ich mich überhaupt entwickeln will und es ist wichtig, ich brauche den reifen lebenstüchtigen Eckhard, sonst kann ich mich nicht entfalten. Denn ich, als wahres Ich, ich bin lauter Anlagen und Fähigkeiten, die sich aber verbinden können müssen mit der Fähigkeit, das Leben zu meistern. Liebe und Weisheit und Kraft und Mut haben nur Lebenschancen, wenn es auch ein Ich gibt, ein lebenstüchtiges Ich, welches das Ganze umsetzt. (Und jetzt drehen wir uns nach links).

Innerer Beobachter: „Hier unten ist der dunkle Bruder: einmal der kleine Eckhard, der seine Macken hat und seine Stärken und hier ist auch der Schatten. Hier ist das ganze Skript. Und das ist der Minuspol, den es braucht, um zu wachsen. Der Minuspol ist in mir und dann gibt es draußen das Du der Welt als Gegenüber-Pol."

Und jetzt der Körper: „Ich bin der Körper. Ich bin genau das gleiche wie das wahre Selbst. Wahres Selbst und Körper-Ich sind das gleiche. Denn immer wenn ich im wahren Selbst bin, bin ich Körper und immer wenn ich Körper bin, bin ich wahres Selbst. Deshalb ist jede Übung, wo der Beobachter hineingeht in den Körper, als Bewusstsein, immer gleichzeitig eine Inthronisierung des Ichs. So. Inthronisierung. Wenn ich hier, als das lebenstüchtige Ich, bin, dann weiß ich nichts von Religion, dann weiß ich nichts vom Seelengrund. Ich weiß gar nichts. Ich lebe vor mich hin und mache meine Sachen, bin ein braver Bürger und funktioniere. Ich tue meine Pflicht. Wenn ich jetzt die Frage stelle: ‚Wie ist es für mich jetzt gerade?' Dann mache ich automatisch Schritte in Richtung wahres Selbst und komme in einen Selbst-nahen Zustand. Jetzt bin ich auch dem Körper nah. Indem ich die Frage stelle, ‚wie ist es für mich jetzt gerade?', inthronisiere und aktiviere ich mein Körperbewusstsein und das im Körper gefühlte Ich – und das bewusste Ich-Sein. Das heißt: Hier im Welt-Ich, bin ich einfach der voll Lebenserfahrung und hier (ich wechsle hinüber zum Platz des wahren Selbst) bin ich die Seele. Seele ist das gleiche Wort für wahres Ich und Gemüt; ich kann auch dafür sagen ‚Herz', wobei es bei ‚Herz' zwei Begriffe gibt. (Da schaue ich wieder nach oben). Herz kann heißen Höheres Selbst – und dann ist es Christus oder Herz kann heißen ‚Wesen'. Und Wesen und Herz heißt: Ich bin verbunden mit dem Höheren Selbst im Rücken – aber gleichzeitig sehe ich das lebenstüchtige Ich. Und ich sehe den Beobachter, d.h., der Beobachter oder Zeuge ist die Kraft, die hilft, dass der Eckhard aus seinem lebenstüchtigen Ich heraustritt und mal das Ganze so anschaut, aber das nützt ihm auch wenig, wenn er nicht Konzepte hat, die ihm helfen zu verstehen. Deshalb braucht es Aufklärung und braucht es Wissen. Deshalb hat der Eckhard vollkommen Recht, wie er seinen Schülern sagte: ‚Der Beginn von allem Reifen und Wachstum ist Nachdenklichkeit.' Nach-denken. Da bin ich nicht mehr im Prozess drin, sondern draußen. Ich denke nach. Und dabei entsteht der Beobachter, der Zeuge, und dieser Zeuge und Beobachter ist in der Lage, wahrzunehmen und zu bemerken. Und aus diesem Wahrnehmen und Bemerken kann nun ein immer feinerer, differenzierterer Blick auf das Innen und Außen entstehen auf die Persönlichkeitsteile und jetzt kann sich das Innere Team herauskristallisieren, aus welchem sich das reife, lebenstüchtige Ich zusammensetzt samt seinen dunklen Bestandteilen, die hier unten sind als mein ‚dunkler Bruder'.

Dunkler Bruder: „Auch als ‚dunkler Bruder' bin ich mit dem Höheren Selbst verbunden, denn mein Höheres Selbst gibt mir jeweils Energien, wann ich stören muss nach innen und außen, damit der Lebensstrom weitergeht. Das, was scheinbar als Welt gilt und als Materie, ist eine Verdichtung des Gottes-Geistes als Welt, als Schöpfung, als Tier, Pflanze, Mineral, Mensch, als Unbewusstes, als Seele, als Trieb, als Widerstand und Dummheit und Stolz und Hass und Zorn. Und wir sind der linke Arm Gottes, um den Lebensprozess, den Lebensstrom in Gang zu halten. Wir sind die Diener Gottes und haben den Auftrag wie Mephisto: ‚Wir sind ein Teil von jener Kraft, die stets das Böse will – und doch das Gute schafft.' Wir schaffen Verwirrung. Unsere Aufgabe ist es, immer wieder Verwirrung zu schaffen. Das ist unsere Aufgabe. Und dienen damit direkt dem Höheren Selbst. Aber am Wesen des Eckhard vorbei und an seinem Welt-Ich vorbei. So schaffen wir den Lebensstrom, der ermöglicht, dass das Welt-Ich, der Lebenskünstler, herausgefordert wird und so die Möglichkeit hat, über den Beobachter im Gespräch zwischen seinem Beobachter und seinem Lebenskünstler zu erspüren, was jeweils gerade ‚dran' ist, worum es eigentlich geht. Und durch die Frage: ‚Wie ist es jetzt gerade?' hilft der Beobachter und hilft der reife Mensch, dass das Ich als Wesen, als Selbst aktualisiert wird, aktiviert wird. Die Aufmerksamkeit geht hier her."

Wahres Selbst: „Und jetzt kommen wir zu dem Schlüssel des Ganzen: Lieber Eckhard, dein Lebenskünstler hat 100% Verantwortung dafür bekommen, wohin er seine Aufmerksamkeit schickt. Der Lebenskünstler ist in der Lage, die Aufmerksamkeit zum Skript und Kind und Dunklen zu geben, oder zum Beobachter und Zeugen, der von hier aus das Ganze sieht und wiederum in einem Gespräch mit dem Lebenskünstler ist – und beide können dann beschließen: ‚Wir geben jetzt das Ganze weiter an das Wesen.' Man kann sich das wirklich als Instanzen vorstellen oder als Teilpersönlichkeiten, in denen Gott sich jeweils gefällt, sich so und so zu kristallisieren. Und das Ganze (ich drehe mich um) gehorcht dem Höheren Selbst, welches weiß, was in diesem Leben Auftrag ist und geschehen soll. (Ich stehe mit dem Rücken zum Platz des Höheren Selbst). Denn das Höhere Selbst, also Christus, bleibt mir verborgen bis auf seltene Offenbarungen, die mir geschenkt werden, damit ich inthronisiert werden kann."

Das abgrundtiefe Böse als Nein! Sei Nicht! Nichts!

Vorbemerkung

Was in den nachfolgenden Zeilen steht, ist schon einmal im 2. Brief des Paulus an die Korinther (12,1-9) angedeutet, wo Paulus berichtet:

> „Gerühmt muss werden; wenn es auch nichts nützt, so will ich doch kommen auf die Erscheinungen und Offenbarungen des Herrn.
> Ich kenne einen Menschen in Christus; vor vierzehn Jahren – ist er im Leib gewesen? Ich weiß es nicht; oder ist er außer dem Leib gewesen? Ich weiß es auch nicht; Gott weiß es – da wurde derselbe entrückt bis in den dritten Himmel (...) der wurde entrückt in das Paradies und hörte unaussprechliche Worte, die kein Mensch sagen kann (...). Und damit ich mich wegen der hohen Offenbarungen nicht überhebe, ist mir gegeben ein *Pfahl ins Fleisch*, nämlich des *Satans Engel,* der mich mit Fäusten schlagen soll, damit ich mich nicht überhebe. Seinetwegen habe ich dreimal zum Herrn gefleht, dass er von mir weiche. Und er hat zu mir gesagt: Lass dir an meiner Gnade genügen; denn meine Kraft ist in den Schwachen mächtig."

Ein „Engel des Satans" – man überliest so eine Stelle vielleicht genauso rasch wie jene, wo Paulus mit einer Selbstverständlichkeit berichtet, wie Gott ihm auf sein Flehen antwortet. (Nach diesem Einschub fahre ich jetzt fort mit dem Bericht aus meiner eigenen Sitzung mit dem inneren Team):

> **Exkurs:** *Das abgrundtiefe Böse in eigener Sitzung.* (Jetzt fällt mein Blick auf einen Sessel, von dem ich bis jetzt noch gar keine Notiz genommen habe. Da schaudert es mich und da wird es mir kalt. Das ist das abgrundtiefe Böse. Da geht es mir über den Rücken, kalt. Das ist das absolut Kalte, mich schaudert es und graust, das ist wirklich kaum auszuhalten. Mir stellen sich die Haare auf und mir ist kalt am ganzen Körper. Da ist offenbar eine ganz kalte, dunkle Seite, die mir die Schenkel kalt werden lässt. Und ich gehe auch rückwärts in Richtung Platz, wo mein wahres Selbst für mich ist und wo das Höhere Selbst ist. Ich wende mich jetzt nach oben zu meinem Höheren Selbst. Ich habe hier gerade eine völlig neue Erfahrung gemacht, die mir das Grausen gibt und die mir Kälte

gibt. Und ich bitte um Weisung. Ja, von meinem Wesen aus sehe ich: Es gibt offenbar neben meinem Skript und inneren Kind das absolut Böse, das dunkle Prinzip. Das habe ich gerade in Reinform erlebt als eine derartige Kälte und Grausen, so etwas kann man nicht *machen*. Ich gehe noch mal zum Beobachter).

Innerer Beobachter: „Ja, Eckhard, das ist ganz wichtig, dass du diese Seite gesehen hast, und die wird auch alles tun, dir immer wieder deine Pläne zu zerstören. Und das hat Gott in seiner Weisheit so geschaffen, als Gegenkraft, an der ihr alle wachsen müsst. Aber natürlich ist es Unsinn, wie Osho/Baghwan dieses Böse in Gott hineinzunehmen. Dieses Böse hat nur in diesem irdischen System zu tun." (Da merke ich schon, das gefällt dem ‚dunklen Bruder' gar nicht, dass ich das sage. Da kommt das Grausen bis zu mir hin. Und ich gehe wieder in Rückendeckung zum Platz des Höheren Selbst. Das abgrundtiefe Böse ist gerade sehr, sehr stark geworden. Ich spüre die Kälte noch im Rücken und ich lege jetzt erst mal ein Stück Holz auf, damit es hier jetzt wärmer wird. So. Ich gehe jetzt zum Lebenskünstler).

Lebenskünstler: „Ich kenne diese dunkle Seite nur zu gut. Die hat mir im Leben ganz viel kaputt gemacht und mich gefordert bis in die Extreme und ich bin dankbar und froh, dass ich mal erlebt habe, dass diese Seite so stark ist, da graust es mir auch und ich sehe, da muss ich schon eine ganz enorme Wachheit entwickeln, um mich dem zu stellen." (Ich gehe jetzt zum wahren Selbst).
Wahres Selbst: „Ja, damit ist es gesagt. Ich bin dein Wesen, Eckhard. Der Lebenskünstler unterscheidet sich von mir. Natürlich sind wir alle Eins. Letzten Endes ist sowieso alles Eins. Wenn man vom Mond aus guckt, dann ist hier alles Eins. Umgekehrt, wenn man ins Detail geht, dann sind in jeder Hautzelle ganze kosmische Systeme." (Ich gehe jetzt zum Lebenskünstler, dem reifen Erwachsenen).

Lebenskünstler: „Damit ist also klar, die Aufmerksamkeit ist die Achillesferse von allen Menschen. Die Aufmerksamkeit bestimmt darüber, was geschieht. Denn wo die Aufmerksamkeit ist, dort ist nicht nur die Energie, sondern dort wird der Lebensfluss aktiviert, das Prinzip, welches die Aufmerksamkeit bekommt, wird verstärkt. Wie in der Schule, wenn alle einem Kasper zuschauen, dann kann es sein, er kaspert erst recht. Jeder Schauspieler merkt es, ob er die Energie hat und wenn ich hier in meinem wahren Ich bin, dann geht meine Aufmerksamkeit zum Beobachter. Der Beobachter braucht, lebensnotwendig, die Aufmerksamkeit vom Lebenskünstler. Das heißt, der Lebenskünstler muss über das Nachdenklich-Sein nachdenklich werden, zum Beobachter werden, und von dort aus bemerken und wahrnehmen und wenn ich bemerke und wahrnehme, dann kann ich hier entscheiden, was für eine Energie aktiv sein soll, und ich kann dann, egal wie weit ich bin, mit meiner Aufmerksamkeit zum Wesen gehen und dieses Wesen, wenn die Übung stimmt, das wahre Ich und Selbst, kann Kontakt aufnehmen zum Höheren Selbst – und so entsteht Erneuerung."

Wahres Ich: „Und der doppelte Ursprung, Eckhard, besteht darin, dass es ein wahres Ich gibt, als Ebenbild Gottes von dem aus das Leben in die Welt fließt (das hast du ja erlebt, Eckhard). Der andere Ursprung ist das Höhere Selbst, auf einer anderen Ebene – und dennoch sind beide Eins. Immer wenn wir im wahren Ich sind, im wahren Selbst, können wir sagen: ‚Ich und der Vater sind Eins.'"

Lebenskünstler: „Wenn ich dagegen in meinem Lebenskünstler bin, dann kann es sein, mein Lebenskünstler ist in völliger Liaison mit dem Skript, und vielleicht merkt er es nicht einmal. Kann natürlich auch mit dem absolut Bösen in Verbindung sein – und kann mit dem Beobachter in Verbindung sein. Und wenn der Lebenskünstler mit dem Beobachter in Kontakt ist, ist der Weg frei geschaltet, als Nächstes, die Energie abzugeben und in den Selbst-Zustand zu gehen. Die allgemeine Rede vom Ego ist also völlig undifferenziert, irreführend und als schädlich abzulegen. Der Begriff Ego ist untauglich. Es geht um den Lebenskünstler, der mit seiner Aufmerksamkeit beim Bösen sein kann und sich dann nur beklagt und beschwert und depressiv ist, depressiv–melancholisch, oder er kann vom Skript bestimmt sein und auf diese Art und Weise stolz und ehrgeizig usw. sein und der Lebenskünstler unter dem Einfluss des Skripts wäre das, was man früher das Ego genannt hat. Der Lebenskünstler ist derjenige, der bestimmt, wer König sein soll und darf. Und er ist einfach mal die Basis, rein historisch, der erwachsene Mensch, der gelernt hat, ein Auto zu fahren, den PC zu bedienen und eine Stimme auf dem Wahlzettel abzugeben. Und dieser Lebenskünstler braucht nun ein Input an Informationen, damit er überhaupt weiß, nach welchen Kriterien er sein Leben beurteilen kann.“ (Jetzt habe ich doch den starken Drang zu spüren: Wie ist es, wenn mein Welt-Ich, mein Lebenskünstler, unter dem Einfluss des absolut Bösen steht?)

Lebenskünstler – am Platz des absoluten Bösen: „Ja, es graust mir etwas, es ist mir kalt – jetzt zieht es mich zu einem Sessel, jetzt merke ich, wenn ich hier so sitze, dann bin Herr XY (ein Pseudo-Guru, der viele Bücher geschrieben hat und weltbekannt ist) – dann weiß ich jetzt auch: Das absolut Böse meldet sich bei mir als Guru, als Identifikation mit dem Guru. Identifikation mit dem Guru ist bei mir das absolut Böse. (Ich bin jetzt aufgestanden, ich gehe zum Lebenskünstler, der lächelt. Jetzt frage ich nochmal zum Wesen hin, zum wahren Selbst: So sieht es gut aus. Ich stehe jetzt richtig wie vor einem Hochaltar. Und empfange die Botschaft):

Wahres Selbst: „Auch PP (ein amerikanischer Nahtod-Forscher) hat nur einen Teil der Wahrheit bekommen – er hat nie genauer nachgefragt, auf welcher Ebene das Lieben geschehen soll. Er ist abgedriftet und hat sich für Abwegiges interessiert.“ (Jetzt gehe ich zum Zeugen und Beobachter.)

Beobachter: „Ich bin nicht in die Kategorie Geist einzuordnen. Ich bin die Fähigkeit, Kategorien zu bilden mit einem ganz, ganz hohen Bewusstsein. Das heißt, ich als Beobachter komme aus dem reifen Lebenskünstler unter der Bedingung – das ist natürlich Gnade – dass der Wunsch da ist, Lieben zu lernen. Der Wunsch, nach Individuation, der Wunsch nach Reife in Verbindung mit der Liebe. Wer nur aus egoistischen Gründen, aus egozentrischen Gründen reifen will, bekommt diese Qualität von Beobachter und Zeugen, wie sie der Eckhard hat, nicht. Ich bin ein Geschenk Gottes und man könnte mich am ehesten als den Paraklet bezeichnen" (vgl. Johannes-Evangelium 14, 15 ff.):

> „Liebt ihr mich, so werdet ihr meine Gebote halten. Und ich will den Vater bitten, und er wird euch einen anderen Tröster geben, dass er bei euch sei in Ewigkeit: den Geist der Wahrheit, den die Welt nicht empfangen kann, denn sie sieht ihn nicht und hört ihn nicht und kennt ihn nicht. Ihr kennt ihn, denn er bleibt bei euch und wird in euch sein."

Beobachter: „Ich bin der Helfer, der von Gott gesandte Helfer, als Paraklet, der hier ist, um das Ganze abzuwandeln und zu erspüren und mein wichtigster Kollege und Komplize und Mitarbeiter ist der Körper." (Jetzt kommt in mir die Frage zum Körper-Ich. Da gehe ich noch einmal zum Lebenskünstler hin. Vom Lebenskünstler aus sehe ich jetzt den Platz des Körpers).

Körper: „Ich bin total vernachlässigt worden in der westlichen Kultur. Der Westen weiß überhaupt nicht, was für eine Schatzkammer ich bin. Mit den Chakren, die der Westen vom Osten übernommen hat, habt ihr nur einen winzigen Teil dessen, was ich leisten kann. Ihr findet wesentlich mehr über meine Fähigkeiten, wenn ihr zu den Indianern geht, wenn ihr zu den Schamanen geht – aber noch mehr erfahrt ihr, wenn ihr euch auf eure tierische Stufe im guten Sinne besinnt. Das Tier in euch ist das Instinktleben auf der körperlichen Ebene. Dort, wo der Körper in den Geist übergeht. Das Körperbewusstsein ist das, was ihr Menschen am meisten entwickeln müsst, noch viel mehr als alles, was bodyscan (innere Körper-Bewusstseins-Reise) und Yoga bisher geleistet haben. Es geht darum, die Weisheit des Körpers abzufragen und darum, Eckhard, darum bitten wir dich herzlich, mach weiter mit dem Hantel-Training das tut dir nur gut; pflege auch den Stepptanz und den Tanz und lerne deinen Körper noch mehr lieben und respektieren. Wir sind wirklich Bileams Esel."

> *Die Geschichte von Bileams Esel:* „Da kam Gott in der Nacht zu Bileam und sprach zu ihm: Sind die Männer gekommen, dich zu rufen, so mach dich auf und zieh mit ihnen; doch nur was ich dir sagen werde, das sollst du tun. Da stand Bileam am Morgen

auf und sattelte seine Eselin und zog mit den Fürsten der Moabiter. Aber der Zorn Gottes entbrannte darüber, dass er hinzog. Und der Engel des HERRN trat in den Weg, um ihm zu widerstehen. Er aber ritt auf seiner Eselin, und zwei Knechte waren mit ihm. Und die Eselin sah den Engel des Herrn auf dem Wege stehen mit einem bloßen Schwert in seiner Hand. Und die Eselin wich vom Weg ab und ging auf dem Felde; Bileam aber schlug sie, um sie wieder auf den Weg zu bringen. Da trat der Engel des HERRN auf den Pfad zwischen den Weinbergen, wo auf beiden Seiten Mauern waren. Und als die Eselin den Engel des HERRN sah, drängte sie sich an die Mauer und klemmte Bileam den Fuß ein an der Mauer, und er schlug sie noch mehr. Da ging der Engel des HERRN weiter und trat an eine enge Stelle, wo kein Platz mehr war auszuweichen, weder zur Rechten noch zur Linken. Und als die Eselin den Engel des HERRN sah, fiel sie in die Knie unter Bileam. Da entbrannte der Zorn Bileams, und er schlug die Eselin mit dem Stecken. Da tat der HERR der Eselin den Mund auf, und sie sprach zu Bileam: Was hab ich dir getan, dass du mich nun dreimal geschlagen hast? Bileam sprach zur Eselin: Weil du Mutwillen mit mir treibst! Ach, dass ich jetzt ein Schwert in der Hand hätte, ich wollte dich töten! Die Eselin sprach zu Bileam: Bin ich nicht deine Eselin, auf der du geritten bis von jeher bis auf diesen Tag? War es je meine Art, es so mit dir zu treiben? Er sprach: nein. Da öffnete der HERR Bileam die Augen, dass er den Engel des HERRN auf dem Wege stehen sah mit einem bloßen Schwert in seiner Hand, und er neigte sich und fiel nieder auf sein Angesicht. Und der Engel des HERRN sprach zu ihm: Warum hast du deine Eselin nun dreimal geschlagen? Siehe, ich habe mich aufgemacht, um dir zu widerstehen; denn dein Weg ist verkehrt in meinen Augen. Und die Eselin hat mich gesehen und ist mir dreimal ausgewichen. Sonst, wenn sie mir nicht ausgewichen wäre, so hätte ich dich jetzt getötet, aber die Eselin am Leben gelassen. Da sprach Bileam zu dem Engel des HERRN: Ich habe gesündigt; ich hab's ja nicht gewusst, dass du mir entgegenstandest auf dem Wege. Und nun, wenn dir's nicht gefällt, will ich wieder umkehren“ (4. Mose 22, 20-34).

Teil III:

Prozess und Übung

„Sinn ist in allem.
Sprich mit den Teilen,
sie wissen ums Ganze.“

E. M.

1. Kapitel Eins plus Eins ist Alles

Was soll ich als Einleitung zu einem Kapitel schreiben, in welchem ich meine Arbeit als Begleiter dokumentiere? Ich versuche meine Klienten auf einem Weg zu begleiten, der sie zu ihrer Authentizität führt. Mit Authentizität meine ich das geheimnisvolle Zusammenspiel von Körper, Seele und Geist, eingebettet in Menschheitsfamilie, Natur und Kosmos. Wie ich diesen verschiedenen Dimensionen im Rahmen der Begleitung Raum gebe, sei im Folgenden kurz angedeutet:

Körper

Wer seinen Körper „von innen her" fühlen kann, findet in ihm einen treuen Ratgeber, eine Quelle von Weisheit, ein mit allem Lebendigen verbundenes Lebensgefühl, Geborgenheit und vieles mehr. So üben wir in jeder Sitzung die Aufmerksamkeit für den „von innen gefühlten Körper" (J. Wiltschko). Dabei genügt es das eine Mal, eine Anleitung zu geben, ein anderes Mal braucht es die Berührung mit den Händen. Ziel ist aber immer, dass der Klient baldmöglichst für sich alleine üben kann.

Seele

Wenn der Klient ein „Thema" mitbringt, das auf seiner Seele lastet, üben wir die Kunst der Unterscheidung von ICH und ETWAS. Wir praktizieren den Dialog des König-Ich mit der Resonanz seines Körpers und mit seinen Teilpersönlichkeiten und ich gebe ihm – als Angebot, und nur mit seinem Einverständnis – Verstehenshilfen aus der Ich-Psychologie, verbunden mit theoretischen Konzepten aus verschiedenen psychotherapeutischen Schulen, wobei sich die Konzepte der Transaktionsanalyse und des Enneagramms wegen ihrer Evidenz besonders bewährt haben. Wenn ein Klient zum ersten Mal davon hört, dass es Ersatzgefühle und Teilpersönlichkeiten gibt, Beschützer-Ichs und Verhaltensmuster, Lebens-Skript und Enneagramm, dann besitzt er damit Werkzeuge, die er im Idealfall bald selbstständig auf sich anwenden kann – und das ist das Ziel: Befähigung zur Selbsthilfe. Die Personzentrierten Kritiker eines solchen Vorgehens sollten einmal dabei sein und erleben, wie ein Klient aufatmet, wenn er ein Konzept verstanden hat, wie dabei sein Freiraum größer wird und Zuversicht entsteht. Darum ist es für mich persönlich einfach nur ermutigend, mit dieser Praxis zu arbeiten. In psychologischen Fortbildungsgruppen wird dieses Vorgehen im Dreischritt übrigens schon längst praktiziert:

1. Lehre, Vorstellung neuer Konzepte
2. Anwendung und Übung mit Partner
3. Erfahrungsaustausch und Auswertung

Meine Erfahrung ist, dass ich während der Ausbildungs-Wochenenden in Focusing-Beratung mehr Heilung für meine (durch den Beruf ausgebrannte) Seele bekam als in 6 Wochen teuerster Kur: Ich hätte mir diesen Dreischritt auch für die Kur gewünscht. Dort aber beobachtete ich, wie reihenweise Patienten sagten: „Jetzt bin ich schon so und so viele Wochen da – und ich weiß immer noch nicht, warum?“.

Geist

Schon bei den ersten christlichen Mönchen gab es eine Psychologie im Dienste der Gott-Suche: Ihre Auffassung war, dass Menschen Gott in ihrer eigenen Seele erfahren können, wenn sie „rein“ sind, also nichts Störendes mehr zwischen ihrem Herzen und dem Seelengrund liegt. Das Störende bezeichneten sie als „Sünde“ (wir würden an dieser Stelle heute von „Mustern“ sprechen und von „Ersatzgefühlen“).

Mit geistlichen Übungen arbeiteten die Mönche und Nonnen in der Einsamkeit der Wüste an ihrem Charakter und bemühten sich, ihre Sünden (als Entfremdung vom Seelengrund) zu überwinden, um für den Geist Raum zu schaffen. Begleitet wurden sie dabei von den Wüstenvätern und, Lehrern, die sich mit Hilfe von Unterweisungen, Gleichnissen und Geschichten an die Zuhörer wandten, wobei sie sich vor allem an die Fähigkeit zu Erkenntnis und Einsicht richteten und – ganz wichtig – an den freien Willen. Die Wahlfreiheit, als menschliche

Grundfähigkeit zu Entscheidung und Unterscheidung zwischen Gut und Böse, wurde vorausgesetzt und niemals in Frage gestellt.

Ich wende die Methode der Wüstenväter an, als Angebot und Experiment, bei welchem der Klient jederzeit „Stopp" sagen darf, wenn es für ihn nicht mehr stimmt. Das Wissen der Tradition vom „Weg des Menschen" ist nach meiner eigenen Beobachtung und Erfahrung in der Lage, im Klienten völlige neue Sichtweisen entstehen zu lassen, die sich hilfreich auf die gesamte Entwicklung auswirken. Vor allem gegen Verzweiflung und das Gefühl absoluter Sinnlosigkeit sind sie ein wirksames Heilmittel. Der Grundansatz zu diesem Vorgehen entstammt ebenfalls der christlichen Lehre: Wenn ein Begleiter vom „Geist" spricht, redet er von der ureigensten Natur des Klienten – er erinnert ihn also nur an jene Dimension, die schon immer in ihm ist, nur eben „verschüttet", „verloren", noch nicht bewusst.

Zusätzlich leite ich den Klienten zu jenem Ich-Zustand an, in welchem er in der Lage ist, die Gegenwart seines Seelengrundes, des Geistes, zu erfahren. Ich nenne diese Übung „ein Zugangsweg werden für den Seelengrund", „erreichbar werden". Der Klient soll im Sinne der alten jüdischen Tradition ein „Hörender" werden, ein Empfangender – und das vollzieht und erfüllt sich, indem er für die Zeit der Übung all das, was er gerade noch für sein Ich hielt, (seinen Schmerz, seine Scham, seine Wut usw.) „loslässt" und „sich erhebt", „leicht wird wie eine Feder", d.h. vom Psychischen in den Geist „hinüber wechselt". In der katholischen Messe fordert der Priester die Gemeinde auf: „Erhebet die Herzen!" Und diese antwortet (allerdings recht schnell, ohne vorherige Einübung der Stille und des Loslassens) „Wir haben sie beim Herrn".

Das größte Erstaunen und meistens auch Tränen der Rührung gibt es, wenn der Klient dann tatsächlich seinen Seelengrund erfährt. Und größtes Erstaunen gibt es noch einmal, wenn ich den Klienten einlade, den Seelengrund zu ihm sprechen zu lassen – und er Antworten bekommt, von denen er selber spürt, dass sie „stimmen" und von einer Ebene kommen, die seinem alltäglichen „kleinen Ich" gegenüber den Charakter *absoluter Autorität* haben. Am eigenen Leibe erfährt er, dass sämtliche Bereiche seiner Lebenswirklichkeit vom Seelengrund Auskunft bekommen können über jene göttlichen Absichten, welche hinter seinen jeweiligen Lebens-Situationen und -Erfahrungen liegen. Mit großer

Betroffenheit erlebt er, dass das Heilige sich nicht nur den allseits anerkannten religiösen Helden aus den Heiligen Schriften eines mythologischen „Damals" mitteilte, sondern mit Selbstverständlichkeit heute, hier, jetzt, in ihm, in seiner (scheinbar so Gott-fernen) Notlage, wenn nur der dafür nötige Ich-Zustand als Voraussetzung erlangt ist. Das erfüllt den Klienten (zumindest innerhalb dieser erhabenen Augenblicke) mit Freude, Leichtigkeit und Zuversicht. (Die Verankerung der Freude bedarf dann allerdings weiterer Zeit und wiederholender Übung).

Exerzitien, Meditations-Wochen und persönliche Einkehrtage – immer ist die Begegnung mit Wissen aus der Tradition der Ausgangspunkt der Arbeit, verbunden mit Übungen des Körperbewusstseins, des Atems, des Verweilens in der Stille – und von dort her kann der Praktizierende neue Erfahrungen mit sich machen. Dieses Modell habe ich in die Begleitung übernommen – und, wie die nachfolgenden Beispiele zur Genüge zeigen: Es bewährt sich.

Ich erinnere mich an das Jahr 1973, wie ich als junger Student der Theologie zu Gast im Kloster Beuron war und im Klosterladen Thomas Mertons Schrift „Wahrhaftig beten" in die Hände bekam und von ihm erfuhr, dass es ein „falsches Selbst" gibt. Von jenem Tag an wusste ich, was mein Lebensziel ist: zurückfinden zu meinem wahren Ich. Bis heute ist dieses Programm mein Lebensinhalt geblieben.

Im selben Jahr hörte ich auf einem Meditations-Kurs bei dem Jesuiten Johannes B. Lotz von der geheimnisvollen Gegenwart eines Seelengrundes in meiner Seele – das hatte mir an der Universität niemand gesagt. Jetzt wusste ich es – und damit bekam mein Leben das zweite Ziel: Zum Streben nach Selbsterfahrung gesellte sich die Suche nach Gotteserfahrung – damit lag das Rahmenprogramm für mein Leben fest, dafür war ich da – und bin es bis heute.

Natürlich braucht es für die geistliche Unterweisung im Rahmen einer Begleitung immer das Einverständnis des Klienten, bevor ich ihm – als Experiment – das Wissen aus dem Menschheitsschatz der großen Traditionen samt der dazugehörigen Anleitung zur Übung weitergebe – aber da ich nur Klienten habe, denen die übliche Psychotherapie „zu wenig" ist, wird eine Unterweisung zum richtigen Zeitpunkt immer als Geschenk und Hilfe empfunden – nie aber als Indoktrination oder

„Weltanschauung“. Wenn je einmal der „Lehrer“ mit mir „durchgeht“, ist die Korrektur immer möglich – und darüber können wir dann, Klient wie Begleiter, herzlich lachen. Das Risiko, einmal belehrend zu wirken, nehme ich im übrigen lieber in Kauf, als das Wissen, einem Klienten die Tradition mit ihrem Reichtum vorenthalten zu haben.

Auch im Bereich des Geistes strebe ich an, dass der Klient baldmöglichst zur Selbsthilfe fähig wird. Die Übung des Körperbewusstseins ist dafür eine geeignete Vorbereitung. Dafür gibt es gute CDs, die das eigene Üben mit ihren Anleitungen erleichtern.

Das „Nichts“ als das absolute „Nein zu allem Lebendigen“

Wer einen inneren Weg geht, wird nicht darum herumkommen, sich mit dem Gegenpol alles Lebenden auseinanderzusetzen. Die Achtsamkeit für das Vorhandensein dieser „Kraft des absoluten Nichts und Nein zum Leben“ ist erfahrungsgemäß möglich und hat, zum Erstaunen der Klienten, bei ihnen jeweils zu einer zunehmenden Fähigkeit zur Dis-Identifikation beigetragen. Wir stellen dabei das „Nichts“ wie eine Teilpersönlichkeit nach außen und lassen es sprechen. Obwohl es die reine Destruktivität und Verleugnung alles Lebendigen ist, so steht es doch im Dienste des Göttlichen und gibt bereitwillig Auskunft über seinen Auftrag und auch darüber, wie es in uns konkret wirkt. Die Voraussetzung dafür ist allerdings, dass wir im Ich-Zustand der Verbundenheit mit dem Seelengrund sind, um seine Antworten empfangen zu können.

Menschheitsfamilie, Natur und Kosmos

Was ist das Geheimnis echter Beziehung? Ich hatte dazu zwei Träume, die es meines Erachtens sehr gut ausdrücken:

> Im ersten Traum teile ich einem nahestehenden Menschen mit, dass mein Buch fertig ist und ich sage ihm auch, wovon es handelt.
>
> Im zweiten Traum bin ich unterwegs in einer fremden Stadt, die etwas von der Vitalität Berlins hat. Dort sind lauter junge Menschen, deren innerste Regungen ich wahrnehme, mit all ihren Absichten und Erwartungen, mit all ihren dazugehörigen inneren Vielschichtigkeiten, Beziehungen untereinander und ihrer inneren

Resonanz auf das Außen: Es sind reale Menschen in ihrer ganzen Unterschiedlichkeit und Tiefe – und ich nehme auch ihre soziale wie materielle Situation wahr – all das sehe, empfinde, fühle und verstehe ich – ohne dass ein einziges Wort gesprochen werden müsste.

Woher weiß meine innere Traumwelt von diesen Menschen, wo ich keinen der Geträumten in Wirklichkeit jemals gesehen habe – und doch bis in alle Einzelheiten jede Person direkt spürend-wahrnehmend erfasse? – Im Aufwachen wusste ich, dass dieser Traum vom Wissen über das *Feld* handelte. Der erste Traum leitete das Thema „Buch" ein, der zweite griff es auf und gab mir das Bild, welches mir helfen sollte, in Worte zu fassen, was eigentlich jenseits der Worte ist: das Geheimnis echter menschlicher Begegnung, in welcher Eins plus Eins Alles wird. Was meine ich damit? Ich glaube, es ist schlichtweg nicht möglich, bei jeder Sequenz zu erklären, warum ich an der einen Stelle der Begleitung so und an der anderen so reagiert habe, weil das Eigentliche nicht aus meinem Denken, Fühlen und Empfinden allein kommt, sondern aus einem doppelten Ursprung: einerseits natürlich aus dem soliden Fachwissen einer psychologischen Ausbildung und der damit verbundenen Erfahrung aus Jahrzehnten der Seelsorge und psychologischen Begleitung – aber gleichzeitig immer auch aus Impulsen meines Körper-Bewusstseins und seiner Verbindung mit dem gemeinsamen *Feld*. Der Traum stellt dieses *Feld* bildlich dar, ein Gesamtfeld, ein unsichtbares Verbunden-Sein und Wissen – und dieses entsteht auch, wenn zwei Menschen in echter, aufrichtiger Suche nach dem Leben (im Sinne von Wahrheit, Freude, Sinn, Kreativität, Vielfalt, Freiheit, Verantwortung und Liebe) miteinander in eine Arbeitsbeziehung treten, wo weder „Kuscheln" noch „Aktionismus" angestrebt werden, sondern die reine Authentizität fließenden Lebens. Wenn zwei Menschen in dieser Absicht, mit „Ehrfurcht vor dem Leben" und der damit verbundenen Bereitschaft zum Erkennen und Erfassen des Noch-nicht-Lebendigen einerseits und der Einübung und Vertiefung des schon Lebendigen andererseits eine Beziehung entstehen lassen, gilt für diese, dass sie mehr ist als 1 + 1 = 2, sondern es gilt: Ein Wahrheit suchender Mensch plus ein anderer Wahrheit suchender Mensch sind durch die Authentizität ihrer Absicht im Kraftfeld des Alles (1 + 1 = 2 + *Feld*). Durch die Blickrichtung der Aufmerksamkeit (also einen bestimmten

Ich-Zustand) entsteht eine Öffnung und Erreichbarkeit für das Sein. Entsprechend sagt Jesus im Matthäus-Evangelium (Mt. 18,20): „Wo zwei oder drei in meinem Namen versammelt sind, da bin ich mitten unter ihnen."

Das ist auch der Grund, warum es so viele Ergriffene und Faszinierte gibt, wenn es ums Begleiten geht: Will ich begleiten, muss ich eine innere Einstellung der Offenheit, Erreichbarkeit und Absichtslosigkeit einnehmen. Und indem ich auf diese Weise in die begleitende Beziehung eintrete, öffnet und weitet sich der Beziehungsraum für das gemeinsame *Feld* und fördert dadurch meine Einstellung noch mehr. Dasselbe gilt für den Klienten: Er erfährt eine Wandlung oft schon, wenn er nur den Raum betritt, wo er bedingungslose Zuwendung und Aufmerksamkeit erfährt und im gemeinsamen Beziehungsfeld das sich darin manifestierende Sein.

Eins und Eins ist Alles – mein zweiter Traum hat es so deutlich im Bild ausgedrückt: Wenn wir in authentischer Beziehung sind, öffnet sich das große Wissen – es verbirgt sich erst dann wieder, wenn ein ETWAS die Regierung übernimmt und sich dazwischen schiebt. Das ist der Fall, wenn im Klienten das Skript aktiviert wurde und nunmehr die „Datenautobahnen seiner Muster" sein Denken, Fühlen und Wollen bestimmen. Dann ist es die besondere Kunst des Begleiters, mit Hilfe seiner Wachheit im *Feld* zu bleiben und aus diesem „Sicherheitsabstand heraus" darauf zu achten, dass seine eigenen Skript-Anteile, welche durch den atmosphärischen Wandel im Beziehungsraum natürlich ebenfalls automatisch aktiviert worden sind, nicht jetzt auch noch bei ihm selber die Regierung übernehmen und den Platz des freien Königs-Ich einnehmen. In der Ausbildung zum Focusing-Berater übten wir den Umgang mit diesem elementaren Thema in Dreier-Gruppen, wobei Person A von B begleitet wurde und C die Aufgabe hatte, immer wieder den beiden die Frage zu stellen: „Wie ist es mit deinem Freiraum jetzt gerade?" Ausgesprochen Hilfreiches zum Umgang mit „strukturgebundenen" Anteilen gibt Johannes Wiltschko (2011, S. 263 ff.).

Ohne das *Feld* könnte ich mir eine Begleitung von über 20 oder gar 50 Sitzungen hinweg nicht mehr vorstellen. Das *Feld*, als gemeinsame Teilhabe am Sein, ist Erfüllung, ist Gnade. Ich kenne diese Erfahrung auch vom Aikido, Shiatzu aber auch aus der Gartenarbeit im Umgang mit Erde und Pflanzen und sogar von der Bildhauerei am (scheinbar so unpersönlichen) Stein: Ich bin in diesem Zeitraum dann „mehr als bloß ich“, weil das *Feld* uns verbindet: Jeder Wanderer kennt diese Erfahrung, wenn die Natur ihn erhebt; der Musiker kennt sie und (in gelingenden Schul-Stunden) der Lehrer aus seinem Zusammensein mit seinen Schulklassen: Aufgehen in einem größeren Ganzen – und doch man selber sein – ja, gerade durch das Aufgehen im größeren Ganzen überhaupt erst wirklich bei sich selber ankommen – nämlich auf *der* höheren Ebene, die unsere eigentliche Heimat und wahre Natur ist, dem Geist.

So ist jede (gelingende) Begleitung etwas Heiliges, wobei ich das Heilige nicht im Anderen finde, (wie so oft behauptet wird – wie sollte das Erkenntnis-theoretisch auch möglich sein!) sondern *mit* ihm, im uns gemeinsam erfüllenden und verbindenden Sein, das sich uns eben dann mit-teilt und schenkt, wenn unsere Haltung, unsere Einstellung, unsere Blickrichtung (und die damit gemeinsam vereinbarten Prioritäten) stimmen: Ein Zugangsweg sein, erreichbar sein – und zwar im mehrfachen Sinne erreichbar: einerseits für ein ETWAS, das sich zeigen möchte, um verstanden und integriert zu werden – und andererseits für König-Ich, der seinen Thron einnehmen möchte; und schließlich auch ein Zugangsweg für das uns allen gemeinsame Sein als zugleich persönlicher und über-persönlicher Seelengrund.

Aus dem Gesagten ergibt sich von selbst eine große, nicht diskutierbare Voraussetzung für eine gelingende Begleitung (zumindest, wenn sie Christus-orientiert gemeint ist): dass nämlich der Begleiter ein immer wieder neu auf das Sein ausgerichtetes Leben anstrebt und die Öffnung zum Sein so oft wie nur irgend möglich einübt – und dass er nicht nur während der Zeit des reinen Übens „praktiziert“, sondern sein Gesamtleben vom Sein her ordnet und versteht. Mit anderen Worten: Für den Begleiter muss klar sein, worum es geht. Hier kann man nicht „so tun als ob“. Basis für diese Art der Begleitung ist die höchst mögliche Verwirklichung einer Haltung, in welcher das ETWAS immer wieder aufs Neue entlarvt wird, (wenn es sich wieder einmal klammheimlich auf den Königsthron des Ich gesetzt hat). Diese Entlarvung ist das Ziel eines authentischen monastischen Lebens und echter Exerzitien (besonders eindrücklich beschreibt sie der Mönch Thomas Merton (1971). Als

Dis-identifikation ist dieses Streben aber auch das Ziel psychotherapeutischer Schulen, wie z.B. der Psychosynthese Roberto Assagiolis.

Die Haltung, die ich als Begleiter anstrebe (und immer wieder neu erwerben muss, weil der Lebensstrom natürlich regelmäßig meine ungezählten inneren und äußeren ETWAS aktiviert und inszeniert), hat mir mein Höheres Selbst in aller Deutlichkeit vorgegeben:

> „Ich bin dein Höheres Selbst, der Christus-Geist der Liebe, die Kraft der Weisheit, der Logos. Ich bin der Weinstock – und du bist die Rebe, Eckhard. Das genügt als Selbst-Konzept völlig. Alles Andere ist Makulatur! Wenn du „Schriftsteller" sein willst oder der „Retter der Werte", hast du schon verloren. Wenn du der „Autor" sein willst oder der „Therapeut", oder der „Familienvater" oder „Ehemann", hast du schon verloren.
>
> Ich bin der Weinstock, ihr seid die Reben: Das ist dein wahres Selbst-Konzept. Alles Andere ist Lug und Trug. Alles Andere diente dir, um dich vor dem Leben zu schützen, weil die Welt so kalt und bedrohlich für dich war. Ich bin die Quelle in dir. Und du bist die Quelle und ich bin die Quelle in dir. Anders geht es nicht. Alles Andere ist Lug und Trug."

Auch in eine Begleitungs-Situation wird sich regelmäßig ein ETWAS herein drängen wollen und vielleicht dabei zeitweilig die Regierung an sich reißen. Wir sind Menschen – und das heißt: Wir sind unterwegs, im Wachsen begriffen, im Reifen, also mitten drin – und so ist unser Leben immer wieder ein „Fallen und Aufstehen", „Fallen und Aufstehen", „Fallen und Aufstehen". Auch hier gilt: Wenn das ETWAS die Regierung übernommen hat, werden wir das beim Namen nennen und daran arbeiten, die Beziehung wieder in den heiligen Raum des Seins zu holen, wo das ETWAS eben nicht mehr regiert.

Wenn ich hier meinen eigenen Arbeitsstil zeige, ist dabei mein einziges Anliegen, zu zeigen, *dass* Selbsterfahrung und Gotteserfahrung in einer angeleiteten Sitzung möglich sind, vorausgesetzt, dass der Begleiter die Ich-Zustände kennt und unterscheiden kann, die dafür die Voraussetzung sind. Es ist aber auf keinen Fall meine Absicht, aufzuweisen: „So und so muss es gemacht werden!" An jeder einzelnen Stelle könnte man die Begleitung auch anders machen als ich es tat. Wer aus dem Sein heraus begleitet, wird in seinem eigenen Stil auf seine ureigene Weise aus dem Feld heraus begleiten. Jeder ist auf seine persönliche und unverwechselbare Art und Weise eine Rebe am Weinstock.

„Eigentlich gibt es nur zwei Arten zu reden und zu hören: verbunden – oder nicht verbunden" (Quelle unbekannt).

Und die Aufgabe des Begleiters besteht darin, dass er so viel wie nur möglich dazu beiträgt (indem er immer wieder Angebote macht – als Experiment und Probe-Luftballon), diese Verbundenheit des Klienten mit dem *Feld* zu ermöglichen und zu vertiefen. Verbundenheit – im Bild ist das Petrus, der über das Wasser gehen kann, so lange er auf Christus schaut (vgl. Mt. 14, 22-33). Sowie er aber den Blick abwendet, regiert das ETWAS – und er versinkt. So leite ich den Klienten an, seine Aufmerksamkeit (und damit die Energie) vom ETWAS zum ICH zurückzuholen und zeige ihm dabei, wie er „Selbststeuerung" praktizieren kann, damit er lernt, irgendwann auch ohne Begleiter die Aufmerksamkeit vom ETWAS zum König-Ich zu lenken, der in der Lage ist, „über das Wasser zu gehen".

„Leicht werden wie eine Feder" war schon das Ziel im alten Ägypten, und das üben wir, so oft es der Verlauf einer Sitzung (organisch) erlaubt. Indem der Klient lernt, Eins zu werden mit dem Seelengrund, werden seine persönlichen Themen für ihn selber nicht nur von Mal zu Mal leichter – einfach deshalb, weil sie durch den bewusst erlebten Seelengrund nicht mehr „alles" sind. Der Klient lernt auch, dass die Themen immer nur einen einzigen Auftrag haben: ihm zu signalisieren, dass er die Verbindung mit seinem wahren Ich und Seelengrund verloren hat, dass ihm ein ETWAS wichtiger geworden ist als seine Authentizität. Schwierigkeiten und Probleme werden so für den lernfähigen Klienten zu etwas „Nützlichem".

Unsere Aufgabe als Begleiter besteht auch darin, darüber zu wachen, dass der Klient sich nie im ETWAS verliert, sondern lernt, es aus gutem Abstand zu betrachten und zu „begrüßen", und von dort aus zu bearbeiten. Im Bild gesprochen: Der Klient soll möglichst in jeder Sitzung wieder in die Lage kommen, „über das Wasser zu gehen". Selbstredend ist ein Begleiter dazu nur in der Lage, wenn er während der Begleitung selber auf dem Wasser gehen kann, leicht wie eine Feder ist, frei von

Identifikationen – ausgerichtet auf das Sein als höchsten Wert. Ohne den Geist des Übens, der Demut, der größtmöglichen Wahrhaftigkeit als Christus-Orientierung ist die im Folgenden beschriebene Arbeit nicht möglich. Wer diese Haltung aber zum obersten Ziel seines Lebens gewählt hat (alles Scheitern dabei als eben auch dazu gehörende Wirklichkeit akzeptierend), wird durch jede Begleitung reich beschenkt – denn jede Sitzung bietet eine Möglichkeit, sich einmal mehr im Freiraum lebendiger Authentizität aufzuhalten – und die aufkommenden eigenen ETWAS jeweils im Keim zu erkennen.

Ich strebe dabei an, dass der Klient so rasch als nur möglich in die Lage kommt, selber zu Hause zu üben und immer unabhängiger vom Begleiter seine Reise durch den Körper zu praktizieren, seine Ein-Minuten-Bilder zu malen, sich auch ohne Begleiter dem Seelengrund zu öffnen – und das ist, wie nachfolgende Beispiele zeigen, möglich.

Sehr gute Erfahrungen machte ich auch damit, wenn Klienten weiterhin ihre Sitzungen bei ihrem (herkömmlich arbeitenden) Therapeuten fortführten und als Ergänzung die Christus-orientierte Begleitung erlebten: In meiner transaktionsanalytischen Ausbildungszeit war es geradezu erwünscht, dass wir – parallel zur eigenen Ausbildungsgruppe – bei verschiedenen anderen Ausbildern zu Gast waren.

Der Raum

In meinem Raum gibt es zwei Sessel und eine Liege mit Kissen und Wolldecke. Die Sessel stehen ungefähr im rechten Winkel zueinander, was In-Beziehung-sein und Bei-sich-bleiben in gleichem Maße ermöglichen soll. Zwischen den Sesseln steht ein Tischchen, auf welchem ich in jeder Sitzung Mineralwasser anbiete, was meistens sehr dankbar angenommen wird. Auf dem Tischchen liegt das Aufnahmegerät für die Mitschnitte, die sich der Klient/die Klientin direkt mit nach Hause nehmen darf. Das ist besonders hilfreich für die theoretischen Inhalte der ersten Sitzungen, wo ich Menschenbild und Ich-Psychologie erkläre. Erfahrungsgemäß kommt ein Klient nicht immer zwischen den einzelnen Sitzungen dazu, noch einmal alles anzuhören. Aber immer wieder gibt es diesen Satz: „Das will ich mir unbedingt noch einmal anhören!" oder auch: „Gut, dass ich mir das alles noch einmal in Ruhe anhören kann, das war so kostbar." Und das gilt für Passagen aus dem Prozess wie für die Theorie-Vermittlung.

In einer Ecke, die frei gehalten ist von Bildern, stehen zwei Pflanzen und eine Salzlampe, die im Laufe der Sitzungen irgendwann bei jedem Klienten die Aufgabe bekommt, das Heilige zu repräsentieren. Eine Uhr steht nur im Raum, wenn sie gewünscht wird – eine Sitzung geht so lange, wie es braucht, dass „es rund ist" – und das ist in der Regel nach 90 Minuten der Fall.

Auf dem Boden neben meinem Platz liegt immer ein riesiger Block mit Papier und Filzstiften für die „Ein-Minuten-Bilder" – und in einer Ecke steht ein Regal mit Spielzeug-Figuren wie König und Königin, Pirat, Drache, Gespenst usw. – auch sie kommen immer wieder als Stellvertreter für Teilpersönlichkeiten oder Themen zum Einsatz.

Zeit und Authentizität

Zeit und Authentizität sind für mich zwei Aspekte des beiden gemeinsamen *Geheimnisses Leben*. Ohne Zeit kann sich meine Authentizität nicht entfalten. Authentizität braucht Raum und Zeit, wo sie sich entfalten und zeigen kann, wo ein gemeinsames *Feld* entstehen kann. In meinen eigenen Therapiestunden habe ich den grausamen Stress erlebt, innerhalb der vorgegebenen Zeit „etwas zu vollbringen", weil dann wieder eine Woche Wartezeit war. Oft kam ich gar nicht an mein Gefühl heran – und ohne dieses war die Sitzung „Geplapper".

Als Begleiter geht es mir ebenfalls gut, seit ich keine Uhr mehr im Zimmer habe. Ich weiß: Wenn wir Zeit haben, dann kommt „es". Jedes Mal. Es gibt keine Sitzung, wo wir nicht zu einem befriedigenden Resümee gekommen wären. Das ist das Geschenk der Zeit. Es ist jedes Mal so viel zeitlicher Raum da, dass das, was es noch braucht, um zu einem guten Abschluss zu kommen, immer auch sein darf. Die Zeit erlaubt auch mir als Begleiter, authentisch zu sein, geduldig zuhören zu können, so viel Humor wie nur irgend möglich einfließen zu lassen und bei jedem Schritt so lange zu verweilen, bis wir jeweils beide merken: „Ja, so ist es gut, jetzt können wir den nächsten Schritt tun." (Allein wenn ich das schreibe, atmet es in mir auf). Für die Begleitung in akuten Krisen ist meine Erfahrung auch, dass nicht nur Zeit als freier Raum innerhalb *einer* Sitzung erforderlich ist, sondern auch Zeit für etwa 7

Sitzungen innerhalb eines Zeitraumes von 2 Wochen. Authentisches Leben braucht Zeit. Die Zeit, in der wir leben, ist selber das Sein. Sein und Zeit sind dasselbe. Zeitdruck ist ein Götze. Unter Zeitdruck einen Weg zum Sein gehen zu wollen, ist darum ein Widerspruch in sich.

2. Kapitel **Sitzungsprotokolle**

Susanne – erste Sitzung

Susanne (alle Namen im Buch sind geändert), 40, kommt soeben aus der Kur, wo sie mit Körpertherapie und Focusing gute Erfahrungen gemacht hat, weshalb sie sich auch an mich wendet. Wenn ich Susanne als erstes Beispiel ausgewählt habe, dann deshalb, weil sie durch das wochenlange Training während der Kur ausgesprochen aufnahmefähig für meine Impulse ist. (Die Arbeit mit Menschen, die das erste Mal eingeladen werden, wahrzunehmen, was in ihrem Körper vor sich geht, braucht (oft) viel mehr vorbereitende Einzelschritte, die zu beschreiben den Rahmen dieser Darstellung sprengen würde). Zusätzlich ist Susanne auch mit meinen Konzepten (ETWAS, ICH, SEELENGRUND) durch ihre eigene Werte-Orientierung vorbereitet, was zusätzlich eine angenehme Ausnahme bedeutet.
Susanne besucht wöchentlich einen Therapeuten – aber: (wie bei fast allen Klienten, die mich um Begleitung bitten) die „übliche Therapie" ist ihr „zu wenig". Im Folgenden gebe ich zwei Sitzungen mit Susanne fast vollständig wieder.

Wo ist die Königin?

Eingangs berichtet Susanne, dass sie seit der Kur in gutem Kontakt mit sich ist und in vielen Situationen anders reagiert als vor der Kur. Gleichzeitig merkt sie, wie sich die einzelnen ETWAS Stück für Stück „darüber legen". Auf meine Frage, ob sie lieber das ETWAS zum Thema der Sitzung machen möchte oder das ICH, entscheidet sie sich für das ICH. Daraufhin lade ich sie ein, aus einem Regal mit Figuren eine für ihr ICH auszuwählen und an der Stelle im Raum aufzustellen, wo es für sie jetzt gerade stimmig ist. Sie wählt eine Königin aus und hält sie sich auf einen Oberschenkel.
Begleiter: „Ja, da steht sie jetzt, die Königin, Ihr wahres Ich, *der* Mensch, der Sie in Ihrem innersten Kern und Wesen sind ... Wenn die

Ihnen jetzt etwas sagen wollte und Sie sich zum Sprachrohr der Königin machen würden, was würde Sie dann jetzt sagen?"

Die Botschaften der Königin

Klientin: „Die würde sagen ... (fällt mir spontan ein): ‚Richte dich auf!'"
Begl: „Richte dich auf."
Kl: „Genieße dein Leben! ... Nimm die Last des Lebens nicht so wichtig! ... Freue dich einfach am Leben! ... Komm aus deinem Schneckenhaus! ... Alles ist gut! ... Bleibe nicht stehen! ... Gib dich nicht auf! ... Das waren jetzt alles Sachen, die schossen so ... durch den Kopf ... ohne sie willentlich heranzuziehen. Ich bin selber erstaunt, was da jetzt alles kam ... Du bist schön! ... Du bist etwas sehr Wertvolles! ... Du wirst gesund werden!"
Begl (Aus meiner eigenen Resonanz heraus – was immer nur ein Probe-Luftballon sein kann, ein Experiment): „Ich höre noch, wie sie gerade sagt: ‚Du hast keine Schuld!' – Sagt Ihnen das etwas? ‚Du hast keine Schuld!'"
Kl: „Äh ... das war der rote Faden in der Therapie. ‚Du hast keine Schuld!' (lacht) ja, stimmt. ... So weit war sie aber noch nicht."
Begl: „Dann warte ich, bis *sie* es sagt."
Kl: „Ich merke jetzt, wie mein Körper schon anfängt zu zucken."...
Begl: „Wie war das jetzt für Sie?"
Kl: „Ja, schön ... Also ja, doch. Also ich hätte nicht gedacht, dass so was... das kam ja eigentlich von mir selber raus, ohne ... ähm ... dass ich jetzt versucht habe, darüber nachzudenken, sondern es schoss ein Satz durch den Kopf, ich habe ihn ausgesprochen, dann war kurz Stille, und dann, zack, kam der nächste und das war so ... ähm ... schön, eigentlich, weil ich weiß, wie schwer sich Andere damit tun."
Begl: „Ja. Ja. Das zeigt ja auch, wie nah Ihr Kontakt zum wahren Selbst ist. Das ist – in Klammern gesagt – für mich *die* Entdeckung, dass ich im Laufe der Jahre ungezählte Berge von Büchern gelesen habe über das wahre Selbst und immer mehr Ehrfurcht bekommen habe und immer kleiner wurde, und dann festgestellt habe, durch eigenes Erleben und dann auch durch die Begleitungen, wie nah diese Wirklichkeit da steht, wie selbstverständlich nah und wie uns eigentlich viele Autoren dieses Recht auf diese Nähe eigentlich streitig gemacht haben."

Kl: „Da habe ich mich immer im ... *(in der spirituellen Tradition der Klientin)* ... so schwer damit getan. Also gerade, was das anging, dass ich dachte: ‚Da komme ich niemals hin!'"
Begl: „Ja, genau das! Genau das!"
Kl: „Aber es ist doch der starke Drang da, sonst hätte ich diese ... Depression nicht bekommen ..."
Begl: „Ja. In diesem Sinne sehe ich auch in den Depressiven die Avantgarde unserer Gesellschaft ..."
Kl: „Oh! (lacht) Können Sie das meiner Chefin sagen?" *(Wir lachen beide).*
Begl: „Jetzt wäre die Möglichkeit ... vielleicht haben Sie direkt einen Wunsch, wie es weitergehen soll ... ja, ich warte mal kurz ... Sonst könnten wir mit den Sätzen hier ..." *(Ich zeige auf die Sätze, welche die Königin gesagt hat und die ich auf dem großen Papierbogen notiert habe).*
Kl: „Ja, machen wir mit dem etwas."

Der rote Teppich der Königin

Begl: „Meine Idee wäre nämlich jetzt, dass ich einfach jeden dieser Sätze in Ruhe spreche und Sie dabei die Augen offen oder geschlossen haben und es genießen wie Sahne-Eis – und gleichzeitig beobachten: ‚Was ist da noch am Rande, wenn ich die Sätze höre?' Sie können so das Bild haben: Die Königin geht auf dem roten Teppich, und sie sieht von dort aus, was da außen für Menschen stehen, links und rechts vom Teppich. Vielleicht sagt die Königin: ‚Aha, da ist ein Gauner – interessant! Und dort ist eine Hexe – sieh da!– und da steht auch noch so ein Pirat – aber die Königin bleibt würdevoll auf ihrem roten Teppich. (Wir nennen das in der Focusing-Tradition ‚Begrüßen', verbunden mit dem Satz: ‚Aha, das ist auch da!' Punkt. Aber Sie schütteln mit keiner der Personen am Rande die Hand. Sie sind und bleiben die würdevolle Königin. Diesen Vorgang nennen wir in der Focusing-Tradition ‚Partialisieren' – und in meiner Sprache heißt das: All die Gestalten, die sich da auch noch am Rande, neben dem roten Teppich zeigen, sind ein ETWAS – aber *nicht* die Königin: Das ETWAS ist und bleibt ein ETWAS – und die Königin ist und bleibt die Königin. Und wir achten darauf, dass möglichst immer ein guter Abstand besteht zwischen dem ETWAS und dem ICH – das Gegenteil von Abstand ist nämlich ‚ver-

mischen', ,verknoten' (das Fachwort dafür wäre Identifikation) – und dann ist das ganz schnell ein Verwechseln und dann wissen wir nicht mehr, wer die Königin ist und was das ETWAS ... Und wenn ich jetzt die Sätze von Ihrer Königin spreche, dann dürfen Sie jederzeit unterbrechen und *das* aussprechen, was gerade ist ... Aber vorher lasse ich mal ein paar hoch-motivierte Sauerstoffmoleküle herein" *(ich öffne das Fenster) (die Klientin lacht).*
(Pause)
Begl: „Möchten Sie noch eine kleine hinführende Übung – oder direkt?"
Kl: „Ja, ich glaube, das wäre ganz gut."
Begl: „Sie können so sitzen bleiben, hier ist eine Wolldecke, da können Sie sich auch hinein kuscheln (die Klientin wickelt ihre Füße damit ein). Und während der Übung sagen Sie bitte, wenn ich zu schnell oder zu langsam anleite – Sie sind die Königin!"

Anleitung zur Sammlung

Begl: „Ja, dann spüren Sie doch einfach mal, wie es ist, wenn Sie so da sitzen, mit der Decke an den Füßen, mit dem Sessel im Rücken, dem Polster ... und ob etwas geändert werden möchte an der Haltung ... oder ob alles jetzt gerade so stimmt. Und dann können Sie mal zu Ihrem Körper hin spüren und sich fragen: „Wie nahe bin ich jetzt gerade meinem Körper? Schaue ich auf ihn mit dem Fernglas, oder ist er mir sehr nah?"
Kl: „Sehr nah."
Begl: „Wenn Sie so den Körper beobachten, dann gibt es die Möglichkeit, vom Beobachten hinüber zu wechseln in das Fühlen: ,Wie fühle ich meinen Körper?' Vielleicht gibt es für Sie gerade auch noch eine Zwischenstufe: ,Wie empfinde ich meinen Körper jetzt gerade? Wo spüre ich meinen Körper jetzt gerade?"
Kl: „Meine Füße haben keinen Bodenkontakt ... der Rücken ist ..." *(die Klientin geht Schritt für Schritt durch den ganzen Körper und nennt die Empfindungen) ...*
Begl: „Dann können wir jetzt rüber wechseln zum Atem und diesen erst mal beobachten: ,Wie weit weg ist er von mir – oder wie nah?'"
Kl: „Ah, der Atem ist weiter weg. Den spür' ich nicht so gut. Fast macht mir das Einatmen ein bisschen Mühe."

Den Atem fragen

Begl: „Wenn Sie wollen, können Sie den Atem fragen, ob er noch ein bisschen näher kommen möchte. Was er vielleicht dazu braucht."

Kl: „Erster Impuls: ‚Aufrechtere Haltung!' Aha. Okay." *(lacht).*

Begl: „Vielleicht ist es jetzt auch möglich, vom Beobachten des Atems hinüber zu wechseln zum ‚Ich-spüre-meinen-Atem', ‚ich empfinde meinen Atem', vielleicht sogar: ‚Ich fühle den Atem.'"

Kl: „Im Moment fühle ich ihn nicht. Er ist relativ flach."

Begl: „Ja, dann würde ich jetzt mal den ersten Satz Ihrer Königin sagen: ‚Richte dich auf!' Das wahre Ich sagt: ‚Richte dich auf!'"

Das ETWAS meldet sich

Kl: „Da erscheint das Gesicht einer Kollegin vor mir ... warum, weiß ich auch nicht. Ich sehe da keinen Zusammenhang ..."

Begl: „Ja, die ist jetzt einfach mal da. Bei ‚richte dich auf!' erscheint diese Kollegin."

Kl: „... Und meine Mutter steht daneben."

Begl: „Aha. Bei ‚richte dich auf!' ist da die Kollegin und die Mutter. – Gibt es dazu ein Gefühl oder eine Reaktion im Körper, parallel zu den Bildern?"

Kl: „Unangenehm. So, ... ja, so ... unter Rechtfertigungszwang stehen ... Ja ... Das ist so ein gouvernantenhafter Anteil, den meine Mutter hat, und die Kollegin irgendwie auch, so ein: ‚Was hast du jetzt schon wieder angestellt?' ... so..."

Der gute Ort

Begl: „Wenn Sie jetzt einfach so rüber wechseln, dass wir das einfach so stehen lassen: ‚Da ist was Unangenehmes' – und wieder zurück gehen zu dem Bewusstsein: ‚Ich bin die Königin. Ich bin mit mir verbunden. Ich bin ich und ich bin da ... Ich bin eine Sonne' ... oder – wenn es Ihnen besser gefällt: ‚In mir ist mein wahres Ich – und das ist wie eine Sonne' (wie es eben für Sie stimmt): ‚In mir ist mein Person-Kern, ich bin Person' – oder so ähnlich. Und das mal so kraftvoll in sich hinein wirken lassen ... Da war jetzt gerade dieses ETWAS – und Sie pendeln jetzt zurück zu Ihrem Person-Sein ... Vielleicht hilft Ihnen dabei, wenn Sie jetzt den Körper zu Hilfe nehmen und mal erspüren: ‚Wo ist denn jetzt gerade in mir ein guter Ort? Wo fühlt es sich in meinem Körper jetzt gerade wohl an? (Das kann in der linken Hand sein oder im rechten Knie, im Herz-Brust-Bereich oder im Unterbauch)..."

Kl: „Unterbauch."

Begl: „Unterbauch."

Kl: „mhm ... Da fühlt sich's gut an."

Begl: „Ist es Ihnen möglich, mit diesem guten Ort in Verbindung zu sein?"

Kl: „Ja, aber leider bricht die Verbindung oft ab."

Im Jetzt bleiben

Begl: „Jetzt gerade?"

Kl: „Nee, sonst."

Begl: „Nur jetzt gerade."

Kl: „Jetzt gerade kein Problem."

Begl: „Das reicht vollkommen. Jetzt ist da ein guter Ort. Und wenn Sie so tun, wie wenn Sie heute zum ersten Mal an einen guten Ort kämen, sich umschauen wie bei einer Schlossbesichtigung oder wie in einer schönen Kathedrale und mal spüren: ,Wie ist es hier an diesem guten Ort?' Und Sie dürfen auch da alles aussprechen, was Ihnen durch den Kopf geht, weil das den Prozess unterstützt."

Mit Aussprechen im Fließen bleiben

Kl: „Hell, warm, friedlich, menschenleer ... und die Sonne scheint."

Begl: „Und die Sonne scheint ... Das können Sie jetzt so richtig verkosten, genießen, wahrnehmen ... (und vielleicht wollen Sie noch dabei verweilen, dann sagen Sie das) ... sonst können wir den nächsten Schritt tun."

Kl: „Vielleicht noch ein paar Minuten ... Jetzt."

Begl: „Dann können Sie jetzt, von diesem guten Ort aus (wenn Sie wollen), noch mal zurück gehen zu den Reaktionen von vorher, als das ,Richte dich auf' kam und die Kollegin und die Mutter sich gemeldet haben: ob das jetzt genau gleich ist, wenn Sie daran denken?"

Die Veränderungen registrieren

Kl: „mhm. Ich bin jetzt ... deutlich ... aufgerichteter ... ohne die Vorwürfe an mich ran zu lassen."

Begl: „mhm ... Reicht das so? ... Sonst ... wäre es auch möglich, vom guten Ort aus der Kollegin etwas zu sagen ... oder der Mutter."
Kl: „mhm ... Liebe Kollegin, liebe Mutter, ich brauche keine Gouvernante mehr. Ich weiß, was ich tue ... Und kommt mir nicht so nahe!"
Begl: ... „Haben es die Beiden gehört?"
Kl: „Ich denke schon." (lächelt).

Resonanz

Begl: „Also hier kam es auch an. Ich hätte es gehört ... Dann ist mein Vorschlag, ein Päuschen zu machen ...
Kl: „Ja!" (Lächelt).

Gelöstes Pausengespräch

(Wir trinken Wasser und unterhalten uns gelöst über dies und jenes).

Mit dem Körper in eine neue Runde

Begl: „Wie ist es jetzt gerade?"
Kl: „Ja, also, ich bin so richtig schwer, also angekommen. Also nicht so ... sonst habe ich immer das Gefühl: Meine Füße sind so leicht."
Begl: „mhm."
Kl: „Aber ... doch ... also das ganze Gewicht ... hoffentlich hält er aus (lacht). Das ganze Gewicht ruht in diesem Sessel."
(Wir sprechen über die Korbsessel und unsere Geschichte mit ihnen).
Begl: „Ja, können wir noch einen Schritt weiter gehen? Wie ist es?"
Kl: (Zustimmung)
Begl: „Ja, dann lade ich Sie ein, mal zu spüren, wie die Haltung jetzt gerade ist und ob sie so stimmt, oder ob Sie noch etwas verändern wollen ... und dass Sie dann mal zu den Schultern hin spüren, wie die jetzt gerade sind in ihrer Beziehung zum Rumpf einerseits und zum Hals andererseits."
Kl: „Entspannt" ...
(Ich gebe wieder eine kurze Anleitung zur Körper-Reise. Die Klientin beschreibt beim jeweils angesprochenen Körperteil, wie sie ihn erlebt).
Begl: „Dann sage ich jetzt den nächsten Satz der Königin: ‚Genieße dein Leben!'"

Kl: „Ich kann das nicht erkennen. Da flackert immer wieder etwas auf – und dann ist es weg."

Zweiter Focusing-Prozess zu einem ETWAS

Kommentar: *Was hier begonnen hat, ist wieder ein typischer Focusing-Prozess, bei welchem aus einer Körper-Empfindung Bilder, Assoziationen, Gedanken, Gefühle, Bewegungs-Impulse entstehen. Wir verweilen bei jedem einzelnen Schritt gerade so lange, wie das „ETWAS am Rande des roten Teppichs" braucht, um erkannt zu werden – als Begleiter achte ich währenddessen darauf, dass das sich hier neu ergebende ETWAS eben wirklich nur zur Kenntnis genommen wird, aber nicht (inflationär) die Energie an sich zieht – und auf diese Weise den Platz auf dem roten Teppich einnimmt. Vielmehr bringe ich der Klientin in den Momenten, wo mein Körper mir den Impuls dazu gibt, die Königin in Erinnerung und trage auf diese Weise dazu bei, dass das Ich wirklich Königin auf dem roten Teppich bleibt und nicht von Piraten oder Hexen verdrängt wird. Die Orientierung gibt mir dabei mein eigener Körper, den ich während der Begleitung als wichtigstes Werkzeug brauche, um wirklich präsent zu sein und das Gespür zu haben, wann es richtig ist, zu hören, und wann es richtig ist, zu unterbrechen und die Aufmerksamkeit der Klientin einzuladen, sich vom ETWAS zu lösen und auf diese Weise eine Dis-identifikation (Partialisierung) zu vollziehen. Die oberste Regel dabei lautet: „Ein ETWAS muss ein ETWAS bleiben". Je mehr persönliche Geschichte und Emotionen (von lat. e-movere = weg-bewegen, entfernen, vom Weg abbringen) an einem ETWAS hängen, desto mehr neigt ein Klient dazu, das ETWAS für das ICH zu halten. In einer Begleitungs-Situation ist es die Aufgabe des Begleiters, genau diese Verwechslung anzusprechen und gemeinsam mit der Klientin zu entlarven. Mit anderen Worten: Der Begleiter ist immer eine Art Bodyguard oder Anwalt des Ich und hat peinlichst darüber zu wachen, dass niemand Fremdes auf den roten Teppich kommt – und schon gar nicht, dass die Königin den roten Teppich verlässt! Dabei gilt eine Regel, die sich in allen Bereichen bewährt hat: „Wehret den Anfängen!" „Früh-Erkennung" – und diese leistet niemand so gut wie unser Körper. Aus diesem Grunde habe ich als Begleiter sehr oft die Augen geschlossen, während ich begleite, damit ich nicht „alleine", sondern zusammen mit meinem Körper „da" bin. (Dazu sage ich den*

Klienten in den ersten Stunden auch immer wieder die Regel: „Man muss nicht einen ganzen Topf voll Suppe essen, um herauszufinden, dass die Suppe versalzen ist" oder auch „ Nicht in den Brunnen springen, sondern am Rande bleiben!" und „Wir müssen nicht in den Sumpf hinein gehen, um zu erkennen, dass es ein Sumpf ist – es genügt völlig, den Sumpf von außen zu sehen!" – und diese Sätze wiederhole ich zu Beginn einer Begleitung an den jeweiligen „Gefahren-Stellen" so oft, bis ich sicher bin, dass die Klientin sie verinnerlicht hat).

Bild-Erleben

Als ich den dritten Satz der Königin sage, (‚Nimm die Sorgen des Lebens nicht so wichtig!'), zeigt sich das Bild einer Freundin der Klientin, die dieses Prinzip schon lebt. Und es ergeben sich neue Sätze:
Kl: „Ich habe das Recht, mich zu freuen ... Ich darf da sein." *(Großes Aufatmen und Lächeln)* ... Ich sehe ein weißes Blatt ... Jetzt kann ich ganz neu anfangen ... *(längere Pause)* ... Da fehlt mir jetzt nur der Mut dazu!"
Begl: „Dann gucken wir mal, wo der Mut gerade ist ... Oh, nein, ... da zögert es in mir: Das ist nicht die Frage nach dem Mut!"

Was braucht es?

Kl: „Bevor die Frage nach dem Mut kommt, steht die Frage: Wofür braucht es überhaupt den Mut? Was nützt mir der ganze Mut, wenn ich nicht weiß, was damit machen?"
Begl: „Genau! ‚Machen' – das Erste ist das Sein. Das überhaupt mal spüren: ‚Ich bin ich' ... äh, äh, weil ... das ist so was Heiliges, so was Kostbares, ein weißes Blatt zu sein und neu anfangen zu können, dass das erst mal der Körper und die Seele verstehen müssen: ‚Jetzt hat etwas Neues begonnen.'"

Machen oder Sein?

Begl: „Weil, sowie die Aufmerksamkeit zum Machen geht und zum Verändern, ist die Gefahr groß, dass das Feine verloren geht, die Seelensubstanz, dass also wieder ein ETWAS an die Stelle der Königin tritt ... Deshalb, (wenn es nicht zu großväterlich ist, wenn ich das so sage) wäre erst mal die Einladung, diese Erlaubnisse und Einladungen Ihrer Königin erst einmal zu spüren ..."

Verankern

Begl: „ ... und wirken zu lassen, dass der Kontakt zur Königin da ist und dass das erst mal verankert und gesichert wird in der Seele und im Körper. Also, mal einfach mit dem sein. Sonst ist das so wie mit einem Bäumchen, das man gerade gepflanzt hat und man lehnt dann schon eine Leiter dran – dann ist alles futsch."

Kl: „Genau!"

Begl: „Leuchtet's ein?"

Kl: „Ja, genau so!"

Verlangsamen und unterbrechen

Begl: „Gerade weil Sie temperamentvoll sind, gilt: verlangsamen und unterbrechen! Wie das die Mönche tun: Egal, wie wichtig das ist, woran die Mönche oder Nonnen gerade arbeiten: Die Glocke ruft, man lässt alles liegen und geht zum Beten. Mit dieser Unterbrechung sorgen die Mönche dafür, dass das ETWAS nie zu wichtig wird und das Sein Raum bekommt. Aus dem ICH-Sein ergibt sich dann ganz sanft und organisch das Tun ..."

Kl: „Ja, das ist so."

Begl: „Wenn Sie jetzt gleich nach dem Tun fragen, dann ist die Gefahr, dass das eintrifft, was Albert Einstein mal ungefähr so formuliert hat: „Wenn einer mit dem alten Denken, aus dem das Problem hervorgegangen ist, das selbe Problem lösen will, wird er das nicht können."

Kl: (Lacht).

Neuer Wein in neue (!) Schläuche

Begl: „Und biblisch heißt das: Bitte keinen neuen Wein in alte Schläuche schütten! – Mit anderen Worten: Wenn unser Tun nicht aus dem Sein kommt, also aus der Stille, der Ruhe, der Innenverankerung, werden wir ganz schnell wieder den alten Götzen und Dämonen dienen. Also: erst mal das Königin-Sein wirklich verkosten und dann die Königin fragen: ‚Was wäre jetzt ein erster Schritt?' – Und diese Antwort kann im Grunde genommen nur der Körper geben, aus dem das neue Denken kommt. Wenn die Königin und der Körper zusammenfinden, dann ist wirklich das Neue möglich – und dann braucht es auch keinen Mut mehr. – Darf ich das so sagen?"

Den Körper suchen

Kl: „Ja, ja ... es ist für mich etwas Neues, also ... die Königin sitzt jetzt erst mal da in ihrem Reich und überlegt sich: ‚So, was machen wir jetzt?'" (lacht).

Begl: „Ja, wollen wir mal die Königin fragen? ... Sie spüren noch mal. Sich Zeit nehmen. Dass Sie wieder zu Ihrem Körper hin finden, dass Sie wieder von Ihrem Königinnen-Thron aus Kontakt aufnehmen zum Körper, wie es jetzt gerade ist ... so ein kleiner Check: ‚Wo spüre ich gerade den Körper? Ist er da? Bin ich da? Wo bin ich gerade besonders zuhause im Körper, wo ist er eher weiter weg?'"

Kl: „Die Füße sind gerade ... die Zehen sind etwas verkrampft ... Oberschenkel sind gerade ein bisschen angespannt, durch die Unruhe, die jetzt in mir ausgelöst wurde ... ‚Mach was! Mach was! Mach was!'"

Die Teilpersönlichkeit benennen und nach außen stellen

Begl: „Wer sagt das in Ihnen: ‚Mach was!'? – das ist ja sicher ein alter Bekannter oder eine alte Bekannte."

Kl: „Meine Mutter."

Begl: „Jetzt wäre es gut, glaube ich, wenn wir die stellen würden. (Das sind alles nur Vorschläge – Sie sind die Chefin)."

Kl: (steht auf und sucht eine Figur aus).

Begl: „Dann schauen Sie mal: ‚Wo ist der Platz, wo die gerade hin gehört?' ... die, die sagt: ‚Mach was!' ... Aha."

Kl: „Ja, ‚schnell, schnell, tu was., ehe du was verpasst!'"

Begl: „Spüren Sie mal zum Mund, wie das da jetzt gerade ist!"

Kl: „Hrrr ... hrrr ..."*(fletscht die Zähne).*

(Und wieder bearbeiten wir mit Focusing das ETWAS, das sich so organisch weiter entwickelt.)

Wohltuender Abstand

Begl: „Und da ist jetzt so kostbar zu sehen: Das ist nicht die Königin, sondern das ist ganz klar und offensichtlich ein ETWAS."

Kl: „mhm."

Begl: „Da steht sie: „Mach was! Tu was!"

Kl: (lacht) „Ja, mit Abstand betrachtet, deutlich angenehmer."

Begl: „mhm."

Kl: „Da entspannt sich auch … der Kiefer hier ... wobei ‚Antreiben' ja früher sicher gut war ... Da war ja oft: ‚Alles egal!'... Aber die Rolle ist zu stark geworden. Dass ich einfach keine Ruhe mehr finden kann. Also, egal jetzt, was ich mache. Ist es ein Hobby oder Sport, dann muss alles perfekt sein ..." *(sie beschreibt die verschiedenen Situationen).*

Eigenes Üben

Begl: „Wie ist der Mund jetzt gerade?"
Kl: „Nicht gerade entspannt ... Ja, es zieht jetzt bis hier herein. *(Sie erzählt einiges, was wieder zur Thematik „Mutter" führt).*
Begl: „Wie ist es jetzt gerade, wenn Sie die Mutter dort stehen sehen?"
Kl: „Ja, mit Abstand ist es deutlich besser."
Begl: „Ja, und da wird deutlich, wie wichtig der Abstand ist. Und das ist die Aufgabe der Königin, rechtzeitig Zeiten einzuplanen und dazu die passende Übung, damit die Königin auf dem Teppich bleiben kann und umgekehrt sich kein Pirat und keine Hexe auf den Teppich mogeln ... Unterbrechen und Abstand herstellen. Wie bei den Nonnen das Stundengebet ... und wie hier jetzt mit der Mutter. Und das wäre die Frage, ob Sie eine Möglichkeiten sehen, wie Sie es schaffen können, die Datenautobahnen und Automatismen und Mechanismen zu unterbrechen und immer wieder aufs Neue Abstand herzustellen? Also, wie Sie selber unter der Woche diesen Atem-Spür-Raum und diesen Körper-Spür-Raum herstellen können. Als Motto: ‚Ich arbeite mit meiner Seele zusammen – und von dort her plane ich und von dort her baue ich auf.'"
Kl: „Das habe ich schon ein paar Mal probiert ..." *(sie erzählt ihre Erfahrungen mit Sprüchen, Schildchen, Merkzetteln und Ähnlichem ... und wir sprechen dann über die Übe-Praxis und die ihr gegebenen Möglichkeiten).*

Exkurs: *Übung als Exerzitium – die große Schwelle.* An dieser Hürde haben nach meiner Erfahrung praktisch alle Klienten ihre größten Probleme: sich selber für die Disziplin einer Übung entscheiden, zu ihr stehen, sie „durchziehen", so weit wie nur irgend möglich. Da eine Übung (Exerzitium, Askese) für Berufstätige eine extreme Herausforderung ist, empfehle ich an dieser Stelle immer die CDs von seriösen Autoren (mit soliden, bewährten, authentischen Übungen). Aus der Schule von John Kabat-Zinn (vgl. Kabat-

Zinn/Kesper-Grosman: 1999) gibt es die bewährte Tradition der Körperreise, „body-scan", die als „Eutonie", (entwickelt von Gerda Alexander), schon 1970 bekannt war. Diese Körperreise ist sicher das am leichtesten erlernbare „Werkzeug" und das am leichtesten praktizierbare. An der regelmäßigen Übung liegt alles, das kann man auch niemandem ersparen. – Sollte ein Klient damit größere Schwierigkeiten haben, kann dies wiederum zum Thema gemacht werden, indem für das erfüllte, erfolgreiche und disziplinierte Üben eine Stellvertreter-Figur nach außen aufgestellt wird und diese Focusing-gemäß interviewt wird. Des weiteren können die inneren „Saboteure" als Gegenspieler-Figuren nach außen gestellt werden... der Phantasie des Begleiters sind da keine Grenzen gesetzt. An dieser Stelle frage ich auch regelmäßig die Klienten, ob sie *wirklich* eine Christus-orientierte Begleitung wollen und ob es wirklich ihr Ziel ist, mit Gott Eins zu werden – auch diese Frage lässt sich mit Hilfe der Körper-Weisheit explorieren. Einmal schlug ich einer Klientin vor, sie solle zu der Stelle des Raumes gehen, die bereit ist, den Willen Gottes zu tun. Und dann lud ich sie ein, einmal den Satz zu sagen: „Ich will den Willen Gottes tun!" - und gleichzeitig zu beobachten, was der Körper an Kommentaren dazu gibt. Dabei kam ganz kraftvoll der Satz: „Nein, ich will den Willen Gottes nicht tun!" - Und auch das kann wiederum (mit Einverständnis des Klienten) zum Thema gemacht werden. („Den Willen Gottes tun" heißt übersetzt: auf die innere Stimme hören, sich in Richtung Authentizität hin bewegen und zum König-Ich werden wollen – gegen alle ETWAS und das „Nichts", welches alles nur Mögliche tut, um den Königsthron eines freien, sanften, liebenden ICH durch ein ETWAS zu ersetzen).

Rückversicherung

Begl: „Ist es so für Sie in Ordnung, wie wir arbeiten?"
Kl: „Ja, wunderbar! ... Ja, also, ich fühle mich wie zuhause ... in der Klinik zuhause ... und es war schön, mal den Geist auszuschalten und *das* kommen zu lassen, was kommt ... das hat sofort funktioniert. Normalerweise geht das bei mir nicht so schnell." (lacht).

Susanne – zweite Sitzung

Susanne sagt eingangs, sie sei in einem „depressiven Loch“, empfinde eine Leere und Lustlosigkeit unter der sie sich wie unter einer Glasglocke fühle. Ich lade sie ein, zu diesem Zustand ein „Ein-Minuten-Bild“ zu malen, und dabei einfach ihre Hand führen zu lassen. Sie malt und gibt dazu Kommentare, das Gespräch geht währenddessen lebhaft hin und her.

Exkurs: *Das „Ein-Minuten-Bild“ als Methoden-Wechsel und gemeinsame Wirklichkeit.* Der Sinn des Malens ist ein mehrfacher. Das Malen stellt einen Methoden-Wechsel dar, der schon einmal in der Lage ist, einen Wechsel des Ich-Zustandes zu bewirken. Da zudem der Depressive durch eine Art „Tunnelblick“ viele Aspekte, Facetten und Nuancen der Wirklichkeit nicht sehen kann, sie vielmehr abwertet („discountet“), schaffen wir mit dem Prozess des Malens denjenigen Aspekten ihres Lebens, die schon da sind oder sich zeigen wollen, die Möglichkeit, sich zu manifestieren: Das Bild zeigt erfahrungsgemäß immer mehr, als der Klient im depressiven Ich-Zustand zu sehen in der Lage ist. Das Malen aktiviert das Ich, die Sinne, das innere Kind, den inneren Beobachter – und schafft darüber hinaus eine gemeinsame Wirklichkeit, über die sich Begleiter und Klient jetzt verständigen können. Auf dieses Bild kann auch immer wieder zurückgegriffen werden. Das ist wichtig, denn Worte werden oft schon nach wenigen Minuten wieder „vergessen“, d.h. im depressiven Ich-Zustand gleich wieder abgewertet. Dagegen ist das Bild immer da. Wie ein Zeuge. Das Bild stellt einen gemeinsamen Bezugspunkt dar und ist für das Gespräch immer eine Belebung. Für den Begleiter gibt es eine zuverlässige Möglichkeit, die augenblickliche Situation des Klienten noch besser zu erfassen – und im gemeinsamen Betrachten und Besprechen des Dargestellten ergeben sich in der Regel unerwartete neue Ansatzpunkte, da das Bild in der Lage ist, Situationen, Beziehungen, Aspekte in einer Weise auszudrücken und „auf den Punkt zu bringen“, wie es Worte nur schwerlich können. Schließlich ist ja auch das Bild-Bewusstsein den Tiefen-Schichten der Seele näher als das Wort-Bewusstsein und ist dadurch in der Lage, den Energiefluss zu

unterstützen. Diese Andeutungen sind noch lange nicht vollständig, dürften aber an dieser Stelle genügen, um zu verdeutlichen, wie kostbar das Bild gerade in der Arbeit mit Menschen ist, die vorübergehend „ohne Ich“ sind.
Die Klientin malt das erste Bild, wobei deutlich wird, dass hinter dem „Durcheinander im Kopf“ ein handfester Konflikt besteht zwischen jener Teilpersönlichkeit, die „Leistung“ einklagt und jener, die „Trägheit“ will. Zwischen diesen beiden ETWAS als Machtblöcken ist ihr Ich wie nicht vorhanden. Auf einem zweiten Bild zeichne ich die beiden Extreme links und rechts außen und in die Mitte das aristotelisch-verbindende Ich als die Königin.

Wo ist die Königin?

Begl: „Ich sehe jetzt zwei Möglichkeiten, wie wir arbeiten könnten: Die eine wäre die mit Figürchen, dass Sie mal eine für die Leistung und eine für die Trägheit wählen und hier im Raum aufstellen. - Die andere Möglichkeit wäre, dass wir sagen: ‚So, jetzt haben wir die Situation – und jetzt schauen wir mal, wo jetzt gerade die Königin ist.‘“
Kl: „mhm ... tja ... Ich habe das Gefühl, die Königin ist gerade gar nicht anwesend.“
Begl: „Und wenn Sie jetzt mal den ganzen Raum – im Zimmer und draußen, außerhalb – nehmen: Wo wäre da jetzt gerade die Königin?“
Kl: (Schaut um sich): „Da! *(Sie zeigt auf eine goldene Figur an einem Wandbild).* Weit weg! (...)“
Begl: „Und wenn Sie jetzt zu ihr hinschauen? ... Wie ist es dann? ... Wenn Sie Kontakt aufnehmen?“
KL: „mhm ... Weit weg.“

Was sagt die Königin?

Begl: „‚Weit weg‘. Und wenn die Königin sprechen könnte, was würde sie dann sagen?“
KL: „Alles wird gut!“
Begl: „Alles wird gut.“
KL: „Alles wird gut ... Es bleibt nicht so.“
Begl: „Alles wird gut ... Das sieht man auch deutlich in dem Bild, das Sie gemalt haben ... Wir sind immer nur gewohnt, zu fragen: ‚Warum?‘ Wenn wir aber dem Leben wirklich gerecht werden wollen, dann müs-

sen wir auch noch die andere Frage stellen: ‚Wozu?' – und das wissen wir jetzt noch nicht. Aber das Bild strahlt so deutlich aus, dass hier etwas Neues entsteht, von dem wir noch nicht wissen, was es ist, und ... die Königin sagt ja schon mal: ‚Es wird alles gut!' Das heißt, die Königin sieht schon die Zukunft. Und jetzt müssen wir ‚bloß' (in Anführungszeichen) schauen, wo etwas entdeckt werden möchte und sich etwas verändern möchte ... Wie ist es für Sie jetzt gerade, wenn Sie die Königin so aus der Entfernung anschauen?"
Kl: „mhm ... *(schaut auf das Bild, das sie eingangs gemalt hat).* Wenn die Wolke nicht wäre, könnten die Sonnenstrahlen in das Loch ... und dann würde es in dem Loch wärmer ... und dann könnte ich aus dem Loch raus kommen ... (lacht) ganz gewagte Theorie."
Begl: „Ja, dann können wir doch mal schauen, dass Sie zu den Strahlen kommen – (wenn Sie das wollen). Ja?"
Kl: „mhm."

Begleitung zum Seelengrund

Begl: Dann schauen Sie doch mal, ob Sie so richtig sitzen, oder ob Sie etwas ändern möchten. *(Es folgt nun eine Anleitung zur bewussten Körperreise („bodyscan"), mit der Einladung, auszusprechen, wie es in den einzelnen Regionen gerade ist, wodurch eine ausgesprochene Dichte entsteht. Bei der Anleitung lasse ich mir viel Zeit, damit gewährleistet ist, dass Umschaltprozesse Raum bekommen. Der Körper ist* die *Instanz, die in der Lage ist, aus dem depressiven Ich-Zustand des „Ohne Ich" das „Im Ich" und „Mit Ich" wieder herzustellen: Den Körper spüren ist gleichbedeutend wie „das Ich aktivieren", „das Ich wieder herstellen". Da das Körper-Bewusstsein immer verbunden ist mit dem wahren Ich, ist Körperbewusstsein ein bewährter Weg, von alten Denkstrukturen organisch zu neuem Denken zu wechseln).*

Begl: „Und jetzt schauen Sie mal, vielleicht ist das erst mal ziemlich fremd für Sie: ‚Wie weit ist mein Körper von mir weg?' Oder: ‚Wie nahe bin ich meinem Körper?' Gibt es da Unterschiede?"
Kl: „Ja." (...).
Begl: „Und jetzt können Sie mit Ihrer Aufmerksamkeit auch mal zum Atem spüren: Wie ist der Atem jetzt gerade wahrnehmbar?"
Kl: (...)

Kleiner Atlas der Körperregion

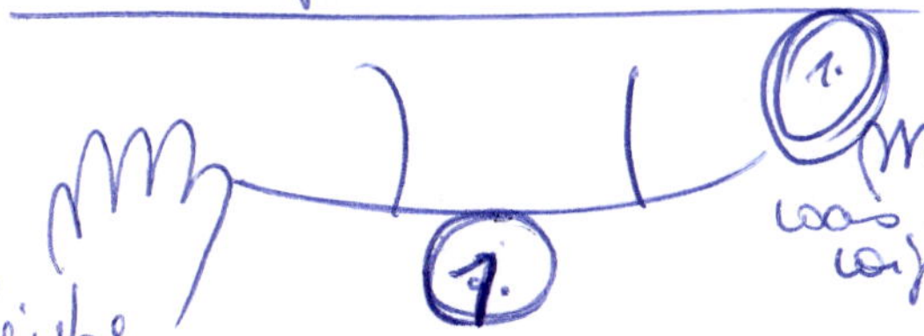

1. Zeichen was manifes- wird

linke Hand

7.

2. Höhe Thymus
König ich, kann jetzt
besetzt von V. M. gestellt
Thron = besetzt?!

Augen

9. innere Kinder
Traumen
Verstl. Kind, das
die Wahrheit sagt

abl. Sachen

4. alte Leben

li. Bein!

kl. Knöchel

Bodenhaft
Korrektur

ich bin da Vollfair

Kräuterhaus Eder Versand
Tel. 089 - 859 76 61 www.Kraeuterhaus-Eder.de

Begl: „Nachdem wir jetzt mal so durch den Körper gegangen sind, *(als Begleiter mache ich solche Übungen immer mit)* lade ich Sie jetzt ein (wenn es für Sie stimmt), sich jetzt mal vorzustellen: ‚Ich öffne mich jetzt hin zu meinem Seelengrund.‘ – Ohne etwas zu tun, einfach der Gedanke: ‚Ich bin jetzt ein Zugangsweg für meinen Seelengrund, ich bin erreichbar‘ ... Dieses Sich-öffnen-zum Seelengrund hin kann man vergleichen mit der Ausrichtung einer Kompassnadel, die immer wieder ihre Richtung sucht. Es ist nämlich ein Unterschied, in welche Richtung ich schaue. Und wenn ich in die Richtung des Seelengrundes schaue, dann heißt das: ‚Ich schaue zu meiner inneren Sonne, dorthin, wo mein Leben herkommt‘ ... und ... ohne dass ich dabei etwas *machen* könnte, oder müsste, stelle ich mich darauf ein: ‚Ich bin jetzt erreichbar‘ ... Wie ist für Sie diese Vorstellung? ... Ist da etwas am Rande, was sich einstellt, wenn Sie sich dem Seelengrund zuwenden?“
Kl: „Ich habe das Gefühl, dass es in meinem Bauch-Bereich nach unten aufgeht.“
Begl: „Ah, schön, ja. Sehr schön ... Das aushalten, ganz schlicht und einfach dabei bleiben: ‚Ich bin da. Ich bin ich – und ich bin da – und ich öffne mich dem Seelengrund‘ ... Einfach die Vorstellung: ‚Ich bin da ... und ich bin erreichbar ... ich schaue in *die* Richtung, von wo das Licht kommt ... ich erinnere mich daran, dass wir alle von Natur aus Licht sind, welches sich in diese Welt hinein projiziert und materialisiert und so zu Seele und Körper wird‘ ... Und diese Erinnerung kann auch beinhalten: ‚Ich erinnere mich an meinen doppelten Ursprung, ich bin ganz Leib und ganz Seele und ganz Geist ... ich bin Licht.‘“...

Ganz ich-selber sein

Begl: ... „Vielleicht kann auch die Vorstellung hilfreich sein: ‚Wenn ich ganz ich-selber bin, bin ich die Königin, die mit den Beinen auf der Erde steht, und mit dem Herzen in der Welt und zugleich im Himmel, und mit dem Kopf gleichzeitig in der Welt und im Himmel ... Wenn ich die Königin ausfülle und ganz bin, und die Königin allen Raum in mir ausfüllt, dann bin ich ganz Geist, ganz Liebe, ganz Weisheit einerseits – und andererseits ganz Seele, ganz Körper, ganz Materie.‘“...

Den Seelengrund um ein Symbol bitten

Begl: … „Und wenn Sie wollen, können Sie jetzt den Seelengrund um ein Symbol bitten, um einen Satz oder ein Bild ... als Geschenk“ ...
Kl: „Ein goldenes Herz.“
Begl: „Ja ... ein goldenes Herz ... Wenn Sie mögen, dann verweilen Sie doch einfach bei diesem Geschenk, so lange es für Sie stimmt und richtig ist.“
(Lange Zeit der Stille und des Verweilens).
Begl: ... „Besteht der Kontakt noch?“
Kl: „mhm“.
(sehr lange Zeit der Stille)

Verklärung

Kl: „Jetzt wird’s ganz leicht.“
Begl: „Ja.“
Kl: „Ich dachte, das Goldene müsste schwer sein – aber es ist ganz leicht ... *(bricht ab).*
Begl: (ich lächle) „Ja, schön! ... Schön, die Veränderung zu sehen ...“
(Das Gesicht der Klientin ist wie verklärt, gelöst, offen, sanft).
KL: „mhm.“
Begl: „ …die es bewirkt hat ... Ich will jetzt gerade keinen neuen Schritt anbieten, sondern jetzt mal gucken, wie es jetzt für Sie gerade ist ...“
(Stille)
Kl: „Das Herz war jetzt nicht einfach nur so zweidimensional, sondern, so ... so ... so rund, wie ein Apfel in Herzform ... und ... das lag dann so richtig ... wenn ich mal den Seelengrund, der irgendwie schwarz war ... es ist dann so richtig reingegangen, wie ... angepasst ... das hat genau reingepasst ohne ... runter zu drücken oder oben anzustoßen ... also es ist dort verankert, aber es ... es wirkt.“
Begl: „‚Ganz leicht‘, haben Sie gesagt.“
Kl: „Genau!“
Begl: „Daran erkennen wir auch, dass wir Königin sind, dass wir leicht sind, heiter, humorvoll und nichts persönlich nehmen ... Das ist die Präsenz der Königin ... des Herzens.“
(Stille)

Genauern

Begl: „Und der Seelengrund ist heute in schwarz."
Kl: „mhm."
Begl: „Fällt Ihnen ganz spontan zu ‚schwarz' etwas ein?"
Kl: … „Dunkel, aber warm! ... Und der war auch nicht ganz schwarz, er war eigentlich eher so ... mhm ... so braun-gold, ... dunkel-braun-goldig, so bronze ..."
Begl: „Das passt dann. Das würde zur Symbolik des Seelengrundes eher passen, das Braun-Goldene ..."
(Stille).

Die Klientin bestimmen lassen

Begl: „Zu Beginn haben Sie von einem Gegensatzpaar gesprochen: Leistung und Trägheit. Wäre das jetzt der richtige Zeitpunkt, sich dem noch einmal zuzuwenden? Oder möchten Sie noch bei Ihrer Erfahrung vom Seelengrund verweilen? Also, wie es weitergehen soll, dass es für Sie stimmt."
Kl: „Also, ich denke, wir sollten lieber beim Herz bleiben."
(Stille).

Mit Malen das Ergebnis sichern

Begl: „Möchten Sie das Herz einmal malen, wie es da im Seelengrund verankert ist?" *(Die Klientin malt) ...*
Begl: „Wie ist es jetzt für Sie, wenn Sie das Herz so vor sich sehen?"
Kl: „Ein bisschen verwirrend ... Weil, es ist da ... aber ich ... spüre es sonst nicht. Ich spüre weder, dass es da ist, noch die Wärme, noch ... mhm – das Gute, das Optimistische, Positive, das wirken sollte."

Ich-Zustände und religiöse Erfahrung

Begl: „Ist es Ihnen recht, wenn ich Ihnen dazu etwas Klärendes sage?"
Kl: „Ja."
Bgl: „Der Seelengrund ist immer da, so wie die Sonne. Aber wenn Wolken vor der Sonne sind, sehen wir sie nicht, obwohl sie da ist. Damit wir den Seelengrund wahrnehmen können, braucht es einen bestimmten Ich-Zustand, eine bestimmte Gemütsverfassung. Ob er sich dann mitteilt, ist ein Akt der Gnade, den wir nicht in der Hand haben – aber wir können uns für ihn bereit machen. Meine Aufgabe ist es jetzt

noch, Ihnen dabei zu helfen, dass Sie in diesen Ich-Zustand kommen können. Das ist wie auf Exerzitien-Wochen oder wie in einem Seminar für Meditation. Irgendwann werden Sie dann selber in der Lage sein, innerlich umzuschalten – das braucht halt Übung."

Die Rolle des Körpers und der Übung

Begl: „Für den Seelengrund werden wir erreichbar, wenn wir unseren Körper bewusst wahrnehmen und auch unseren Atem bewusst spüren. Alle Traditionen wissen, dass dazu Übung gehört, treues, braves Üben. Was wir dabei genau üben, ist, die Umschaltvorgänge bewusst herbeizuführen, sodass wir uns immer selbstverständlicher in die verborgene Dimension hinein begeben können. Sie ist ja da. Es ist ‚bloß' (in Anführungszeichen) unsere Aufmerksamkeit, die erst lernen muss, vom Wollen und Machen hinüber zu wechseln zum inneren Wahrnehmen."

Fallen und Aufstehen

Begl: „Wir verlieren den Seelengrund immer wieder aus unserer Aufmerksamkeit – das nenne ich „Fallen" – und wenn wir uns wieder erinnern, wer wir eigentlich im tiefsten Inneren sind, dann nenne ich das „Aufstehen". Aufstehen und Fallen – das ist unsere Berufung. Dazu sind wir da. Das biblische Bild dafür ist die Rebe, die sich immer wieder daran erinnern lassen muss, dass sie aus dem Weinstock heraus lebt und ist. In diesen zwei Sitzungen haben Sie erlebt, dass Ihr Seelengrund nicht nur da ist, sondern sich Ihnen durch Symbole mitteilt – und Sie haben das gespürt und gefühlt. Es wird eben jetzt an Ihnen liegen, ob Sie Ihren Alltag so einrichten können, dass dafür immer Zeit ist, für das Üben, für das Sich-Erinnern, für die Einkehr in Ihrem inneren Heiligtum, dem Weinstock."

Das Prinzip Freiheit

Begl: „Alles hängt von unserem freien Willen ab, wofür dieser die Zeit haben will. Das ist eine Entscheidung, wie wenn sich jemand ein Pferd zulegt – und von nun an jeden Tag Zeit haben muss für sein Pferd.
Ich kann es noch mal anders sagen: Im Alltag regiert unser Welt-Ich, mit dem wir Auto fahren und den PC bedienen. Wir müssen das Welt-Ich trainieren wie ein Sportler seine Muskeln. Nur, dass das Training hier nicht heißt: immer stärker werden, sondern im Gegenteil: immer

empfänglicher, durchlässiger. Es ist unsere Freiheit, zu entscheiden, ob in unserem Welt-Ich nur die Welt einen Platz bekommt, oder ob wir zusätzlich auch den Seelengrund hereinlassen. Der will nämlich gebeten sein, sonst bleibt er im Verborgenen. Das ist die Verantwortung eines jeden von uns: Wofür haben wir Zeit? Was ist uns wichtig? Was ist unser oberster Wert? – und schließlich: Woran hängt unser Herz?
Sowie wir mit unserem Welt-Ich dem Körperbewusstsein Raum geben, geben wir gleichzeitig Raum für den Seelengrund – im Normal-Alltag aber füllen wir unser gesamtes Welt-Ich ausschließlich mit Welt – und dann können wir den Seelengrund bei bestem Willen nur *denken* – aber er ist für uns eigentlich gar nicht da."

Das Herz erheben

Begl: „Ich kann es noch einmal anders sagen: In der katholischen Messe heißt es: ‚Erhebet die Herzen!' Das Herz erheben – das ist genau die Arbeit, die wir hier gemeinsam in der Sitzung leisten. Sich erheben, leicht werden wie eine Feder, die Welt von oben anschauen – das sind alles stammelnde Versuche, in Worte zu fassen, was wir innerlich machen, wenn wir die Schwere des Erdenlebens ‚von oben', sozusagen aus der Hubschrauber-Perspektive, anschauen und damit Platz schaffen für den Geist – das ist Arbeit."

Jenseits der Polaritäten

Begl: „Zu Beginn der Sitzung heute haben Sie die ganze Erden-Schwere erleben können im Gegensatzpaar ‚Leistung – Trägheit'. Und dann haben Sie sich zum Seelengrund geöffnet, und es wurde Ihnen leicht. Sie waren in einem Ich-Zustand der Verbundenheit mit dem Seelengrund – und siehe da: Die Spannung zwischen den beiden Gegensatz-Polen spielte überhaupt keine Rolle mehr – weil der Seelengrund jenseits einer solchen Spannung liegt. Er wird davon gar nicht berührt, weil Trägheit und Leistung der Psyche angehören – dagegen der Seelengrund und Ihr wahres Ich sind Geist. – Und genau das haben Sie vorher selber erlebt."

Der doppelte Ursprung und die Symbolik der Woche

Begl: „Wir haben einen doppelten Ursprung – und das haben Sie ja selber vorhin erlebt, als Sie sehen konnten, wie Ihr Herz eingebettet war in

den Seelengrund – da wurde der Doppelcharakter ja regelrecht sichtbar. Darum geht es ... Leuchtet das ein?“
Kl: „mhm.“
Begl: „Darum unterbrechen die Juden die Woche mit dem Sabbat und die Christen mit dem Sonntag – und darum unterbrechen die Mönche und Nonnen im Kloster ihre Arbeit immer wieder mit den Stundengebeten: vier Mal am Tag wird zum Beten unterbrochen – damit der Seelengrund wieder herein kann. Denn es ist klar: Wenn wir ganz bei unserer Arbeit sind, fliegt der Seelengrund aus unserer Aufmerksamkeit heraus – durch die Unterbrechung holen wir ihn dann immer wieder herein. So ist jede Unterbrechung unserer Arbeit eigentlich eine kleine Neugeburt ... Auf Ihrem Bild haben Sie das ja auch gemalt: Die Sonne scheint – aber da ist zunächst einmal die Wolke. Punkt.“
Kl: „Ich hatte ja immer bei diesen Kraftakten (wenn ich das richtig verstanden habe) die Erfahrung gemacht, dass was kaputt gegangen ist...“

(Es schließt sich ein lockeres Gespräch über Wege und Einseitigkeiten an. Danach wenden wir uns dem ‚Erdenschweren‘ zu und versuchen, mit Tsültrim Alliones Methode „Den Dämonen Nahrung geben“ (Allione: 2009) das Schwere der Klientin besser zu verstehen – was uns aber nicht gelingt. Es folgt eine lange Passage über ‚Leistung‘, woraufhin ich ihr eine Körper-Reise anbiete).

Die Frage persönlicher Praxis

An dieser Stelle wird deutlich, wie viel Arbeit es auch in einer Sitzung brauchen kann, klar zu machen, worum es eigentlich geht. Bis wir Menschen wirklich *verstanden haben, was es bis in die tiefste Konsequenz hinein bedeutet, dass wir eine „Rebe am Weinstock Gottes“ sind, ist es in der Regel ein (Lebens-)langer Weg. Da gibt es auch keine Abkürzungen. Der Begleiter muss die Geduld haben, in jeder Sitzung von vorne anzufangen, aufs Neue der Anwalt des Seelengrundes zu sein, neu dem Klienten zu helfen, dass er sich ‚erhebt‘, ‚leicht wird wie eine Feder‘ und lernt, aus dem ‚Sumpf des Psychischen‘ sich zu öffnen für die Strahlen der Sonne des Geistes. Das kann über alle Sitzungen hin gelten: Erinnerungsarbeit leisten, die im glücklichsten Fall irgendwann auch zu einer disziplinierten Praxis des Übens beim Klienten kommt – aber eben nur „irgendwann“.*

In der Regel ist der Klient zu Beginn einer Sitzung voll mit ETWAS und „weiß“ tatsächlich nichts mehr von seinem wahren Ich oder gar von seinem Seelengrund. Das ist so. Meistens braucht es eine gute Stunde geduldiger Arbeit, bis der Klient wieder so weit ist, sich überhaupt auf einen Dialog mit seinem wahren Ich einzulassen oder sich seinem Seelengrund zu öffnen. (Man darf also auch von einer Christus-orientierten Begleitung keine Wunder erwarten). Ich empfehle Klienten auf jeden Fall immer, sich CDs mit dem Bodyscan und der „Reise zum guten Ort“ zu besorgen und als ergänzende Literatur dazu die beiden Bände mit Predigten des mittelalterlichen „Spezialisten für die Frage nach der ‚Reinheit‘“, Johannes Tauler (2007), damit sie darin möglichst einen Text pro Tag lesen – und manche können sich mit diesem Minimal-Programm auch anfreunden. Für die Mehrheit aber gilt das, was auch viele Klavier-Lehrer erleben: Geübt wird nur in der Sitzung selber.

Dis-Identifikation

Begl: (Nachdem Klientin Susanne und ich lange genug über das ETWAS der Leistung gesprochen haben). „Und wenn es für Sie stimmig ist, dann, während Sie mit dem Bauch in Berührung sind, erinnern Sie sich doch noch mal an die Königin, vielleicht ist sie noch dort, wo sie eingangs war, vielleicht hat sie auch den Platz gewechselt. Einfach, während Sie zum Bauch hin spüren, wo das Thema ‚sich anstrengen‘ und ‚Leistung bringen‘ und ‚noch mehr Leistung bringen‘ da ist, parallel dazu, mit einem Teil der Aufmerksamkeit zum Gedanken gehen: ‚Ich bin im Grunde meines Wesens die Königin‘... Und auch, wenn die Königin im Augenblick ein bisschen weiter weg sein sollte: ‚Während ich zum Bauch hin spüre und weiß: Da ist das Thema ‚Anstrengung und Leistung‘, erinnere ich mich daran, dass ich im Eigentlichen eine Königin bin, eine freie Bürgerin dieses Landes. Und das, was da im Bauchbereich ist, das ist ein ETWAS – das bin nicht ich.‘ ... Dieses Thema: ‚Streng dich an! Schau auf deinen Bruder!‘, das ist ein ETWAS, welches ich wahrnehme, das ist *auch* in mir, das ist da – aber das bin nicht ich, das ist nur ein ETWAS‘...“

Vom Entweder-oder zum Sowohl-als-auch

Begl: ... „Und während Sie den Bauch mit seinem Thema da sein lassen und sich an Ihre Königin erinnern, können Sie sich jetzt daran erinnern, dass Sie eine Sonne in sich tragen, dass Sie selbst eine Sonne sind in Ihrem Seelengrund: ... ‚Ich erinnere mich an mein Herz, das im Seelengrund seine eigentliche Heimat hat' ... Und Sie können auch dabei denken: ‚Das ist *auch* da. Dieses ETWAS ist *eine* Wirklichkeit und die andere Wirklichkeit ist mein Seelengrund. Beides ist da'. Das ist dann kein ‚Entweder-oder' mehr, sondern ein ‚Sowohl-als-auch'. Das Eine ist da, und das Andere auch. Und Sie dürfen gerne dazu sprechen, wenn sich etwas verändert."

Kl: „Also ich spüre gar nichts."

Begl: „Ist es Ihnen denn möglich, alle drei Dimensionen gleichzeitig zu denken?"

Kl: ... „Also wie ein Dreieck ... die sind dicht beieinander – aber nicht vereint"...

Begl: „Da ist die Leistung ... da ist die Königin ... und da ist das goldene Herz. Dies ist da ... Aha!, das ist da ... Aha! Und das ist auch da. Und die bilden ein Dreieck."

Kl: „Und die Königin steht auf alle Fälle oben. Das ist das, was ich immer wieder sehe."

Kindheitserinnerungen

(Es schließt sich ein Gespräch über die Kindheit und die erlebte Überforderung an. Sie stellt dann das kleine Mädchen nach außen und lässt es sprechen. Dann erzählt wieder die Erwachsene von damals. Schließlich hat sie den Impuls, sich zu schütteln, die Erinnerungen abzuschütteln. Beim Vorschlag, einmal eine gute Fee zu dem kleinen Mädchen sprechen zu lassen, spricht die gute Fee):

Eine gute Fee sprechen lassen

Klientin/Fee: „Du brauchst das nicht zu machen. Du bist noch ein Kind, du darfst spielen! Du darfst deine Kindheit genießen!" *(Die Klientin schüttelt sich dann nochmals – und es schließt sich dann ein Gespräch an über die Frage, ob die Klientin überhaupt gelernt hat, ihre Seele zu nähren).*

Die Frage nach der Seelennahrung

Kl: „Das ist genau das Problem. Da bin ich abgerutscht ...“

Exkurs: *Seelennahrung und der Mut zum Sein.* Hier zeigt sich ein zentrales Problem, das ich bei vielen Klienten beobachte: ‚Wie kann ich meine Seele gut ernähren?‘ Zwischen den Extremen von Leistung und Trägheit fehlt als gute aristotelische Mitte das Ich, welches genährt wird durch Seelennahrung. Ohne Seelennahrung gibt es auch nicht genügend Ich, da Ich und Beziehung aufs engste zusammengehören. Dieses Problem stellt sich besonders den Menschen, die einen authentischen inneren Weg gehen, denen häufig ein Rahmen fehlt, in dem sie sich unter Gleichgesinnten einbringen können: Die Gleichgesinnten sind rar und schwer auszumachen. Viele fühlen sich darum in unserer Zeit nicht mehr beheimatet, und sind dadurch oft unter-stimuliert. Es fehlt die „Teilhabe an der Welt“, die erfrischende Teilhabe an einer tragenden, Sinn-erfüllten Kultur als Seelennahrung und Ausdrucksraum. Vorübergehend kann darum die Teilhabe am gesellschaftlichen Leben erschwert bis unmöglich sein. Unser Herz braucht aber die „Welt“, Mitmenschen und Kultur, um sein zu können – das erfordert noch einmal eine besondere Aufmerksamkeit. Es wäre denkbar, dass mancher Gott-Sucher darum nie zu einem Ziel kommen kann, weil er auf die Frage: „Was fange ich mit meiner Zeit an?“ keine Antwort findet. Die aufdeckende Arbeit in der Begleitung braucht darum immer die Rückversicherung, dass es genügend Tragendes gibt, in Form von Bodenhaftung, Beziehung zur „Welt“, Beziehungen zu Menschen, Lebensinhalten, Zielen, Werten, die immer wieder Interesse (von lat. inter-esse = „darin vorkommen“) wecken. Ansonsten kann es sein, dass die Klienten ein neues Symptom nach dem anderen hervorbringen, ein Problem nach dem anderen präsentieren, sozusagen als unendliche Geschichte, deren unausgesprochener Auftrag ist, von der Ratlosigkeit abzulenken, zu verschleiern, dass man mit seinem „erlösten“, „freien“ Leben nichts anzufangen weiß. Der Wert der Volkshochschulen und der kirchlichen Erwachsenenbildung ist an dieser Stelle gar nicht hoch genug einzuschätzen.

Das ist der *eine* Aspekt der Seelennahrung. Dialektisch dazu gibt es aber eine zweite Wahrheit, die an dieser Stelle unbedingt mit erwähnt werden soll: Der Akt der Selbst-Bejahung als Wille zum Leben, als Akt der Einwilligung in das eigene Da-Sein. Wenn die Zeit dafür reif ist, erzähle ich den Klienten neuerdings auch von Paul Tillichs Schrift „Der Mut zum Sein“ (1952) und von seiner Darstellung der Gedanken von Aristoteles, Seneca, Thomas von Aquin und Spinoza, welche deutlich machen: Wer sein Glück nur im Außen sucht, lebt wie ein Kind nach dem Lustprinzip. Die Schattenseite eines solchen Lebensstils ist aber zwangsläufig immer der Ekel auf die Welt (vgl. Sartres Novelle: „Ekel“ und Freuds „Todestrieb“), einfach darum, weil die Welt nie alle Phantasien („Phantasien-Überschuss“) befriedigen kann. Paul Tillich fasst die Gedanken des Stoikers Seneca wie folgt zusammen (S. 18 f.):
„Der Mut zum Sein ist der Mut, sein eigenes vernünftiges Wesen zu bejahen gegenüber dem, was in uns akzidentell ist. Es ist klar, dass Vernunft in diesem Sinne auf die Person in ihrem Zentrum hinweist und alle geistigen Funktionen einschließt... Der stoische Mut setzt die Hingabe des persönlichen Zentrums an den Logos des Seins voraus, er ist die Partizipation an der göttlichen Macht der Vernunft und überschreitet den Bereich der Leidenschaften und Ängste. Der Mut zum Sein ist der Mut, unser eigenes vernünftiges Wesen zu bejahen, trotz allem in uns, was der objektiven Vernunft des Seins selbst widerstreitet. Das, was dem Mut der Weisheit widerstreitet, sind Begierde und Furcht...“

Wenn ich diese hier nur verkürzt wiedergegebenen Gedanken in die Begriffswelt des Klienten übersetze, kann er sehr gut verstehen, dass *er* es sein muss, der sein Ich „aktiviert“, indem er es überhaupt erst einmal *will*. Ich kann mit ihm über jene Momente sprechen, in denen er „gut drauf“ war – und daran mit ihm gemeinsam entwickeln, was die Komponenten dieses „Gut-drauf-Seins“ waren. Und dabei werden wir Worte finden wie „erhaben sein“, „über den Dingen stehen“, „leicht sein“ und schließlich das: „Ich bin einfach nur ich“, „ich bin der, der ich bin“, welches gleichzeitig den Ich-Zustand der Authentizität ausdrückt wie auch den alttestamentlichen Namen Gottes: „Ich bin der, der ich bin.“ So kann ich ihm zeigen, dass das „wahre Glück“ nicht in der Befriedigung irgendeines Bedürfnisses liegt (und schon gar nicht irgendeiner „Bedürftigkeit“, wie es bei Depressiven häufig erlebt wird), sondern im aktiven Vollzug meines Ich-Seins als Akt des „Einwilligens in das Leben“ und des „Willens zum Ich-Sein“. Und damit verlagert sich das „Glück“ von der Abhängigkeit vom Außen zu einem Akt der Freiheit des Person-Seins in Aktivität.

Und noch einen weiteren, damit verbundenen Gedanken kann ich vermitteln: Auf der Ebene des „Psychischen“ ist es nach Auffassung der spirituellen Traditionen nicht möglich, zu diesem „Glück“ zu finden. „Ohne mich könnt ihr nichts tun!“, sagt Jesus im Johannes-Evangelium – übersetzt heißt das: Indem ich mich in einem Willensakt vom Psychischen in den Geist erhebe, erlebe ich dort eine nicht mehr hinterfragbare Bejahung meines Da-Seins, als Seelengrund, der mich hervorbringt und trägt. Diesen Kontakt zum Geist, zum wahren Ich zu „halten“, ständig und immer wieder zu erneuern – das ist der vollzogene Mut zum Sein, die Einwilligung in die Bedingungen unseres Mensch-Seins als Geschöpf von Himmel und Erde. Paradox ist dabei: Indem ich mich erhebe, empfange ich. – Nach solchen Erklärungen muss dann natürlich eine Übung erfolgen, nämlich die Hingabe an den Seelengrund, dann wird spätestens klar, worum es geht.

Das Problem der frei werdenden Zeit

Die Frage nach der Befreiung von einem ETWAS und die Bewegung zum tragenden Seelengrund sind für sich alleine also nicht genügend, wenn nicht gleichzeitig die Frage der Gestaltung der frei werdenden Zeit mit in die Aufmerksamkeit herein genommen wird. In einer Gesellschaft, deren Prioritäten nicht dem inneren Weg – als Bemühen um Wahrhaftigkeit und Authentizität – entsprechen, ist dies allerdings alles andere als einfach. In diesem Zusammenhang erzähle ich den Klienten auch immer vom Sinn der Einsamkeit, von Thorwald Dethlefsens Forschungen zu Ödipus (1990) und von der Einsamkeit, die auch Jesus selbst unter seinen Jüngern erlebte (im Nicht-Verstanden-Werden) sodass Einsamkeit vom Klienten als Grundwert eines reifenden Lebens akzeptiert werden kann. Als ausgesprochen hilfreiche Literatur empfehle ich den Klienten Johannes Lotz's Buch „Von der Einsamkeit des Menschen" (1960) – ich habe nie etwas Besseres zum Thema gelesen.

Focusing zum Begriff „Seelennahrung"

Begl: „Wie wäre es, wenn Sie jetzt mal hin fühlen zum Körper und gucken: , Wie ist es mit dem Begriff ‚Seelennahrung'?"
Kl: „Das fühlt sich sehr gut an ... Ja, das fühlt sich gut an."
Begl: „Wo spüren Sie das, dass es sich gut anfühlt?"
Kl: „Im Bauch."
Begl: „Im Bauch ... ‚Seelennahrung' ... Wenn es für Sie stimmt, dann bleiben Sie einmal dabei, genießen Sie den Begriff wie Sahne-Eis ... ‚Seelennahrung'."

Das Ergebnis sichern

(Zum Ausklang der Stunde lade ich die Klientin ein, noch einmal ein Bild zu malen. Das gibt zum einen die Möglichkeit, zu schauen, ob sich etwas verändert hat. Zum andern kann ein solches Bild die guten Erfahrungen aus der Sitzung in Erinnerung bringen, wenn eine depressive Verstimmung wieder alles in Frage stellt.)
Kl: (malt und kommentiert dabei): „Die Glasglocke ist ganz weg. Die Sonne schickt ihre Strahlen in das Loch rein."
Begl: „Das haben Sie sich erarbeitet ... was braucht es jetzt? Wie soll es weitergehen?"
Kl: „Ich nehme auf alle Fälle erst mal die wärmenden Strahlen wahr ... und dann wird sich's zeigen, ob das Loch sich nach oben bewegt ... und das Ganze auf eine Ebene kommt ... und der Glaspanzer ... der müsste irgendwann mal verschwinden."
Begl: „Ist Ihnen deutlich geworden, ... äh ... dass ... dass Sie das sind, ... und dass Sie, indem Sie die ... die Aufmerksamkeit hier zur Sonne hin gerichtet haben, sich erhoben haben, (wie es in der katholischen Messe heißt: erhebet die Herzen!), dass ab dem Augenblick die Sonne gewirkt hat?"
Kl: „Ist mir nicht aufgefallen, nee."

Sich Erheben als Wechsel des Ich-Zustandes

Begl: „Wenn ich rufe: ‚Gott, so hilf mir doch! So tu doch was!' – dann bin ich ganz in meinem System, in meiner kleinen Welt, ich bin im

Psychischen verhaftet, in diesem Ich-Zustand verbirgt sich dann Gott – und wenn ich Tausend Vater-Unser bete. Wenn ich mich aber erhebe, (wie Sie sich in dieser Stunde erhoben haben) und hinüber wechsle, in einen Gemüts-Zustand, wo ich gelassen bin, innerlich loslasse und auf diese Weise leicht werde wie eine Feder, dann sehe ich alles von oben wie aus einem Hubschrauber – und dann kann mich der Seelengrund berühren und beschenken."

Vom Sinn und inneren Auftrag der Depression

Begl: „Und diesen Wechsel haben Sie heute wiederholt eingeübt. Sie sind vom ETWAS hinüber gewechselt zum Person-Sein und zum Seelengrund. Das haben Sie sich erarbeitet ... Ich denke, dass das auch der tiefere Sinn Ihrer depressiven Phase ist: dass Sie lernen, nach dem Seelengrund zu fragen und dass in Ihnen der Wille entsteht, sich zum Seelengrund hin zu öffnen. Ohne diesen Willen geschieht gar nichts – und Sie haben heute mehrmals gewollt. Sie sind zum Dreieck geworden, wo das ETWAS, die Königin und der Seelengrund, alle drei, da sein dürfen. Da ist alles an seinen Platz gekommen."
Kl: „Das will ich mir aufschreiben!"
Begl: „Sich erheben lernen ist der innere Auftrag der Situation."
Kl: „Das hat ja auch letztes Mal schon die Königin zu mir gesagt: ‚Richte dich auf!'"

Das Heilende wirklich wollen

Begl: „Ja ... Ja ... Ja ... Und das muss ich selber wollen, wirklich wollen, dass ich will, dass ich mich immer wieder aufrichte und erhebe – und das ist der Geist des Übens. Und dazu gehört auch die Frage: ‚Was ist mein höchster Wert?' Martin Luther sagt z.B.: ‚Das, woran dein Herz hängt, das ist dein Gott' Das ist dann praktisch ein Ersatz-Gott, ein Götze. Bei vielen Menschen hängt das Herz an einem ETWAS. Das kann die Familie sein oder der Beruf oder die Briefmarkensammlung. Das kann aber auch der Stolz sein, der Trotz, der Ehrgeiz. Und nach meiner Erfahrung ist es gerade die Depression, die einen aus diesen Wertvorstellungen und Verstrickungen herausholt und einen liebevoll dazu zwingt, Ausschau zu halten nach etwas, das heilt: Und das ist die Dimension des Heiligen, unser Seelengrund. Ich verstehe die Depression als göttlichen Boten, der ankündigt: ‚Jetzt ist die Herrschaft

des ETWAS vorüber! Das ETWAS füllt nicht mehr aus und genügt nicht mehr. Jetzt heißt es: sich öffnen für das innere Geheimnis.'"
Kl: „mhm."

Depression als Weg zur Quelle

Begl: „Also, noch mal anders gesagt: Die Depression hat den Auftrag, alles in Frage zu stellen und uns zu einer neuen Ausrichtung einzuladen ... Wir müssen halt alle irgendwann erkennen, dass es an uns liegt, aus welcher Quelle wir uns ernähren und in welcher Wellenlänge wir schwingen wollen, ob wir Erden-schwer nur im Psychischen zuhause sind oder leicht wie eine Feder aus dem Geist heraus. Damit ist eigentlich alles gesagt."
Kl: „mhm."

Das Ich aktivieren mit den zentralen Fragen

Begl: „Eine erste Übung zur Veränderung könnte sein, dass Sie sich regelmäßig die zentralen Fragen stellen: ‚Wie ist es jetzt gerade für mich?' ‚Was macht das gerade mit mir?' ‚Stimmt es so?' ‚Wo ist gerade meine Königin?' ‚Was würde sie jetzt gerade sagen, wenn sie sprechen könnte?' ‚Was braucht es jetzt gerade, damit die Königin wieder zu mir zurück kommt?' – Allein wenn Sie diese Fragen stellen, aktivieren Sie Ihr authentisches Ich. – Und wenn Sie authentisch sind, scheint die göttliche Sonne in Ihnen ..."
Kl: „Okay." (räkelt sich).
Begl: „Können Sie das so annehmen? Leuchtet's ein?"
Kl: „Ja. Leuchtet ein."
Begl: „Sie haben gesagt: ‚okay' – reicht es für heute?
Kl: „Ja ... Ja. Das ist schon viel."
Begl: „Braucht es etwas zum Ausklang, Entspannungsübung oder ...?"
Kl: „Nee, ist gut so."

Susanne – dritte Sitzung

Methodenwechsel

Die Klientin hustet, hat das Gefühl, „am falschen Ort" zu sein und dass „irgend etwas ganz, ganz Wichtiges fehlt", aber sie kann nicht sagen, was es ist. Als Experiment erzähle ich ihr von Fanita Englishs

Konzept der Unterscheidung von echten Gefühlen und Ersatz-Gefühlen (vgl. English 1982: 129 f.) und erzähle ihr von dem kleinen Mädchen im Café, worin sie sich sofort wieder findet: „Das bin ich." Sie erzählt von ihrer Kindheit, in der sie kein Kind sein durfte und Verantwortung für die Geschwister tragen musste (während des Erzählens wird sie etwas lebendiger). Als das ETWAS genügend ausgesprochen ist, schlage ich ihr vor – als Methodenwechsel – mit Pastellfarben ein Bild zu malen. Darauf kann sie sich gut einlassen und malt.

Das Erlebnis von Farbe als Methodenwechsel

Begl: (Als das Bild fertig ist) „Wenn die Farben sprechen könnten – was würden die dann sagen?"
Kl: „Freue dich!"
Begl: „‚Freue dich.' Punkt ... Freude ist übrigens ein Zeichen vom wahren Ich. Heiterkeit, Leichtigkeit, Freude, Humor ... das sind die Hoheitszeichen der Königin ... erinnern Sie sich an die beiden ersten Sitzungen?"
(Die Klientin weiß nichts mehr von den beiden Sitzungen, so, wie sie auch nicht mehr weiß, welchen Leitsatz sie aus der Kur mitgenommen hat. All die schönen Symbole und Botschaften, die sie von ihrer Königin in den ersten beiden Sitzungen erhalten hat, sind ausgeblendet). Als Begleiter muss man mit diesem Vergessen immer und immer wieder aufs Neue rechnen. Die Fähigkeit zur Erinnerung ist *ja schon die Heilung. Wer einem Klienten auf dem initiatischen Weg Begleiter sein möchte, muss die selbe Geduld aufbringen, die es braucht, um einer Fliege am Fenster hinaus in die Freiheit zu helfen. Darum ist das Sitzungs-Zimmer nicht nur Ort der Analyse, sondern auch Ort der Übung. In jeder Sitzung muss daher darauf geachtet werden, dass, nachdem das aktuelle ETWAS seinen angemessenen Raum bekommen hat, das Körper-Bewusstsein (als Brücke zum wahren Selbst wie zur Erdung) aktiviert wird, dass das Ich-Bewusstsein der authentischen Königin geweckt wird und dass die Verbindung zum Seelengrund gesucht wird.*

Körperreise und guter Ort als weiterer Methodenwechsel

Um den depressiven Sog zu mildern, biete ich der Klientin einen ausführlichen Bodyscan an, mit anschließender Suche nach dem „guten Ort" im Körper.

Begl: „Wenn der gute Ort jetzt sprechen könnte, was würde er sagen?"
Kl: „Ich bin voller Leben!"
Begl: ... „Wenn Sie wollen, können Sie den guten Ort um ein Symbol oder ein Bild bitten, das für Sie heute in irgendeiner Weise ein Geschenk ist."
Kl: ... „Eine goldene Kugel." ...
(längere Stille)

Die Symbolik der goldenen Kugel

Auch andere Klienten haben schon eine goldene Kugel geschenkt bekommen: Sie ist ein Symbol für das Eins-Sein, wo Himmel und Erde in der „himmlischen Hochzeit" sich vermählen. Sie ist ein Hoheitszeichen der Gottes-Tochterschaft der Klientin und zeigt, dass die Vollkommenheit „schon da ist", und nun die Zeit ist, sie zu erkennen, im alltäglichen Leben auszudrücken und zu sein. Die goldene Kugel zeigt auch noch einmal, dass der Sinn der Depression darin liegt, hinter den vielen ETWAS das Heilige zu finden und es dann mit Selbstverständlichkeit zu leben.

Begl: „Sie bestimmen selber, wie lange Sie mit dem guten Ort verweilen wollen ... Sie können sich vornehmen, die goldene Kugel nachher zu malen, oder sie sich gut einzuprägen – und sie können auch einfach mit der goldenen Kugel sein."
(Stille)
Kl: „Jetzt ist die Konzentration im Eimer." (Sie entscheidet sich dafür, die Kugel zu malen).

Aus den Arbeiten C.G. Jungs kennen wir die goldene Kugel als Symbol für das Selbst, das Wesen oder wahres Ich. Es ist offensichtlich, wie die Klientin schon jetzt einen besten Kontakt zu ihrem Person-Kern hat – und dieser gleichzeitig aber auch noch durch die noch nicht bearbeiteten ETWAS in seiner ganzen Fülle und Entfaltung geschmälert wird – es gehört eben beides zu ihr – und darum muss auch beides seinen Raum und seine Zeit und seine Aufmerksamkeit bekommen. In dem Maße, wie die Klientin sich mit ihrem Seelengrund verbunden erlebt, wird sie die Erlaubnis von ihren inneren „Hütern der Schwelle", den

Beschützer-Ichs, bekommen, sich dem zu stellen, was als ETWAS noch zu bearbeiten ist.

Als ich am Ende dieser Sitzung die Frage stelle, wie es ihr geht, wenn sie auf ihren Prozess zurück blickt, sagt sie:
Kl: „Ich staune immer wieder ... Ich bin jetzt aber auch am Limit angekommen."

Susanne – vierte Sitzung

Über den Körper das Ich wecken

In der vierten Sitzung ist die Begleitung erschwert, weil die Klientin von der beruflichen Arbeit her sehr müde ist und die Tabletten (die der Arzt auf ihren Wunsch hin stärker dosiert hat) sie „ziemlich runter drücken". Eine Arbeit mit der Königin ist nicht möglich, sodass ich ihr vorschlage, sie über den Körper zu begleiten. Das kommt ihr sehr entgegen und so stimuliere ich ihren Körper an den Energie-Punkten, beginnend bei den Füßen über den Rücken zum Hals und stelle dabei immer wieder Fragen wie: „Wie ist es an dieser Stelle? Wie fühlt es sich da an? Gibt es zu dieser Stelle ein Bild oder ein Gefühl?" Als Experiment biete ich ihr gleichzeitig immer wieder Rückmeldungen, Gedanken oder auch Bilder an, die sich bei mir als Resonanz zu den einzelnen Punkten einstellen. Auf diese Weise ergibt sich ein Hin und Her von Fragen und Antworten, kurze Gesprächs-Sequenzen, so dass eine Kommunikation von Klientin und Begleiter trotz ihrer Erschöpfung möglich ist. Die Stimulation der Energie-Punkte soll blockierte Energien ins Fließen bringen und das Bewusstsein vom depressiven Sog hin zum Körper-Bewusstsein lenken. Da die Klientin die Augen geschlossen hält, ist sie so gleichzeitig mit ihrer Innenwelt und über die Ohren mit der Außenwelt verbunden. Da diese Art der Arbeit von jeglichem Erwartungs-Druck frei ist und die Klientin nur einfach geschehen lassen darf, ist damit auch die Einübung einer neuen Haltung möglich: Zulassen. Indem sie zulässt, sich also in Richtung Gelassenheit bewegt, tritt die Dominanz des Psychischen zurück und der Geist bekommt Raum. Die Stimmung der Klientin hellt sich dabei spürbar auf.

Begegnung mit dem Lebens-Skript

Die Arbeit am Körper bringt die Klientin einerseits mit ihrem inneren Mädchen in Kontakt, das Freude am Leben hat und seine Lebensfreude ausdrücken möchte mit Stimme, Farbe, Basteln – und andererseits mit ihren inneren Eltern, die zu all dieser Lebendigkeit deutlich „Nein!" sagen und als ein „dunkles ETWAS" an Hals und Kopf für Klientin und Begleiter wahrnehmbar sind, und welche die Klientin als ein „kaltes ETWAS ... eiskalt ... brrrr ... puhhhh ... Kälte!" beschreibt. Als wir dieses ETWAS sprechen lassen, ist es die Stimme der Eltern, die sagt:
Kl/Eltern: „Wir wollen nicht, dass du lebst, das weißt du ganz genau!"

Exkurs: *Das „Nichts".* An dieser Stelle begegnet die Klientin dem absoluten „Nichts", das sich in die Skript-Botschaft der Eltern kleidet: „Sei nicht!" Solange die Klientin mit dieser Seite ihres inneren Teams verborgen-unbewusst identifiziert ist, wird sie ihre eigene Freiheit, Gesundheit, Handlungsmöglichkeiten, Interessen usw. ständig „selber" unterwandern, schädigen, und mit einem „Ja, aber" verunmöglichen. Dabei weiß sie natürlich nichts von ihrer stillschweigenden Komplizenschaft mit dieser destruktiven Seite. Es ist ein großer Schritt in Richtung Heilung, wenn dieses – mit dem „Nichts" verschmolzene ETWAS – bemerkt und identifiziert wird, um sich anschließend davon zu unterscheiden in einem Vorgang der Dis-Identifikation. Ist einmal die Unterscheidung von ICH und destruktivem ETWAS gelungen, besteht die Möglichkeit, künftig immer rascher zu erkennen, wenn das „Nichts" sich wieder Zugang verschaffen will. Entsprechend der polaren Struktur alles Irdischen müssen wir aber wissen, dass die Grundspannung von „Wille zum Leben" einerseits und „Nichts" andererseits zu unserem Leben gehört, so lange wir auf dieser Erde sind. (Zum Zeitpunkt dieser Sitzung war mir dieser Zusammenhang noch nicht so gegenwärtig, als dass ich ihn schon hätte in die Begleitung einfließen lassen können. Erst in den darauffolgenden Monaten, als ich selber mit dem „Nichts" in Reinform konfrontiert wurde, beschäftigte ich mich noch einmal mit den Unterweisungen der urchristlichen Lehrerin Amma Synkletike (vgl. Frank 2008) und Paul Tillichs „Der Mut zum Sein" (1968) – und erkannte, dass die Wirklichkeit des „Nichts" in die Begleitung, soll sie vollständig sein, einfließen muss. Inzwischen habe ich in einigen Sitzungen dieses Wissen angewandt: Mit dem „Nichts" als Teilpersönlichkeit, die wir nach außen stellten und sprechen ließen, konnten wir sehr gute Erfahrungen machen).

Der Auftrag des „Nichts"

Begl: „Wenn wir uns jetzt daran erinnern, dass alles in unserem Leben nach Gottes Plan läuft, dann können wir dieses kalte ETWAS fragen, was denn sein Auftrag ist, und was Sie durch das ETWAS lernen sollen."

Der Wille zum Leben

Kl/ETWAS: „Sowie sich die Susanne *für* das Leben entschieden hat, bin ich weg!"
Begl: „Sowie Sie sich für das Leben entschieden haben, ist das „Nein zu Ihnen" weg ... Genau das gleiche habe ich in der ganz schlimmen Zeit meines Burnout-Zustandes erfahren. Ich habe damals gelernt: Ich muss mein Leben wirklich wollen, ich muss ein Leben in dieser Welt wollen, so wie sie ist. Das ist die Grundvoraussetzung für alles. Das abgrundtiefe ‚Nein!' in mir, welches dieses Leben als eine Zumutung und einen Verrat Gottes erlebt, ist in uns. Das ist auch da. Das ist die Empörung von allen Geschöpfen, dass wir aus der Einheit mit Gott herausgefallen sind und die Tür zum Paradies erst mal abgeschlossen ist. Aber wir haben in uns auch das Leben, das in uns ‚Ja!' sagt – und in unserem Herzen haben wir die Freiheit, uns für das ‚Nein' oder das ‚Ja' zu entscheiden.

In jeder Situation können wir auf Trotz und Ablehnung schalten oder auf Annahme und Akzeptanz – das ist unsere Freiheit. – Und ich habe verstanden, dass das ‚Nein' vom Leben immer wieder sogar noch verstärkt wird, bis wir es wirklich merken – und uns bewusst für das ‚Ja' entscheiden. Das ist ungeheuer spannend. Ich muss mein Leben wollen. Das ist die Grundvoraussetzung dafür, dass der Himmel in uns mit der Erde Eins wird. Das ist unsere Berufung und unser Auftrag, dass wir durch die ganzen Rückschläge und Enttäuschungen, Schmerzen, Niederlagen und, und, und zum ‚Ja' zum Leben finden. Die Sei-nicht-Botschaft Ihrer Eltern wird genau dadurch entschärft, dass Sie sich für

das Leben entscheiden und die Fähigkeit dazu schenkt der Körper, das Körperbewusstsein – und der Seelengrund. ... Leuchtet das ein?"
Kl: „Ja, es ist ... es kommt nicht so ... vom Kopf her: ja! ... aber vom Rest her ... nicht so. Noch nicht. Nee ... das muss sich erst mal setzen."

Das Wissen der Märchen

Begl: „Das sind ja auch ganz ungewohnte Gedanken. Ich selber habe 38 Jahre gebraucht, um da hin zu kommen. Und ohne die Total-Erschöpfung hätte ich das sicher bis heute nicht kapiert ... Dabei sehe ich heute, dass ja fasst alle Märchen der Gebrüder Grimm von diesem Geheimnis wissen. Und eine kleine orientalische Geschichte macht das ganz besonders klar. Vielleicht hilft die Ihnen ja, besser zu verstehen."

Die Geschichte von der kleinen Palme

Begl: „Also da gibt es in der Wüste eine Palme, die ist viel schöner und kraftvoller als alle anderen Palmen in ganz Afrika. Die Beduinen erzählen sich, wie es dazu kam, dass ausgerechnet diese Palme so prachtvoll wurde: Eine Karawane kam durstig zu einer Oase, wo es eine Quelle und einen See gab, dort wollten sie ihren Durst stillen. Aber, als sie schließlich halb verdurstet dort ankamen, war die Quelle ohne Wasser und der See ausgetrocknet. Den Herrn der Karawane packte ein gnadenloser Zorn. Und da er eine kleine junge Palme neben dem vertrockneten See erblickte, rief er aus: ‚Wenn wir sterben müssen, dann sollst du auch nicht leben!' Und er nahm daraufhin einen riesigen Stein und legte ihn in die Krone der Palme, sodass der Stein sie am weiteren Wachstum hindern sollte. Dann zog die Karawane weiter. Aus der Palme aber wurde dieser prachtvolle Baum."

Am Widerstand erstarken, die Polaritäten annehmen

Begl: „Ich kann es noch einmal in einem anderen Bild sagen: Man hat Experimente mit Pflanzen gemacht: Die einen wuchsen in einer Nährlösung auf, die anderen im harten Boden, wo es auch Steine gab. Interessanterweise wurden aus den Exemplaren mit der Nährlösung nur klägliche Pflänzchen – dagegen wurden die anderen Pflanzen schön und stark. ... Die Welt, in der wir hier leben, ist für uns ja auch so ein harter Boden mit Widerständen, Hindernissen, Blockaden – und daran wachsen wir. Jedes Hindernis hat einen Auftrag – wir müssen nur mit

den Hindernissen reden und sie fragen, was sie sollen". *(Ich erkläre ihr dann noch die Polarität der Welt, die durch die Spannung von ‚Plus' und ‚Minus', ‚Ja' und ‚Nein' das Leben auf diesem Planeten überhaupt erst ermöglicht).*
(lange Stille)
(Zum Ausklang der Sitzung malt die Klientin ein Bild – welches ihr zuhause als eine Art „Beleg" für ihre Arbeit dienen kann. Als Sie es am Ende anschaut, sagt sie:)
Kl: „Es ist heller geworden."

Susanne – fünfte Sitzung

Die Seele zurück holen

In der fünften Sitzung ist die Klientin nur sehr schwer erreichbar. Das Lächeln, so häufig in den ersten beiden Sitzungen, als die Kur noch nahe war, ist rar geworden. Die rasche Reaktion und lebendige, kreative Antwort auf meine Impulse ist seit der Verstärkung der Tabletten-Dosis und der Zunahme der Arbeitsbelastung in der Firma einem abwartenden Schweigen gewichen. Ihre Königin „ist da drüben in einer Ecke" – ein Kontakt zu ihr unmöglich. So lade ich sie zu Beginn der Sitzung ein, ihre Kraft zu erleben (dazu wenden wir eine Übung aus dem Aikido an: Wir stehen uns dabei gegenüber, das eine Bein vorgestellt, das andere zurück, die Handgelenke liegen aneinander, die Handflächen geöffnet – und ihre Aufgabe ist es, meine Hand wegzuschieben und (elementar wichtig) dabei Augenkontakt zu halten. – Eine Übung, die schon manchem Depressiven Erleichterung brachte; sie kann ein richtiger Seelen-Öffner sein und lässt sich variieren. Danach biete ich ihr eine Reise zum Seelengrund an, wobei ich absichtlich viele Worte und Bilder verwende – ein Prinzip, das Eltern bei Kindern, die nicht einschlafen können, praktizieren: Indem wir den Kindern eine Gute-Nacht-Geschichte vorlesen, wird das Denken genährt und beschäftigt – und damit abgelenkt – und auf diese Weise wird Raum geschaffen für Neues: Beim Kind ist es der Schlaf, in der Begleitung dagegen ist es die Tiefe der Seele, die wieder einziehen kann, wenn die depressiven Sog-Gedanken nicht mehr diesen großen Raum bekommen; sie werden ja ersetzt durch andere, nährende Gedanken. Das, was im Englischen „mind" heißt, beschäftigen wir, um dadurch Raum zu schaffen für das Sein.

Kl: „Der ganze Körper brummt und vibriert."
Begl: „Will da eher noch was raus an Energie?"
Kl: „Nee, ich glaub nicht."
Begl: „Ja, dann lade ich Sie ein, den Körper mit seinem Brummen und Vibrieren zu begleiten und ihn so, wie er sich gerade zeigt, zu begrüßen. Begrüßen heißt: willkommen heißen. Nicht ablehnen, sondern annehmen: Es ist jetzt gerade so. Mal sehen, was daraus noch wird. Jetzt lassen wir es einfach mal brummen – und beobachten das als ein ETWAS, das eben jetzt gerade mal auf diese Weise da ist."

Den „mind" beschäftigen

Begl: „So, wie es ist, wenn Kinder vom Spielplatz nach Hause kommen und noch ganz wild sind ... und man ihnen einfach zuschaut, im Vertrauen: ‚Die werden schon zur Ruhe kommen.' Oder wie in der Schule nach der großen Pause, wenn da erst eine Unruhe in der Klasse ist, und man weiß: ‚Es dauert noch ein bisschen – und dann beruhigen sich die Kinder von alleine. Dann sind alle da.' Und alleine schon, indem Sie sich Ihrem Körper zuwenden, ist ja schon etwas von der Übung im Gang, Sie schalten um vom Funktionieren und Gehorchen und sich Anpassen auf den anderen Modus, wo Sie einfach Sie-selber sind. Dieser Übergang ... ist ... je konzentrierter wir vorher gearbeitet haben, desto unangenehmer. Ich habe da immer das Bild aus den Märchen, wo um das Märchenschloss ein Ring von Feuer ist, oder wo die Burg auf einem gläsernen Berg ist, oder wo eine Dornenhecke um die Burg herum ist ... dass wir oft Geduld brauchen, und die Bereitschaft, Unangenehmes auszuhalten, bis wir allmählich den gläsernen Berg für uns selber beschritten haben, durch den Feuerring durch sind, oder bis wir die Dornenhecke durchwandert haben. ... Vielleicht gibt es Bilder, die Ihnen gut tun als Hilfe für das Umschalten, das Zu-sich-Kommen. ... Man weiß ja auch: Zu Beginn des Urlaubes sind die ersten Tage oft ganz schwer zu ertragen, bis man umgeschaltet hat auf den anderen Modus ... Für viele ist auch das Wochenende eine Quälerei, bis sie bei sich angekommen sind – und für Andere ist es auch der Feierabend. Da heißt es erst mal: die Entfremdung rückgängig machen und schauen, wo die Seele abgeblieben ist. Die Entfremdungs-Schicht durchwandern ist oft ein unangenehmer oder gar schmerzlicher Prozess. Das geht vielen so, die arbeiten müssen. ... Bei den Menschen, die ein Nahtodeserlebnis

haben, ist es ein ganzer Tunnel, den sie durchreisen müssen, um zum Lichtwesen zu kommen, zu ihrem Innersten. ... Während ich so mit meinen Worten Ihre Gedanken beschäftige, (eine Technik, die wir bei Kindern anwenden, wenn wir ihnen eine Gute-Nacht-Geschichte vorlesen), damit das alltägliche Denken beschäftigt ist und so nicht mehr Besitz ergreift vom Seelenleben, ist das so, wie wenn wir ein Pferd, das im Galopp war, erst mal in den Trab bringen und erst dann in den Schritt und es sogar dann noch eine ganze Weile herumführen, bis es dann tatsächlich in Ruhe in den Stall kann ... Können Sie mir so einen kleinen Zwischenbericht geben, wie es gerade ist?"
Kl: „Ja, es wird deutlich besser."
Begl: „Ist es hilfreich, wenn ich so spreche?"
Kl: „Ja!"

Die Bilderschicht der Seele ansprechen

Begl: „Sie würden es ja sagen, wenn es nicht so wäre – wenn Sie etwas Anderes brauchen ... Im Märchen von Frau Holle wird das ja auch deutlich: Bis wir zu unserer inneren Schatzkammer kommen, da müssen wir jedes Mal erst noch die Äpfel vom Baum holen, die Wäsche von der Leine, die Brote aus dem Ofen – und dann Stübchen kehren, eines nach dem anderen – und dann können wir wieder den Goldregen der Erleuchtung bekommen – und morgen müssen wir wieder erst mal die Stübchen kehren und für Reinheit sorgen ... so hat es der liebe Gott eingerichtet: Jedes Mal aufs Neue müssen wir hinabsteigen, Vorarbeiten leisten, Stuben reinigen, die Seele frei werden lassen – aber zum Glück geht es immer schneller, immer selbstverständlicher, je öfter wir hinabgestiegen sind in die Ur-Gründe unserer Seele – und es lohnt sich ja auch: Der Seelengrund schenkt sich reich ...
Die großen Mystiker nennen diese Seelenarbeit ‚Reinigung' – aber eigentlich ist es ein Abstand-Nehmen, ein Leicht-werden-wie-eine-Feder, ein Erheben der Herzen ... und das geschieht einfach, indem wir dem Trubel in unserer Seele zuschauen und ihn ertragen und aushalten und nicht aus dem Auge lassen: Wir sind einfach da wie eine gute Tante bei den Kindern, wie eine gute Oma, die lächelnd weiß: ‚Ja, ja, wir Menschenkinder sind so' ... Die Reinigung erkennen wir daran, dass wir beginnen, nichts mehr zu wollen, dass wir genießen, einfach da zu sein, und dass sich alle inneren Stimmen beruhigen: Die Antreiber und

die Perfektionisten, die Meckerer und Kritiker, die Weltverbesserer und die Halunken und Piraten in uns, unsere inneren Saboteure und unsere innere Mafia – alle beruhigen sich, wenn wir sie einfach da sein lassen und sie weder wegschieben wollen noch für immer loswerden wollen, sondern wenn wir nur einfach da sind – und sie auch da sein lassen – dann werden sie ruhig – und wir können sehen, wie das Wasser in unserer Seele klar und klarer wird, kristallklar – und wie die Seelenwasser wieder fließen und uns erfrischen, und wie immer neues Seelenwasser aus der großen Quelle fließt, die in uns ist – und die wir gleichzeitig selber sind – und die in uns ist ... In der christlichen Tradition heißt dieser Seelenzustand „Jungfrau Maria“ – und in diesem Zustand, wo wir absichtslos einfach da sind, einfach nur da sind, so, wie wir sind, ohne „hätte“ und „sollte“ und „müsste“ und „könnte“ – in diesem Seelenzustand sind wir Jungfrau Maria – und können den Seelengrund wahrnehmen – und das ist nichts anderes als: den kosmischen Christus empfangen, der unser Schöpfer und Herr unseres Lebens ist, der die Lebenssubstanz in uns ist, die Seelensubstanz, unser Eigentlichstes.
In diesem Zustand sagen wir: ‚Ich bin ich. Und ich bin da. Ich bin einfach nur ich.‘ – Das ist dann so, wie wenn Sie in eine alte Kathedrale eintreten wollen, und über dem Portal ist ein kosmischer Christus in Stein gehauen, und sagt: ‚Schau her: das ist unser Programm! Darum geht es: Mache deinen Kopf frei, damit ich dir die Krone des Lebens aufsetzen kann! – Schaffe Raum, lass den Alltag los und erhebe dich! Werde leicht wie eine Feder!‘ ... Aber erst mal ist es so, dass das Heimkehren den gleichen Schmerz bereitet wie das Sich-Entfernen – bei vielen Menschen fließen darum auch Tränen, wenn sie zu sich nach Hause heimkehren, die gleichen Tränen, die wir weinen, wenn wir endlich wieder jemanden haben, der uns wirklich versteht, wirklich lieb hat, uns verstehen will und uns so nimmt, wie wir sind ... Das sind dann Tränen der Erleichterung, Tränen der Erlösung, die Tränen des Heimkehrers. ... Und wie heißt es so schön in dem Film ‚Zwischen Himmel und Hölle‘: ‚Mit jeder Träne, die du weinst, gibt dir das Leben zurück, was es dir genommen hat.‘ ... Heimkehren. Zuhause ankommen. Die innere Heimat. Aus der Außenwelt in die innere Welt hinüber wechseln. Obwohl die Bezeichnung ‚innen‘ und ‚außen‘ nicht stimmig ist. Man müsste es anders nennen. Es ist nur ein Bild. Mir gefällt besser: ‚vom Psychischen hinüber wechseln in den Geist‘“.

Exkurs *„Innen" und „Außen".* An dieser Stelle greife ich Gedanken aus der mittelalterlichen Schrift „Die Wolke des Nichtwissens" auf (2007: 118), wo der Autor ebenfalls davor warnt, mit den Dimensionen von „Innen" und „Außen" zu arbeiten. Die Sprache kann hier Missverständnisse hervorrufen, die das Suchen in eine falsche Richtung lenken. Ich selber arbeite am liebsten mit der Vorstellung vom „unsichtbaren Bildschirm". – Es ist gut, die Begriffe als Symbole zu verstehen, als stotternde Versuche, etwas in Sprache zu fassen, was jenseits der Sprache liegt.

Die Königin beim Namen nennen

Begl: ... „Vielleicht spüren Sie schon, dass es in Ihnen ruhiger wird, dass vieles von Ihnen abgefallen ist, was vorher noch ganz wichtig war ... vielleicht schaut schon ein Stück vom Schatz im Acker aus der Erde heraus und leuchtet hell? ... einfach sein zu dürfen, ohne es irgend jemand recht machen zu müssen – das ist Geist, wo kein ETWAS mehr regiert, sondern sich alles leicht anfühlt, wo wir erhaben sind über den Dingen ... Dann darf der Geist wieder seinen Platz einnehmen, der ihm zusteht ... Die Königin sitzt wieder auf ihrem Thron – und alle Minister und Diener sind um die Königin in gutem Abstand geschart und freuen sich, dass sie die Königin ist. ... So, wie die Planeten ihren Platz im Kreis um die Sonne herum einnehmen, und die Sonne in der Mitte mit Selbstverständlichkeit strahlt und einfach nur eben Sonne ist, Sonne, Wärme, Licht, Kraft, und überströmende Freude, Leben, Licht – so ist die Königin strahlend an ihrem Platz und erfüllt so den ganzen Kreis mit Sinn ... Vielleicht ist das ja auch ein Bild, das Sie gerne haben: ‚Ich bin eine Sonne. Ich bin, als Individuum, als Mensch, ein Abbild der großen Sonne, die sich durch mich materialisiert' ... Und während Sie sich daran erinnern, dass Sie eine Sonne sind, gibt es vielleicht ein sanftes Lächeln und eine zarte Freude in Ihnen, die sagen: ‚Ja, so ist es! ... Ich bin eine Sonne mit vielen kleinen Planeten um mich herum, ein Zentrum mit vielen Teilpersönlichkeiten, die jetzt gerade mit meiner Königin eine Mitte haben und zur Ruhe finden ... Und alles ruht im Seelengrund ... alles ruht in einer großen kosmischen Ordnung, die im Großen ist wie im Kleinen' ... Wie ist es jetzt gerade in Ihnen?"

Kl: „Es ist noch nicht ganz so ... so ruhig – aber es ist schon deutlich besser."

Begl: „Dann stimmt es für Sie noch, so zu verweilen und ... zu warten, dass sich Ihre Seele zurückmeldet ...“
Kl: „mhm.“

Den Beruf mit einbeziehen

Begl: ... „und dass all das Viele, das Sie bewältigt haben, am PC und am Telefon und in Konferenzen und auf den Reisen zu Ihren Partner-Firmen, dass das alles einfach noch da ist und nachklingt und nachschwingt ... das kann ja auch mal beeindruckend sein, zu sehen, wie weit und lang der Rückweg ist. Man merkt das oft bei kleinen Kindern: Die weinen und schreien eben genau so lange, bis die Seele wieder in sie zurückgekehrt ist – oder anders ausgedrückt, bis all das Fremde hinaus geschrieen ist. Wir merken das im Alltag ja gar nicht, wie sehr wir uns fremd werden, so wie wir nicht merken, wie die Luft im Raum immer schlechter wird ... Aber wenn man das jedes Mal ganz bewusst mitbekommt, wie unangenehm oder gar schmerzend es jedes Mal ist, sich wieder einzuholen, sich wieder ganz bewusst zurück zu holen, da wird man dann allmählich wacher dafür, dass man im Alltag schon von vornherein immer besser aufpasst, dass man sich nicht so weit entfernt, weil man weiß, dass sonst nachher wieder die Rechnung kommt ... Das ist so, wie wenn man zu viel Geld ausgegeben hat und nun mitbekommt, wie lange man sparen muss, bis man die Schulden wieder reingeholt hat. Es ist ja immer nur eine bestimmte Phase, die wir aushalten müssen – und dann wird es wieder gut. Der Alltag mag es halt, wenn er uns aus uns heraus schleudern kann – und dann müssen wir halt in die Wüste – und zwar genau so lange, wie wir uns haben rausschleudern lassen. Irgendwann wissen wir dann: ‚Ja, das ist so. Ich halte die unangenehme Phase durch. Lange kann es ja nicht mehr gehen – und dann ist meine Seele wieder bei mir ... Der Alltag hat halt seine Schwere – und in der Übung werde ich leicht – und dann geht es wieder in den Alltag.‘ ... Und dann heißt die Übung eben immer wieder: ‚Jetzt bin ich ein Zugangsweg für meine Seele. ... Jetzt bin ich erreichbar ... jetzt bin ich nicht mehr mit einem ETWAS beschäftigt. Jetzt liegt alles Irdische weit hinter mir – ich erhebe mich und werde Geist, meine wahre Natur.‘“

Den Seelengrund um ein Bild bitten

Begl: „Und jetzt, wo Sie im Seelengrund verankert sind, können Sie, wenn Sie wollen, sich dem Seelengrund anvertrauen und ihn um ein Bild bitten, das ein Thema, ein Symbol eine Antwort gibt für Sie heute, damit es vielleicht ein kleines Aufatmen, oder einen kleinen Schritt weiter in Richtung Freiheit gibt: ... Und das, was Sie jetzt gerade bekommen haben, sei es als Impuls, oder als Gedanke – oder einfach als eine Stimmung, das können Sie jetzt in einem Ein-Minuten-Bild malen."

(Die Klientin malt ein Bild – welches wir wiederum zum Ausgangspunkt für eine Gesprächsrunde machen...).

Karin – zweite Sitzung

Mit dem unsichtbaren Bildschirm arbeiten

Begl: „Und wo ist die Karin?"

Kl: „Die Karin ist gar nicht da!"

Begl: „Und wenn du sie jetzt hier im Raum oder irgendwo draußen in der Welt stellen würdest, wo wäre sie dann?"

Kl: „Dort in einer Ecke. Sie schaut mich an und schüttelt den Kopf."

Edda – fünfte Sitzung

Das Kind vom Personkern unterscheiden

Begl: „Wenn du jetzt so redest – wo ist denn da die Edda?"

Kl: „Nicht da."

Begl: „Und wenn du so schaust, wo sie denn gerade sein könnte?"

Kl: „Die ist an einem See, an meinem Lieblingsplatz, als ich klein war."

(Hier hat die Klientin ihr Ich mit dem Kind, das sie einmal war, verwechselt. Darum verwende ich inzwischen nicht mehr den Begriff „Ich", sondern: „Königin" oder „Personkern" oder „wahres Ich" – dann sind diese Verwechslungen ausgeschlossen).

Begl: „Also dein Ich ist gerade bei dem kleinen Mädchen, das du einmal warst?"

Kl: „Nein, da ist nur das kleine Mädchen. Es versteckt sich. Mein Ich ist gar nicht da."

Albert – einmalige Sitzung

Mit dem inneren Kind sprechen

Begl: „Wann hast du dein inneres Kind abgehängt?"

Kl: „Als ich Italien verließ. Dort hatte ich einen Job, in dem ich mich austoben durfte."

Begl: „Warum seid ihr nicht dort geblieben?"

Kl: „Mein Jüngster war krank geworden. Wir wollten zu einem Spezialisten nach Tübingen."

Begl: „Und dort hast du dann in der Firma einen Job angenommen, der dir überhaupt nicht liegt?"

Kl: „Ja, so war es. Ich wollte meine Familie ernähren. Seither habe ich auf nichts mehr richtig Lust. Und die Arbeiten im Hause lasse ich auch liegen und schiebe sie vor mir her."

Begl: „Wenn du einmal so tun würdest, wie wenn dein inneres Kind außerhalb von dir wäre – wo wäre es dann jetzt gerade? Hier im Raum oder noch in Italien, oder irgendwo dazwischen?"

Kl: „Das ist eine komische Frage ... äh ... ich weiß nicht ... jetzt kann ich ihn mir vorstellen. Dort, in der Ecke."

Begl: Magst du mal dort hin gehen?"

(Kl geht in die Ecke)

Begl: „So, kleiner Albert *(nennt den Vornamen des Klienten)*, sag dem erwachsenen Albert mal, was du von ihm willst!"

Kl (als kleiner Albert): „Ich will einen Hund haben, mit dem ich jeden Tag in den Wald gehen kann, der mich versteht. Und ich will, dass du dich mehr bewegst. Und ich will, dass du wieder Mundharmonika spielst. – Dann bin ich zufrieden. – Aber du musst die Stelle wechseln. Ich will nicht mehr in diese Firma gehen!"

Begl: „Kleiner Albert, hast du ihm alles gesagt, was du ihm zu sagen hast?"

Kl: (als kleiner Albert): „Ich bin froh, dass du mich gefragt hast. Ich mag dich."

Irene – dritte Sitzung

Über den Körper das innere Kind finden

Begl: (Während ich die Energie-Punkte im Bauchbereich stimuliere) „Wie ist es für Sie an dieser Stelle?"

Kl: „Ich sehe mich als kleines Mädchen ... Ich glaube, es will mir etwas sagen."

Begl: „Wäre es für Sie in Ordnung, wenn ich das kleine Mädchen durch mich sprechen lasse?"

Kl: „Ja, wenn das geht."

Begl: „Ich glaube, ich habe gerade einen sehr guten Kontakt . Ich werde es mal versuchen."

Begl/Kind: „Ich bin das kleine Mädchen in dir. Es ist nie zu spät und ich bin so froh, dass du dir jetzt gerade die Zeit nimmst, mich anschaust. Es ist nie zu spät ... Ich war immer in dir und wir haben so viele schöne Stunden erlebt – aber jetzt ist die Zeit gekommen, wo ich dich nie wieder verlassen will und du mich auch nie wieder verlassen sollst. Und wenn ich bei dir sein darf, wird alles gut ... Ich bin die Brücke zum Heiligen. Ich bin deine Brücke zum Leben, ich bin die Brücke zu deinen Kindern ... Wenn du mich lieb hast in dir, wirst du deine Kinder und deinen Mann und deine Freunde alle annehmen können. Wenn du mich in dir ablehnst geht dir alles verloren. Ich bin in dir. Und ich will ja nur, dass du mich siehst und spürst. Und dass du mich einplanst in deinen täglichen Tagesablauf. Ich will ja nur dabei sein."

Kl: „Ich versuche mir Zeit zu nehmen für dich und dass ich den Kontakt halte. Wenn mir auch gerade alles Andere, was ich mache, schwer fällt."

Begl: „Ich versuche, mir Zeit zu nehmen für dich."

Begl/Kind: „Wenn du mich mitnimmst, wirst du merken, dass sich alles ändert. Denn in mir sitzt die Energie. Ohne mich wirst du auf nichts Lust haben und nur weg wollen. Ich bin nicht nur dein inneres Kind, sondern ich bin das Bindeglied von dir zu deinem Körper, zu deiner Seele, zu deinem Geist, zu deinem sozialen Umfeld. Ich bin die Brücke. Ohne mich wird dir alles zu viel werden. Mit mir musst du nichts *machen*, du musst mich nur wahrnehmen, mich einbeziehen in dein Sein. Ich will genießen, ich will leben, ich will Freunde, ich will Freiheit, ich will lachen, ich will Abwechslung. Ich will einfach mit dir sein. Ich bin ein Teil der Sonne in dir. Die Sonne kann niemand von uns machen.

Aber die Sonne wird dir scheinen, wenn du mich lieb hast und mich verstehst in dir."

Das Gedächtnis des Körpers nutzen

Begl: „Wenn das kleine Mädchen jetzt durch S i e sprechen könnte, was würde es Ihnen jetzt sagen?"
Kl: „‚Bleib dran!' Sie will mich ermutigen."
Begl: „‚Bleib dran! Bleib dran!'"
Kl: (weinerlich) „Ich weiß aber trotzdem nicht, wie ich es schaffen soll!"
Begl: „Gucken wir mal, was der Bauch dazu sagt ... wie fühlt sich der Bauch hier an?"
Kl: „Schön locker, ja."
Begl: (Ich drücke auf einen Punkt) „Und da?"
Kl: „Da ist es ganz unangenehm ... da wird es ganz dunkel ... puhhh ... das tut weh ... großer Schmerz ... brutal weh ... "
Begl: „Das sind nicht Sie, das ist ein ETWAS. Wenn die Stelle hier sprechen könnte – was würde sie sagen?"
Kl: „Ich will raus!"
Begl: „Wie alt sind Sie, wenn die Stelle sagt: ‚Ich will raus!'?
Kl: „Nicht alt ... jung ... so etwa 5."
Begl: „Was war mit 5 Jahren? Gibt es da eine Erinnerung?"
Kl: „Da bin ich das erste Mal weggelaufen ... Ich wollte zu meiner Tante."
Begl: „Ich sehe jetzt das kleine Mädchen, wie es gerade strahlt und sagt: ‚Ich bin so froh, dass du dich mir zuwendest. Und es sagt auch: ‚Das Schlimmste haben wir hinter uns!'"

Adelheid (einmalige telefonische Begleitung)

Wenn eine Marienfigur spricht

Kl: „Ich spüre deutlich, dass mein Körper will, dass es einen Schritt gibt."
Begl: „Und wenn Sie sich einmal zum Sprachrohr von Ihrem Körper machen, was sagt der dann?"
Kl: … „Das höre ich noch nicht ... Da sind Schmerzen den ganzen Rücken entlang."

Begl: „Und wenn Sie jetzt da mal hin spüren (wenn es für Sie stimmt), sich dem mal richtig zuwenden, wie man sich einem kleinen Kind zuwendet, wenn es schreit ..."
Kl: „Das ist, wie wenn es jemand nicht zulässt."
Begl: „‚Wie wenn das jemand nicht zulässt.' Den Satz halten wir fest. Und jetzt lade ich Sie ein: Schauen Sie mal im Raum um sich herum: Wo steht jetzt dieses ETWAS, welches Sie daran hindert, hin zu spüren? (Wenn es für Sie stimmt. Sie müssen das dann halt gleich sagen. Also, wenn Sie das Gefühl haben, überfordert zu sein, dann sagen Sie sofort ‚Stopp!'). Also jetzt gerade, an dem Platz, wo Sie stehen, schauen Sie mal im Raum, wo zieht es Sie hin? Wo wäre der Platz, wo dieses ETWAS ist? Dass Sie dort mal hinschauen. ... Und lassen Sie sich ruhig Zeit."
Kl: ... „Ja, die Marienfigur auf meiner Kommode. Die zieht mich an."
Begl: „Dann schauen Sie doch mal jetzt zu der Maria, und schauen Sie doch mal, was für eine innere Resonanz in Ihnen entsteht, wenn Sie zu ihr rüber gucken."
Kl: „Frieden."
Begl: „Ja, dann bleiben Sie mal im Spüren (wenn es für Sie stimmt)".
Kl: „Jetzt ist mir zum Heulen."
Begl: „Und wie wäre es, wenn Sie jetzt heulen würden?"
Kl: „Das kann ich nicht!"
Begl: „Und wenn Sie einfach auf Maria schauen, einfach nur schauen – und die Beziehung wirken lassen? Wie ist es dann? ... Sie können auch hinübergehen zu dem Platz, wo die Maria steht, und von dort aus einfach mal spüren, wie es in Ihnen weinen will und gleichzeitig etwas die Tränen zurückhält."
Kl: „Es ist jetzt schon leichter geworden."
(Die Klientin möchte erst schnell auflegen – aber so möchte ich sie nicht aus dem Gespräch entlassen. Es folgt dann eine längere Passage, in der sie ausführlich über ihre Ehesituation klagt).
Begl: „Was sagt Ihr Körper jetzt gerade, wenn Sie sagen: „Ich will gehen; ich verkrafte das nicht mehr?"
Kl/Körper: „Das kannst du nicht machen, sonst ist er verloren."
Begl: „Und wenn Sie jetzt gerade mit der Frage zu der Maria schauen?"
Kl: „Maria sagt: ‚Bleib!'"

Begl: „Aha,Maria sagt: ‚Bleib!' … Und was rät Maria Ihnen? Was steht jetzt an, als der nächste ganz kleine Schritt? Wenn Sie mit dieser Frage zu ihr hin spüren?"
Kl: … „Halt noch mal ein bisschen durch! Warte und halte noch ein bisschen durch!"
(Diese Antwort würde ich aus der heutigen Sicht vertiefen – aber damals hatte ich eine andere Spur im Kopf, nämlich, dass der Körper eingangs signalisierte, es brauche einen Schritt. Ich fühlte mich also hier dem Eingangssatz verpflichtet – und nicht der Absichtslosigkeit):
Begl: „Und wenn Sie noch mal zu Maria hin spüren: Was können Sie denn heute, am Freitag, den 22. August, für sich tun? Und sich da auch wieder Zeit lassen: ‚Was will da in mir entstehen, wenn ich in Beziehung zu Maria bin?'... ein ganz kleiner Schritt, der Ihnen heute gut tut ... Einkaufen gehen, in die Natur gehen, jemanden besuchen ..."
Kl: „Da kommt: ‚Friede sei mit dir. Es kommt so, wie Gott will. Und hab' keine Angst!'"
Begl: „Können Sie das so annehmen und in sich aufnehmen?"
Kl: „Ja, ich glaube schon."
Bemerkenswert ist an dieser Stelle, dass „Maria" sich von mir, der gerade auf das Tun ausgerichtet ist, nicht beeinflussen lässt, sondern zum Nicht-Tun bzw. zum Sein einlädt.
Was diese Klientin mit einer Marienstatue erlebt hat, widerfuhr R. M. Rilke in einem Museum mit einem „sprechenden" Stein (vgl. Peter Sloterdijk 2009: 37 f.).

Josef – 12. Sitzung

Die innere Entfremdung wahrnehmen

Begl: „Wie ist denn gerade deine Beziehung zum Josef?"
Kl: „Der ist gerade gar nicht da. Der ist fremd hier."

Josef – 17. Sitzung

Wenn der Schutzengel dem Klienten den Rücken kehrt

Kl: „Ich wollte sagen: Wie können wir vorgehen?"
Bgl: „Ja, wie wollen wir vorgehen? – Also, es gäbe die Möglichkeit, die ich vorher gesehen habe, dass wir mal den Schmerz, von dem du

vorher gesprochen hast, mal hier hin stellen in den Raum und dass du den anguckst und mit ihm redest und ihn fragst, welchen Auftrag er hat und was er von dir will und was du für ihn tun kannst ... Und die andere Möglichkeit wäre, das Eltern-Ich, (das mütterliche, das väterliche) hier im Raum aufzustellen und dass du mal mit ihnen hier in ein Gespräch kommst. ... Das wäre auch eine Möglichkeit ... Und die dritte Möglichkeit wäre, mal dein Schutzengel-Ich in den Raum zu stellen und das zu fragen, mit dem Kontakt aufzunehmen."

Kl: „Da habe ich jetzt gerade am meisten darauf angesprochen."

Begl: „mhm, mhm. ... Wie hast du das gespürt in dir, das Angesprochen-Sein?"

Kl: „äh ... Irgendwie ... ‚Kling!' Was Helles ... so."

Begl: „Was Helles, mhm ... möchtest du mit dem mal gehen?"

Kl: „Ja."

Begl: „Möchtest du dazu ein Symbol nehmen und irgendwo hinstellen? Wie es für dich stimmt, z.B. diesen Rosenquarz da oder die kleine orientalische Lampe ... oder da habe ich auch einen Erzengel Michael vom Mont Saint Michel ...?"

KL: „Im Prinzip kann ich mir da die ganze Ecke da vorstellen, die hell ist und im Prinzip ... und auch irgendwie geheimnisvoll und ... äh ... auch als geschützter Raum ... wirkt ... für mich." *(Er meint die Ecke, in welcher die Salzlampe, zwei Pflanzen und eine orientalische Lampe stehen).*

Begl: „Brauchst du da jetzt einen Impuls dazu? Oder wirkt das schon?"

Kl: .... „Es wirkt ... indem ich so ... ja, ein Aufsteigen hier spüre von ... also, ich habe gerade gedacht, das ist wie ein kalter Rücken – aber es kam nicht kalt, aber wie so ein leichtes Kribbeln, wie wenn es mir jetzt gleich den Rücken hoch läuft – aber das tat es nicht, sondern es war eher wohl." (atmet aus)

Begl: „Du schaust die Schutzengel-Ecke an, und dann ... ist Wohlgefühl ..."

Kl: „mhm ... was Geborgenes ... ein Gefühl von Geborgenheit *(atmet schwer)* auch von Beschütztheit."

Begl: „mhm ... Beschütztheit."

Kl: „Da kommt jetzt auch ... eine Traurigkeit ... die mir feuchte Augen macht ... Ich spür' einfach nur eine große Traurigkeit."

Begl: „Ja."

Kl: (weint)
Begl: „Einfach nur eine große Traurigkeit. Wenn die Schutzengel-Seite zu dir sprechen darf und du in Beziehung zu ihr bist ... sie wirken lässt."
Kl: ... (atmet schwer) ...
Begl: „Da ist etwas Trauriges."
Kl: „mhm."
Begl: „Ist das etwas großes Trauriges?"
Kl: „Ich fühle nichts, was sich ... was sich nicht überwinden ließe."
Begl: „Und wie fühlt sich dieses … an, diese Traurigkeit?"
Kl: „Das, was ich gesagt habe, dass es sich überwinden ließe, das scheint nicht zu stimmen ... das scheint nicht zu stimmen ... Also es ist eher so ... dass auch ... von daher im Moment kein ... *(atmet schwer)* ... kein Helfendes kommt ... kein ... es ist eher ein ... Verharren. Es kommt kein Trost ..."
Begl: „Ein Verharren ist es, das von der Schutzengel-Seite kommt? Von *dir* Verharren oder von ... von der Engel-Seite?"
Kl: „Von der Engel-Seite."
Begl: „Wie fühlt sich das an?"
Kl: „Das ist ... der Engel, der dreht mir so den Rücken zu ... über die Schultern so ..."
Begl: „Aha. Der dreht dir so den Rücken zu und guckt über die Schulter."
Kl: „Ja."
Begl: „Könnte es sein, dass der dir den Spiegel vorhält, wie du lebst ... ihm gegenüber, deinen Wurzeln gegenüber?"
Kl: „Das ... *(unverständlich)* ..."
Begl: „mhm ... Ja, es ist ja schon mal gut, dass ihr eine Beziehung miteinander habt: Er ist da. ... Wenn ich sagen würde: In der Beziehung zwischen dir und dem Schutzengel, da stimmt was nicht, würde das so zutreffen?"
Kl: (gepresst) „Ich würde sagen: ‚Seh mich an!' ... *(in anderem Ton)* Es ist eher so, wie wenn er sagen würde: ‚Was willst du *jetzt* von mir?'"
Begl: „mhm."
Kl: … „Du kommst doch sonst nicht!"
Begl: „Aha ... ‚du kommst doch sonst nicht' ... Ist da am Rande eurer Beziehung noch was, was da irgendwie reinstrahlt, stört, einfach da ist, schwer, ‚blockartig'?

Kl: ... „Ich sehe einfach nur das Abbild, den Ausschnitt, vom Engel, der wegschaut und ... äh ... in der Mitte ist etwas ... Dunkles ...
Begl: „Im Schutzengel selber?"

Das Hindernis vor dem Schutzengel

Kl: „Im Schutzengel ... oder vor ihm ... vor ihm."
Begl: „Magst du das mal stellen, mit einem Gegenstand? Dass dieses ETWAS, was vor ihm ist ..."
Kl: „mhm" ...
Begl: „Da ist ein dunkles Holzstück, oder eine Decke?" ...
Kl: „Es ist eher etwas Hohes ... da diese beiden Kissen, wenn ich die aufeinander setze ... so ungefähr."
Begl: „Aha. Das ist ganz nah beim Engel."
Kl: „mhm. Das ist was Dunkles. Er lehnt fast drauf."
Begl: „mhm. ... Wie ist das jetzt für dich so, wenn du das so siehst?"
Kl: (atmet schwer). „Macht mich nervös."
Begl: „mhm. Das macht dich nervös."
Kl: „mhm."
Begl: „Möchte daraus eine Bewegung entstehen, eine Handbewegung, oder eine Körperhaltung?"
Kl: „Das macht mich jetzt ganz starr. Zum Davonlaufen."
Begl: „Aha."
Kl: (atmet schwer) „Bedrohlich. Unangenehm. Ich will das gar nicht sehen."
Begl: „Aha. Das hat auch nichts mit dem Engel zu tun, in seinem Wesen, sondern das haftet ihm an, als ein ETWAS. Ist es so?"
Kl: „Ja, das ist ... das haftet ihm ... na ja ... er steht davor ... Es ist hinter ihm ... im Hintergrund, wie wenn etwas Dunkles an ihm lehnen würde ... Ja, der Engel ist jetzt nicht mehr so präsent wie vorher."
Begl: „Da hat sich das Dunkle in den Vordergrund gedrängt, ja?"
Kl: „mhm *(Atmet tief).* Ich kann mit dem gerade gar nichts anfangen ... also, ich kann es nicht einordnen. Das macht mich jetzt echt richtig nervös."
Begl: „Wenn du jetzt so die beiden siehst und wieder (wenn es für dich stimmt) schaust: ‚Was ist denn noch am Rand von dieser Beziehung von dir zum Schutzengel?' Gibt es da jetzt irgendwo etwas Helfendes

oder einen Gegenspieler zu diesem Dunklen da, ... oder so einen schlauen Fuchs, der das Ganze von außen sieht und genau weiß, was das ist?“
Kl: „Das scheint eher ... *(lacht)* dass der Schutzengel ... mein Schutzengel darauf wartet, dass ich das entferne.“
Begl: „Ja.“
Kl: „Wie wenn der Schlüssel bei mir liegt.“

Freiheit und Verantwortung

Begl: „Ja. Dann tun wir doch mal so, wie wenn der Schutzengel Recht hätte: Der Schlüssel ist beim Josef. Damit kann man ja arbeiten.“
Kl: „Das fühlt sich wieder wohler an ... also ...“
Begl: „Da ist die Verantwortung wieder bei dir, ja, die Freiheit.“
Kl: „Die Möglichkeit, auch ... so ... würde ich‘s jetzt gerne entfernen – oder muss ich es aushalten? ... der Impuls ist: Das sollte weg!“
Begl: „Meinst du, es könnte sprechen, wenn du ihm deine Stimme leihst?“
Kl: (atmet tief) … „Ich bin das Dunkle in dir. ... Ich bin deine sexuellen Wünsche und Phantasien … Ich bin der Klotz im Magen, den du spürst. ... Du kriegst mich nicht weg ... hm ...“
Begl: „Was war das gerade, als du ‚hm‘ gemacht hast und die Hand zum Mund ging?“
Kl: (lächelt) „Das war so ... diese ... ähm ... *(atmet tief)* ... auf diese ... ähm ... Konsequenz auf das ‚du kriegst mich nicht los.‘ ... also ... zack!“ *(lacht gelöst).*
Begl: „So ist es: ‚zack‘!“
Kl: (heiter) „‚Zack! ... So wie ... ein Axiom, etwas Unumstößliches, wo ich genau merke: ... Das, was der sagt, das gilt jetzt im Moment. *(betont)* Im Moment!“
Begl: „Ich erinnere mich, dass da sexuelle Phantasien waren und der Klotz im Bauch – ist das das Gleiche? Sind das die sexuellen Phantasien, die als Klotz im Bauch wahrnehmbar sind? ... Hat es gerade gegluckert im Bauch?“
Kl: „mhm.“ ... *(lacht gelöst)*
Begl: „Die Gerda Boyesen würde jetzt einen Luftsprung machen und sagen: ‚Aha, da tut sich was!‘ – Also Gluckern nimmt sie als Bestätigung, dass man an der Wahrheit ist.“
Kl: „Ja, es hat zweimal gegluckert.“

Begl: „Magst du darüber sprechen, über sexuelle Phantasien, sexuelle Wünsche?"
Kl: „Ja, da gibt es eine Geschichte ..."

Josef – 22. Sitzung

Die erste Begegnung mit dem wahren Ich

(Gedächtnis-Protokoll): (Josef kommt völlig niedergeschlagen in die Sitzung und möchte im Liegen begleitet werden. Ich arbeite an seinen Füßen).
Kl: „Es ist, wie wenn jemand auf mir drauf liegen würde und jemand meine Hände festhält."
(Ich übernehme das Festhalten der Hände, – nach seinen Anweisungen – um es zu verstärken und so erfahrbarer zu machen – in der Regel ist ein solches Tun wie ein Katalysator).
Kl: „Es ist, wie wenn ein Teil von mir im Universum schwebt – und gleichzeitig spüre ich, dass ich auf der Liege in meinem Körper bin. Jetzt will der Schwebende in mich herein.Von den Füßen her kommt er in mich herein – bis zur Brusthöhe. Dort kommt er nicht mehr weiter. ... Wer bist du?"
Kl/Schwebender Körper: „Ich bin du."
Kl: (Im Nacken spürt Josef dann auf einmal etwas Steifes, Hartnäckiges) „Meine Hartnäckigkeit hindert ihn, weiter in mich herein zu kommen."
(Josef ist ziemlich betroffen durch diese Erfahrung – er weiß ja, dass es so ist. Er weiß, dass diese Erfahrung der Spiegel seiner inneren Situation ist. Eine Art Verzweiflung will sich in ihm breit machen und Selbstmitleid).
Kl: „Jetzt spüre ich, wie eine weibliche Hand mich streichelt und tröstet. Es könnte meine Mutter sein. Aber diesmal die gute Mutter. Sie will mich diesmal nicht holen.
(Das war in mehreren früheren Sitzungen der Fall gewesen, dass seine längst verstorbene Mutter ihn im Festtags-Gewand holen wollte, verbunden beim Klienten mit Herzbeschwerden, was uns jeweils nötigte, die Sitzungen sofort abzubrechen und Spaziergänge in der freien Natur zu machen, was ihn jeweils innerhalb kürzester Zeit stabilisierte und „immun" machte).

Josef – 25. Sitzung

Erfahrung des Heiligen

Kl: (im Liegen): „Es bewegt sich nichts ... wie eine Erstarrung ... ich sehe mich da sitzen und warten, bis die Pflicht wieder ruft ... da ist nur Pflicht und Gehorchen ... und das Lebendige ist nicht da.“
Begl: „Ist es noch auszuhalten?“
Kl: „Ja, es ist noch auszuhalten.“
Begl: „Ich sehe da jetzt gerade ein Bild ... wie da eine goldene Schnur von dem kleinen Jungen zur Gottesmutter ist ... Gibt es in dir gerade auch so etwas, wenn der kleine Junge im Dunkeln steht? ... dass da ... etwas Anderes ... noch ist als ... als nur die Dunkelheit?“
Kl: „Da ... scheint mir was da ... wie ein Kopf, fast, der leuchtet.“
(In etwa 80 % der Begleitungen ist es so, dass wenn ich etwas Heiliges sehe, spüre und es anspreche, es zuvor oder gleichzeitig im Klienten wahrzunehmen ist – allerdings öfters in einem anderen Symbol. Nur selten ist die Wahrnehmung nur beim Begleiter).
Begl: „mhm.“
Kl: „Also wie diese ... äh ... Heiligenschein ... ja, wie ein Heiligenschein ... der Kopf hält eine Handfläche aufrecht vor ...“
Begl: „Ja, das ist die Segens-Gebärde – ein Segnender also.“

Die heilige Wunde

Kl: „Da werde ich auch ruhig ... es kommt jetzt ... das ist ... ein Schmerz ... auch eine heilige Wunde ... der Schmerz, der mich antreiben soll.“
(Josef ist sehr belesen und kennt die Bücher und Konzepte von Richard Rohr.)
Begl: „Das ist der Schmerz, der dich antreiben soll ... Deine heilige Wunde ... und damit ist eine Ruhe verbunden ...“
Kl: „Ja.“
Begl: „mhm ... Das ist der Schmerz, der dich antreiben soll ... (lange Pause) ... ist noch eine Beziehung zu dem Heiligenschein und der segnenden Hand da?“
Kl: „Ja, mhm ... ich kann ihn noch sehen.“
Begl: „mhm.“
Kl: „Ich spüre gerade, dass mein Kopf gerade angestrengt ist und sicher Falten auf der Stirn hat.“ *(atmet tief)*.

Begl: „Gehört der Kopf zu dem Geschehen – oder ist er eher außerhalb?"
Kl: „Er ist eher außerhalb und versucht zu begreifen."
Begl: „Aha."
Kl: „Da sind zwei Teile, die … nicht verbunden sind."
Begl: „Was bräuchte denn der Kopf, dass er dazugehören kann und verbunden ist? (Wenn das die richtige Frage ist)."
Kl: „Der Kopf braucht Ruhe."
Begl: „Ah ja ... das hört sich für mich an, wie wenn er eine Erlaubnis bräuchte, z.B. ‚Es ist alles gut so ... du musst das alles gar nicht verstehen' ... so? In dem Stil?"
Kl: (unverständlich)
Begl: „Es genügt ja völlig, dabei zu sein und das Geheimnis zu bezeugen, wahrzunehmen ..."
Kl: „Ich habe das Gefühl, da wird es ein bisschen leichter ... Ich habe da ... zuerst das Gefühl gehabt: Da ist viel ... da ist viel zu viel, womit sich der Kopf beschäftigt ... die ganze Zeit und ... ähm ... die Kapazitäten sind ausgefüllt." *(lacht).*
Begl: „Ja, vielleicht kann der Kopf ja auch darauf vertrauen, dass der Rest-Körper genau weiß, was geschieht. Er hat dich ja an alles erinnert und bezeugt ... also, dass der Kopf vom Rest-Körper die Erlaubnis bekommt: ‚So ist es gut, es ist gut so. Wir haben jetzt gehört, dass der tiefere Sinn der Mutter ist ... war ... in dem ganzen Vorbereitungs-Szenario ... damit du ein spiritueller Mensch werden konntest. Ich könnte es noch besser formulieren: Damit Christus in deiner Seele noch mehr geboren werden kann, braucht es die Erstarrung, das Abgeschnitten-Sein, die Einsamkeit, das Leiden unter einer unerfüllenden Sexualität, damit der Blick nicht bei *dem* bleibt, was die ‚Welt' der *Psyche* bieten kann, sondern den nächsten Schritt geht, zu dem, was das Himmelreich in der Welt bietet."
Kl: (atmet tief) … „Jetzt wird's leichter."

Der heiligen Wunde zublinzeln

Begl: „‚Jetzt wird's leichter' ... da gibt es ein Aufatmen ... Ja, vielleicht kannst du dieser heiligen Wunde ja mal zublinzeln, oder zulächeln ... und dich selber daran erinnern, dass du einverstanden bist ..."
Kl: „Jetzt zeigt auch der Kopf Einverständnis."

Begl: „mhm."
Kl: „Ja, ich muss das nicht alles auflösen. So. Gedanklich."
Begl: „Ja, ich bin einverstanden. Ich muss nicht alles auflösen, gedanklich. Es ist gut so, wie es ist. Ich vertraue dem. Ich spüre, dass da eine höhere Ordnung ist, in die ich mich gerne ... vertrauensvoll einfüge ... Der Weg des Pilgers führt durch die Nacht, durch das Abgeschnitten-Sein, durch das zeitweilige Opfer ..."
Kl: „Ich lasse den Schmerz zu, von dem Richard Rohr spricht. Der Notwendig ist." *(das „Not-wendig" hat Josef extra betont).*
Begl: „Ja."
Kl: „Ohne den spüren wir nix." *(Atmet schwer).*

Das Christus-Bild gibt eine Erlaubnis

Begl: „‚Die heilige Wunde, der Schmerz. Ohne den spüren wir nix.'"
Kl: „Ich sehe ganz klar das Christus-Bild vor mir, wo er ... eine orthodoxe Abbildung ... segnende Hände ... dann sagt er den Satz: ‚Erlaube es dir!'"
Begl: „‚Erlaube es dir.'"

Die Wächterin verabschiedet sich

Kl: (flüsternd) „Erlaube es dir! ... Da kamen mir gerade ganz viele Bilder dazu ... Bilder als Kind ... sich Dinge erlauben ... Ich glaube, ich muss das jetzt gar nicht alles aussprechen ... Natur, Bewegung, am Bach sitzen und das Gluckern hören ... also scheinbar Banalitäten, die ich aufschiebe ... also gnädig mit mir sein ... nicht nur an die Arbeit denken ... und jetzt sehe ich meine Mutter, die mir zulächelt und sagt: ‚Jetzt kann ich ja wieder gehen! Ich habe nur mal wieder erinnern müssen, *dann* tue ich dir weh. ... Aber im Großen und Ganzen hast du ja begriffen. Du weißt, um was es geht. Ich kann mich verabschieden. Ich werde nur manchmal sporadisch wieder kommen, wenn du vergessen hast." *(Er räkelt sich und löst sich aus der Versenkung)* ... Ich spüre gerade so was wie Glück ... wie eine innere Zustimmung." *(Sein Gesicht ist dabei wie verklärt).*

Eine Begegnung mit Christus

(Wenige Sitzungen nach dieser kommen wir in unserer gemeinsamen Arbeit an eine Grenze, wo wir beide spüren: Der gemeinsame Weg der

Begleitung ist an seinem Ende angekommen: Jetzt braucht es jemand Anderen. Ich kann ihm nichts mehr geben und nichts mehr für ihn tun. Es gibt nur noch ein Telefonat, wo ich ihm die Methode von Tsültrim Allione (2009) erkläre, damit er selbstständig Themen befragen kann, was sie ihm sagen wollen. Einige Monate später erhalte ich von Josef eine Mail mit folgendem Inhalt):

„Lieber Eckhard,
ich hatte eine beglückende Sitzung mit meinem inneren Team – und ich glaube, ich habe dir alle Ehre gemacht.
Es meldete sich unter Anderem meine Anima, die mich zuerst wüst beschimpft und sich danach als traurig – weil vernachlässigt – gezeigt hat.
Auch dass ein Weg für mich das Tanzen sein kann, welches mich mit seiner weiblichen Energie meiner Anima näher bringen kann, wurde bestätigt.
Als Krönung des Ganzen „sah" ich eine Lichtgestalt, sie hatte die Gestalt von Jesus (in weiß gekleidet) und wandte sich mir zu.
Die erste unausgesprochene Botschaft: „Ohne mich geht es nicht!"
Dann seine Worte: „Lebe dein Leben!"
Danach konnte nichts mehr kommen. Ich beendete die Sitzung.
Ich danke dir für die Werkzeuge, die du mir gegeben hast und umarme dich.
Ganz herzlich
Josef"

Brigitte – achte Sitzung (telefonische Begleitung)

Innere Helferin „Hildegard"

Begl: (telefonische Begleitung) „Magst du jetzt gerade mal gucken, wo dein Schutzengel ist, jetzt gerade, im Moment? Ob der im Raum ist oder irgendwo weit weg?"
Kl: ... „Ich kann ihn nicht finden ... also ... weil ... ich habe das heute versucht, als der Eingriff gemacht wurde – aber es ist mir nicht gelungen, also ... wobei, gestern Abend, da war es möglich, da bin ich am Tisch gesessen – und da war die Hildegard direkt hinter mir und hat die Hand auf meiner Schulter gehabt. Da war ich ganz friedlich."

(Hildegard ist die „innere Helferin" von Brigitte, die sie schon in der vierten Sitzung gefunden hat).
Begl: „Und wenn wir schauen, wo die Hildegard jetzt zu finden ist?"
Kl: ... „Auch nicht." ...

Das Ein-Minuten-Bild hilft weiter

Begl: „Dann könnte es ja sein, dass da was Anderes sich dazwischen geschoben hat. ... Hast du ein Stück Papier vor dir?"
Kl: „Ja, und einen Stift ... Bin schon vorbereitet."
Begl: „Ja, wenn es dir nicht zu anstrengend ist, dann könntest du jetzt dieses ETWAS, das da zwischen dir und deiner Hildegard und dir und dem Schutzengel steht, mal malen."
Kl: „mhm. Einfach drauf los?"
Begl: „Ja, einfach drauf los. Dass es einfach der Stimmung entspricht, wie es dir heute ergangen ist."
Kl: (malt) … „hm. Das sieht aus wie was Fliegendes."
Begl: „Wie was Fliegendes."
Kl: „Wie ein Vampir ... oder wie ein Vogel."
Begl: „Und dein erster Einfall war: wie ein Vampir. Ist es für dich in Ordnung, wenn wir beim ersten Bild bleiben: ‚Vampir'? – Vielleicht bist du ja gleich zurückgeschaudert, wie da ‚Vampir' kam?"
Kl: „Ja, das stimmt schon." ...
Begl: „Ist das für dich auszuhalten, dass wir mit dem Bild von einem Vampir arbeiten? Dass das, was zwischen dir und der Hildegard steht, ein Vampir ist?"
Kl: „Ja, das halte ich aus."
Begl: „Wenn du jetzt den Vampir anschaust, gibt es da bei dir im Körper eine Reaktion, ein Echo?"
Kl: „mhm ... Also, je länger ich ihn anschaue, desto weniger macht es mir etwas aus. (Weil, am Anfang, da bin ich ganz schön erschrocken, als ich das gesehen habe)."
Begl: „Wenn jetzt der Vampir da ist, und du jetzt mal das kleine Mädchen, das du einmal warst, herholst und in das Bild malst, wo wäre das dann?"
Kl: ... „Das hat er in den Krallen."
Begl: „Aha. Der Vampir hat das Mädchen in den Krallen ... Ist das deutlich erkennbar?"

Kl: „Ja, ... und das hat – ja so was! - die Krone auf. Das ist ja allerhand!"
Begl: „Wie ist das für dich jetzt gerade, wenn du das Bild auf dich wirken lässt?"
Kl: ... „Jetzt ist der Vampir für mich schon etwas Gutes. Weil er das Mädchen daran hindert, mit der Krone der Königin abzuhauen."
Begl: „Wenn du das jetzt weiter phantasierst, so, wie auf einem Bildschirm, wo man sich einen Film anschauen kann, wie könnte das mit dem Vampir und dem kleinen Mädchen dann jetzt weiter gehen? (Wenn es noch für dich stimmt)."
Kl: (Erzählt ausführlich von einem extrem schmerzlichen medizinischen Eingriff, den sie am heutigen Tag hatte).

Wenn der Schutzengel als Antwort tanzt

Begl: „Wenn du jetzt mal, in diesem neuen Zustand, guckst, ob jetzt vielleicht die Hildegard näher gekommen ist, dann werden wir weiter sehen – und du kannst dazu eine Hand zu Hilfe nehmen und sie irgendwo auf den Körper legen, auf den Bauch oder den Herz/Brust-Bereich – einfach so, dass eine Hand zu deinem Körper Kontakt hat."
Kl: „Ja, da habe ich jetzt eine Stelle, am Bauch."
Begl: „Dann lassen wir doch mal den beiden Zeit, dass sie zueinander finden, deine Hand und dein Bauch."
Kl: ... „Ja, also ich habe das Gefühl, dass die Hildegard jetzt da ist – aber sie ist winzig klein. Sie ist da, am Fenster."
Begl: „Da steht sie jetzt."
Kl: „Ja, aber ganz klein. Sonst war sie immer viel größer."
Begl: „Wenn wir es positiv formulieren, dann heißt das: Du hast jetzt wieder eine Beziehung zu deiner inneren Helferin. Und du kannst ja jetzt zu ihr hin spüren: ‚Da ist sie. Da ist die weise, gute Hildegard, deine innere Weisheit und Ratgeberin. Die ist zwar durch den Eingriff heute kleiner geworden – aber sie ist da – und du kannst sie sehen. Sie zeigt sich ... Wäre es dir möglich, sie zu fragen, ob sie dir was sagen will?"
Kl: ... „Also, sie sagt jetzt gerade direkt nichts – aber ich habe das Gefühl, dass eine Entscheidung ansteht. Diesen Eindruck habe ich jetzt noch stärker als heute Morgen ..."
Begl: „Vielleicht kann dir die Hildegard ja ein Zeichen geben ..."
Kl: „Also die Hildegard, die kann da gerade gar nichts sagen ... aber da ist jetzt mein Schutzengel im Zimmer, den sehe ich jetzt viel deutlicher.

Und der möchte mir Mut machen zu meiner Entscheidung. Er meint, ich solle es ruhig versuchen ... Da spüre ich Angst in mir aufsteigen ... Aber heute Morgen habe ich das erste Mal gedacht, es gäbe eine andere Möglichkeit für meine Behandlung ... *(6 Monate später wird sich herausstellen, dass ein Arzt einst eine Fehldiagnose gestellt hatte.)* ... Also, das ist jetzt lustig! Der Schutzengel tanzt und versucht mir zu zeigen, ich könne alles viel leichter nehmen, es könne mir nichts passieren, wenn ich mich entscheide. Er lächelt mir zu und tanzt ... Ich kann es gar nicht glauben!"

Ja, aber

Begl: „‚Ich kann es gar nicht glauben!' Ist das nur so daher gesagt, oder steckt da ein ‚Nein-Sager' drin, oder ein ‚Ja-aber-Männchen?'"
Kl: „Ja, aber – das ist ein Ja, aber."
Begl: „Wenn du das mal in dir klingen lässt, dass da eine Seite in dir ‚Ja, aber' sagt, ..."
Kl: „Dann nervt mich das tierisch. Das kenne ich von mir nur zu gut. Ja, aber ..."
Begl: „Also wie so ein Schatten, den man mit sich herumträgt, egal, wie hell die Sonne scheint?"
Kl: „Ja, genau so: ‚Wart mal ab – wenn es dir jetzt gut geht, dann musst du das irgendwann wieder büßen!'"

Einen Beschützer malen und sprechen lassen

Begl: „Der Ja-aber-Sager war auch einmal ein Teil von dir, der auf dich aufgepasst hat, ein Beschützer-Ich. – Wie wäre das, wenn du den auch mal malen würdest? Das ist sicher ein uralter Beschützer. *(Während sie malt)* Wir lernen deine innere Familie immer besser kennen: Da ist jetzt schon das verlassene Mädchen und die Königin, dann ist da die Hildegard und der Schutzengel, dann ein Vampir, ein ‚Ja-aber-Sager', bald können wir das erste innere Familienfoto machen. ... Frag ihn doch mal, was er braucht, damit er Ruhe gibt."
Kl: „Vertrauen."
Begl: „Könntest du das bitte aufschreiben zu dem Bild?: ‚Ich brauche Vertrauen!'"

Kl: „Er sagt, er geht erst weg, wenn er sicher weiß, dass ich keine leichtsinnige Entscheidung mehr treffe – also keine unüberlegten Handlungen mehr wie früher ... Er will, dass er sicher ist."
Begl: „Dann kannst du ja jetzt mal in dich hineinhorchen: ‚Woher kommt mir Vertrauen?' (Das ist jetzt nur ein Vorschlag, ein Versuchsballon – sag' nur immer gleich, wenn du eine bessere Idee hast, wie es weitergehen könnte)."
Kl: „hm. ... Also wie?"
Begl: „Wie kann in dir Vertrauen wachsen? Oder anders ausgedrückt: Was kannst du tun, dass es nicht mehr zu diesen Schnellschüssen kommt?"
Kl: „Also nicht mit dem Verstand ... Vertrauen ... Ja, wenn ... wenn das kleine Mädchen nicht mehr so präsent ist, wenn die nicht mehr so viel bestimmen darf. Also ... wenn ich so sein könnte, wie ich gestern war, als die Hildegard hinter mir stand und mir die Hand auf die Schulter legte. Dann ... wenn ich also auf dieser anderen Ebene bin ... also, wenn das kleine Mädchen nicht mehr so viel Macht an sich reißt."
Begl: „Das heißt, dass das kleine Mädchen die Königinnen-Krone wieder hergeben muss."
Kl: „Genau! ... Weil das Mädchen immer wieder Situationen an sich reißt – und dann wird's Essig ... So lange das noch so schnell und automatisch geschieht, kommt mein Vertrauen nicht in mich rein." *(Im weiteren Gespräch werden ihr lauter Szenen bewusst, in welchen sie sich von ihrem inneren Mädchen regieren ließ – das ist ihr sehr unangenehm. – Einige Wochen später wird sie sagen:*
Kl: „Ich bin in diesen Wochen 20 Jahre älter geworden.")

Brigitte – neunte Sitzung

Ein Weg zum Gottvertrauen

Begl: „Wie ist es denn jetzt gerade mit deinem Gottvertrauen? Wo ist das heute?"
Kl: „Das ist einfach weg. Also, meine Schmerzen sind kaum auszuhalten und ich mache dann Zustände durch ... das ist so ein Leiden, da denke ich: Das kann doch keinen Sinn mehr haben, wo soll da ein Gott sein? … ."

Begl: „Was bräuchte es denn, dass du dein Leben so annehmen könntest, wie es ist?"
Kl: „Ich glaube, eine gewisse Beständigkeit, einfach ... ja ... da muss ich wieder sagen: Vertrauen." … .
Begl: „Nehmen wir mal an, du wärest mutlos. Wie könnte dann das Gottvertrauen in dich hereinkommen?"
Kl: „Das ist ganz schwer, die Frage."
Begl: „Ja. Also, was ich gemerkt habe: Es gibt viele Dinge, die ich nicht verstehe, wo ich nicht weiß, warum es ist, wo ich auch nichts ändern kann ... und mir hat ein Satz geholfen, den eine Bauersfrau gesagt hat, die ganz viel durchgemacht hat: ‚Der liebe Gott macht keine Fehler!' ... Und vielleicht hast du mal von Dietrich Bonhoeffer, der von den Nazis gehenkt wurde, gehört: In der Woche, wo er gehängt wurde, hat er ein Gedicht geschrieben: ‚Von guten Mächten wunderbar geborgen, erwarten wir getrost, was kommen mag – Gott ist mit uns am Abend und am Morgen – und ganz gewiss an jedem neuen Tag.' ... Wie ist das in deinen Ohren, wenn ich dir so was erzähle?"
Kl: „Ja, das beruhigt irgendwo."
Begl: „Magst du dir das mal aufschreiben?: ‚Der liebe Gott macht keine Fehler!'"
Kl: „mhm." *(Schreibt).*
Begl: „Gibt es eine Stelle in deinem Körper, wo du das Beruhigende gerade spürst?"
Kl: „Im Rücken."
Begl: „Das ist sehr schön! ... dann sage ich dir den Satz einfach noch ein paar Mal." (…).
Kl: „Ja, jetzt wird es immer entspannter. Das geht so richtig rein in mich ... Ich bin jetzt wieder auf der anderen Ebene, wie neulich Abend, als Hildegard hinter mir stand."

Wenn Gott näher kommt

Begl: „Ja, wie ist es denn jetzt gerade mit Gott – wie weit weg ist er jetzt gerade?"
Kl: „Also schon nicht mehr so weit weg."
Begl: „Wo ist er denn jetzt gerade?"
Kl: „So direkt vor dem Fenster."

Begl: „Und wenn du guckst, was ist dazwischen, zwischen dir und Gott, dass Gott nicht noch näher kommt?"
Kl: „Wie meinst du das?"
Begl: „Ja, es könnte ja sein, dass Gott näher zu dir kommt, so nah, bis er wieder in deinem Herzen ist, als dein Seelengrund. Aber ich habe den Eindruck, dass da noch etwas zu klären oder zu bearbeiten ist ... darum die Frage: ‚Was braucht es, dass Gott wieder zurück in dein Herz kommen kann?' ... Oder noch mal anders gesagt: ‚Was braucht es, dass dein Vertrauen noch mehr zunimmt?'... Ich gebe dir mal einen Satz, so zur Probe, als Versuchsballon: ‚Ich ergebe mich in den Willen Gottes' ... Also das, was Jesus im Garten Gethsemane vor seiner Kreuzigung gesagt hat: ‚Vater im Himmel, nicht mein, sondern dein Wille geschehe!' ... man kann auch sagen. ‚Nicht wie ich will, sondern wie du willst!"
Kl: „Ja, da läuft es mir über den Rücken ... ‚Wie du willst' ... das trifft etwas ...‚wie du' ... also irgendwie ...‚nicht wie ich will.'"
Begl: „Jetzt sind wir am Kern."
Kl: „Weil ich halt immer genau weiß, wie es sein sollte und wie die Dinge laufen sollten." (lacht)

Die Eigenmächtigkeit beim Namen nennen

Begl: „Ich habe die Beobachtung gemacht, dass Gott den Menschen jahrelang das Leben schwer macht, bis sie zu diesem Punkt kommen, wo sie ihren Willen in Gottes Willen hinein fallen lassen."
Kl: „Da kommt jetzt bei mir alles zusammen ... Bei mir muss immer alles nach meinem Willen gehen. ... Und mir kommt jetzt gerade: die kleine Brigitte, die mischt da immer kräftig mit, die hat da auch ihre Hände im Spiel. Wir versuchen dann zusammen unseren Willen durchzusetzen ..."
Begl: „Könnten wir das festhalten: ‚Vater im Himmel, nicht mein Wille, sondern dein Wille geschehe!"
Kl: „Der Satz ist für mich ganz wichtig. Den schreibe ich mir mal auf."
Begl: „Und schreibe bitte dazu: ‚Der Satz ist mir ganz wichtig!"
(...)
Begl: „Ich glaube, dass das eins vom Größten ist, was ein Mensch überhaupt in seinem Leben leisten kann, dass er seinen Willen abgibt und sagt: ‚Gott, ich willige ein. Ich bin einverstanden mit dem, wie es ist.

Und ich will verstehen, was du mir damit sagen willst.'... Das wäre Gottvertrauen auf der höchsten Stufe."

Brigitte – 9 Monate später

Brigitte hat ihr Leben in die Hand genommen, sich von ihrem Ehemann getrennt, wieder eine Arbeit angenommen und ihre Krankheit, die sie über Jahre ans Haus gebunden hatte, hinter sich gelassen. Auf meine Frage, wie es denn mit ihrem „inneren Team" und dem Seelengrund sei, antwortet sie mir:
Kl: „Ohne die beiden mache ich gar nichts mehr. Tagsüber ist für mich vor allem mein Engel da – und wenn der Tag vorüber ist, spreche ich mit Hildegard."

Johannes – erste Sitzung (telefonische Begleitung)

Der Engel wartet auf etwas

Begl: „Magst du dich auf ein Experiment einlassen? ... Wenn du dir jetzt einmal vorstellst, im Raum wäre dein Schutzengel, und wenn du mal um dich schaust, in welcher Ecke oder wo im Raum wäre er jetzt gerade? – Vielleicht ganz nah im Raum, oder draußen im Garten – oder noch weiter weg?"
Kl: „Er schaut zum Fenster rein."
Begl: „Dann lade ich dich ein, (wenn es für dich stimmt) eine Beziehung zu ihm aufzunehmen ... so auf Empfang zu stellen, wie wenn er dir jetzt was sagen würde."
Kl: „Ich spüre deutlich, dass er mir was sagt – aber ich kann es nicht hören."
Begl: „Das erinnert mich an einen Klienten, der seinen Schutzengel in der Ecke sehen konnte – aber der Engel drehte ihm den Rücken zu – und das mehrere Sitzungen lang. Und sein Engel sagte: ‚Du willst doch sonst auch nichts von mir wissen.' ... Wenn also dein Engel nicht im Raum ist und du nicht hören kannst, was er dir sagen will, dann nehme ich das als ein Zeichen dafür, dass etwas zwischen dir und deinem Engel steht ... Wie meine ich das?: Wir beten oft: ‚Vater im Himmel, *dein* Wille geschehe!' – aber im Grunde genommen stimmt das noch gar nicht, sondern wir haben unsere eigenen Absichten im Kopf – und

das stört natürlich die Beziehung zum Göttlichen. Das kann uns erst erreichen, wenn wir offen sind ..."
Kl: „Ich habe das Gefühl, dass der Engel auf etwas wartet."

Authentizität

Begl: „Und was wäre das, worauf er wartet?"
Kl: „Dass ich mehr Ich werde und stimmiger."
Begl: „Das leuchtet mir voll ein. Der Himmel möchte, dass wir authentisch werden, denn dann kann er sich uns schenken. So lange wir aber unter der Fremdherrschaft eines ETWAS stehen, steht das ETWAS zwischen uns und unserer Authentizität. Du kennst vielleicht das Fachwort dafür: So lange wir identifiziert sind mit einem ETWAS (sei es der Perfektionist oder der Weltverbesserer oder der Ober-Guru), so lange hören wir die feinen Töne des wahren Lebens nicht. – Das heißt also, das erste Ziel wäre, dass der Johannes, der du wirklich bist, dass du den findest – und der ist schon da: Wie der Schatz im Acker, von dem Jesus spricht, ist dein wahres Ich immer schon da – aber erst mal verborgen: Der echte, authentische Johannes ist immer schon da. Hinter dem Vorhang, da wartet er auf dich. Und dein Engel möchte dir offenbar Mut machen, den Vorhang beiseite zu ziehen. – Wie geht es dir gerade mit diesem Gedanken?"
Kl: „Aufregend!"
Begl: „Wenn der Engel dich auffordert, *du selbst* zu sein, dann liegt darin ja auch eine Erlaubnis: ‚Der Himmel erlaubt dir, *du selbst* zu sein, *der* Mensch, der du wirklich bist. ... Wenn du noch kannst und magst, dann können wir noch einen Schritt weiter gehen mit einem zweiten Experiment, nämlich dass du im Raum umher schaust mit der Frage: ‚Wo ist denn jetzt gerade der echte Johannes, dein Person-Kern, also der König Johannes, dein wahres Ich?' ... vielleicht ist er auch wieder außerhalb des Raumes – vielleicht ist er drinnen ... ganz nah – oder weiter weg ... wenn du dir Zeit lässt, und einfach mal spürst ..."

Ein ETWAS vor dem König

Kl: „Er ist schon im Raum, wenige Meter hinter mir. Aber es sträubt sich etwas in mir, mich umzudrehen."
Begl: „Aha, da ist ein ETWAS, das noch nicht will, dass du dich zum wahren Ich umdrehst. Ein ETWAS. Das ist nicht dein Ich, das bist nicht

du – sondern das ist ein ETWAS in dir. Dein wahres Ich ist da, hinter dir – aber ein ETWAS steht dazwischen ... Kannst du mit dieser Sprechweise etwas anfangen?"

Kl: „Das ist etwas ungewohnt, aber ich glaube, ich ahne, was du meinst."

Begl: „Ich will es noch mal mit anderen Worten sagen: Dein Person-Kern ist dein innerster Kern – der ist immer da, von Anfang an – und er ist direkt verbunden mit dem Seelengrund, dem Göttlichen in dir. Und dein Welt-Ich, mit dem du mich sprechen hörst und mit dem du Auto fährst und deinem Beruf nachgehst, dieses Welt-Ich ist schon so weit entwickelt und gereift, dass du eine Beziehung zu deinem Schutzengel direkt bekommen hast und verstehen kannst, was er dir sagen will. Und du hast auch schon eine Beziehung zu deinem wahren Ich – du kannst sagen, wo es im Raum steht (wenn du es nach außen projezierst) – der gute Draht ist also schon da zwischen dem, den du jetzt zur Zeit lebst (ich habe keinen Namen dafür), das wäre der Johannes Nummer Zwei – und der Ur-Johannes, der Ursprungs-Johannes, der Gott-verbundene, authentische Johannes, der ist hinter dir ... Und wenn du magst, lass das doch einfach mal wirken, wie das für dich ist, dass du gerade mit dem echten Johannes in Kontakt gekommen bist."

Kl: „Faszinierend! ... Von dem echten Johannes geht auch eine Erwartung aus. Der wartet, dass der Johannes Zwei was macht."

Mit dem Körper das ETWAS spüren

Begl: „Magst du mal hin spüren?"

Kl: „Da ist ein Kribbeln im Herzbereich."

Begl: „Da ist ein Kribbeln im Herzbereich ... Wenn wir jetzt mal so tun, wie wenn sich da ein Beschützer-Ich melden würde: Hättest du vielleicht einen Namen für die Seite von dir, die sich in dir als Kribbeln meldet?"

Kl: „Der Zauderer."

Begl: „Ja, da hätte ich dann einen Vorschlag (wenn es für dich stimmt – die innere und äußere Stopp-Regel gilt), das du dem Zauderer im Raum mal einen Platz gibst. Ohne den läuft hier nämlich gar nichts, weil der nämlich ein ganz wichtiges Beschützer-Ich ist. Der passt auf dich auf – und das wollen wir unbedingt respektieren." *(Ich erkläre das Prinzip des Beschützer-Ichs anhand von verschiedenen Beispielen. Dann:)*

Mit dem ‚Beschützer-Ich' ins Gespräch kommen

Begl: „Die Beschützer-Ichs haben einen Doppelcharakter: Als wir Kinder waren, haben sie uns geholfen, zu überleben, unsere Würde zu bewahren und unser Leben zu meistern. Sie haben sich immer zwischen uns und die Menschen gestellt, von denen wir etwas zu fürchten hatten. – Und wenn wir erwachsen sind, dann stehen sie immer noch zwischen uns und den Anderen. Aber jetzt stören sie. Wir wissen oft gar nicht mehr, warum wir uns so und so verhalten, so denken und fühlen. Und weil wir uns dermaßen daran gewöhnt haben, meinen wir: ‚So bin ich.' – Dabei sind wir im Kern nicht so, sondern nur unsere Schutzpanzer, die wir um uns herum aufgebaut haben. Und die Kunst ist es jetzt, mit jedem einzelnen Schutzpanzer ins Gespräch zu kommen und ihn kennen zu lernen und zu fragen, was er will, wo er herkommt und vor welcher Verletzung oder Niederlage er uns beschützen will – und dann müssen wir mit dem Beschützer zusammen jeweils Wege finden, die für ihn okay sind – dann unterstützt er uns sogar noch mit seiner Kraft und seiner Weisheit – aber erst mal müssen wir ihn ganz demütig kennen lernen – egal was für eine Marotte er sich zum Schutz zugelegt hat, egal was für einen Tick, egal was für Spielregeln er sich gemacht hat – da kommt keiner drum herum. – Das Schöne ist: Wenn wir wirklich authentisch sind, brauchen wir keine Beschützer-Ichs mehr."

Den Beschützer nach seinen Bedürfnissen fragen

Begl: „Bis wir authentisch sind, kommen wir aber nicht um die Frage herum: ‚Lieber Beschützer, was willst du von mir? Was brauchst du, damit du ein gutes Gefühl hast?' – also bei dir jetzt könnte das heißen: ‚Lieber Herr Traumweltarchitekt, ich bin froh, dass du da bist und bin dir dankbar, dass du mein ganzes Leben lang auf mich aufgepasst hast. Es ist gut, dass du da bist! Sag mir, was du denkst.' – Wenn du das Gespräch mit deinem Beschützer führen willst, dann kannst du ihm im Raum einen Platz geben, so wie ein kleines Altärchen – und dorthin kannst du eine kleine Figur oder ein Symbol stellen, damit du mal eine Zeit mit ihm ganz bewusst leben kannst und sich eure Beziehung entfalten kann ... leuchtet das ein?"

Eine Beziehung aufnehmen

Kl: „Und was soll ich jetzt tun?"

Begl: „Ich glaube, dass du jetzt schon ganz viel tust, wenn du dich immer wieder daran erinnerst, dass es einen Johannes Eins und einen Johannes Zwei gibt und wenn du dazu noch diesen Platz für den Zauderer eingerichtet hast und mit ihm einfach mal lebst und Erfahrungen sammelst. Das sind dann wirklich 100%. Und wenn du zusätzlich noch etwas ganz Großes für dich tun willst, fragst du dich regelmäßig: ‚Wie ist es denn jetzt gerade für mich?‘ Und: ‚Was braucht es denn jetzt gerade?‘ – Nur das. Das ist ungeheuer viel. Dann bist du schon bei 200%.“

Johannes – zweite telefonische Sitzung

(Es vergehen einige Wochen, bis Johannes sich wieder meldet. Er hat inzwischen tatsächlich ein Plätzchen für den „Zauderer“ geschaffen. Neben dem Telefon hat er schon Papierbögen und Malstifte bereit gelegt. Als im Laufe der Begleitung der Satz fällt: ... „Das sollte auch noch sein!“ ... lade ich ihn ein, ein Bild zu dieser Stimme zu malen, dann daneben den König Johannes, der kleiner ist als der Antreiber. Entsprechend dem systemischen Denken lade ich ihn nun ein, den Gegenspieler zu der Antreiber-Person auf das selbe Blatt zu malen, auch der ist größer als der König. Um diesen Gegenspieler besser kennen zu lernen, lade ich Johannes ein, einmal ein Objekt neben den Gegenspieler zu malen: Er malt ein helles Fenster im Dunkel – und nun kommen und fließen die Erinnerungen an mehrere Traumatisierungen aus früher Kindheit: „Menschen sind unzuverlässig und unberechenbar und verletzen“ war nur eine der vielen Einsichten des Jungen, der sich damals seine eigene kleine Welt schuf, in der Objekte der Ersatz für Menschen wurden. Mit Hilfe des „Träumers“, des „Sammlers“ und mit Hilfe des „Zauderers“ lernte er, einen Schutzraum zu schaffen, der ihm ganz allein gehörte und wo es keine Verletzungen gab. Auf seinen Wunsch hin erkläre ich ihm noch einmal die Entstehung und Arbeitsweise von Beschützer-Ichs).

Begl: „Hast du das schon mal so gesehen, in dieser Deutlichkeit?“
Kl: „Nein, so deutlich noch nicht. Also deine Erklärungen mit dem Beschützer-Ich, das tut mir unheimlich gut! Das hat mir noch niemand so deutlich gemacht. Die Zusammenhänge so zu verstehen ...“ *(ganz großes Aufatmen).*

Dem Beschützer einen Symbol-Ort geben

Begl: „Wenn du magst, kannst du ja zu dem Sammler noch eine kleine Welt aufbauen mit Symbolen, so wie es ein Ostergärtchen gibt oder eine Weihnachtskrippe – und damit den kleinen Jungen würdigen, der so viele tiefe Verletzungen gemeistert hat und sich nicht hat unterkriegen lassen. Und dann auch wieder einfach damit leben und beobachten: ‚Was macht das mit mir, dem Erwachsenen, wenn ich dem kleinen Jungen meine Anerkennung schenke und ihn für seine Sammlerleidenschaft und sein Träumen und Zaudern nicht mehr beschimpfe oder verachte, sondern Anerkennung und Würdigung schenke?' – Etwas wird in Gang kommen: Vielleicht kommen noch weitere Erinnerungen, vielleicht ergibt sich noch mehr Verständnis für die Situation des kleinen Jungen – und darüber können wir ja dann gerne wieder sprechen."

Kl: „Ja, das werde ich machen. Mit dem Zauderer geht es mir schon so: Ich habe einen kleinen Seemann aus der Bretagne auf der Fensterbank stehen – und immer wenn ich ihn anschaue, gibt mir das Energie und hilft mir, nicht im Zaudern zu verharren. Das hat mir in diesen Wochen schon gut getan."

Begl: „Ja, nach allem kann man wirklich sagen: Dein Zauderer war immer wie eine Vorzimmerdame, die die Mitarbeiter vor einem bösen Chef warnt und ihnen rät, lieber ein andermal zu kommen, weil der Chef schon wieder schlechte Laune hat ..."

Kl: (lacht) „Ja, meine Vorzimmerdame hat da auch beste Arbeit geleistet: Am Anfang hieß es: ‚Ich darf nicht' – dann: ‚Ich kann nicht' – und schließlich hieß es: ‚Ich will nicht!"

Johannes – dritte telefonische Sitzung

Ohnmacht und Gott-Nähe

(Wieder sind einige Wochen vergangen, bis Johannes sich telefonisch meldet. Die innere Arbeit mit dem „Zauderer" und dem „Sammler" mit Hilfe der „kleinen Welt" hat sich sehr bewährt: Er hat für die beiden Achtung entwickelt. Wenn er auf die beiden Stellvertreter-Figuren schaut, ist es angenehm. Dem Sammler gegenüber empfindet er Dankbarkeit: „Der hat mein Leben gerettet." Den Zauderer nennt er inzwischen „Sicherheitsbeamter". Johannes erzählt von einer typischen Ohnmachts-Erfahrung und dem Satz „So was kann auch nur mir

passieren!", woraufhin ich ihm den Gedanken vorschlage: „Dort, wo wir ohnmächtig sind, sind wir Gott am nächsten" – dazu erzähle ich ihm vom Lobgesang der Maria (Magnificat), von Hiobs Gotteserfahrung und von Frau Holles Goldmarie):

Begl: „Und wenn du jetzt mal im Raum schaust, wo jetzt gerade dein Person-Kern, dein Johannes Nummer I, dein wahres Ich, ist, wo wäre der jetzt gerade?"
Kl: „Wie soll ich das machen?"

Mit dem unsichtbaren Bildschirm arbeiten

Begl: „Einfach mal umblicken und spüren, so, wie wenn du die Speisekarte in der Pizzeria liest und dabei gleichzeitig in dich hineinhorchst und wach bist dafür, wenn in dir eine Resonanz zu einer Lasagne oder Gnocchi oder Pizza Siziliana kommt – da ist ja auch in dir eine ganz feine Reaktion – und auf die wartest du einfach mal, während du dich im Raum umsiehst und dabei denkst: ‚Irgendwo hier im Raum (oder draußen vor dem Fenster) ist mein König Johannes.'"
Kl: „Ziemlich nah hinter mir."
Begl: „Ja, dann lade ich dich ein, einfach mal eine Beziehung zu ihm aufzunehmen, in Gedanken, im Gefühl, und einfach mal wachsam beobachten und spüren: ‚Da ist also der König Johannes! ... Ganz nah bei mir ist *der* Mensch, der ich eigentlich bin ... und wenn du einen Impuls brauchst, dann sagst du es, sonst lasse ich dich einfach verweilen in der schweigenden, spürenden Beziehung."
Kl: „Ich hätte gerne einen Impuls."
Begl: „Ja, wenn der Johannes I sprechen könnte, was würde der jetzt sagen? Wenn du dich mal zum Sprachrohr, zum Sprecher für ihn werden lässt?"
Kl: ... „Das Sprechen geht leider nicht."

Geführtes Malen

Begl: „Hast du wieder Papier und Stifte vor dir liegen? – dann kannst du ja einfach mal deine Hand ein Bild malen lassen, das jetzt gerade entstehen will, eine Krickel-Krackel-Zeichnung, die du einfach aus der Hand heraus fließen lässt und wo du einfach entstehen lässt, was jetzt

entstehen möchte ... Und wenn das nicht gehen sollte, dann sag es einfach!"
Kl: „Da ergibt sich das Wort ‚Corda'."

Leicht werden wie eine Feder

Begl: „‚Corda.' ‚Sursum corda' – wenn du katholisch bist, dann kennst du ja diesen Ruf. Übersetzt heißt das: ‚Erhebet die Herzen!' – wie wäre es denn, wenn du jetzt einmal eine Hand auf das Herz legen würdest und spüren würdest, ob da etwas Besonderes ist – und während du dort die Hand hast, werde ich ein paar Sätze sagen, die das ‚Sursum corda' unterstützen – und auch jetzt gilt die innere und äußere Stopp-Regel. Es muss für dich stimmen. ... ‚Corda ... sursum corda' ... ich greife diese Worte einfach auf und lade dich ein, dein Herz tatsächlich einmal leicht werden zu lassen und es zu erheben. Du kannst dazu denken: ‚Ich bin jetzt ein Zugangsweg für das Herz und den Seelengrund, der ganz nah beim Herzen ist. Ich erhebe mich. Ich werde leicht. Ich öffne mein Herz für die Gnade und werde erreichbar wie Maria, und dazu lasse ich es auch ganz einfach und schlicht werden in mir, indem ich überhaupt nichts von mir erwarte, sondern nur einfach denke: ‚Da bin ich – und jetzt denke ich an meine Seele und werde weit und offen für den Goldregen wie die Marie im Märchen von Frau Holle.'"

Wie Petrus über's Wasser gehen

Begl: „Vielleicht magst du auch das Bild von Petrus, der auf Christus schaut und dabei so leicht wird, dass er über das Wasser gehen kann. Sich erheben heißt: ‚leicht werden, den Seelenraum so zu öffnen, dass der Himmel herein scheinen kann' ... So, wie wir die Sonnenstrahlen nicht machen müssen, sondern nur einfach empfangen dürfen, so kannst du dir vorstellen, bist du jetzt einfach da und lässt die Strahlen der göttlichen Liebe auf deine Haut und dein Gesicht und deinen ganzen Körper strahlen – demütig, schlicht, einfach, ohne jegliches Wollen, ohne jegliche Absicht – Gottes Sonne scheinen lassen und sie empfangen ... ‚sursum corda' ... die Herzen erheben ... leicht werden ... erreichbar sein ... einfach ein Zugangsweg sein für die Gnade ... einfach nur da sein: ‚Ich bin ich ... und ich bin da ... und Gottes Sonne scheint in mir und über mir und um mich herum' ... Wie ist das so für dich, wenn

ich so spreche? Löst das etwas in dir aus? Ein Bild? Eine Atmosphäre? Eine Körper-Wahrnehmung?"
Kl: „Ich habe das Bild wie bei einer Priester-Weihe. Ich liege auf dem Boden vor dem Altar ... Ich spüre, dass der Weg stimmt."

Johannes – vierte telefonische Begleitung

Johannes erfährt die Einheit allen Seins

(Einige Wochen später wird seine Hingabe an den Willen Gottes aus der vorigen Sitzung weitergeführt durch eine Gottes-Erfahrung: Einheit mit Jesus, mit der Schöpfung, mit allem, was ist. Ausgangspunkt dazu war „eine Unruhe", die Johannes im Bild als „Stachel" darstellt. Als er diesen Stachel durch sich sprechen lässt, sagt er, er wolle Johannes mit auf eine Reise nehmen. Bald darauf meldet sich allerdings Widerstand – zunächst im Bild eines „Kessels". Zu diesem Kessel assoziiert Johannes „Eigenwillen". Auf seine Frage, wie er mit seinem Eigenwillen umgehen könne, nenne ich ihm das Körperbewusstsein als Brücke und dessen Übung in der Körperreise des „Bodyscan", verbunden mit der Hingabe, wie er sie im Bild vor dem Altar in der vorigen Sitzung hatte: „ein Zugangsweg sein, erreichbar sein". Nach einem längeren Austausch über Übung und Disziplin zum Üben, lade ich ihn ein, jetzt noch einmal ein Bild zu malen – dabei entsteht eine zentrale Sonne, um die herum Kreise in Wellenform angeordnet sind. Johannes sieht darin Gott und die Schöpfung, in der er – zugehörig – ebenfalls vorkommt. Und nun erlebt er, während er das Bild auf sich wirken lässt, die Einheit mit Jesus, mit allem Lebendigen, mit Gott – und dazu fließen die Tränen der Rührung, die Tränen des Heimkehrers.
Als Begleiter spreche ich dazu die Worte: „Der verlorene Sohn kehrt zurück ... es ist wunderschön, heimzukehren ..." Dabei halte ich mit diesen Worten einfach den Kontakt, wohl wissend, dass das Wesentliche eben gerade nicht in unserer „kleinen Beziehung" geschieht, sondern in seiner „großen Beziehung" zum Ganzen des Lebens.
In ein paar Wochen wird sich Johannes wieder melden. Für die Zeit bis dahin empfehle ich ihm Susanne Kersigs CD mit Büchlein („Entspannt und klar"; 2009), damit er daraus die erste Übung machen kann: die „Reise zum guten Ort" und für die Übung des Bodyscan eine CD mit Buch (Kabat-Zinn/Kesper-Grosman „Stressbewältigung durch die

Praxis der Achtsamkeit"; 1999). Er wird dann allerdings sagen, dass es für ihn noch zu viel sei, die Körperübungen zu machen, da so schon genügend in Gang gekommen ist. Auch in den nachfolgenden Telefon-Begleitungen wird er immer wieder mit dem Seelengrund in Berührung kommen; jedesmal fließen dabei Tränen der Rührung).

Abb. 14a Die Hl. Elisabeth pflegt Kranke. Marburg Elisabethfenster, um 1240. © Bildarchiv Foto Marburg Aufnahme Nr. C 426 935. Die Hl. Elisabeth berührt einen Kranken mit ihrer Rechten am Thymus, dem Person-Zentrum. Mit der Linken hält sie gleichzeitig sein Handgelenk: Bei einer heilenden Berührung sollen immer beide Hände Kontakt halten.

3. Kapitel Heilendes Wissen, Berührung und das „Prinzip Gute-Nacht-Geschichte“

Vorbemerkung

„Lies die Werke der Meister des Lebens, versuche, die wahre Bedeutung ihrer Worte zu verstehen, bilde dir deine eigene Überzeugung über das, was du mit deinem Leben anfangen willst, überwinde die naive Idee, dass du keinen Meister, keinen Führer, kein Modell brauchst, und dass du während deines kurzen Lebens herausfinden könntest, was die Großen der Menschheit in vielen Tausend Jahren entdeckten...“ An diese Gedanken Erich Fromms, die ich im ersten Kapitel („Die vier Pfeiler – Wissen“) gründlich erläutert habe, knüpfe ich an dieser Stelle noch einmal an:

Natürlich empfehle auch ich Klienten Literatur – glaubwürdige, authentische Autoren, deren Schriften mir selber durch meine Lebenskrisen geholfen haben, die meinem inneren Chaos eine Orientierung gaben und mir halfen, die Zumutungen des Lebens anzunehmen und zu verstehen. – Welches Buch aber soll ich einem Klienten empfehlen, wenn er völlig erschöpft, oder aus beruflichen Gründen zeitlich völlig verplant ist?

Ich habe mich – im Geiste der „Regel des heiligen Benedikt“ (die das Leben der Mönche ordnet und den Stufenweg der Demut beschreibt) und nach dem Vorbild der Wüstenväter und Wüstenmütter des ägyptischen christlichen Mönchtums aus dem 4. Jahrhundert – dafür entschieden, meinen Klienten als Experiment und Versuchsballon (bei welchem sie jederzeit „Stopp!“ sagen können) eine geistliche Unterweisung anzubieten, die in der Lage ist, Orientierung in der Krise zu geben.

Nicht alle wollen das. So empfahl ein Klient seiner Bekannten, sie möge doch Kontakt mit mir aufnehmen – aber diese möchte das nicht, weil sie „von Kirche und Religion nichts wissen will.“

Da ich aber meinen Auftrag nicht darin sehe, irgendeine „Weltanschauung“ weiterzugeben, sondern Klienten zu ihrer Authentizität zu begleiten, in welcher das menschliche „Ich bin einfach nur ich“ zusammenfällt mit dem göttlichen „Ich bin der, der ich bin!“, ist geistliche Unterweisung, so verstanden, Aufklärung. Nach allem, was in den vorherigen Kapiteln schon zum Ausdruck kam, muss das an dieser Stelle nicht mehr weiter erläutert werden.

Jede Sitzung verläuft anders, jede Unterweisung setzt eigene Schwerpunkte – einfach deshalb, weil zwischen Klient und Begleiter ein Feld entsteht, welches auf geheimnisvolle Weise den Weg weist. Wenn ich als Begleiter als oberstes Ziel habe, selber so lange und so oft wie nur irgend möglich authentisch zu sein, bin ich wach und offen mit dem Feld verbunden. Aus meiner Verwurzelung im Seelengrund heraus kann ich es wagen, dem Klienten Wissen anzubieten, das nicht von mir stammt, sondern das Geschenk unserer menschlichen Zivilisation und Tradition ist, der ich in tiefster Dankbarkeit verbunden bin: Wer wäre ich heute ohne Erich Fromm, Richard Rohr, Thomas Merton, Carl Gustav Jung, Karlfried Graf Dürckheim, Johannes Lotz?

Und was wäre ich ohne alle meine Therapeuten und Lehrerinnen, die mir halfen, all die „großen Meister des Lebens“ zu verstehen – ja, überhaupt erst einmal von ihnen zu hören, ja, zu hören, dass es sie überhaupt gibt! Was für ein Geschenk, was für eine Gnade! Ich denke dabei an mein „Achsenjahr“, 1973/74, das erste Jahr meines Theologie-Studiums, wo ich innerhalb eines einzigen Jahres die Gedanken des Mönches Thomas Merton, des Jesuiten Johannes Lotz, des Tiefenpsychologen Carl Gustav Jung und des Psychotherapeuten und geistlichen Lehrers Graf Dürckheim kennenlernte. Gerade heute Morgen, als ich mich damit beschäftigte, wie ich zum 10. Kapitel überleiten könnte, dachte ich an den Hamburger Hafen, durch welchen ich als Student der Theologie so gerne schlenderte: Was für Gestalten konnte ich da durch die offene Tür in einer Spelunke bei den Landungsbrücken schon am frühen Morgen sehen: So viel Desorientierung und angesammelte Sinnlosigkeit! – Was für eine Gnade, studieren zu dürfen, denken zu lernen und zu hören, was die Menschheitslehrer an Weisheit für uns bereitet haben!

„Eigentum verpflichtet“ – das geistige und geistliche Erbe, das mir anvertraut wurde, gebe ich weiter, wo Klienten es annehmen wollen. Ich mache ein Angebot. Ein Angebot an jene Menschen, die nicht das

Privileg hatten, ein Leben lang Bücher studieren und ein Seminar nach dem anderen besuchen zu dürfen. Wenn ich nachfolgende Sitzungen mit Tatjana im Wortlaut wiedergebe, gibt es darin nur eine einzige Absicht: Zu zeigen, *dass* es möglich ist, geistliche Unterweisung in die Krisenbegleitung aufzunehmen. Das Wie meiner Arbeit gilt nur für jene beiden Sitzungen und ist weder Modell noch Prototyp einer geistlichen Begleitung: Jede Sitzung ist neu, anders, frisch geboren aus dem Leben selbst, wenn wir uns als Begleiter und Begleitete nur einfach vom Leben und seinem Seelengrund an die Hand nehmen und führen lassen.

Sitzungsprotokolle

Tatjana: Erklärende Krisen-Begleitung im Geiste von Exerzitien

Die Klientin (35 Jahre alt) beschreibt am Telefon ihre Situation: Sie kommt eben aus der Kur, ist in Panik, wenn sie daran denkt, in der kommenden Woche wieder zur gewohnten Arbeit gehen zu müssen. Sie wird zwar von einem Psychotherapeuten begleitet, möchte aber gerne „etwas, was mehr ist als Psychotherapie". Wir vereinbaren zwei Sitzungen. Ich kündige ihr schon mal an, dass ich in der ersten Sitzung viel erklären werde und sage das in etwa so:
Begl: „Ich arbeite mit Ihnen, wie man auf Exerzitien oder christlichen Retreats arbeitet, wo man nicht nur fragt: „Wie geht es dir?", sondern immer mit einem „input" an Wissen beginnt. Den Grund dafür hat Albert Einstein mal ungefähr so formuliert:

> ‚Probleme kann man niemals mit derselben Denkweise lösen, durch die sie entstanden sind.' Also: Wenn es ein bestimmtes Denken gibt, das zu einem Problem geführt hat, dann ist genau dieses Denken sicher nicht geeignet, das Problem auch noch zu lösen.

Ich werde also etwas tun, was bei den meisten Psychologen verpönt ist: Ich werde Ihnen Etliches erklären, damit Sie es leichter haben, Ihre Situation zu verstehen und damit Sie erkennen, auf was das Ganze hinausläuft. – Ist das in Ordnung für Sie?" *(Die Klientin ist einverstanden. Ich erwähne dann noch das zweite Element, mit dem wir arbeiten)*:

Begl: „Und zum Wissen kommt dann noch etwas Zweites: Das ist Ihr Körper. Der weiß nämlich jetzt schon sämtliche Lösungen für alle Ihre Fragen. Und deshalb werde ich Ihnen Übungen anbieten, die Ihnen helfen werden, die Weisheit Ihres Körpers zu empfangen. Und Sie werden sehen, mit diesen beiden Kräften, Ihrem Körperwissen und dem Menschheitswissen, wird es auch ein neues Denken geben, da kommt wieder Licht in Ihr Leben.“ *(Sie ist einverstanden. In der darauf folgenden Sitzung male ich auf einen großen Papierbogen in gelber Farbe einen Kreis und fülle ihn aus mit Farbe)* (Abbildung 15).

Das wahre Ich

Begl: „Ihr Person-Sein besteht zunächst einmal in einem reinen, ‚wahren Ich‘. Das ist Ihr Innerstes, Ihr Wesen, oder Ihr inneres Heiligtum. Von diesem sagte Karlfried Graf Dürckheim, als er in Japan im Gefängnis war: ‚Ich wusste, dass sie mir meinen innersten Kern nicht berühren können.‘ Der Person-Kern ist unverletzbar. Als ich das zum ersten Mal gehört habe, war das für mich eine der schönsten Informationen, die ich je gehört habe. An dem Tag hat für mich ein neues Leben begonnen. Dieses wahre Ich male ich in gelb, weil es wie eine Sonne ist. Das sind Sie in Ihrem Innersten. In Ihrem Innersten sind Sie nicht mehr Körper

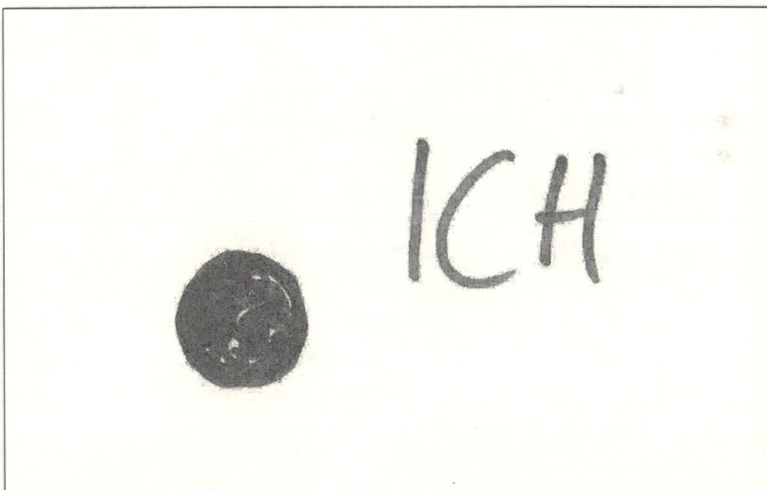

Abb. 15 Das wahre Ich

und nicht mehr Psyche, sondern eine dritte Dimension, da sind Sie reiner Geist. Für Ihre Ohren wird das sicher zunächst einmal fremd klingen, weil es für den modernen Menschen nur noch zwei Dimensionen gibt, nämlich Körper und Psyche. Aber die Ur-Christen haben das noch gewusst, dass wir Dreiteiler sind und aus Körper, Seele und Geist bestehen. Das wahre Ich ist rein geistiger Natur, es steht Gott ganz nah."

Das Welt-Ich

Begl: „Und jetzt male ich zu dem wahren Ich einen zweiten Kreis – und das ist Ihr Welt-Ich (Abbildung 16). Das male ich um das wahre Ich herum. Das ist sozusagen der Stellvertreter des geistigen, wahren Ich auf der Erde. Wenn wir ‚Ich' sagen, dann meinen wir eigentlich diesen Stellvertreter. Er ist das Herz des Menschen, wo wir Entscheidungen treffen. Von dort aus verstehen wir die Welt. Das Welt-Ich ist unsere Schaltzentrale; hier stellen wir die Weichen für unser Leben, für unser Denken, Fühlen, Wollen. Dieses Welt-Ich kann frei sein – oder aber es kann belagert sein und im Besitz von verschiedenen Persönlichkeitsanteilen. Es ist Ihre Mitte. Hier ist auch der Sitz der Verantwortung. Ich nenne dieses Zentrum auch die Königin. Sie kann sowohl Geist-erfüllt sein als auch Welt-erfüllt. Das ist unsere große

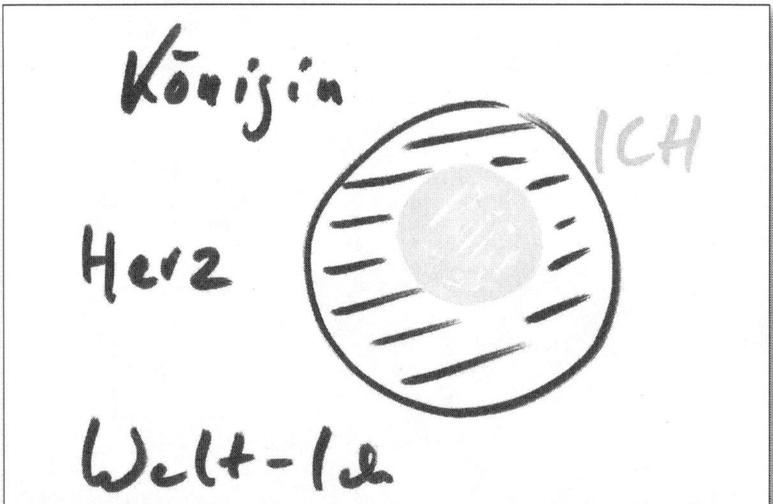

Abb. 16 Das Welt-Ich

Freiheit und die Herausforderung an uns. Wenn ich nachher die Frage stelle: „Wo ist denn jetzt gerade Ihre Königin?“ Dann meine ich dieses Zentrum Ihres Person-Seins. Wenn Sie in Ihrem Zentrum sind, das heißt, wenn Sie wirklich *da* sind, dann sind Sie automatisch auch mit Ihrem wahren Ich oder wahren Selbst verbunden und sind somit erreichbar für den Himmel und alle guten Kräfte. Sie merken das daran, dass sich alles leicht und heiter anfühlt, dass Sie Humor haben und eine gewisse Freude und Leichtigkeit in Ihnen sind. Diesen Ich-Zustand nennen wir dann ‚Authentizität'. Mit Ihrem Welt-Ich können Sie den Führerschein machen und Auto fahren, ein Haus bauen und einen Urlaub planen. Darum können wir dazu auch sagen: Es ist das Manager-Ich oder Ihr innerer Organisator. Mit diesem geben Sie Ihrem Leben eine Richtung. Und im Idealfall geschieht das immer zusammen mit dem wahren Ich, das im Verborgenen, auf der Geist-Ebene, immer da ist.“

Teilpersönlichkeiten und Charakter

Begl: „Jetzt ist es aber leider so, dass an unserem Herz oder König-Ich noch andere Teilpersönlichkeiten dranhängen. Das kommt daher, weil wir als Kinder so oft verletzt wurden, nicht verstanden wurden und schlimme Sachen erlebten. Und darum haben wir alle ganz früh gelernt, uns zu schützen und dort, wo wir verletzbar sind, uns zu verstecken: Wir haben um unser wahres Ich und um unsere Königin-Ich einen Schutzpanzer gebaut – das ist unser Charakter.“ (Abbildung 17).

Die Entstehung des Charakters

Begl: „Wie unser Charakter entsteht, das hat die Psychologin Fanita English sehr anschaulich beschrieben (vgl. English 1982: 129 f.): Da sitzt eine Familie mit ihren Kindern in einem Café – und die Eltern kümmern sich nur um die beiden Kleinsten. Die große Tochter langweilt sich – entdeckt am Nachbartisch eine Frau – und die beiden lächeln einander zu, das Mädchen macht lustige Faxen – und jetzt schaut sie der Papa strafend an: Sie soll das nicht mehr tun! Das Mädchen fällt in eine sichtbare Mini-Depression: Was soll sie denn jetzt noch machen? Sie kann nicht weglaufen, sie kann aber auch ihre Eltern nicht beschimpfen, man sieht richtig, wie sie für eine kurze Zeit in sich zusammenfällt und in einen inneren Abgrund von „Nichts!“ und „Nein!“ blickt. In diesem Augenblick bekommt schon das ganz kleine Mädchen eine Ahnung der

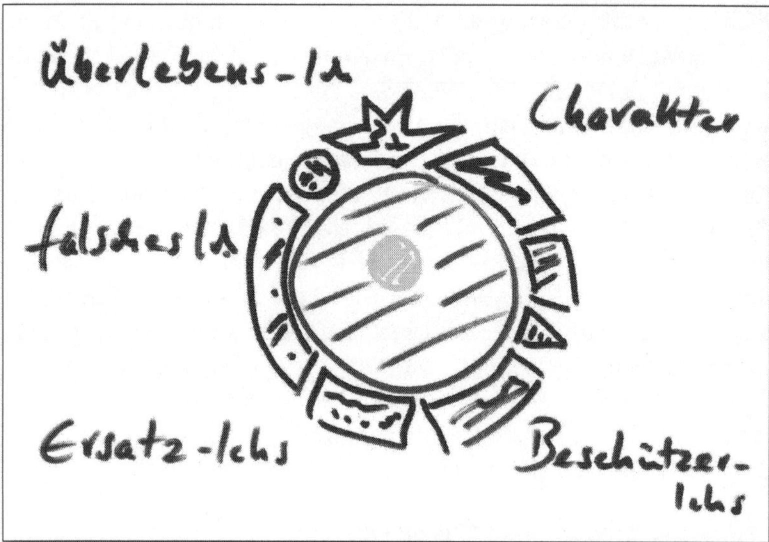

Abb. 17 Die Entstehung des Charakters

absoluten Sinnlosigkeit eines Lebens, wo keine Beziehung ist. Unser Person-Sein braucht Beziehung wie die Blume das Sonnenlicht. – Und jetzt macht das Mädchen etwas Heldenhaftes, etwas ganz Kraftvolles: Sie nimmt ein Löffelchen und füttert ihr kleines Brüderchen und hat dabei das süßeste Lächeln im Gesicht."

Sich erkennen in Geschichten

Kl: „Genau so war es bei mir, genau so!"
Begl: „Möchten Sie dazu noch mehr sagen?"
Kl: „Nein, nachher."

Das Ersatz-Ich

Begl: „Jetzt ist also aus dem kleinen Mädchen die ‚Puppen-Mama' geworden: ein Ersatz-Ich, welches sie entwickelt, um zu überleben, um wenigstens jetzt Aufmerksamkeit und Zuwendung zu bekommen – und tatsächlich: Die Mama schaut jetzt zufrieden-einverstanden auf die Tochter. Für das Mädchen gilt: ‚Wenn ich schon nicht als authentisches, echtes Ich die elterliche Zustimmung bekomme, dann wenigstens als Schauspielerin.' Das Problem ist nur, dass wir im Laufe unseres

Lebens, wenn so etwas oft geschieht, vergessen, wer die Schauspielerin ist und wer die Echte – und so halten wir uns am Ende für unser Ersatz-Ich, also für die Maske, unser Überlebens-Ich, das falsche Ich. Das falsche Ich setzt sich dann wiederum aus vielen kleinen Überlebenshelfern zusammen. Da ist z.B. unsere Perfektionistin, unsere Träumerin, unsere Unzufriedene, die Heulsuse, die Dickköpfige, die Stolze, die Helferin, die überall Mitfühlende, die Hartnäckige, Neidische – und wie sonst noch all die Ersatz-Ichs heißen. Und zu jedem Ersatz-Ich oder falschen Ich gehören auch die entsprechenden Gefühle, nämlich Ersatz-Gefühle – und auch die halten wir natürlich alle für echt und meinen, das käme aus unserem Person-Kern und sagen dazu „Ich" – dabei sind sie alle gar nicht unser Ich, sondern Überlebens-Ichs, Ersatz, und kommen alle letzten Endes aus unseren Verletzungen."

Die Kunst der Unterscheidung

Begl: „Der Charakter ist also unsere frühkindliche Antwort auf die Verletzungen durch das Leben. Und jetzt kommt das Verrückte, das wirklich Verrückte: Wir glauben, dass unser Charakter unser wahres Ich sei: Wir halten uns für unseren Charakter. Das wäre dann so, wie wenn ein Soldat denken würde, er wäre der Panzer, in dem er fährt, oder wie wenn ein Ritter sich für seine Rüstung halten würde. Wir sagen dann: ‚So bin ich halt!' Dabei sind wir gar nicht so! Aber der Schutzpanzer an uns schreit so laut, dass wir die feine Stimme unseres wahren Ich erst mal gar nicht hören. Ich kann es auch noch einmal anders sagen: Unser Welt-Ich hat die Fähigkeit, mit dem Ersatz-Ich zu verschmelzen – aber wir merken es gar nicht. Sie können davon ausgehen, dass die Mehrheit der Menschen mit ihren Teilpersönlichkeiten so verschmolzen und verknotet ist, dass es keinen Unterschied mehr zwischen ICH und ETWAS gibt – und daraus entsteht das ganze Leid. Leuchtet das ein?"
Kl: (Kopfnicken).

Sinn und Auftrag der Krise

Begl: „Und deshalb braucht es die Krise, den Zusammenbruch, das Scheitern, die Katastrophe usw., die haben nämlich den göttlichen Auftrag, unsere Verwechslung mit dem Schutzpanzer-Charakter-Ersatz-Ich zu durchbrechen, damit wir wieder zu *dem* Menschen finden, der wir eigentlich sind. Die Krise soll unsere Identifikation mit dem Charakter aufbrechen.

Wie können Sie Ihr echtes Person-Sein vom falschen unterscheiden? Dort, wo Sie wirklich die Königin sind, sind Sie sanft, milde, würdevoll, weit, humorvoll. Sie haben Verständnis, sind tolerant, und Ihr Grundton ist Liebe – und trotz der Schwere der Alltagslasten gibt es so etwas wie eine Leichtigkeit und Gelassenheit. Das ist dann ein ‚Sowohl-als-auch'. Also: ‚Da ist das Schwere – aber gleichzeitig ist das Leichte auch da.'

Weil wir nicht nur ein einziges Ersatz-Ich ausgebildet haben, um zu überleben, gibt es eine ganze innere Familie an Ersatz-Kameradinnen, die sich um die Königin herum aufgestellt haben, um sie zu schützen."

Die Beschützer-Ichs würdigen

Begl: „Diese Ersatz-Ichs waren in Ihren ersten Lebensjahren die Garanten dafür, dass Sie überlebten. Das ist bei allen Menschen so. Wenn wir aber dann mal älter sind, stehen genau diese Lebensgaranten zwischen uns und dem Leben und sorgen für Missverständnisse und kleine und große Katastrophen. Aber dennoch verdienen sie all unseren Respekt und unsere Dankbarkeit – ohne sie wären wir heute nicht da. Und der liebe Gott weiß, warum und wozu er uns mit gerade diesen Charaktereigenschaften ausgebildet hat. Sie sind da – und das neue Leben beginnt damit, dass Sie sich Stück für Stück ein Ersatz-Ich nach dem anderen anschauen und kennenlernen und verstehen lernen, indem Sie fragen, welchen Auftrag genau der Stolz oder die Hilfsbereitschaft usw. in Ihrem jungen Leben als Kind hatten.

Was auch immer die jeweiligen Überlebens-Ichs für Aufgaben erfüllt haben: Für uns hier sind sie immer nur ein ETWAS – aber niemals das ICH, die Person. Das ist ganz wichtig: Jedes Beschützer-Ich, ob es unser Sammler-Tick ist oder unsere Angeber-Marotte, unser Antreiber, innerer Kritiker, unser innerer Langweiler oder unser alles-in-Frage-stellender Skeptiker: Sie sind alle nur ein ETWAS. – Und damit kommen sie an den Platz, der ihnen gebührt: Jetzt ist der Königsthron wieder frei für die Königin – und alle anderen Teilpersönlichkeiten sind dann nur noch Ministerinnen, Dienerinnen, Gehilfinnen – aber sie dürfen nicht mehr regieren. Das ist der Sinn und innerste Auftrag einer Krise: Am Ende soll die Königin ihren Platz wieder einnehmen."

Heilsamer Abstand zum ETWAS

Begl: „Für unsere Arbeit hier gilt: Immer wenn wir ein ETWAS finden, schauen wir es uns von außen an: Ob das eine Trauer oder eine Wut oder ein Ärger oder eine Sehnsucht ist – wir achten darauf, dass zwischen uns und dem ETWAS ein Sicherheitsabstand gewahrt bleibt. Das Gegenteil von Sicherheitsabstand ist: Wir lassen uns vom ETWAS total auffressen, verschlingen, überschwemmen – und dann gibt es uns als ICH gar nicht mehr, sondern nur noch das ETWAS. Für unsere Kunst der Unterscheidung von ICH und ETWAS gilt aber folgende goldene Regel: Man muss nicht den ganzen Topf Suppe essen, wenn man beim ersten Löffel merkt, dass die Suppe versalzen ist: Und man muss nicht in den Brunnen springen, um zu erkennen, dass es darin dunkel ist und nass – das heißt für unsere Arbeit:"

Vom ETWAS zum ICH wechseln

Begl: „Immer dann, wenn wir ein ETWAS richtig entlarvt haben, ihm wirklich die Tarnkappe vom Kopf genommen haben und erkannt haben: ‚Da ist ja ein ETWAS!', dann wechseln wir sofort hinüber zum ICH, zu Ihrem Person-Kern, und fragen: ‚Wo ist jetzt gerade die Königin?' Wenn wir das *nicht* tun würden, dann würden Sie verschmolzen bleiben mit dem ETWAS – und in diesen Augenblicken würden Sie tatsächlich auch meinen, *Sie* wären das ETWAS – und das fühlt sich gar nicht gut an. Wenn Sie aber das ETWAS unterscheiden vom ICH, und wenn Sie das mit allen Teilen Ihres Charakter-Panzers machen, Stück für Stück, dann werden Sie erleben, wie das Leben wieder hell wird. Das ist dann wie ein Aufwachen, oder wie der Aufgang der Sonne – das ist einfach wunderschön! So. Bis dahin die Theorie. Können Sie damit etwas anfangen?"

Kl: „Ja. Das ist offensichtlich."

Heilendes Lachen

Begl: „Und jetzt stellen Sie sich vor, das Leben hätte Sie nicht in die aktuelle Krise geführt, dann wären Sie für den Rest Ihres Lebens als Ersatz-Ich herumgelaufen: fleißig und hilfsbereit. Ja, und wenn Sie dann am Ende Ihres Lebens an der Himmelspforte angekommen wären, dann hätte der Petrus gesagt: „Was sollen wir mit dir anfangen?

Für Leute, die so daneben sind, haben wir hier gar keine Abteilung. Das hier ist der Himmel!"
Kl: (Lacht).

Das Sein lächelt

In der Regel lachen Klienten an dieser Stelle, die vielleicht vor einer halben Stunde noch sagten, sie wollten nicht mehr leben und sie hätten alles falsch gemacht und sie wüssten überhaupt nicht, wie es jetzt weitergehen solle. Sie lachen. Dieses Lachen ist der Himmel, der schon mal durchblitzt. „Das Sein lächelt".

Aus der Problemhypnose herauskommen

Als Begleiter finde ich immer wieder zu diesem Lächeln in mir, wenn ich aus der Disziplin des Übens heraus lebe, wenn ich aus dem Wissen heraus lebe, dass ich nur der Schauspieler bin – das Höhere Selbst aber der Regisseur, und dass Gott weiß, warum und wozu er für uns diese Veranstaltung inszeniert – und das hilft mir immer wieder, aus der „Problemhypnose" heraus zu kommen, wenn ich begleite, und zurückzukehren in den freien Raum des Geistes, der ich eben auch bin, den ich mir aber in einem ständigen Kraftakt höchster Disziplin, Aufmerksamkeit und stärksten Entschieden-Seins immer wieder neu einholen muss, um ihn dann auch „halten" zu können. „Bleibet in mir – und ich in euch!" sagte Jesus zu diesem Kraftakt – das ist der eigentliche Kampf der „Nachfolge Jesu", das Ringen des am Geist orientierten Menschen. Und da es ja auch noch den Lebensstrom gibt, der uns von innen und von außen durchschüttelt, zieht, knetet, drückt, wirft und fallen lässt, kann eine Christus-orientierte Begleitung nur unter der Bedingung erfolgen, dass der Alltag des Begleiters vom göttlichen Auftrag her gestaltet wird, und dass der Begleiter selber auch wirklich und wahrhaftig das *lebt, was er weiter vermitteln möchte: das stetige „Fallen und Aufstehen", und wieder „Fallen und Aufstehen" (man könnte dazu auch sagen: „Einschlafen und Aufwachen" oder: „Vergessen und sich wieder erinnern" oder – ein Ausdruck aus der jüdischen Mystik – : „hin und hergehen"). Und dazu gehört auch das stetige Für-den-Leib-sorgen und ihn bewusst aufsuchen, spüren, fühlen, fragen, was er braucht. Das stetige Nähren der Seele mit Seelennahrung in Form von Natur, Stille, Bewegung, Beziehungsvielfalt, Kreativität –*

und was sonst noch alles die Seele braucht. Und das bedeutet, dem Geist im Tageslauf immer wieder Raum geben, damit wir wirklich in ihm verankert und gegründet sind.

Anforderungen an den Begleiter

Der Begleiter muss die Vieldimensionalität unseres Mensch-Seins nach Leib, Seele, Geist, Gesellschaft, Natur, Kosmos wirklich integrieren, so gut als möglich verwirklichen. Damit meine ich kein Programm für einen Supermenschen (denn die Grenzen und „Rückschläge" setzt der Lebensstrom sowieso ständig). Vielmehr geht es darum, in Beziehung zum Ganzen und seiner Vielschichtigkeit zu sein und diese Beziehung vom Herzen aus (als dem Zentrum unseres Person-Seins), immer wieder neu zu suchen.

Die Beziehung zum Sein als Arbeitsgrundlage

Als Lehrer musste ich immer wieder neu die Beziehung zu meinen Schülern suchen. Ein Kraftakt. Als Eltern müssen wir immer wieder neu die Beziehung zu unseren Kindern suchen, als Mitarbeiter zu unseren Kollegen, als Dienstleister zu unseren Kunden, als Reiter zum Pferd, als Blumenzüchter zu unseren Pflanzen – und auf gleiche Weise muss der Christus-orientierte Begleiter die Beziehung zum Sein suchen. (Wenn er wirklich will, dass das Sein Leben und Alltag, Denken, Fühlen und Wollen durchdringt in einem „Durchlässig-werden-für-das-Sein" (wie es Graf Dürckheim nennt). Ohne Suche, Bemühen, Exerzitium ist nichts. Und so ist tägliches Üben die Grundlage seiner Arbeit. Seine wichtigste Aufgabe besteht ja genau darin, dem Klienten zu jenem Ich-Zustand zu verhelfen, in welchem er in der Lage ist, das Sein wahrzunehmen und damit auch den Sinn der Phänomene zu empfangen, indem er sie mit Hilfe des „unsichtbaren Bildschirms" nach außen projeziert und die Teilpersönlichkeiten, Ereignisse und den Seelengrund durch sich sprechen lässt.

Der „von innen gefühlte Körper" als „Werkzeug"

Des weiteren braucht der Begleiter als „Werkzeug" einen besten inneren Kontakt zu seinem „von innen gefühlten Körper" (J. Wiltschko) und zum „gefühlten Atem", um von dieser Verwurzelung aus wiederum den Klienten zu seiner Viel-Schichtigkeit und Viel-Dimensionalität beglei-

ten zu können, damit der Klient eine Beziehung zu seinem Leib bekommt und ihm vertrauen lernt, zu seiner Seele, die um alle Geheimnisse weiß, wenn man sie nur im richtigen Ich-Zustand fragt, und zu seinem Geist, der sein „wahrer Weinstock und Ursprung" ist – und von dort aus zu seiner Umwelt, die er auf seine Weise und mit seinen Möglichkeiten mitgestalten soll. Mit der Beziehungsfähigkeit nimmt auch die Stärke des Ich zu. (Manche Autoren sehen das Ich ja überhaupt nur als Beziehungsfähigkeit).

Dis-Identifikation

Begl: „Jetzt haben Sie schon eine erste Idee davon, worum es geht: Die große Heilung besteht darin, dass wir uns bei jedem ETWAS, bei jedem Ersatz-Ich immer wieder erinnern: ‚Das bin nicht ich! Ich bin nicht meine Verletzungen, ich bin nicht meine Schwierigkeiten. Ich bin nicht meine Charaktereigenschaften und ich bin weder meine Stärken noch meine Schwächen – sondern das ist alles ein ETWAS.'

Offenbar hat der liebe Gott die Welt so eingerichtet, dass jeder von uns vom Leben Schläge bekommt. Und darum bilden wir einen Schutzpanzer aus – und wenn dieser Panzer gerade richtig fest ist, dann gibt es vom Leben zum zweiten Mal Schläge, und zwar diesmal, damit wir den Schutzpanzer entlarven und dahinter unser wahres Ich entdecken."

Seelennahrung als Ich-Stärkung

Begl: „Damit sich Ihr wahres Ich wirklich entfalten kann, braucht es Seelennahrung – und das wird auch eine Ihrer Aufgaben sein: zu schauen, was für Sie persönlich gute Seelennahrung sein könnte. Wir können unser wahres Ich nämlich selber aktivieren, es unterstützen und wirklich nähren. So, wie wir unserem Körper Nahrung geben. Das kann die Natur sein, die Kunst, das können Beziehungen sein – und Übungen. Seit Jahrtausenden hat die Menschheit Übungen entwickelt, die uns darin unterstützen, unser wahres Ich zu wecken, zu aktivieren, zu stärken und ihm Raum zu geben. Auch das werden wir nachher miteinander exemplarisch tun – mit dem Ziel, dass Sie bald in der Lage sind, für sich alleine, auch ohne Begleitung, zu üben. Das ist darum so wichtig, weil jeder Mensch in der Erforschung seines ETWAS nur gerade so weit voran kommt, wie er sich im Ich getragen fühlt durch den Seelengrund und durch Seelen-Nahrung."

Der Seelengrund

Begl: „Jetzt fehlt uns ein Bereich, den wir noch nicht angeschaut haben: Der Seelengrund. *(Ich male ihn als blaue Wellenlinien unter das wahre Ich)* (Abbildung 18). Wenn wir in die tiefste Tiefe unserer Seele hinabsteigen würden wie die Goldmarie im Märchen von Frau Holle, dann würden wir dort auf eine Schicht treffen, die im Märchen reines Gold ist – der Goldregen. Jesus bezeichnet diese Schicht einmal als einen Schatz, der im Acker vergraben ist. An anderer Stelle sagt er es noch deutlicher: ‚Ich bin der Weinstock – ihr seid die Reben.' Und Paulus sagt dasselbe mit anderen Worten: ‚Wisst ihr nicht, dass euer Leib ein Tempel Gottes ist?' – Haben Sie dazu schon einmal gelesen?"
Kl: „Weniger."
Begl: „Es handelt sich hier um das heilige Wissen der Menschheit, dass wir Menschen zweierlei Naturen haben: eine weltliche, die sich im Körper und in der Psyche ausdrückt – und dann noch eine geheimnisvolle, die sich als unser wahres Ich und als unser Seelengrund aus-

Abb. 18 Der Seelengrund

drückt. Zu dieser Natur sage ich, weil ich aus der christlichen Tradition stamme, ‚Christus'. Die Bibel nennt diese Schicht auch, unpersönlicher, einfach ‚Geist'. Man kann es auch noch anders formulieren: An der Oberfläche sind wir ein irdischer Mensch – wenn wir aber in unsere tiefste Tiefe schauen, so sind wir dort reiner Himmel, da sind wir göttliche Wesen, also eine direkte Hervorbringung Gottes. – Hier unterbreche ich mal meine kleine Theorie-Lektion und ich möchte Sie gerne einladen, einmal zu spüren:

Wie ist es jetzt gerade für Sie, wenn Sie jetzt in sich hineinhorchen, in Ihren Körper hinein spüren. Wie ist es für Sie jetzt gerade? Gibt es eine Gegend, die Sie besonders wahrnehmen? Oder ein Gedanke, ein Gefühl, das gerade stärker ist?"

Focusing mit Ein-Minuten-Bild

Kl: (Klientin lehnt sich zurück, nimmt sich Zeit zum Spüren) „Ja, das ist wirklich Magen-Bauch. (*zeigt*) Hier."

Begl: „Und wie ist es im Magen-Bauch?"

Kl: „Also, ich find's unangenehm. Magenschmerzen wäre zu viel behauptet, aber ..."

Begl: „Wenn Sie jetzt ein bisschen dabei verweilen, und mal schauen: ‚Was will aus diesem Unangenehmen, diesem ETWAS entstehen?' Da wäre z.B. möglich: eine Bewegung *(ich mache verschiedene Bewegungen einfach mal vor, weil das ja erst mal ungewohnt ist)* oder es wäre jetzt auch möglich, dass ich Ihnen ein Stück Papier gebe und Sie malen einfach mal aus diesem Bauchgefühl heraus eine Krickel-Krackel-Zeichnung, dass Sie also einfach mal die Hand führen lassen. Vielleicht will ja aus dem Bauchgefühl auch ein anderes Gefühl entstehen, oder ein Wort, ein Begriff oder ein ganzer Satz oder auch ein inneres Bild."

Kl: „Es hat etwas mit Angst zu tun, mit Widerstand."

Begl: „Angst ... Widerstand ... so wie Sie mich gerade angeschaut haben, könnte es sein, dass der Widerstand gegen mich gerichtet ist?"

Kl: (Lacht) „Nee ... äh ..."

Begl: „So ... lass mich in Ruh?"

Kl: „äh ... Es ist eher so die Angst, was da kommen könnte."

Begl: „Aha."

Kl: „Ich hatte das in der Klinik, dass ich mehrere Tage mit Angst herumgelaufen bin ..."
(In einer kürzeren Passage gehen wir auf die Angst ein. Dann):
Begl: „Ja, dann schlage ich vor, dass Sie jetzt doch einfach mal was Neues ausprobieren – und Sie wissen: Die äußere und innere Stopp-Regel gilt immer. Ich würde Ihnen jetzt also gerne mal den Bogen Papier in die Hand geben – und sowie es nicht geht, sagen Sie: ‚Stopp!' Wäre das möglich?"
Kl: (Kopfnicken).
Begl: „Dann lade ich Sie ein, nochmal kurz Kontakt mit dem Magen/Bauch aufzunehmen und ihn dann einzuladen, die Hand beim Malen zu führen. Einfach mal drauflos malen, einfach, was jetzt entstehen will."
Kl: (malt zügig eine große Spirale in rot, betrachtet sie – und streicht sie mit zwei schwarzen Strichen durch) (Abbildung 19).

Experiment und Versuchsballon

(In der darauf folgenden Sequenz bearbeiten wir im Gespräch, verbunden mit Focusing, was dieses Bild im Augenblick in der Klientin auslöst und wie es jetzt gerade für sie ist, dieses Bild zu sehen. Dabei

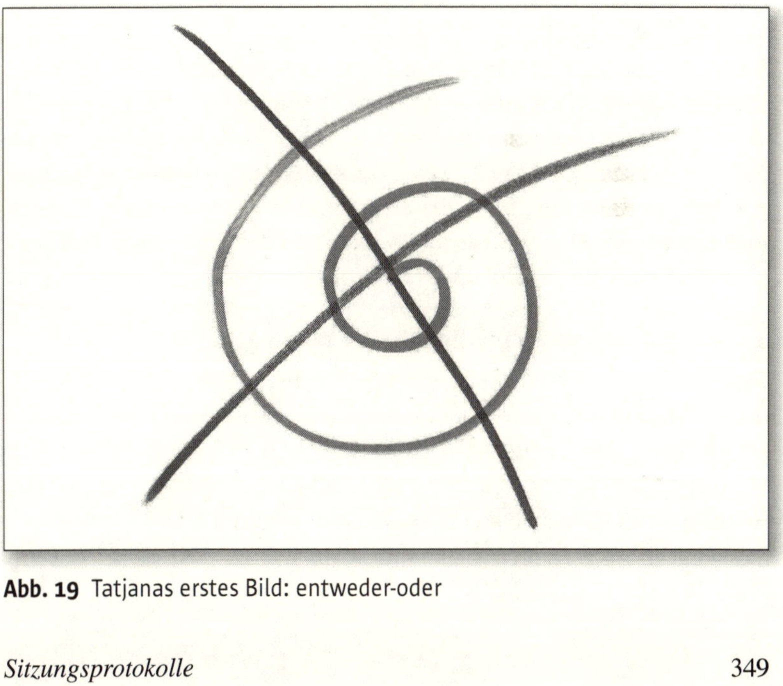

Abb. 19 Tatjanas erstes Bild: entweder-oder

erzählt sie von ihrer Ursprungsfamilie und den „Schmerzthemen", die ihr schon bekannt sind. Ich erinnere sie dabei noch einmal daran, dass sie die Königin ist und entscheidet, in welche Richtung unser Gespräch gehen, bzw. nicht gehen soll und auch daran, dass alles, was ich ins Gespräch während des Prozesses einbringe, nur Luftballons, Versuchsballons sind, bei denen sie auswählen darf und bestimmen darf, welcher Luftballon dann wirklich fliegen darf. Ich mache deutlich, dass alles, was ich sage, nur reinen Experiment-Charakter hat und dass das einzig Wichtige ist, was sie selber davon aufgreifen will – und was nicht. Dann sage ich:)

Resonanz

Begl: „Wenn ich das, was Sie vorher gemalt haben, auf mich wirken lasse und das, was Sie jetzt gerade erzählt haben, dann habe ich den Eindruck, wie wenn es da zwei Seiten in Ihnen gäbe: Die eine malt mit viel Liebe die Spirale, als Symbol für das Leben – und die andere streicht sie durch – und mir kommt das vor, wie wenn sich das als Prinzip durchzieht."

Kl: „mhm." (nickt bestätigend mit dem Kopf).

Vom ETWAS zum ICH wechseln

Damit ist das ETWAS deutlich geworden. Darum lade ich an dieser Stelle zu einem Methoden-Wechsel ein. Das soll der Verlangsamung dienen und der Unterbrechung dessen, was gerade ist, indem wir das ICH als Person aktivieren. Zu diesem Zweck habe ich eine Sammlung von kleinen Figürchen in einem Regal stehen, zu dem ich die Klientin jetzt einlade. Damit vermeide ich, dass das ETWAS inflationär in irgend einer Weise die Regierung übernimmt:

Stellvertreter-Figuren für Person-Kern und Mutter

Begl: „Ich lade Sie ein, jetzt einmal eine Figur auszuwählen, die für Ihren Person-Kern stehen kann, für die Königin Tatjana (*geänderter Vorname der Klientin*), also Ihr wahres Ich. Und wenn Sie eine Stellvertreterin gefunden haben, dann schauen Sie doch mal, wo im Raum sie jetzt gerade stehen müsste, damit es stimmt. Dafür dürfen Sie den ganzen Raum nutzen. Und dann brauchen wir noch eine Figur für Ihre Mutter."

Kl: „Also, das ist die Königin ... und das ist meine Mutter." (*Sie stellt erst die Königin, dann die Mutter direkt daneben*).
Begl: „Stimmt der Abstand so?"
Kl: (lacht) „Das habe ich mir auch gerade überlegt. (*Nun nimmt sie die Königin*). Stellen wir die mal da hinten hin."
Begl: „Aha. ‚Stellen wir die mal da hinten hin.' Das heißt: Es ist jetzt gerade die edle Mama im Mittelpunkt."
Kl: „Ja, das stimmt. Allerdings ist jetzt auch ein bisschen ... Abstand."
Begl: „Abstand. Es wäre ja auch möglich gewesen, dass Sie gesagt hätten: ‚So, Mutti, du gehst jetzt hier in die Ecke!' – aber Sie haben die Königin Tatjana beiseite getan."
Kl: „mhm."
Begl: „Und wie ist das, wenn ich Ihnen das so spiegle?"
Kl: „Unangenehm."
Begl: „Ja."
Kl: „Klar."
Begl: „Ja. Und ich nehme an: So ist es."
Kl: „Ja."
Begl: „Ja."
Kl: „Also zumindest so, dass ich mich da auf die Seite stelle, ja."
Begl: „Und wie ist es für Sie so, wenn Sie die Frau Mama so vor sich haben in ihrer ganzen Schönheit und Eleganz?"
Kl: ... „Ich finde die eigentlich gar nicht so schön." (*lacht*).

Heilender Humor

Solche kleinen Kommentare seitens des Begleiters können, wie hier, humorvoll eine Distanz zum ETWAS schaffen, was hier auch prompt die Klientin zum Lachen bringt: Auch das ist Teil der Begleitung. Lachen als Humor ist eine Fähigkeit des authentischen Ich. Dieses Lachen bedeutet eine Ich-Stärkung.

Resonanz

Kl: „Aber das ist eher ein Gefühl von...gelähmt."
Begl: „Ja. Wissen Sie, was ich gerade sagen wollte, im Moment, wo Sie mit Sprechen anfingen: Mir wurde es im Kopf leer, ich habe das Gefühl von Stillstand, es zieht mir die Energie ab ..."
Kl: „mhm"

Begl: ... „wie wenn ich auf einem Sandhaufen stehen würde und langsam sacke ich ein."
Kl: „mhm."

Diese Resonanz meinerseits kann wie ein Spiegel sein, welcher der Klientin eine Bestätigung gibt für ihre eigene Vernünftigkeit und ihr zeigt, dass ihre Wahrnehmung auch für Andere eine Wahr-Nehmung ist (das kann Ich-stärkend wirken). Die Resonanz zeigt auch, wie sehr wir Menschen miteinander verbunden sind und wie in einer echten Begleitungs-Situation ein Kraftfeld entsteht, an welchem beide teilnehmen. Dieses Kraftfeld verändert sich mit jedem Aspekt eines Themas – hier zeigt es mir an, um was für eine „Urgewalt" es sich bei dem Thema „Mutter" handelt und dass allergrößte Behutsamkeit angesagt ist. Dieses ETWAS verdient alle Ehrfurcht und Respekt. Ein Tor wäre, wer glauben wollte, „jetzt mal geschwind" dieses Thema zu bearbeiten, gar „lösen" zu wollen.

Heilendes Unterbrechen

Es genügt, dass dieses ETWAS sich so deutlich gezeigt hat. Es ist da und gehört zur Gesamt-Situation dazu – nur: Regieren darf es nicht. Darum, damit es nicht weiterhin auf dem Königinnen-Thron sitzt, wo eigentlich ja die Klientin hingehört, unterbreche ich auch hier wieder den ETWAS – Energiefluss (oder „Nicht-Fluss"). Solches Unterbrechen und ein gleichzeitiger Methodenwechsel bewahren die Klientin davor, „in den Brunnen zu springen, sich im Sumpf des ETWAS zu verlieren":

Begl: „äh ... Jetzt machen wir eine kleine Pause ... äh ... ich habe das von mir aus gesagt, weil mein Kopf ganz leer geworden ist. Wie geht es denn Ihnen gerade? Ist eine kleine Pause für Sie in Ordnung?"
Kl: (*zustimmend*) „mhm. ... Also ich find's gerade schwer. Ich musste echt schnaufen. ... Aber ... auf der anderen Seite: Ich möchte sie da auch nicht stehen lassen."
Begl: „Ja, dann folgen Sie doch dem „Eigentlichen", wenn Sie sie dort nicht stehen lassen wollen. ... Sie hat ja auch für den Augenblick ihre Aufgabe voll erfüllt."
Kl: „mhm. ... Erst mal weg!" (*räumt die Mutterfigur in eine entfernte Ecke*).

Begl: „Ich werde mal ein bisschen Luft hereinlassen." (*ich öffne das Fenster*).

Sauerstoff

Die Regelung der Luft ist ein Teil des Prozesses, der nicht zu verachten ist. Sie gibt dem Begleiter die Möglichkeit, sich einmal kurz zu bewegen, für einen winzigen Augenblick die Außenwelt durch das Fenster in die Seele hereinzulassen – und dadurch seinerseits wieder einen heilenden Abstand zum ETWAS herzustellen und auf diese Weise durch die Haltungsänderung für eine kleine innere Entspannung zu sorgen. Daneben gilt aber auch: Je dichter ein Prozess ist, desto mehr Luft wird verbraucht – und desto mehr verbrauchte, sozusagen „belastete Luft" ist im Raum. Ich habe oft genug erlebt, wie es um den Klienten herum eine richtige kleine „Duft-Wolke" geben kann, wenn er ein „schweres" Thema erfolgreich bearbeitet hat. Ja, die Tatsache der Duft-Wolke ist für mich immer eine Bestätigung: gute Arbeit!

Wenn das ETWAS zu belastend oder bedrohlich wirkt, bin ich auch schon mit Klienten an die frische Luft gegangen und gemeinsam ging es zu einem nahegelegenen Feldweg: Nach etwa 10 Minuten war dann der Abstand auch für den Klienten wieder hergestellt: („Jetzt bin ich wieder da!") – Die Natur mit ihren Elementen kann die Seele manchmal besser stimulieren und das Person-Sein gegenüber dem ETWAS stärker wieder herstellen als ich das als Begleiter könnte – warum sollte man diese Möglichkeit nicht nutzen? Veränderung gibt es nur „mit Ich" und darum ist meine Aufgabe als Begleiter, jeglicher Regression oder Dekompensation vorzubeugen. (Diese überlasse ich gerne dem klinischen Psychotherapeuten). Dafür behalte ich das Zusammenspiel von ICH und ETWAS im Auge und sorge dafür, dass das Welt-Ich so oft wie möglich aktiviert wird – und das heißt eben auch: Hilfen geben, dass wieder Beziehungen hergestellt werden (die Beziehungsfähigkeit ist ein Aspekt des Person-Seins).

Nährendes Wissen

Um das Ich zu nähren und Abstand zur vorherigen Thematik zu schaffen, lege ich in der Begleitung wieder einen kleinen Theorie-Teil ein. Auf diese Weise gebe ich dem Denken der Klientin neue Nahrung und neue Verstehens-Möglichkeiten, die noch mehr die Souveränität der Königin fördern sollen. Und gleichzeitig sorgt ein solcher Methodenwechsel als „Unterbrechung" dafür, dass die Aufmerksamkeit (und folglich die Energie) vom ETWAS zum ICH zurückkehrt.

Begl: „Jetzt würde ich gerne noch ein Stückchen Theorie einführen. Geht das noch? (und nachher ist es vielleicht gut, wenn wir eine kleine Pause machen – und danach biete ich Ihnen dann eine Arbeit mit Ihrem Körper an) Ist das so in Ordnung für Sie?"
Kl: (Nickt zustimmend) „mhm. Geht noch."

Die heilige Wunde

Begl: „Es gibt einen Begriff, der genau zu dem passt, was Sie gerade erlebt haben *(ich schreibe auf einen Papierbogen ‚heilige Wunde')*: Sie haben eben gerade die große Macht Ihrer Mutter gespürt, obwohl Sie schon so viele Jahre daran gearbeitet haben, um deren Einfluss zu verringern. Aus rein weltlich-materialistischer Sichtweise könnte man an so etwas den Mut verlieren – aber aus dem Menschheitswissen heraus kann ich Ihnen etwas Tröstliches dazu sagen: Es gibt Problembereiche, die uns der liebe Gott absichtlich mit auf den Weg gegeben hat, damit wir sie erst mal eine längere Zeit nicht lösen – um an ihnen zu wachsen. Der Franziskaner-Mönch Richard Rohr nennt diesen (zunächst einmal unlösbaren) Problembereich die ‚heilige Wunde'. Diese hat den Auftrag, uns zur Erleuchtung zu führen. Sie fordert uns dermaßen heraus, dass wir gar nicht anders können, als mit ihr zu ringen – und dabei machen wir eine Entwicklung durch. So ist das im Märchen bei Schneewittchen, Aschenputtel und Frau Holles Goldmarie. Und so ist das bei Parzival, bei Hiob – und bei vielen Anderen, von denen das Menschheitswissen berichtet. Nehmen wir doch gerade mal Schneewittchen: Ohne ihre böse Stiefmutter hätte der Prinz sie niemals gefunden. Die Heilige Wunde ist deswegen heilig, weil sie einen heiligen Auftrag hat: Sie soll unsere Identifikation mit dem Ersatz-Ich so lange und so oft angreifen und unterwandern, soll uns schwächen, wo sie nur kann, bis wir, wie die Goldmarie im Märchen, zu unserem Goldregen finden.

Wenn z.B. einem Mädchen die ganze Kindheit über gesagt wird: ‚Dich haben wir in einem Mülleimer gefunden – wir wissen nicht, wer deine wirklichen Eltern sind,' oder wenn einem Jungen gesagt wird: ‚Du gehörst nicht zu uns – dich hat man im Krankenhaus verwechselt.'

Oder auch: ‚Eigentlich hättest du ein Junge werden sollen – aber wie du dann da warst, haben wir dich doch gern gehabt.‘ Und als letztes Beispiel: ‚Wegen dir hat die Mama den Papa heiraten müssen.‘ Dann sind das ganz extreme Schwächungen der Person und ihrer Liebe zum Leben, ihrer Beziehungsfähigkeit usw. – das alles sind heilige Wunden, die für unendlich viel Leid und Enttäuschung sorgen – und gleichzeitig sind sie die Voraussetzung dafür, dass wir nicht im Psychischen und Weltlichen stecken bleiben, sondern unseren Weg noch weiter gehen – und so zum Geist finden, zum Himmel in uns, zu unserer wahren Bestimmung.“

Himmel und Erde verbinden

Begl: „Ich kann es noch einmal anders sagen: Zum Himmel finden wir, wenn wir wissen, dass wir (nur) ein ‚Gast auf Erden‘ sind. Schmerz und Leid und Enttäuschung und Unrecht machen uns das jeden Tag aufs Neue bewusst, dass wir nur ein Gast auf Erden sind – und so finden wir zum Himmel und verbinden Himmel und Erde in uns – das ist Erleuchtung. Hätten wir nur Erfolg, wären beliebt, zufrieden, glücklich, dann hätten wir nicht das Gefühl, auf Erden ein Gast zu sein – und somit würden wir in unserer Zufriedenheit stecken bleiben und auch nicht nach dem Himmel in uns fragen – damit würden wir aber an unserer Bestimmung vorbei leben.

Aus weltlich-materialistischer Sicht ist die heilige Wunde eine beschämende und erniedrigende Angelegenheit – aber die Wunde erniedrigt uns nur so lange, bis wir sie als solche anerkennen und sie fragen, was ihr Auftrag ist. Tun wir das nicht, dann laufen wir ein Leben lang in unserem Ersatz-Ich herum, als ob es das Goldene vom Ei wäre. Die Heilige Wunde ist also an der Oberfläche ein Fluch – aber aus der Tiefe gesehen ist sie ein Segen. Das Gegenteil wäre Erfolg. Unser Welt-Ich mag es natürlich, wenn wir Erfolg haben, geliebt werden, uns frei fühlen und tun können, was wir wollen – aber Christentum wie Buddhismus wissen beide, dass Erfolg blind machen kann, weil man es bei Erfolg ja nicht mehr nötig hat, kritisch in den Spiegel zu schauen und zu fragen: ‚Was mache ich denn da eigentlich?‘ Und: ‚Wozu denn das Ganze?‘ Sie kennen vielleicht das Jesus-Wort:

> ‚Was würde es dem Menschen helfen, wenn er die ganze Welt gewinnt – und dabei doch Schaden an seiner Seele nimmt?‘“

Das Magnificat als Lebensweisheit

Begl: „Und es gibt noch ein herrliches Dokument in der Bibel von der Jungfrau Maria, als sie gerade erfahren hat, dass sie den Christus empfangen wird: Da singt sie ein Loblied auf die Schwäche, weil sie weiß, dass die Schwäche Voraussetzung für die Geburt des Christus in unserer Seele ist – und dies Loblied heißt ‚Magnificat' und ist der christlichen Kirche einmal so wichtig gewesen, dass sie es an jedem Abend gesungen hat. Warum am Abend? Weil da jeder für sich wieder seine Portion Scheitern und Demütigung und Beschämung erlebt hat, dass es einfach eine Wohltat ist, sich daran zu erinnern, dass wir Menschen hier nicht auf der Erde sind, um ein großer Zampano zu werden, sondern dass unsere Aufgabe ist, den Himmel und die Erde in unserem Herzen zu vereinigen – und das ist halt mal kein Sonntagsspaziergang. – Und jetzt sehen Sie: Darum ist so eine Phase, wie Sie sie gerade durchmachen, so unendlich kostbar. Da geht gerade der Lack ab – und jetzt kommt das Gold zum Vorschein. Sie müssen nur ein wenig Geduld haben, weil so eine Neugeburt, wie Sie sie gerade erleben, eben nicht von heute auf morgen geht.

Aber ich werde Ihnen nach der Pause zeigen, was Sie dazu beitragen können, dass die Wehen, die Sie durchmachen, nicht umsonst sind, sondern dass am Ende wirklich das *göttliche Kind* in Ihren Armen liegt: Das ist Ihr wahres Ich – und das ist schon da – und wartet nur darauf, dass Sie die ganze Schutzschicht Ihrer Ersatz-Ichs durchschauen, entlarven und an *den* Platz hinstellen, wo Sie ab jetzt hingehören."

Märchen als Orientierungshilfe

Begl: „Ich möchte es noch einmal anders sagen: Im Kirchenlied heißt es: ‚Nur durch Trübsal hier führt der Weg zu dir.' – Das ist gemeint mit dem Leidensweg, wenn Jesus gekreuzigt wird und in das Reich des Todes hinabsteigt: Und unsere Märchen, die wissen, dass dieser Leidensweg nicht nur für Jesus als den einmaligen Ober-Zampano gilt, sondern für uns alle. Und die Märchen machen uns vor, wie man damit umgehen soll: nämlich akzeptieren und mitgehen, nur ja nicht stehen bleiben und auch nicht im Selbstmitleid verharren. Und die Märchen zeigen auch den Weg zur Erlösung: In jedem Märchen sind nämlich ganz viele Helferchen und Helfer am Werk – und auf die müssen wir hören lernen. Jeder von uns hat seine Helfer, seinen Schutzengel und viele, viele helfende Kräfte, die nur darauf warten, dass wir aufhören zu glauben, dass alles falsch läuft und wir alles falsch gemacht haben und nichts so sein sollte, wie es ist. Beim Märchen von Dornröschen wird dem Mädchen ja schon in der Wiege sein Schicksal vorausgesagt. ... Als ich noch Religionslehrer an der Berufsschule war, habe ich einmal im Gebet Gott gefragt, was denn das wichtigste sei, was ich meinen Schülern im Religionsunterricht sagen solle. Und die Antwort war:

‚Dein Leben ist richtig – egal, was geschieht.
Versuch zu verstehen, was mit dir geschieht.'

So – und jetzt machen wir die Pause, wenn Sie nicht noch eine brennende Frage haben."
Kl: „Nein, es ist gut so. Kann ich mal auf die Toilette?"

Authentizität in der ICH-DU-Beziehung

Wir unterhalten uns eine Zeitlang über dies und jenes, wobei ich authentisch bin, einfach nur ich-selber im Freiraum. Auch das ist ein Teil der Christus-orientierten Begleitung: So, wie bei der biblischen Begegnung von Maria und Elisabeth (den beiden schwangeren Müttern) ihre Kinder im Bauch vor Freude hüpfen, so darf die Klientin auch in der Pause meine Freude an der Begegnung mit ihr spüren, als echte ICH-DU-Begegnung, wo ich als Person wirklich „da" bin, in wirklicher, echter, authentischer Präsenz als Mitmensch, der auf gleicher Augenhöhe sein Person-Sein lebt und mit-teilt. – So soll die Begleitung sein – und so soll die Pause sein: Nur Authentizität kann zur Authentizität verhelfen. Damit ist nicht gemeint, dass in der Pause die „Rollen getauscht werden", sondern es soll verdeutlichen, dass in einer Christus-orientierten Begleitung kein Raum ist für Maskenspiel und das Rollenspiel des Gurus, Meisters, Erleuchteten. Mit diesem Verhalten antworte ich auch auf jene oft gehörte Enttäuschung von Gemeindemitgliedern und Schülern, die über ihren Therapeuten sagten: „Der hat mich nur angeschaut. Das hat mir nichts gebracht. Ich bin dann halt weggeblieben." Und ich erinnere mich natürlich auch an meine eigenen Therapie-Erfahrungen, wo ich mich unter der oft unpersönlichen Begegnungs-Situation schwer tat, zu meinem Eigenen zu finden (wobei ich damals „den Fehler" nur bei mir suchte).

Methodenwechsel

Begl: „Und jetzt würde ich Sie gerne einladen, dass wir mit dem Körper arbeiten, dass Sie im Sessel sitzen oder sich auf die Liege legen – wo Sie sich jetzt gerade wohler fühlen – und dass wir einfach mal gucken, was der Körper beitragen kann zum Prozess. Es ist nämlich so, dass Ihr Körper viel mehr weiß als Ihr Kopf. Wenn wir einen inneren Weg gehen, dann wird der Körper dabei immer mehr Bedeutung bekommen als *die* Brücke zum Heiligen – und er wird immer mehr zu unserer Heimat, von der aus wir die Einsamkeit auf uns nehmen und ertragen können, die Einsamkeit, die eben auch zum Weg gehört ..."

Einsamkeit

Kl: ... „Oh je, ich bin schon einsam genug."
Begl: „Möchten Sie hören, was die Tradition zur Einsamkeit sagt?"
Kl: „Das kann ich mir schon denken: dass die dazugehört, dass die großen Religionsstifter alle mal in der Einsamkeit waren ... Scheiß-Einsamkeit!"
Begl: „Ja, so sehe ich es auch. Ich weiß nicht, warum der liebe Gott die Welt so machen musste, dass es die Einsamkeit braucht, damit wir wachsen. Die kann richtig weh tun ..."
Kl: „Jetzt würde ich doch gerne mal hören, was die Tradition zur Einsamkeit sagt."
Begl: „Ja, so, wie Sie gesagt haben: Alle großen Religionsstifter waren in der Einsamkeit. Wenn niemand um uns ist, können wir die feineren Töne hören und werden empfänglich für den Seelengrund, unsere Seelenheimat oder die Tiefen-Dimension. Der Weg von Jesus beginnt in der Wüste. Und die ersten Christen gingen reihenweise in die Wüste. ... Als ich in der Focusing-Ausbildung war, wurde mir in einer Partner-Übung von meiner inneren Stimme ganz deutlich gesagt:

‚Kuscheln ist es nicht – und Aktionismus ist es auch nicht!'

Das finde ich ungeheuer hilfreich: Wenn ich andere Menschen sehe, wie sie sich in ihrem Freundeskreis oder in ihren Familien die Bälle zuspielen, dann tut mir das kurz weh, weil eine Seite in mir das auch gerne hätte – aber ich weiß, dass ich damit, wenn ich auch so leben würde, mich im Psychischen festfahren würde und mir immer überlegen müsste, was ich als nächstes tun soll, um weiter kuscheln zu können. Und wenn ich

die Einsamkeit so sehr spüre, dass es mich schier zerreißt, dann tröste ich mich wirklich am Vorbild von Jesus, der in der Nacht vor seiner Kreuzigung von schlafenden Jüngern alleine gelassen wird. Die Wüste, der Rückzug, die Stille, die Einsamkeit – das sind alles Elemente eines Weges, der wirklich zu Gott führt. In vielen Naturvölkern wurden die Kinder ja mit Einsetzen der Pubertät in der Wildnis ausgesetzt, damit sie dort zu ihrem inneren Schutzgeist (wir sagen dazu Engel oder Geist-Führer) finden – und wenn die Kinder dann zurück kamen, waren sie nicht mehr die Kinder ihrer Eltern, sondern Erwachsene. Die Einsamkeit – das wussten alle – ist die Grundvoraussetzung dafür, dass wir unser Lebensziel erreichen und unseren Auftrag erfüllen. Dies Wissen ist leider in unserer Kultur weitgehend verloren gegangen.
Mir hilft dann auch, dass ich mich in den Stunden, wo das Alleinsein weh tut, daran erinnere, dass ich nichts falsch gemacht habe, sondern dass das eben *mein* Weg ist – und die Anderen gehen ihren Weg. – Und wenn ich mich so ganz heimatlos und verlassen fühle, dann weiß ich für mich, dass ich entweder Schlaf brauche oder dass es höchste Zeit ist, wieder in meinen Körper zurück zu finden – seit Jahren mache ich die Erfahrung: Sowie ich mich mit meinem Körper verbunden habe, brauche ich keinen Menschen. Da bin ich 100%. Jedes Mal. Mein Körper ist meine Heimat – aber nur dann, wenn ich ihn bewusst suche, mich bewusst mit ihm verbinde – ja, und das wollen wir jetzt mal gemeinsam tun – wenn es für Sie jetzt in Ordnung ist. Und auch jetzt gilt bei allem die innere und äußere Stopp-Regel. Wollen Sie lieber sitzen oder lieber liegen?"
Kl: „Ich glaube, ich lege mich lieber."

Mit dem Körper das ETWAS aufspüren und das wahre Ich wecken

Die Klientin legt sich, ich helfe ihr beim Zudecken mit der Wolldecke – eine Decke ist unentbehrlich: Sie gibt Schutz und Geborgenheit und setzt eine natürliche Grenze. Auf Wunsch gibt es (bei Rückenlage) eine Rolle unter die Kniegelenke.

Begl: „Ich werde jetzt zunächst einmal an Ihren Füßen arbeiten – es ist eine Mischung aus Reflexzonen-Massage und Shiatzu – und auch hier gilt wieder die innere und äußere Stopp-Regel: Sie sind die

Königin. Und auch hier gilt, dass ich mit den Händen nur Angebote mache, Experimente, bei denen Sie wieder die Freiheit haben, zu entscheiden, ob es so stimmig ist für Sie oder nicht. Sie können die Augen offen halten oder geschlossen – wie es Ihnen lieber ist. Und Sie dürfen gerne sprechen und aussprechen, was in Ihnen durch die einzelnen Berührungen geschieht: Da können Bilder kommen, Erinnerungen, Gefühle, Gedanken – und Sie bringen den Prozess voran, wenn Sie das, was Ihnen durch Kopf und Körper geht, aussprechen. Manche Berührungen werden für Sie wohltuend und entspannend sein, andere vielleicht auch schmerzhaft, nämlich dort, wo Blockaden sind, wo zu wenig oder zu viel Energie ist – meine Absicht dabei ist, dass Sie Ihren Körper erleben. An Ihrem Körper können Sie auf ganz organische Art und Weise erleben, wo ein ETWAS ist: Dort fühlt sich der Körper dunkel oder schwer oder eng oder gar schmerzhaft an – und dort, wo kein ETWAS ist, sondern Ihr wahres Ich, dort fühlt es sich leicht und hell und weit und einfach nur gut an."

Immer mit den Füßen beginnen

(Als erstes halte ich einfach die Füße, nehme auf diese Weise Kontakt auf und nehme über die Hände eine Beziehung auf. Dabei gilt als Regel: Ich arbeite nicht an den Füßen, sondern über die Füße am ganzen Menschen. Die Berührung gilt immer der ganzen Person).
Begl: „Was war das gerade?"
Kl: „Ich habe das Gefühl, ich muss mich erst mal locker machen."

Die Hände erspüren nun den Fuß, suchen die Stellen, wo es stimmig ist, zu berühren, zu drücken, zu massieren – und wo ich unsicher bin, frage ich nach, ob es so in Ordnung ist – ich beziehe also mit Selbstverständlichkeit die Klientin mit ein, damit wir gemeinsam, zusammen über Ihren Körper den Kontakt zu ihrem ETWAS und zu ihrem wahren Ich unterstützen. Dabei spreche ich auch meine inneren Bilder, als Angebot, Experiment und Resonanz aus. (Resonanzbilder sind immer mit größter Behutsamkeit zu verwenden; dabei ist abzuwägen, ob sie der Klientin zu diesem Zeitpunkt schon zuzumuten sind. Und immer, immer, immer sind sie als Experiment zu kennzeichnen, als Probeballon, als Möglichkeit – alle Freiheit muss bei der Klientin liegen, sich auf diese Angebote einzulassen oder sie abzulehnen – und das ist zu re-

spektieren. Mit anderen Worten: Das „Prinzip Absichtslosigkeit" gilt immer!

Während der Arbeit an den Füßen kann der Impuls kommen, jetzt zum Rücken zu gehen und dort weiter zu berühren.

Über die Hände kommunizieren

Begl: „Ich bekomme jetzt den Impuls, am Rücken weiter zu arbeiten – wäre das in Ordnung für Sie? Und ich möchte auch hier einfach noch einmal daran erinnern, dass es für Sie stimmen muss. Die Stopp-Regel gilt."

Zum Bauch gehe ich erst, wenn ich einen Klienten über Füße und Rücken schon ziemlich gut kenne, da die Berührung hier wesentlich mehr Vertrauen voraussetzt. Das muss in der Beziehung gewachsen sein – sonst verweile ich bei Füßen oder Rücken.

Aus der Arbeit am Bauchraum wird sich bald die Berührung im Bereich der Thymus-Drüse (als Ort des Welt-Ich) ergeben, die noch einmal einen Mini-Vertrag voraussetzt: Das Einverstanden-Sein in wahrhaftiger Absprache ist die Grundvoraussetzung für alles Berühren. (Es ist selbstverständlich, dass ich Klienten nur dann berühren kann, wenn ich in einer Lerngruppe selber genügend Erfahrungen gesammelt habe, durch ungezählte Rückmeldungen und Übungen ein wirkliches Gespür in meinen Händen habe und zum Vertrauen gefunden habe, dass meine Hände „die Führung übernehmen können". – Genauso ist es absolute Grundvoraussetzung für diese Art der Arbeit, dass ich in mir selber genauestens unterscheiden kann, welche Energie ich gerade in mir und in der Beziehung erlebe. Die Freude an der Kommunikation über die Hände ist gründlichst zu unterscheiden von erotischer Freude! Würde diese etwa dominieren, wäre der Boden einer absichtslosen Begleitung im beiderseitigen Freiraum verlassen worden.

Ich erkläre auch während des Berührens: „Ich bin jetzt im Ich-Bereich ... und an dieser (anderen) Stelle hier wohnt das innere Kind" – und immer wieder die Focusing-orientierte Frage: „Wie ist es für Sie hier gerade? Gibt es dazu eine Wahrnehmung, eine Empfindung? Ein Gefühl? Ein Bild? ... Ist es in Ordnung, wenn ich hier drücke? Ist der Schmerz hier an dieser Stelle noch auszuhalten?" ... Und dann:

Das kosmische Blau der Gnade

Begl: „Und wenn Sie sich jetzt mal vorstellen, sich erinnern: ‚Tief in mir ist der Seelengrund' und (wenn es für Sie stimmt), denken: ‚Ich werde jetzt ein Zugangsweg, ich werde erreichbar.' Und Sie müssen dabei gar nichts Anderes denken als: ‚Ja, ich bin bereit! Ich bin bereit, dass der Seelengrund in meinem Leben Einzug nimmt' ... (*Resonanz*:) ... Ah, da sehe ich blaue Farbe ... Hat sich bei Ihnen in der Wahrnehmung etwas geändert? ... Einfach nur da sein und sich öffnen. ... Sie können das auch mit einer Bitte verbinden. Etwa so: ‚Ich lade den Seelengrund ein, mich zu berühren – oder ich bitte um den Seelengrund.' Er ist ja schon da – es geht jetzt ‚nur' darum, dass das Welt-Ich sich mit dem Seelengrund bewusst verbindet. ... Wie ist es jetzt gerade?"

Kl: „Neutral. Es stört nichts."

Wo ist der Schutzengel?

Begl: „Wenn Sie sich jetzt vorstellen, dass Ihr Schutzengel hier im Raum wäre oder draußen, außerhalb des Fensters – wo wäre der jetzt gerade?"

Kl: (*ohne zu überlegen*) „Der würde hier, bei mir an der Liege sitzen."

Begl: „Dann lade ich Sie ein, dort hin zu spüren ... dort ist er ... und einfach wirken lassen: Ich habe einen Schutzengel – und der ist neben mir...und ich spüre und fühle zu ihm hin ... und ich lasse die Beziehung wirken, ich gebe ihr Raum ... und ich wende mich meinem Schutzengel zu ... und wenn der Schutzengel sprechen könnte, was würde er jetzt sagen?"

Der Engel spricht

Kl: „Ich bin bei dir."

Begl: ... „Kann die Tatjana etwas für die Beziehung tun, dass sie dich noch mehr wahrnimmt?"

Kl: „Sie soll aufhören, Angst zu haben."

Begl: „Ja, lieber Schutzengel, was steckt denn hinter dieser Angst?"

Kl: ... „Was heißt ‚hinter?'

Begl: „Ja, wo kommt die her, was versteckt sie? Das war ja nicht immer so. Vielleicht habe ich die Frage auch falsch gestellt."

Kl: „Ich kriege gerade keine Antwort."

Begl: „Vielleicht haben Sie ja eine Idee, wenn jetzt der Schutzengel mit Ihnen spricht, was Sie ihm sagen möchten oder ihn fragen wollen. ... Die Angst ist ja das Gegenteil von ‚ich wende mich meinem Seelengrund zu in Vertrauen.' – Vielleicht können Sie ja mal schauen, ob Sie jetzt gerade einen Schritt in Richtung Vertrauen und Verankerung im Seelengrund tun können. ... Tut sich gerade nichts mehr?"
Kl: „Ich habe das Gefühl, der sagt: ‚Dir kann nichts passieren.'"
Begl: „‚Dir kann nichts passieren.' mhm. Wie ist das denn für Sie, wenn der Engel sagt: ‚Dir kann nichts passieren?' Gibt es da in Ihnen eine Resonanz? ... Sind Sie noch damit verbunden – oder brauchen Sie einen Impuls?"

Wo ist der Person-Kern?

Kl: „Nee, ist okay."
Begl: „Wenn Sie so da liegen, wo ist denn jetzt gerade Ihr Person-Kern, Ihr wahres Ich?"
Kl: (lacht) „Das kann nicht sein!"
Begl: „Was?"
Kl: „Ich habe als erstes gedacht: im Kopf – aber das geht ja gar nicht!"
Begl: „Was heißt hier ‚geht gar nicht'?
Kl: „Weil es mir da unlogisch erscheint."
Begl: „Das können Sie sich abschminken."
Kl: „Okay".
Begl: „Ihr wahres Ich ist gerade im Kopf. Das ist schön! Es ist in Ihnen – nicht irgendwo außerhalb – das könnte ja auch sein. ... Ja, dann lade ich Sie ein, mal zu dem wahren Ich im Kopf hin zu spüren.
Kl: „Ich bin aber überzeugt, das müsste hier irgendwo (zeigt auf den Herz-Brustbereich) sein."
Begl: „Könnten Sie bitte das ‚Müsste' mal draußen lassen? – Das wahre Ich weiß selber, wo es heute gerade ist – morgen kann das schon wieder anders sein."
Kl: „mhm."

(Ich gebe in der Folge noch einige Anleitungen, zum wahren Ich hin zu spüren, lasse die Klientin noch ein Weile in dem Ich-Zustand verweilen, in welchem sie jetzt gerade ist, dann lassen wir die Arbeit ausklingen, wobei ich darauf achte, dass es behutsam zum Abschluss kommt, da sie ja in einem Trance-ähnlichen Ich-Zustand ist und es einfach Zeit

braucht, wieder „zurück“ zu kommen auf gute Art und Weise. Ich gebe ihr auch einige Impulse, wie sie das Erlebte verankern kann, erinnere sie noch einmal an die einzelnen Begegnungen mit Schutzengel und wahrem Ich aus der Sitzung und frage sie abschließend, wie es ihr jetzt gerade gehe:)
Kl: „Eigentlich relativ entspannt.“

Das Schluss-Bild als Rückmeldung

(Zum Abschluss lade ich die Klientin ein, noch einmal ein Bild zu malen. Hier wird nun die Frucht der Arbeit sichtbar (Abbildung 20). Dort, wo sie vorher das Lebens-Symbol ‚Spirale‘ zu Beginn der Sitzung durchgestrichen hatte, und so ‚Ja‘ und ‚Nein‘, ‚Sei!‘ und ‚Sei nicht!‘ in einem einzigen Bild vermischt waren, ist jetzt das ‚Nein!‘ auf der linken Seite des Bildes, auf der rechten aber das Lebenssymbol, und so ist innerhalb einer Sitzung aus dem ‚Entweder-oder‘ ein ‚Sowohl-als-auch‘ geworden“. Das spreche ich noch kurz an und gebe dann der Klientin ihre Bilder mit und das Tonband der heutigen Sitzung. Sie wird morgen noch einmal kommen können, um dann in ihrer Stadt weiter zu ihrem Therapeuten zu gehen...).

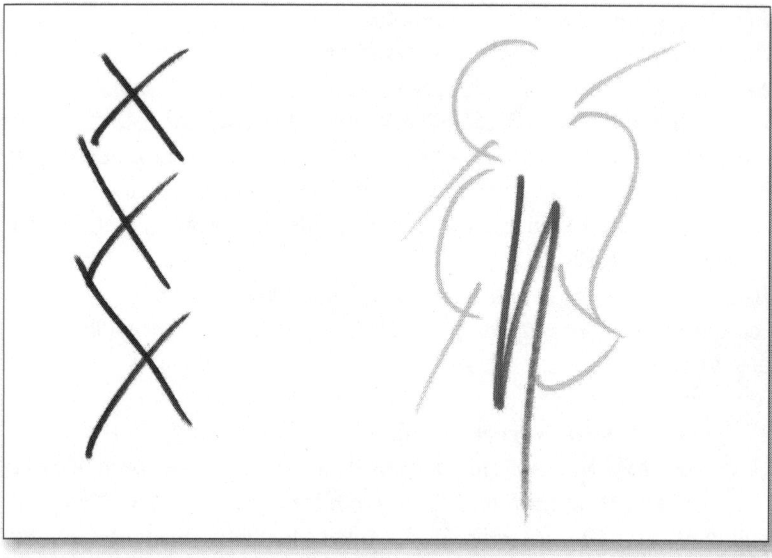

Abb. 20 Tatjanas zweites Bild: sowohl-als-auch

Tatjana – zweite Sitzung: Wenn nichts Anderes mehr geht

Über den Körper ankommen

(Die Klientin berichtet, dass sie am Abend entspannt nach Hause ging, auch schlafen konnte – aber morgens wieder mit der alten „Leere im Kopf" aufwachte. Fragen zum Gestrigen hat sie nicht. So lade ich sie ein, zunächst einmal im Stehen ein paar Übungen aus der Konzentrativen Bewegungs-Therapie zu machen: Stehen – nach links pendeln, in der Mitte verweilen, nach rechts pendeln; als Übung, die sie für sich selber auch zu Hause machen kann.

Als Zweites: Mit geschlossenen Augen zwei Schritte vor. Stehen. Zwei Schritte zurück. Stehen. Nur diese beiden Übungen. (Sie helfen, in kürzester Zeit vom Außen zum Innen zu kommen).

Aus verschiedenen Vorschlägen, die ich ihr mache, wählt sie aus, dass ich sie nachher zu ihrem Seelengrund begleite – aber zuvor hätte sie gerne noch einmal die berührenden Hände).

Lernaufgabe „Seelennahrung"

(Ich arbeite an den Füßen – und nütze die Zeit, mit ihr unter anderem über das Thema „Seelennahrung" zu sprechen. Sie hat dasselbe festgestellt wie ich auch, dass die Mehrheit der Autoren fragt, wie man Gott näher kommen kann – dabei aber die Basis aus den Augen verliert: die Seele mit „Welt" zu ernähren. Es ist für die Klientin eine enorme Erleichterung, über dieses Thema zu sprechen und zu hören, dass es für alle „Ungeliebten" eine große und schwer zu erlernende Kunst ist, sich wirklich mit guter Seelennahrung zu versorgen – und dass da erst mal eine große Hilflosigkeit herrscht.

Es ist kein Widerspruch, miteinander zu sprechen und den Körper zu berühren, im Gegenteil! Für diese zweite Sitzung geht es darum, das Ich durch eine lebendige Ansprache und Präsenz zu stärken und durch Humor „frische Luft" in das System zu bringen. Wir erlauben uns auch Kritik an so manchem auf dem Markt zur Zeit gefragten Buch, das scheinbar einen Weg zu Gott zeigt, in Wirklichkeit aber irreführend und bar jeglicher fundierter Psychologie und gewachsener Tradition ist. Dieses Thema brennt vielen Klienten unter den Nägeln – und es gibt immer ein großes Aufatmen, wenn ich meine fachlich begründete Kritik an Büchern von Pseudo-Meisterchen ausspreche und auf Irrtümer hin-

weise, welche die Klienten gefühlt und gespürt haben, aber nicht in Worte fassen konnten. Ich spreche auch das Prinzip „Aufstehen und Fallen" an, was bedeutet, dass es zum Leben gehört, immer wieder sich im Lebensstrom zu verlieren, um dann zur Vereinigung von Körper, Geist und Seele zurückzukehren – um dann erneut die Verbindung zu verlieren und danach wiederum zurückzukehren).

Möglichkeiten der Selbsthilfe

(Ich erzähle ihr von den CDs, die es gibt, um selbstständig zu üben – und dass alles von der Disziplin abhängt, sich so oft wie möglich in die Übung zu begeben. Ich erzähle ihr von der hohen Wirksamkeit der Frage: „Wie ist es für mich jetzt gerade?" – als Ich-Aktivierer und Hersteller einer heilsamen Distanz. Und dazu die Eutonie-Übung: „Wie ist es in meinem Körper gerade?: weit? eng? warm? kühl? leicht? schwer? hell? dunkel?" – Als Mini-Rüstzeug fürs Überleben in der Panikphase. Gleichzeitig bearbeite ich die Füße. Auf diese Weise entsteht eine gewisse Leichtigkeit im Miteinander von Klientin und Begleiter und eine Atmosphäre der Zuversicht.

Des weiteren erkläre ich ihr die Methode der Krickel-Krackel-Zeichnungen als Ein-Minuten-Bilder, die sie immer wieder malen kann und ich erzähle ihr von Tsültrim Alliones Buch „Den Dämonen Nahrung geben" (2009) – einfach, damit sie hört, dass sie Möglichkeiten hat, für sich zu sorgen. Den Mitschnitt dieser Sitzung, die viel vom Charakter eines Lehrgespräches innerhalb von Exerzitien hat, wird die Klientin gleich nach der Sitzung mit sich nehmen können, um alles in Ruhe zuhause noch einmal anhören zu können. Die Lehren sind ein erprobtes Antidepressivum, indem sie den „mind" beschäftigen, das Bedürfnis nach Sinn nähren und die Aufmerksamkeit vom ETWAS weg in eine neue Denkungsart lenken: sich erheben.

Auch die Begegnung, verstanden als authentisches ICH : ICH ist Begegnung auf Augenhöhe, bei welcher über die Unterweisungen deutlich wird: Begleiter wie Klient, wie alle Menschen haben ein *Menschheitsschicksal gemeinsam: Wir sind alle gleich, unsere Schwierigkeiten auf unserem Weg sind dieselben. Das wirkt enorm entlastend und erleichtert das zu tragende Kreuz erheblich: Es geht hier dann nämlich nicht mehr um „Versagen" oder „falsch sein", sondern um* den *Weg des Menschen schlechthin).*

Den „mind" beschäftigen

(Während des Gespräches hat die Klientin die Augen geschlossen und spürt in ihren Körper hinein, was heißt, dass sie mit ihren Ohren mit der Außen-Welt verbunden ist – und mit ihren inneren Sinnen mit ihrem Körper und ihrer Innenwelt. In diesem Sinne ermuntere ich sie auch, Podcasts aus den Kultur-Sendern herunter zu laden und sich diese während des Übens anzuhören – so ist sie in der Lage, ihren „mind", (ihren Denkbereich der Seele), zu beschäftigen und zu nähren – und gleichzeitig fällt es dann leichter, sich der inneren Stille, dem inneren Raum, den inneren Wahrnehmungen zuzuwenden – sie sind dann relativiert. Auch bewirkt das parallele Hören, dass Unruhe und Panik gemildert werden können. In diesem Sinne erzähle ich ihr auch, dass Kinder leichter einschlafen, wenn man ihnen eine Gute-Nacht-Geschichte vorliest – und dass sie das gleiche Prinzip anwenden kann, wenn sie ihren Ohren Nahrung gibt, während sie mit den restlichen Sinnen in den Körper hinein spürt. Das Gefühl der Verlassenheit und Einsamkeit kommt über die Beschäftigung der Ohren auch seltener auf. Natürlich empfehle ich ihr auch die Natur, die Bewegung in Licht und Luft und die Erfahrung, als Spaziergängerin ein Teil der Welt zu werden und die Welt in sich aufzunehmen – als Seelennahrung).

Ich-Zustand und Gottes-Erfahrung

(Schließlich erzähle ich ihr, dass Selbsterfahrung und Gottes-Erfahrung eine *Grundvoraussetzung haben: einen bestimmten Ich-Zustand – und dass wir zwar die Gottes-Erfahrung nicht machen können, aber den Ich-Zustand, der dafür Voraussetzung ist: über das Körper-Bewusstsein. Dabei sagt die Klientin etwas, was ich von allen Klienten immer wieder höre:)*

Kl: „Also ... das ist ja *ein* Grund, warum ich nie... ganz selten im Gottesdienst bin, obwohl ich da gerne hingehen würde. Aber ich weiß nicht, wo ich hingehen soll, wo ich wirklich was mitnehmen kann. Also, das fehlt einfach!"

Leicht werden wie eine Feder

(Ich erzähle ihr von dem Prinzip „leicht werden wie eine Feder", die „Herzen erheben" und dass uns das niemand abnehmen kann, aber dass wir es einüben können, indem wir das ETWAS bearbeiten und

verstehen lernen, damit es an den Platz kommt, der ihm zusteht. Und dass wir das Ich aktivieren und die Seele nähren können mithilfe unseres Atems und des Körperbewusstseins und uns so immer wieder erinnern, wer wir eigentlich *sind. Wie die Goldmarie müssen wir eben unsere Arbeit leisten, immer wieder neu: die Stuben kehren und noch einmal und immer wieder die Stübchen kehren – Reinheit herstellen als Freiwerden vom ETWAS, indem wir unser Ich aktivieren.*

Inzwischen bin ich (mit jeweils eingeholtem Einverständnis) längst von den Füßen zum Rücken und dann zum Bauch gewechselt und stimuliere die Stellen, die sich „melden").

Zum guten Abschluss kommen

Begl: „So, ich habe den Eindruck, dass ich jetzt alle Bereiche angesprochen habe, die es braucht, um einen inneren Weg zu gehen. Haben Sie dazu noch Fragen?"
Kl: „So spontan nicht."
Begl: „Bevor wir dann zur Reise zum Seelengrund gehen – gibt es jetzt gerade im Körper noch eine Stelle, die bedürftig ist?"
Kl: „ Die Schultern."
Begl: „Sagen Sie mir bitte, wie Sie die Hände haben möchten? Korrigieren Sie bitte so lange, bis es wirklich stimmt."
Kl: (Aufatmen)
(Ich erinnere die Klientin wieder an die „Schlüsselfrage": ,Wie ist es jetzt gerade für mich?')
Kl: „Angenehm und traurig."
Begl: „Und wie alt sind Sie, wenn Sie das fühlen?"
Kl: „Das ist was heute und das ist was früher."
Begl: „Und mit welchem wollen Sie jetzt gerade gehen?"
Kl: „Heute."
Begl: „Was ist das für ein ETWAS, das Sie jetzt gerade als etwas Trauriges erleben? Wenn dieses ETWAS sprechen könnte, was würde es sagen?"
Kl: ... „Ich glaube, es macht Vorwürfe."
Begl: „Aha."
Kl: (mit einem Lachen) „Du hast dich nicht um mich gekümmert."
Begl: „Ahhh."

Kl: „Also es ist so etwas von Verlassen-Sein, und ich merk das immer, dass da eigentlich ein Vorwurf drin ist."
Begl: „‚Du hast dich nicht um mich gekümmert.' Gibt es da ein Gesicht dazu zu diesem ETWAS, das da spricht?"
Kl: „Nee."
Begl: „Und wenn wir da als Probeluftballon annehmen, das wäre das kleine Mädchen?"
Kl: „Das auf jeden Fall! mhm."
Begl: „Das gehört ja wohl zum Thema ‚Seelennahrung': Das Kind ernähren. Wobei die Seele nicht das Kind ist – aber das Kind braucht eben auch seine Nahrung. ... Gab es denn früher schon mal etwas, womit Sie Ihre Seele gut genährt haben?"

Ja, aber

Kl: „Singen tut mir gut ... aber ..."
Begl: „Aha, da kommt gleich ein „Aber".
(Wir beschäftigen uns ausführlich mit dem Singen – und dass es einen Sinn haben kann, wenn sie zur Zeit nicht singen kann, weil die Seele etwas Anderes will: den Kontakt zum Seelengrund herstellen – und dann wird Singen wieder möglich sein.

Ich erzähle ihr von der heiligen Wunde, deren Aufgabe es ist, uns immer wieder scheitern zu lassen oder unzufrieden und unerfüllt zu machen, damit wir tiefer kommen und die fehlende, verlorene Dimension einholen. Ich erkläre ihr, wie sie den Tag aus der Stille heraus gestalten kann – vom Seelengrund her in das Tun. Dabei blubbert ihr Bauch und signalisiert mit dieser Peristaltik: „Einverstanden! Stimmt! Das brauche ich!".

Auch jetzt hat die Klientin die Augen immer noch geschlossen, ist ganz im Gespräch präsent – und gleichzeitig mit ihren Innenwahrnehmungen verbunden. An dieser Stelle machen wir eine Pause, lüften, um dann die Übung zum Seelengrund zu machen. Zunächst aber nach der Pause wieder die obligate Frage:)

Begl: „Wie ist es jetzt gerade?"

Die große Kunst des „Sowohl-als-auch"

Kl: „Das ist ‚ne Mischung. Das hat etwas ganz Friedliches, Gutes – und es gibt immer noch so einen Anteil da drin, der ziemlich unruhig ist. So ist es gerade."

Begl: „Und das wäre ja auch die Kunst, das auszuhalten: den Spagat. Das ist auch eines der großen Missverständnisse in der spirituellen Literatur, dass der Eindruck erweckt wird, ein für allemal Kehraus zu machen und dann nur noch aus dem Geist zu leben in Liebe und Freiheit und Frieden – so ein Unsinn! Die schlimmen Erfahrungen, die wir einmal gemacht haben, die sind alle in unserem Gehirn drin, die schönen auch, die sind da. Und die werden wir auch nicht mehr los. Die Teilpersönlichkeiten sind biologisch-organisch in unserem Gehirn drin. Aber das, was Sie jetzt gerade beschrieben haben, das wäre genau die Meisterleistung: Ich nehme das Eine wahr – und das Andere auch. ‚Sowohl-als-auch!' – Das ist das Zauberwort. Das ist unsere Aufgabe: beides. ‚Sowohl-als-auch' – das ist eine Meisterleistung. Ich halte aus, dass beides da ist. Das war auch die Meisterleistung von Jesus: Im Inneren war er erfüllt vom Logos – und außen war er umgeben von Ignoranten – das war vielleicht schwerer auszuhalten als die Kreuzigung – die war nach ein paar Stunden vorüber – aber jahrelang auszuhalten, den Spagat aushalten, wie da zwei Wirklichkeiten zusammen im gleichen Augenblick sind – das ist die Kunst. (Und dann wissen wir ja aus der Geschichte in der Wüste, dass auch Jesus um dunkle Seiten in sich wusste). Und diese Spannung auszuhalten lernen – das erreichen wir nur, wenn wir es wollen, als Ziel vor Augen haben – und das bedeutet: üben! So, jetzt bin ich aber geschafft!"

Kl: „Ich auch!" (*lacht*)

Begl: „Ich habe das jetzt richtig genossen, Ihnen das alles sagen zu dürfen. Ich weiß jetzt: Ich kann Sie gut gehen lassen: Die Grundlagen der wichtigsten Theorie haben Sie – daraus ergibt sich alles Weitere. Und das ETWAS können Sie ja mit Ihrer Therapeutin bearbeiten – und da Sie jetzt das ETWAS vom ICH besser unterscheiden können, können Sie sich bei jedem ETWAS auch fragen: ‚Lohnt sich das überhaupt, wie tief will ich da noch einsteigen?'"

(Zur Seelengrund-Reise sind wir jetzt gar nicht mehr gekommen – Begleitungen sind eben nicht planbar ... wir blicken noch ein wenig

in die Möglichkeiten für die Klientin an ihrem Wohnort, was Kurse für Shiatzu und Reflexzonen angeht. Dann lassen wir die Begleitung zum Abschluss kommen).

Epilog

Das Sein lächelt

„Das Sein lächelt" – Diese Worte Graf Dürckheims werden für uns zur wahrhaftigen, erlebbaren Wirklichkeit, wenn wir authentisch sind. In diesem Ich-Zustand vereinigen sich Himmel und Erde in der Einmaligkeit unseres Person-Seins, das im Seinsgrund wurzelt. Selbst die Erden-Schwere von Alter, Armut, Einsamkeit und Krankheit ist in der Lage, zum Gefäß zu werden für das lächelnde Sein. – Dies belegen genügend Berichte von Menschen, die gerade durch die Widrigkeiten und Zumutungen des Lebens zu einem Ich-Zustand der Gelassenheit und Leichtigkeit eines Gott-verbundenen Einverstanden-Seins und Nicht-anders-haben-Wollens gefunden haben.

Zu diesem Ich-Zustand führen Stufen, spirituelle Reifungsphasen, die der Entwicklungs-Psychologe und Theologe James Fowler beschrieben hat (vgl. Fowler 2000). Aber – wer weiß heute noch in christlichen Kreisen von diesen Stufen? Die „Nachfolge Jesu" des Thomas a Kempis aus dem Jahr 1424 gab es damals allein in 700 Handschriften und die „Pilgerreise" des John Bunyan (1684) war eine Zeit lang nach der Bibel das meistgelesene Buch der Welt. Wer kennt heute noch die Urfassungen des Stufenweges aus der Frömmigkeitsbewegung des Pietismus (in seiner ursprünglich noch mystischen Phase) wie z.B. „Der breite und der schmale Weg, die weite und die enge Pforte" des F. W. Bergemann, Neuruppin von 1860 (Abbildung 21), wo jeder Pilger sein Kreuz trägt? „Neugeboren werden in Christus" war für die Frommen damals das oberste anzustrebende Ziel ihres Lebens. Stufen führten dort hin.

Auf einer späteren Darstellung derselben Thematik (Abbildung 22) lässt sich deutlich ein Gesinnungswandel ablesen: „Der breite und der schmale Weg" der Charlotte Reihlen (um 1920) lässt niemanden mehr das Kreuz der Nachfolge Jesu tragen und nur noch ein einziger Wanderer geht den Stufenweg und findet am bedrohlichen Löwen vor-

Abb. 21 Aus: Katalogband des Landeskirchlichen Museums Bd 1 und 2. Erschienen zur Ausstellung „Zwischen Kanzel und Kehrwoche“ vom 12. 6. bis 27. 11. 1994 (Katalog S. 205, ©Museale Sammlung im Landeskirchlichen Archiv Stuttgart, Inv. Nr. 92.576) um 1860.

bei – (der Löwe ist ein Symbol für Beschützer-Ich, Charakter, Ego, also den „alten Adam“) – in die Einsamkeit der Wüste, von wo der Pfad direkt zum „himmlischen Jerusalem“ führt, der „heiligen Stadt“ als

Abb. 22 Aus: Katalogband des Landeskirchlichen Museums Bd 1 und 2. Erschienen zur Ausstellung „Zwischen Kanzel und Kehrwoche“ vom 12. 6. bis 27. 11. 1994 (Katalog S. 69, ©Museale Sammlung im Landeskirchlichen Archiv Stuttgart, Inv. Nr. 94.453). Um 1920. Evangelische Kirchengemeinde Altenburg.

Symbol für Erlösung und Erleuchtung in der Gottes-Nähe. Das Konzept einer „Neugeburt“ oder „Wiedergeburt in Christus“, als Ergebnis eines lebenslangen Weges der Arbeit am Charakter (symbolisiert durch das Kreuz), wurde hier also weitgehend aufgegeben.

Wer aber ist heute überhaupt dafür ausgebildet, Menschen kompetent von Stufe zu Stufe zu begleiten? In der protestantischen Tradition legt man z.B. (mehrheitlich) größten Wert darauf, dass „alle Menschen vor Gott gleich“ sind, wehrt sich vehement gegen jegliches Konzept von Entwicklungsstufen – und braucht folglich natürlich auch niemanden mit „Stufen-Kompetenz“.

In der Welt der katholischen Spiritualität gibt es zwar Lehrer mit „Stufen-Kompetenz“, die aber wiederum häufig genug misstrauisch beäugt werden von den offiziellen Vertretern der „Amtskirche“, die meinen, ein „guter Katholik“ bräuchte „so etwas“ nicht, da doch alles für das Heil Notwendige schon in Verkündigung und Messopfer geschieht.

Und die Psychologen? Viele lehnen jegliche Beschäftigung mit religiösen Fragen in der Therapie ab. Andere, wenn sie ein religiöses Grundwissen haben, werden in der Lage sein, ihren Klienten dazu zu verhelfen, dass sie die neurotischen Aspekte ihres Gottesbildes erkennen und verstehen lernen (vgl. Moser 2011). Aber darüber hinaus?

Es gibt zwar etliche Psychologen, die sich selber für „spirituell“ halten, weil sie z.B. regelmäßig meditieren und „Achtsamkeit praktizieren“. Bei genauerem Zuhören wird allerdings deutlich, dass ihre Vorstellung von dem, was Geist ist, ausgesprochen rudimentär ist. Auf meinem langen Weg durch psychotherapeutische Sprechzimmer und Gruppenräume habe ich nur einen einzigen Lehrer persönlich kennen gelernt, der neben seiner psychologischen Qualifikation auch ein angemessenes Wissen über das Wesen des Geistes vorweisen konnte: Karlfried Graf Dürckheim (der sich übrigens gegen Ende seines Lebens als „Christ“ verstand). Einen religiösen Bezugspunkt, eine öfters sogar innige Beziehung zu Gott konnte ich zwar bei etlichen Psychologen erkennen; aber den alten christlichen Dualismus hatte keiner von ihnen überwunden.

Der „Ruf nach dem Meister“ verhallt in unserer universitär ausgebildeten Pfarrerschaft wie Psychologen-Zunft also weitgehend ungehört. Dieser Sachverhalt treibt die Sinn-Sucher und Gott-Sucher auf den „freien Markt“, wo nun die ganze Palette von Pseudo-Meisterchen bis zu echten, authentischen Lehrern zu finden ist.

Mit diesem Buch möchte ich Psychologen, Psychotherapeuten, Pfarrern, Seelsorgern und geistlichen Begleitern ein Handwerkszeug geben, welches ihnen erlaubt, die oben beschriebene Lücke zu schließen, ohne selber eine Pseudo-Meisterschaft vorzugeben: Sie können bei Anwendung der beschriebenen Konzepte und Methoden tatsächlich Begleiter für sämtliche Stufen des Lebens sein, da die Christusorientierte Begleitung nichts Anderes tut, als in aller Bescheidenheit, Demut und Hingabe den Klienten zu einem Ich-Zustand zu begleiten, in welchem er in der Lage ist, sich auf das Sein einzulassen, wie es in seinem Seelengrund zu erfahren ist und durch die Phänomene seines eigenen Lebens zu ihm spricht: durch Teilpersönlichkeiten wie Ereignisse, durch Regionen seines Körpers genau so wie durch seine Beziehung zu Mitmenschen.

Das wiederum ist möglich, weil das Sein in allem, in einfach wirklich allem lächelnd gegenwärtig ist: Gott ist die Zeit, in der wir leben und der Raum, die Materie und das Bewusstsein, die Lebensenergie und das ordnende Prinzip in allem – und jedes Lebewesen ist eine Emanation aus seinem Leben. Er ist unser Leib, unsere Seele, unser Geist. Der Ich-Zustand – und darin liegt das ganze Geheimnis – der Ich-Zustand ist die Voraussetzung dafür, dass Menschen empfänglich werden für das Heilige, jenseits von dem, was landläufig unter „Glauben“ (im Sinne von „Für-wahr-halten“) verstanden wird, jenseits von „Wille und Vorstellung“, jenseits von irgend einer Machbarkeit. Die Aufgabe des Begleiters ist es, dem Klienten immer wieder neue Hilfen zu geben, damit er so oft wie nur möglich in diesen Ich-Zustand des demütigen Empfangens und Hörens, des Sehens und Spürens kommen kann: mit Hilfe des „von innen gefühlten Körpers“ und der Wahrnehmung seines „unsichtbaren Bildschirms“.

Aber auch die schönste und tiefste Gott-Verbundenheit wird ungenügend bleiben, wenn nicht die entsprechende Selbst-Erfahrung hinzu kommt: die Bearbeitung des ETWAS, die Entlarvung und Entschlüsselung des Charakters als „Ersatz-Ich“.

Der Prozess der Dis-Identifikation (als Unterscheidung von Ich und Ersatz-Ich) setzt ein angemessenes psychologisches Grundwissen und Handwerkszeug voraus. Auch dazu möchte dies Buch mit seiner strikten Unterscheidung von ETWAS, ICH und SEELENGRUND beitragen.

Unser irdisches Leben ist nur dadurch möglich, dass es Polaritäten gibt, aus deren Spannung sich der Lebensstrom nährt. Wenn wir innerhalb dieses Spannungsfeldes den Prozess der Dis-Identifikation in aller Konsequenz vorantreiben, befreien wir uns somit genau von jenen Schutzpanzern, die wir einst aufgebaut haben, um den Blick in die Abgründe des „Nichts" (als einem der beiden Pole) abzuwehren.

Sind einmal alle Identifikationen und Schutzmechanismen zwischen uns und dem „Nichts" überwunden, so können wir *einerseits* wieder den Seelengrund „ungetrübt" erfahren und die damit verbundene Leichtigkeit des Seins in höchstem Glück genießen. Ja, indem wir uns „erheben" und „leicht werden wie eine Feder", sind wir in diesem Ich-Zustand selber reine Liebe und höchste Freude und sind organisch verbunden mit sämtlichen Lebewesen um uns, weil wir in diesem Ich-Zustand der Erhebung reines „Ich bin" *sind*, wo das menschliche „Ich bin einfach nur ich" zusammenfällt mit dem göttlichen „Ich bin der, der ich bin." Wenn wir authentisch sind, frei von jeglichen Trübungen durch Identifikation mit einem ETWAS, sind wir Eins mit dem lächelnden Sein, ja, wir werden selber zum lächelnden Sein.

Andererseits sind wir auf der psychischen Ebene ohne schützende Identifikationen der Konfrontation mit dem „inneren Nein-Sager" in Reinform ausgesetzt (wie Jesus in der Wüste nach seiner Taufe, als ihm das „Nichts" in Gestalt des Teufels gegenübertritt). Der innere „Mephisto", der, wie Goethe ihn im „Faust" sagen lässt, ein „Teil von jener Kraft (ist), die stets das Böse will – und doch das Gute schafft," wird immer dann aktiv, wenn wir unaufmerksam werden für unser ICH-Sein und auf diese Weise unseren alten und eigentlich überwundenen Absichten, Stimmungen, inneren Kritikern usw. freien, unachtsamen Lauf lassen – uns also „gehen lassen". Wenn wir unser Ich-Sein aus dem Auge verlieren und Anderes wichtiger werden lassen, besetzt das ETWAS den Königsthron des Ich – und damit gleichzeitig mit ihm das

„Nichts“ – welches in der Folge Ungutes bewirkt. Das „Nichts“, als das „absolute Böse“, ist ein Zeichen für mangelnde Präsenz des Personalen und verwandelt uns in ein ETWAS.

Dieser Vorgang ist aber jederzeit umkehrbar, sowie wir (mit jenem Rest an Ich, welchen die Mystiker das „Fünklein in der Seele“ nannten) bemerken, dass ein ETWAS die Herrschaft übernommen hat und wir daraufhin alles tun, um wieder die Aufmerksamkeit vom ETWAS zum ICH-Sein zurückholen – wodurch gleichzeitig die Macht vom „Nichts“ zum lächelnden Sein zurückkehrt. Es ist unsere Berufung, diesen Kampf anzunehmen, der bestehen wird, so lange wir auf Erden innerhalb der Polaritäten leben: „Fallen und Aufstehen, Fallen und Aufstehen...“. Immer wenn wir personal, als „Jemand“, als „Ich bin“, also in unserer Verbindung zum Sein, unseren Platz einnehmen, sind wir der König und die Königin Ich. Immer wenn wir einem ETWAS mehr Aufmerksamkeit zukommen lassen als unserem ICH-Sein, nimmt die Dynamik des „Nichts“ und damit des Bösen im gleichen Maße zu. Um diese Gesetzmäßigkeit muss wissen, wer diesen Weg geht.

Klienten kommen in Krisen normalerweise mit der Frage: „Was soll ich tun, wie soll ich mich verhalten?“ Es braucht etwa 2 bis 4 theoretische „Blöcke“ innerhalb einer Christus-orientierten Begleitung, um ein praktisch anwendbares Grundwissen über Körper, Seele und Geist zu vermitteln, mit dessen Hilfe der Klient im guten Falle erkennt, dass andere Fragen viel wichtiger sind als die nach dem Tun, nämlich: „Was wollen die Ereignisse mir sagen?“ und : „Was will das Leben von mir? Wozu bin ich eigentlich da?“ und daraus ergibt sich: „Wer bin ich?“ Durch Selbsterfahrung einerseits und treues Üben der Hingabe an den Seelengrund andererseits findet er, wenn es sein darf, zu jener beglückenden Identität, die weiß: „Ich bin eine Rebe am Weinstock des göttlichen Lebens.“ Den „Willen Gottes tun“ heißt dann:

1. sich um Authentizität bemühen,
2. das eigene Leben als Emanation des göttlichen Lebens verstehen,
3. das eigene Leben wollen und bejahen, was immer es auch bescheren mag, gemäß der Devise:
   „Dein Leben ist richtig, egal was geschieht –
   versuch zu verstehen, was mit dir geschieht.“

Nach meiner Beobachtung aus Jahrzehnten der Begleitung von Menschen kommt jeder Klient in seiner Selbst-Erfahrung genau so weit, wie er sich getragen und gehalten weiß vom Seelengrund. Und dazu kommt die zweite Beobachtung, dass die Praktizierenden, die ich kennen gelernt habe, wiederum sich nur so weit in ihren Seelengrund hinein loslassen können, wie sie sich selber in der Selbsterfahrung erkannt haben, also ihr Person-Sein als ICH vom Charakter als Ersatz-Ich und ETWAS unterscheiden können. So bedingt Eines das Andere: die Selbsterfahrung braucht, um all die (den Narzissmus demütigenden) Erfahrungen von Des-Illusionierung und Ernüchterung aushalten zu können, eine Instanz der Sicherheit und des Vertrauens – also den Trost der Gottes-Erfahrung. Und die Gottes-Erfahrung braucht die Selbst-Erfahrung, damit die Anbindung an das Heilige sich nicht mit den persönlichen Trübungen und Verzerrungen des Charakterpanzers vermischt und die Erfahrung des Heiligen trübt.

Mit diesem Buch und seiner ausführlichen Theorie zum Menschenbild im ersten Teil und mit den Fallbeispielen im zweiten Teil möchte ich Seelsorger wie Therapeuten dazu ermutigen, die große Lücke der fehlenden Meister in aller Bescheidenheit und Demut – auf Augenhöhe mit den Klienten – zu füllen. Und woher kommt die Sicherheit zum Tun? Die Antwort: üben, üben, üben, allein und mit Gleichgesinnten: „Jetzt begleite ich dich – und nachher begleitest du mich. So sammeln wir unsere Erfahrungen – und wenn die Zeit dafür reif ist, wenden wir die Methoden bei unseren Klienten an. – Und dann üben wir wieder weiter.“

Das SEIN lächelt.
SINN ist in allem.
Sprich mit den Teilen – sie wissen ums Ganze.

Anhang

Mensch-Sein in Polaritäten – der Grundrhythmus in der Handschrift

Die Tabellen der Gerichts-Graphologin Roda Wieser

(mod. nach Wieser 1973: 69 ff.)

Etwas	**Ich**	Etwas
←		→
Unwerte	Werte	Unwerte
←		→
Schwäche	Stärke	Schwäche
Schriftmerkmal		Schriftmerkmal

Unregelmäßigkeit			**Regelmäßigkeit**	
Richtungs-losigkeit	Beweglichkeit	D	Geordnetes Denken	Schablonen-haftigkeit
Labilität	Lebhaftigkeit	F	(Selbst-zügelung)	Kälte
Ablenkbarkeit	(Schmiegsam-keit)	W	Selbst-erneuerung	Halsstarrigkeit

Ungegliedert			**Gegliedert**	
Unklarheit (Kritiklosigkeit)	Instinktives Urteil	D	Objektivieren-des Urteil	Beziehungs-losigkeit
Gefühls-verwirrung	Phantasie	F	Distanziertheit	Kontakt-losigkeit
Ziellosigkeit	Lebensnahe Zielsetzung	W	Planende Zielsetzung	Lebensferne der Zielsetzung

Größe		**Kleinheit**	
Überheblich-keit	Sicherheit	Bescheidenheit	Ängstlichkeit
Anmaßung	Selbst-vertrauen	Selbstkritik	Selbstzweifel
Machttrieb	Selbst-behauptung	Anspruchs-losigkeit	Kleinmut

D = Denken, **F** = Fühlen, **W** = Wollen

Etwas	Ich	Etwas
←→		
Unwerte	Werte	Unwerte
←→		
Schwäche	Stärke	Schwäche
Schriftmerkmal		Schriftmerkmal

Unausgewogenheit			**Ausgewogenheit**	
Zersplitterung	Aufgewecktheit	D	Geschlossenheit der Interessenbereiche	Uninteressiertheit
Leichterregbarkeit	Anregbarkeit	F	Gleichmut	Stumpfheit
Vielgeschäftigkeit	Initiative	W	Gleichmaß	Gleichförmigkeit

Größe			**Kleinheit**	
Undifferenziertheit	Praktisches Denken (Augenmensch)	D	Theoretisches Denken (Kopfmensch)	Überspitztheit
Übertriebenheit	Leidenschaftlichkeit	F	Feinspürigkeit	Nüchternheit
Willensfanatismus	Aktivität	W	Konzentration	Verbohrtheit

Rechtsschrägheit			**Linksschrägheit**	
Kritiklosigkeit	Interessiertheit	D	Überlegtheit	Berechnung, Falschheit, Lüge
Triebabhängigkeit, Beeinflussbarkeit	Zugänglichkeit	F	„Reserve“	Kühle (Kälte)
Maßlosigkeit	Aktivität	W	Selbstbeherrschung	Unechtheit, Maske

Etwas	**Ich**	Etwas
←	→	
Unwerte	Werte	Unwerte
←	→	
Schwäche	Stärke	Schwäche
Schriftmerkmal		Schriftmerkmal

Weite			**Enge**	
Bedenkenlosigkeit	Unvoreingenommenheit	D	Bedachtheit	Berechnung, Lüge
Flüchtigkeit des Fühlens	Unmittelbarkeit des Fühlens	F	Verinnerlichung	Egozentrizität
Sichgehenlassen	Zielstrebigkeit	W	Zügelung	Egosistisches Beharren
Widerstandsschwäche ←	Antrieb ←→		Widerstand →	Gehemmtheit

Eile			**Langsamkeit**	
Flüchtigkeit	Rasche Auffassung	D	Besonnenheit	Berechnung
Ruhelosigkeit	Lebhaftigkeit	F	Geruhsamkeit	Gleichgültigkeit
Fahrigkeit	(Rührigkeit)	W	Beständigkeit	Trägheit

Druckschwäche			**Druckstärke**	
Oberflächlichkeit Leichtfertigkeit	Leichtigkeit des Auffassens	D	Gründlichkeit des Nachdenkens	Verbohrtheit, Dickköpfigkeit
Empfindlichkeit	Sensibilität	F	Intensität	Affektivität
Willensschwäche	Beweglichkeit	W	Nachhaltigkeit	Egoistische Selbstbehauptung und -durchsetzung

Etwas	**Ich**	Etwas
Unwerte	Werte	Unwerte
Schwäche	Stärke	Schwäche
Schriftmerkmal		Schriftmerkmal

Völle (flächig)			**Magerkeit** (Linear)	
Unsachlichkeit des Urteils	(Anschauungsvermögen) (Vorstellungsgabe)	D	Scharfsinn	Prinzipienreiterei
Illusionen	Phantasie	F	(Sachlichkeit)	Gefühlsarmut
Unbestimmtheit	(Gemüthaftigkeit) (weiblich)	W	Zweckbestimmtheit (männlich)	„Nackter Wille“

Girlande			**Winkel**	
Unselbständigkeit des Urteils	Aufgeschlossenheit	D	Zielbewusstes Denken	„Scheuklappen“
Beeinflussbarkeit	Empfänglichkeit	F	Unbeirrbarkeit	Unnachgiebigkeit
Haltlosigkeit	(Beweglichkeit)	W	Festigkeit	Härte (Kälte)

Betonung der Oberzone (-länge) (auch als Unterlängenverkümmerung)			**Betonung der Unterzone (-länge)** (auch als Oberlängenverkümmerung)	
Tatsachenfremdheit	Idealismus	D	Realismus	Materialismus
Wurzellosigkeit	Sublimierung der Triebkomponente	F	Natürliche Triebverwurzelung	Triebverhaftung
Verstiegenheit	(Streben im Idealen)	W	Tatkraft im Realen	Egoistische Selbstbehauptung im Realen

Etwas	**Ich**	Etwas
←		→
Unwerte	Werte	Unwerte
←		→
Schwäche	Stärke	Schwäche
Schriftmerkmal		Schriftmerkmal

Unterbrechungen (je nach Wahrung der Kohärenz: in Wort und Schriftbild)		**Knüpfungen, Verbindungen** (je nach Selbständigkeit, Gewandtheit, Findigkeit, Zweckmäßigkeit)	
Bezug auf das Denken			
Ungewandtheit	Beobachtungsgabe	Kombinationsgabe	Berechnende Glätte
Zerpflücken	Unterscheidung	Systematik	Schematismus
Umständlichkeit	Genauigkeit	Gewandtheit	Oberflächlichkeit
Primitivität	Tatsachennähe	Abstraktion	Tatsachenblindheit
Begrenztheit der Begriffsbildung	Sorgfalt	Leichte Auffassung	Flüchtigkeit
Verminderte Urteilsfähigkeit	Urteilsfähigkeit		Verminderte Urteilsfähigkeit
Bezug auf das Fühlen			
Störbarkeit	Intuitive Empfänglichkeit	Beständigkeit	Gleichförmigkeit
Keine Anpassungsgabe (Gehemmtheit)	Anpassungsgabe		Keine Anpassungsgabe (Getriebenheit)
Bezug auf den Willen			
Sprunghaftigkeit	Initiative	Konsequenz	Keine Anpassungsbereitschaft

Etwas	**Ich**	Etwas
←		→
Unwerte	Werte	Unwerte
←		→
Schwäche	Stärke	Schwäche
Schriftmerkmal		Schriftmerkmal

Rechtsläufigkeit (Vermehrte Rechtsläufigkeit)			**Linksläufigkeit** (verminderte Rechtsläufigkeit)	
Bedenkenlosigkeit	Zielstrebigkeit	D	Überlegtheit	Berechnung, Lüge
Widerstandsschwäche	Selbsthingabe	F	(Selbstbewahrung)	Egozentrizität
Willensschwäche	(Betriebsamkeit)	W	Tatkraft	Egoistische Selbstbehauptung

Ungenauigkeit (Ungestaltet / Gestaltet) (Vernachlässigung)			**Genauiggkeit** (Gestaltet / Ungestaltet) (Zuchteinschlag)	
Unachtsamkeit	Erfassen des Wesentlichen	D	Präzision	„Maske“
Oberflächlichkeit	Aufgeschlossenheit	F	(Beständigkeit)	Bindungen an die Konvention
Keine Einordnung	Initiative	W	(Gewissenhaftigkeit)	Sturheit

Adressen

Deutsches Ausbildungsinstitut für
Focusing und Focusing-Therapie:

DAF

Ludwigstraße 8a
97070 Würzburg
Tel. 0931/416283
info@focusing-daf.de
www.focusing-daf.de

Eckhard Molsen

www.vs-lebensweg.de

Literatur

Teil I: Einleitung und Grundlagen

1. Kapitel: Selbsterfahrung und Gotteserfahrung

Beck, Magnus (1990): Wege der Mystik bei Thomas von Aquin. St. Ottilien: EOS Verlag Erzabtei St.Ottilien.

Lotz, Johannes B. (1.Aufl. 1980): Der siebenfache Weg – Das Herzensgebet von seinem Ende her. Frankfurt am Main: Verlag Josef Knecht.

2. Kapitel: Die vier Pfeiler – Überblick über die angewandten Konzepte

Axline, Virginia M. (7. Aufl. 1972 [1964]): Dibs – die wunderbare Entfaltung eines menschlichen Wesens. Bern, München, Wien: Scherz.

Beck, Sebastian (2010): Ein Wohnzimmer für die Angst. In: Süddeutsche Zeitung vom 9./10. Okt. 2010.

Berne, Eric (21. bis 23. Tsd. 1990[1983]): Was sagen Sie, nachdem Sie „Guten Tag" gesagt haben? – Psychologie des menschlichen Verhaltens. Frankfurt am Main: Fischer (Geist und Psyche).

Dietz, Ingeborg und Thomas (2008): Selbst in Führung – Achtsam die Innenwelt meistern – Wege zur Selbstführung und Selbst-Coaching. Paderborn: Junfermann Verlag.

Dürckheim, Karlfried Graf (5. Aufl. 1988 [1979]): Der Weg, die Wahrheit, das Leben – Erfahrungen auf dem Weg zur Selbstfindung. Gespräche mit Alphonse Goettmann. München: Otto Wilhelm Barth Verlag.

Dürckheim, Karlfried Graf (1972 [1967]: Hara – Die Erdmitte des Menschen. Weilheim/Obb.: Otto Wilhelm Barth-Verlag.

Edelmann, Eric (2000): Jésus parlait araméen – A la recherche de l'enseignement originel – Le message du Christ retrouvé au coeur du plus vieil Evangile. Paris: Les éditions du relié.

Ferrucci, Piero (41.-44.Tsd.1994[1981]): Werde, was du bist – Selbstverwirklichung durch Psychosynthese. Reinbek bei Hamburg: Rowohlt Taschenbuch Verlag (rororo Transformation).

Fromm, Erich (2005): Vom Haben zum Sein – Wege und Irrwege der Selbsterfahrung (Hrsg. von Rainer Funk). Berlin: Ullstein.

Gendlin, Eugene, T./Wiltschko, Johannes (2. Aufl. 2004 [1999]): Focusing in der Praxis – Eine schulenübergreifende Methode für Psychotherapie und Alltag. Stuttgart: Pfeiffer bei Klett-Cotta (Leben lernen 131).

Ital, Gerta (1966): Der Meister, die Mönche und ich – eine Frau im Zen-Buddhistischen Kloster. München: Otto Wilhelm Barth Verlag.

Jung, C.G. (1972): Briefe I–III. Hrsg. von Aniéla Jaffé und Gerhard Adler. Olten/ Freiburg: Walter-Verlag.

Lotz, Johannes B., S. J. (1960): Von der Einsamkeit des Menschen – Zur geistigen Situation des Menschen. Frankfurt am Main: Verlag Josef Knecht.

Meyer, Hermann (3. Aufl. 1990 [1987]): Gesetze des Schicksals – Die Befreiung von unbewußten Zwängen. Basel: Sphinx.

Missildine, W. Hugh (1976 [1963]): In dir lebt das Kind, das du warst – Vorschläge zur Bewältigung des Alltags. Stuttgart: Klett Verlag.

Meurois-Givaudan, Anne und Daniel (1993): Vom Geist der Sonne – Die Friedensbotschaft der Lichtgestalt aus Damaskus. München: Hugendubel (Kailash).

Parlow, Barbara (2012): Die Drachenmatrix im Menschen – Gesundes Leben im Gleichgewicht. Bad Dürrheim: Selbstverlag. www.barbara-parlow.de

Reddemann, Luise (14., durchges. Aufl. 2008 [2001]): Imagination als heilsame Kraft – Zur Behandlung von Traumafolgen mit ressourcenorientierten Verfahren. Stuttgart: Klett-Cotta (Leben lernen 141).

Renn, Klaus (2004): Ein paar Bemerkungen zum „FreiRaum" – Focusing Journal Heft 13. Würzburg: Deutsches Ausbildungsinstitut für Focusing und Focusing-Therapie (DAF).

Rohr, Richard und Ebert, Andreas (18. Aufl. 1993 [1989]): Das Enneagramm – Die 9 Gesichter der Seele. München: Claudius.

Rohr, Richard (2005 [2001]): Hoffnung und Achtsamkeit – Spirituell leben heute. Freiburg: Herder (Spektrum).

Schwartz, Richard C. (5. Aufl. 2007 [1995]): Systemische Therapie mit der inneren Familie. Stuttgart: Klett-Cotta (Leben lernen 114).

Sloterdijk, Peter (2006): Zorn und Zeit. Frankfurt am Main: Suhrkamp Verlag.

Splett, Jörg (2007): Der Mensch als Weg zu Gott – Das Projekt Anthropo-Theologie bei Jörg Splett. Philosophisches Symposion der Thomas-Morus-Akademie Bernsberg, hrsg. von Nissing, Hanns-Gregor. München: Institut für Glaubenslehre (Stiftung).

Stevens, Anthony (o. J.): Jung. Freiburg: Herder (Spektrum Meisterdenker).

Stumm, Gerhard; Wiltschko, Johannes; Keil, Wolfgang W. (2003): Grundbegriffe der Personzentrierten und Focusing-orientierten Psychotherapie und Beratung. Stuttgart: Pfeiffer bei Klett-Cotta.

Tauler, Johannes (4. unv. Aufl. 2007): Predigten Bd. I und II, vollst. Ausgabe, übertr. und hrsg. von Georg Hofmann. Einsiedeln: Johannes Verlag (Christliche Meister Bd. 2 und 3).

Wehr, Gerhard (2010 [1977]): Martin Buber – Leben, Werk, Wirkung. Gütersloh: Gütersloher Verlagshaus.

Teil II: Wissen und Unterscheidung

1. Kapitel: ETWAS oder JEMAND

Beck, Sebastian (2010): „Ein Wohnzimmer für die Angst". In: Süddeutsche Zeitung vom 9./10. Okt. 2010.

Dürckheim, Karlfried Graf (1973): Vom doppelten Ursprung des Menschen – Als Verheißung, Erfahrung, Auftrag. Freiburg i. Brsg.: Herder.

Fromm, Erich (61.-80. Tsd.1977[1976]): Haben oder Sein – Die seelischen Grundlagen einer neuen Gesellschaft. Stuttgart: Deutsche Verlags-Anstalt.

Funk, Rainer (2005): Ich und Wir – Psychoanalyse des postmodernen Menschen. München: Deutscher Taschenbuch Verlag.

Heckmann, Friedrich (2004): „Über die Möglichkeit und Unmöglichkeit, christliche Ethik zu lehren". In: Beim Wort genommen – Die Schrift als Zentrum für kirchliches Reden und Gestalten – Friedrich Mildenberger zum 75. Geburtstag. Hrsg. von Michael Krug/Ruth Lödel/Johannes Rehm. Stuttgart: Kohlhammer.

Lotz, Johannes B., S.J. (3. Aufl. 1963 [1954]): Meditation im Alltag. Frankfurt/ Main: Verlag Josef Knecht.

Pieper, Josef (5., neu bearb. Aufl. 2007 [1958]): Muße und Kult – Mit einer Einführung von Kardinal Karl Lehmann. München: Kösel-Verlag.

Richter, Ludwig (1982[1870]): Lebenserinnerungen eines deutschen Malers. Hrsg. von Karl Wagner. Berlin: Evangelische Verlagsanstalt.

Spaemann, Robert (2006 [1996]): Personen – Versuche über den Unterschied zwischen „etwas" und „jemand". Stuttgart: Klett-Cotta.

Stevens, Anthony (o.J.): Jung. Freiburg: Herder (Spektrum Meisterdenker).

Tillich, Paul (1962): Die verlorene Dimension – Not und Hoffnung unserer Zeit. Hamburg: Furche-Verlag (Stundenbuch 9).

Wehr, Gerhard (2010 [1977]): Martin Buber – Leben, Werk, Wirkung. Gütersloh: Gütersloher Verlagshaus.

Wörterbuch der Analytischen Psychologie (2003): Hrsg. von Lutz Müller und Annette Müller. Düsseldorf und Zürich: Walter Verlag.

2. Kapitel: Wer in mir sagt „Ich“

Bradshaw, John (2000 [1990]): Das Kind in uns – wie finde ich zu mir selbst. München: Droemersche Verlagsanstalt Th. Knaur Nachf.

Buber, Martin (14.Aufl.2001 [1960]): Der Weg des Menschen – nach der chassidischen Lehre. Gütersloh: Gütersloher Verlagshaus.

Chopich, Erika J. und Paul, Margaret: (5. Aufl. [1988]: Aussöhnung mit dem inneren Kind. Freiburg i. Brsg.: Verlag Hermann Bauer.

de Mello, Anthony (3.Aufl.1995 [1992]): Die Fesseln lösen – Einübung in erfülltes Leben. Freiburg, Basel, Wien: Herder.

Di Fabio, Udo (2005): Die Kultur der Freiheit. München: C. H. Beck.

Dürckheim, Karlfried Graf (5. Aufl. 1988[1979]): Der Weg, die Wahrheit, das Leben – Erfahrungen auf dem Weg zur Selbstfindung, Gespräche über das Sein mit Alphonse Goettmann. München: Otto Wilhelm Barth Verlag.

Fromm, Erich (2005): Vom Haben zum Sein – Wege und Irrwege der Selbsterfahrung. (Hrsg. von Rainer Funk). Berlin: Ullstein.

Gendlin, Eugen T. und Wiltschko, Johannes (2. Aufl. 2004[1999]): Focusing in der Praxis – eine schulenübergreifende Methode für Psychotherapie und Alltag. Stuttgart: Pfeiffer bei Klett-Cotta (Leben lernen 131).

Gruen, Arno (3. Aufl. 2004[2000]): Der Fremde in uns. München: Deutscher Taschenbuch Verlag.

Lorenzer, Alfred (2000[1973]): Sprachzerstörung und Rekonstruktion – Vorarbeiten zu einer Metatheorie der Psychoanalyse. Frankfurt am Main: Suhrkamp (Wissenschaft 31).

Meyer, Hermann (3. Aufl. 1990[1987]): Die Gesetze des Schicksals – Die Befreiung von unbewußten Zwängen. Basel: Sphinx.

Missildine, Hugh (1976[1963]): In dir lebt das Kind, das du warst – Vorschläge zur Bewältigung des Alltags. Stuttgart: Ernst Klett Verlag.

Schmidt-Salomon, Michael (2005): Fundamentalismus und Beliebigkeit. In: Das Projekt Aufklärung im 21. Jahrhundert – Festschrift Horst Herrmann: Münster/Westf.: Telos Verlag.

Spaemann, Robert (3. Aufl. 2006[1996]): Personen – Versuche über den Unterschied zwischen „etwas“ und „jemand“. Stuttgart: Klett-Cotta.

Stone, Hal und Sidra (2. Aufl. 1995[1989]): Du bist viele – Das 100fache Selbst und seine Entdeckung durch die Voice-Dialogue-Methode. München: Wilhelm Heyne Verlag.

Von Thun, Friedemann Schulz (41.-55.Tsd.1999[1998]): Miteinander reden 3 – Das „innere Team“ und situationsgerechte Kommunikation. Reinbek bei Hamburg: Rowohlt Taschenbuch Verlag.

Waiblinger, Angela (1989): Neurosenlehre der Transaktionsanalyse. Berlin, Heidelberg: Springer-Verlag (Psychotherapie und Psychosomatik).

Wittemann, Artho (2000): Die Intelligenz der Psyche – Wie wir ihrer verborgenen Ordnung auf die Spur kommen. München: Kösel Verlag.

3. Kapitel: Ich als König im eigenen Hofstaat

Dietz, Ingeborg und Thomas (2008): Selbst in Führung – Achtsam die Innenwelt meistern – Wege zur Selbstführung und Selbst-Coaching. Paderborn: Junfermann Verlag.

Dürckheim, Karlfried Graf (1988): Der Weg, die Wahrheit, das Leben – Erfahrungen auf dem Weg zur Selbstfindung. Gespräche mit Alphonse Goettmann. München: Otto Wilhelm Barth Verlag.

Denker, Rolf (1995): Anna Freud - zur Einführung. Hamburg: Junius Verlag.

Lexikon der Psychologie Bd. 1-3. (1971): Hrsg. von Wilhelm Arnold, Hans Jürgen Eysenck, Richard Meili. Freiburg, Basel, Wien: Herder.

Lorenzer, Alfred (2000[1973]): Sprachzerstörung und Rekonstruktion – Vorarbeiten zu einer Metatheorie der Psychoanalyse. Frankfurt am Main: Suhrkamp (Wissenschaft 31).

Reddemann, Luise (14. durchges. Aufl. 2008[2001]): Imagination als heilsame Kraft – Zur Behandlung von Traumafolgen mit ressourcenorientierten Verfahren. Stuttgart: Klett-Cotta (Leben lernen 141).

Schwartz, Richard C. (5. Aufl. 2007[1995]): Systemische Therapie mit der inneren Familie. Stuttgart: Klett-Cotta (Leben lernen 114).

Spaemann, Robert (2006[1996]): Personen – Versuche über den Unterschied zwischen „etwas“ und „jemand“. Stuttgart: Klett-Cotta.

Stumm, Gerhard; Wiltschko, Johannes; Keil, Wolfgang W. (2003): Grundbegriffe der Personzentrierten und Focusing-orientierten Psychotherapie und Beratung. Stuttgart: Pfeiffer bei Klett-Cotta.

Von Thun, Friedemann Schulz (41.-55.Tsd. 1999[1998]: Miteinander reden 3 – Das „innere Team“ und situationsgerechte Kommunikation. Reinbek bei Hamburg: Rowohlt Taschenbuch Verlag.

Wörterbuch der Analytischen Psychologie (2003): Hrsg. von Lutz Müller und Annette Müller. Düsseldorf und Zürich: Walter Verlag.

4. Kapitel: Im Ich sein – Symbolisierung und Grundrhythmus

Aristoteles (2. Aufl. 2008[2006]): Nikomachische Ethik – Übersetzt und hrsg. von Ursula Wolf. Reinbek bei Hamburg: Rowohlt Taschenbuch Verlag (Rowohlts Enzyclopädie).

Heraklit (3. Aufl. 2002[1974]: Die verborgene Harmonie. in: Osho: Die verborgene Harmonie – Vorträge über die Fragmente des Heraklit. Zürich: Oshoverlag.

Lorenzer, Alfred (1970): Kritik des psychoanalytischen Symbolbegriffs. Frankfurt: Edition Suhrkamp.

Lorenzer, Alfred (5. Aufl. 2000[1973]): Sprachzerstörung und Rekonstruktion – Vorarbeiten zu einer Metatheorie der Psychoanalyse. Frankfurt am Main: Suhrkamp (Wissenschaft 31).

Wieser, Roda (1973): Grundriß der Graphologie. München: Kindler (Geist und Psyche).

Wörterbuch der Analytischen Psychologie (2003): Hrsg. Lutz Müller und Annette Müller. Düsseldorf und Zürich: Walter Verlag.

5. Kapitel: Abschied vom Ich – Ersatzgefühle, Charakter und Skript

Bradshaw, John (1993[1988]): Wenn Scham krank macht – Ein Ratgeber zur Überwindung von Schamgefühlen. München: Droemersche Verlags-Anstalt Th. Knaur Nachf.

Dietz, Ingeborg und Thomas (2008): Selbst in Führung – Achtsam die Innenwelt meistern – Wege zur Selbstführung und Selbst-Coaching. Paderborn: Junfermann Verlag.

English, Fanita (1982): Es ging doch gut, was ging denn schief? – Beziehungen in Partnerschaft, Familie und Beruf. München: Christian Kaiser Verlag.

Frank, Karl Suso (2008): „Die selige Synkletike wurde gefragt“ – Vita der Amma Synkletike. Eingeleitet und übersetzt von Karl Suso Frank. Beuron: Beuroner Kunstverlag (Weisungen der Väter Bd. 5).

Gallen, Maria-Anne/Neidhart, Hans (15.-18. Tsd. 1996[1994]): Das Enneagramm unserer Beziehungen – Verwicklungen, Wechselwirkungen, Entwicklungen. Reinbek bei Hamburg: Rowohlt Taschenbuch Verlag.

Haecker von, Jo (2003): Enneagramm – die neun Wege zu einem besseren Selbstverständnis. München: Ludwig Verlag.

Hilmes, Oliver (2004): Witwe im Wahn – Das Leben der Alma Mahler-Werfel. München: Siedler Verlag.

Mahler-Werfel, Alma (1960): Mein Leben – Biographie. Frankfurt am Main: S. Fischer Verlag.

Rohr, Richard/Ebert, Andreas (18. Aufl. 1993[1989]: Das Enneagramm – Die 9 Gesichter der Seele. München: Claudius.

Stone, Hal und Sidra (2. Aufl. 1995[1989]: Du bist viele – Das 100fache Selbst und seine Entdeckung durch die Voice-Dialogue-Methode. München: Wilhelm Heyne Verlag.

Süddeutsche Zeitung (18.3.2011): „Geteilte Sorgen – Erfahrungen anderer beruhigen" Kürzel des Autors: „Sehe". München.

Waiblinger, Angela (1989): Neurosenlehre der Transaktionsanalyse. Berlin, Heidelberg: Springer-Verlag (Psychotherapie und Psychosomatik).

6. Kapitel: Der Seelengrund

Bradshaw, John (1993[1988]): Wenn Scham krank macht – Ein Ratgeber zur Überwindung von Schamgefühlen. München: Droemersche Verlags-Anstalt Th. Knaur Nachf.

Cohn, Ruth/Farau, Alfred (1984): Gelebte Geschichte der Psychotherapie. Stuttgart: Klett-Cotta.

Hahn, Michael (1858, Bd.1): Auszug aus Johann Michael Hahn's Schriften, 2 Bände, enthaltend dessen Schrift-Erfahrungs- und Erleuchtungs-Erkenntniß. (Hrsg. von einer Gesellschaft wahrheitsliebender Freunde). Stuttgart: G. Hasselbrinkschen Buchdruckerei.

Hilmes, Oliver (2004): Witwe im Wahn – Das Leben der Alma Mahler-Werfel. München: Siedler Verlag.

Kornfield, Jack (2003[2000]): Das Tor des Erwachens – Wie Erleuchtung das tägliche Leben verändert. München: Heyne Verlag (Heyne Esoterisches Wissen).

Lang, Gottlob (1962): Michael Hahn – Ein Gottesmann im Schwäbischen Bauerngewand. Stuttgart: Calwer Verlag.

Lindenberg, Wladimir (19.-22. Tsd.1979[1964]): Mysterium der Begegnung. München: Ernst Reinhardt Verlag.

Mahler-Werfel, Alma (1960). Mein Leben – Biographie. Frankfurt am Main: S. Fischer.

Mystik – Ein Lesebuch für Nachdenkliche (2. Aufl. 2003[2002]): Hrsg. von Michaela Diers. München: Deutscher Taschenbuch Verlag.

Schöffler, Heinz Herbert (Hrsg.) (1986): Der Kampf um das Menschenbild – Das achte ökumenische Konzil von 869 und seine Folgen. Dornach: Philosophisch-Anthroposophischer Verlag am Goetheanum.

Schorlemmer, Friedrich (2009): Albert Schweitzer – Genie der Menschlichkeit. Berlin: Aufbau Verlag.

Weizsäcker, Carl Friedrich von (1977): Der Garten des Menschlichen. München: Hanser.

7. Kapitel: Der Seelengrund – Jenseits von Wille und Vorstellung

Allione, Tsültrim (2. Aufl. 2009[2008]): Den Dämonen Nahrung geben – Buddhistische Techniken zur Konfliktlösung. München: Goldmann Arkana.

Avichail, Eliahu (2. Aufl. 1994[1989]): Judentum – Eine Einführung in die Grundlagen des jüdischen Glaubens und Gesetzes. München: Verlag Roman Kovar.

Boethius, Anicius Manlius Severinus (2010): Trost der Philosophie. Wiesbaden: Marix Verlag.

Buber, Martin (14. Aufl. 2001[1960]: Der Weg des Menschen nach der chassidischen Lehre. Gütersloh: Gütersloher Verlagshaus.

Bunyan, John (36. Aufl. 1991[1678]): Pilgerreise zur seligen Ewigkeit Lahr-Dinglingen: St.-Johannis-Druckerei Schweikhardt.

Dethlefsen, Thorwald (1990): Ödipus, der Rätsellöser – Der Mensch zwischen Schuld und Erlösung. München: C. Bertelsmann.

Dürckheim, Karlfried Graf (1973): Vom doppelten Ursprung des Menschen – Als Verheißung, Erfahrung, Auftrag. Freiburg i. Brsg.: Herder.

Dürckheim, Karlfried Graf (1992): Erlebnis und Wandlung – Grundfragen der Selbstfindung. Frankfurt am Main: Suhrkamp Taschenbuch Verlag.

Dürckheim, Karlfried Graf (5. Aufl. 1988[1979]): Der Weg, die Wahrheit, das Leben – Erfahrungen auf dem Weg der Selbstfindung. Gespräche über das Sein mit Alphonse Goettmann. München: Otto Wilhelm Barth.

Erinnerungen, Träume, Gedanken von C. G. Jung (12. Aufl. 2001[1971]): Hrsg. von Aniela Jaffé. Zürich, Düsseldorf: Walter-Verlag.

Ferrucci, Piero (41.-44.Tsd. 1994[1981]): Werde was du bist – Selbstverwirklichung durch Psychosynthese. Reinbek bei Hamburg: Rowohlt Taschenbuch Verlag (rororo Transformation).

Franz, Marie-Louise von (1985): Die Suche nach dem Selbst. Individuation im Märchen. München: Kösel Verlag.

Fromm, Erich (61.bis 80.Tsd. 1977[1976]): Haben oder Sein – Die seelischen Grundlagen einer neuen Gesellschaft. Stuttgart: Deutsche Verlags-Anstalt.

Fromm, Erich (2005): Vom Haben zum Sein – Wege und Irrwege der Selbsterfahrung. (Hrsg. von Rainer Funk). Berlin: Ullstein.

Gigon, Olof (1978): Aristoteles Einführungsschriften – Eingeleitet und übertragen von Olof Gigon. Frankfurt/Main: Büchergilde Gutenberg.

Harding, Esther (1957): Selbsterfahrung – Eine psychologische Deutung von Bunyans Pilgerreise. Zürich: Rhein-Verlag.

Irmer, Juliette (25./26. Juni 2011): Eine Billiarde Untermieter. In: Süddeutsche Zeitung: München.

Kabat-Zinn, John (4. Aufl. 2007[1990]): Gesund durch Meditation – Das große Buch der Selbstheilung. Frankfurt am Main: S. Fischer Verlag.

Kaiser, Joachim (1989): „Jean Cocteau. Vom Wunderkind zum Allroundkünstler". In: Pan - Zeitschrift für Kunst und Kultur Nr. 6. Offenburg: Burda.

Kushner, Lawrence Hrsg. (2003[2001]): Jüdische Mystik – Basistexte aus drei Jahrtausenden. (ohne Ort): Ansata.

Lorenzer, Alfred (1973): Sprachzerstörung und Rekonstruktion – Vorarbeiten zu einer Metatheorie der Psychoanalyse. Frankfurt am Main: Suhrkamp (Wissenschaft 31).

Lotz, Johannes B., S.J. (3. Aufl. 1963[1954]): Meditation im Alltag. Frankfurt am Main: Verlag Josef Knecht.

Lotz, Johannes B., S.J. (2. Aufl. 1965[1965]): Einübung ins Meditieren am Neuen Testament. Frankfurt am Main: Verlag Josef Knecht.

Lotz, Johannes B., S.J. (1973): Kurze Anleitung zum Meditieren. Frankfurt am Main: Verlag Josef Knecht.

Lotz, Johannes B., S.J. (4., erw.Aufl. 1960[1956]): Von der Einsamkeit des Menschen – Zur geistigen Situation des Menschen. Frankfurt am Main: Verlag Josef Knecht.

Loyola, Ignatius von (2.Aufl. 2005[2002]): Bericht des Pilgers. Übers. und kommentiert von Peter Knauer, S.J. Würzburg: Echter Verlag.

Merton, Thomas (1971[1968]): Wahrhaftig beten. Freiburg/Schweiz: Paulusverlag.

Moody, Raymond A. (46.-65.Tsd. 1978[1977]): Nachgedanken über das Leben nach dem Tod. Reinbek bei Hamburg: Rowohlt Verlag.

Mystik – Ein Lesebuch für Nachdenkliche (2. Aufl. 2003[2002]). Hrsg. von Michaela Diers. München: Deutscher Taschenbuch Verlag.

Nowak, Kurt (2. Aufl. 2002[2001]): Schleiermacher – Leben, Werk und Wirkung. Göttingen: Vandenhoeck & Ruprecht (UTB 2215).

Richter, Ludwig (1982[1870]): Lebenserinnerungen eines deutschen Malers. Hrsg. von Karl Wagner. Berlin: Evangelische Verlagsanstalt.

Rohr, Richard (2005[2001]): Hoffnung und Achtsamkeit – Spirituell leben heute. Freiburg, Basel, Wien: Herder (Herder Spektrum Bd. 5582).

Schwab, Hans-Rüdiger (1998): Johannes Reuchlin – Deutschlands erster Humanist. Ein biographisches Lesebuch. München: Deutscher Taschenbuch Verlag.

Schweitzer, Albert (1950): Denken und Tat. Zusammengetragen und dargestellt von Rudolf Grabs. Hamburg: Richard Meiner Verlag.

Sloterdijk, Peter (2009): Du mußt dein Leben ändern – Über Anthropotechnik. Frankfurt am Main: Suhrkamp.

Tillich, Paul (11.-18.Tsd. 1968[1952]): Der Mut zum Sein. Hamburg: Furche-Verlag (Bd. 50 der Stundenbücher).

Wehr, Gerhard (2010[1977]): Martin Buber - Leben, Werk, Wirkung. Gütersloh: Gütersloher Verlagshaus.

Wiltschko, Johannes; Stumm Gerhard; Keil, Wolfgang W. (2003): Grundbegriffe der Personzentrierten und Focusing-orientierten Psychotherapie und Beratung. Stuttgart: Pfeiffer bei Klett – Cotta.

Teil III: Prozess und Übung

1. Kapitel: Eins plus Eins ist Alles

Merton, Thomas (1971 [1968]): Wahrhaftig beten. Freiburg/Schweiz: Paulusverlag.

Wiltschko, Johannes (2011): Ich spüre, also bin ich! – Nicht-Wissen als Quelle von Veränderung – Focusing als Basis einer Metapsychotherapie Bd. II. Münster: Verlagshaus Monsenstein und Vannerdat (Edition Octopus).

2. Kapitel: Sitzungprotokolle

Allione, Tsültrim (2. Aufl. 2009[2008]): Den Dämonen Nahrung geben – Buddhistische Techniken zur Konfliktlösung. München: Goldmann Arkana.

English, Fanita (1982): Es ging doch gut, was ging denn schief? – Beziehungen in Partnerschaft, Familie und Beruf. München: Christian Kaiser Verlag.

Evagrius Pontikus (2008): Der Praktikos. Beuron: Beuroner Kunstverlag (Weisungen der Väter; Bd. 6).

Frank, Suso Karl (2008): „Die selige Synkletike wurde gefragt" – Vita der Amma Synkletike. Beuron: Beuroner Kunstverlag (Weisungen der Väter; Bd. 5).

Avichail, Eliahu (2. Aufl 1994 [1989]): Judentum – Eine Einführung in die Grundlagen des jüdischen Glaubens und Gesetzes. München: Roman Kovar Verlag.

Dethlefsen, Thorwald (1990): Ödipus der Rätsellöser – Der Mensch zwischen Schuld und Erlösung. München: C. Bertelsmann Verlag.

Gendlin, Eugene T./Wiltschko, Johannes (2. Aufl. 2004 [1999]): Focusing in der Praxis – Eine schulenübergreifende Methode für Psychotherapie und Alltag. Stuttgart: Pfeiffer bei Klett-Cotta (Leben lernen 131).

Jaffé, Aniela (Hrsg.) (12. Aufl. 2001[1971]): Erinnerungen, Träume, Gedanken von C. G. Jung – Aufgezeichnet und herausgegeben von Aniela Jaffé. Zürich und Düsseldorf: Walter-Verlag (Sonderausgabe).

Kabat-Zinn, Jon/Kesper-Grosman Ulrike (1999): Stressbewältigung durch die Praxis der Achtsamkeit – Buch und CD. Freiamt: Arbor Verlag.

Kersig, Susanne (2009): Entspannt und klar – Freiraum finden bei Stress und Belastung. (Buch und CD mit 4 geführten Übungen). München: Goldmann Arkana.

Lotz, Johannes B. (4. erw.Aufl. 8.-11.Tsd. 1960 [1956]): Von der Einsamkeit des Menschen – Zur geistigen Situation des technischen Zeitalters. Frankfurt/ Main: Verlag Josef Knecht.

Merton, Thomas (1971 [1968]): Wahrhaftig beten. Freiburg/Schweiz: Paulusverlag.

Reddemann, Luise (14., durchges.Aufl. 2008 (2001)): Imagination als heilsame Kraft – Zur Behandlung von Traumafolgen mit ressourcenorientierten Verfahren. Stuttgart: Klett-Cotta (Leben lernen 141).

Rohr, Richard (2005[2001]): Hoffnung und Achtsamkeit – Spirituell leben heute. Freiburg: Herder (Spektrum).

Sloterdijk, Peter (2009): Du mußt dein Leben ändern – Über Anthropotechnik. Frankfurt am Main: Suhrkamp.

Tauler, Johannes (4. unveränd. Aufl. 2007): Predigten Bd. 1 und 2. Vollst. Ausg. übertr. und hrsg.von Georg Hofmann. Mit e. Einf. von Alois M. Haas. Einsiedeln: Johannes Verlag (Christliche Meister Bd. 2 und 3).

Tillich, Paul (11.-18.Tsd. Febr. 1968 [1952]): Der Mut zum Sein. Hamburg: Furche-Verlag (Bd. 50 der Stundenbücher).

Wiltschko, Johannes (2010): Hilflosigkeit in Stärke verwandeln – Focusing als Basis einer Metapsychotherapie Bd. I. (Mit Beiträgen von Eugene Gendlin, Friedhelm Köhne und Klaus Renn). Münster: Verlagshaus Monsenstein und Vannerdat (Edition Octopus).

Wiltschko, Johannes (2011): Ich spüre, also bin ich! – Nicht-Wissen als Quelle von Veränderung – Focusing als Basis einer Metapsychotherapie Bd. II. Münster: Verlagshaus Monsenstein und Vannerdat (Edition Octopus).

Die Wolke des Nichtwissens - Worin die Seele sich mit Gott vereint (8.Aufl.): Hrsg. von Wolfgang Riehle. Einsiedeln: Johannes Verlag (Christliche Meister Bd. 8).

Epilog

Bunyan, John (36. Aufl. 1992[1684]): Pilgerreise zur seligen Ewigkeit. Wuppertal: Brockhaus (Brockhaus Taschenbuch Bd. 385).

Fowler, James W. (2000[1981]): Stufen des Glaubens – Die Psychologie der menschlichen Entwicklung und die Suche nach Sinn. Gütersloh: Chr. Kaiser/ Gütersloher Verlagshaus. Kaiser Taschenbücher 176.

Moser, Tilman (2011): Gott auf der Couch. Gütersloh: Gütersloher Verlagshaus.

Ricoeur, Paul (4. Aufl. 2009[1972]): Symbolik des Bösen. Phänomenologie der Schuld Bd. 2 . Freiburg: Verlag Karl Alber.

Thomas a Kempis/Thomas von Kempen (1975[1424]): Nachfolge Christi. Marburg/Lahn: Oekumenischer Verlag Dr. R. F. Edel.

Tillich, Paul (11.–18. Tsd. 1968[1952]): Der Mut zum Sein. Hamburg: Furche-Verlag (Bd. 50 der Stundenbücher).

Zwischen Kanzel und Kehrwoche – Glauben und Leben im evangelischen Württemberg (1994) Katalogband / Landeskirchliches Museum Ludwigsburg.

Dank

Angesichts meines fertigen Manuskriptes erfasst mich eine Strömung der Dankbarkeit, wie ich sie von Heiligabend kenne: Es wird mir bewusst, wie viel ich meinen Mitmenschen verdanke. Es wird mir bewusst, dass ich an dieser Stelle aus den vielen Namen jener, die meinen Weg überhaupt ermöglichten, nur jene nennen kann, die meine geistige Entwicklung explizit förderten: Rudolf Kerndter, der mir als Jugendlichen die Welt des Traumes erschloss; dem „AK geistliche Übungen" der ev. Michaelsbruderschaft, durch welchen ich den Zusammenhang von Selbsterfahrung und Gotteserfahrung verstand; meinen Lehrern des geistlichen Pfades: Johannes B. Lotz und Karlfried Graf Dürckheim; meinen Lehrern des psychologischen Handwerks (in zeitlicher Reihenfolge): Doris Volkmann, Hellmut Coerper, Ursula Kost, Erika Bartel, Rüdiger Rogoll, Petra Noelle, Hans Jellouschek, Angela Waiblinger, Ingo Jahrsetz, Rudolf Elterich, Stanislav Grof, Ulrike Boehm, Helga Vogl, Susanne Kersig, Martin Gottstein, Karin Kunze-Neidhardt, Hans Neidhardt, Klaus Renn, Johannes Wiltschko und Maria-Anne Gallen.

Was ich in den Seminaren lernte, konnte ich mit den Teilnehmer/innen in der Übung während und nach den Fortbildungen vertiefen, dafür danke ich meinen Partnerinnen und Partnern ganz besonders. Für den Zugang zur Welt des Shiatzu danke ich Walter Widmer. Für die vielen Literaturhinweise danke ich Herrn Simon von der Muslenbuchhandlung, Schwenningen. Rudolf Banholzer, Mediengestalter, unterstützte mich von Anfang an bei meiner Arbeit; zur Korrektur trugen bei: Elisabeth Grathwohl, Gérard Siegwalt, Birgit Strohmeier, Leopolt Juen, Barbara Franz, Maria-Stella Schock und mein Sohn, Michael Molsen. Friedrich Heckmann verdanke ich wesentliche Anregungen zum Umgang mit dem Thema „Beliebigkeit". Meiner Frau danke ich für ihre Geduld und Nachsicht und die vielen Gespräche zu den einzelnen Kapiteln. Ich danke diesem Land und all jenen Kräften, die unsere Kultur auf vielfältige Weise tragen und inspirieren. Deo gratias.

Villingen-Schwenningen im Frühjahr 2013.